Só pode ser brincadeira, sr. Feynman!

Só pode ser brincadeira, sr. Feynman!

AS EXCÊNTRICAS AVENTURAS DE UM FÍSICO

RICHARD FEYNMAN

COMO FOI RELATADO A RALPH LEIGHTON
EDITADO POR EDWARD HUTCHINGS

TRADUÇÃO:
Donaldson M. Garschagen e
Renata Guerra

Copyright © 1985 by Gweneth Feynman and Ralph Leighton
Copyright da introdução © 2018 by William H. Gates III
Publicado mediante acordo com o proprietário.

TÍTULO ORIGINAL
Surely You're Joking, Mr. Feynman!

PREPARAÇÃO
Diogo Henriques

REVISÃO TÉCNICA
Amâncio Friaça

REVISÃO
Carolina Rodrigues
Luiz Felipe Fonseca
Mariana Gonçalves
Rodrigo Rosa

DIAGRAMAÇÃO
Julio Moreira | Equatorium Design
Victor Gerhardt | CALLIOPE

ARTE DE CAPA
Anderson Junqueira

FOTO DO AUTOR
Cortesia dos Arquivos do Instituto de Tecnologia da Califórnia

CIP-BRASIL. CATALOGAÇÃO NA PUBLICAÇÃO
SINDICATO NACIONAL DOS EDITORES DE LIVROS, RJ

F463s
2. ed.

    Feynman, Richard P. (Richard Phillips), 1918-1988
        Só pode ser brincadeira, Sr. Feynman! : as excêntricas aventuras de um físico / Richard Feynman ; como foi relatado a Ralph Leighton ; editado por Edward Hutchings ; tradução Donaldson M. Garschagen, Renata Guerra. - 2. ed. - Rio de Janeiro : Intrínseca, 2025.
        368 p.

    Tradução de: Surely you're joking, Mr. Feynman! : adventures of a curious character
    ISBN 9788551013885

    1. Feynman, Richard Phillips, 1918-1988. 2. Físicos - Estados Unidos - Biografia. I. Leighton, Ralph. II. Hutchings, Edward . III. Garschagen, Donaldson M. IV. Guerra, Renata. V. Título.

24-95296   CDD: 530.092
                            CDU: 929:53

Meri Gleice Rodrigues de Souza - Bibliotecária CRB-7/6439

[2025]
Todos os direitos desta edição reservados à
EDITORA INTRÍNSECA LTDA.
Av. das Américas, 500, bloco 12, sala 303
22640-904 – Barra da Tijuca
Rio de Janeiro – RJ
Tel./Fax: (21) 3206-7400
www.intrinseca.com.br

Sumário

Prefácio — 9
Nota à edição da W.W. Norton & Company Ltd. — 10
Introdução — 11
Apresentação — 13
Fundamentos — 14

Parte 1
De Far Rockway ao MIT

ELE CONSERTA RÁDIOS COM O PENSAMENTO! — 17
VAGENS — 28
QUEM ROUBOU A PORTA? — 33
LATIM OU ITALIANO? — 45
SEMPRE TENTANDO FUGIR — 48
O PESQUISADOR-CHEFE DE QUÍMICA DA METAPLAST CORPORATION — 56

Parte 2
Os anos de Princeton

"SÓ PODE SER BRINCADEIRA, SR. FEYNMAN!" — 65
EUUUUUUUUUUUUU! — 72
UM MAPA DO GATO? — 75
MONSTROS DE SABEDORIA — 83
MISTURANDO TINTAS — 87
UMA CAIXA DE FERRAMENTAS DIFERENTE — 90
TELEPATIA — 94
O CIENTISTA AMADOR — 97

Parte 3
Feynman, a bomba e as Forças Armadas

FUSÍVEIS QUEIMADOS	107
O TESTE DO SABUJO	112
LOS ALAMOS VISTO DE BAIXO	115
ARROMBADOR CONHECE ARROMBADOR	145
O TIO SAM NÃO PRECISA DE VOCÊ!	165

Parte 4
De Cornell a Caltech, com um toque de Brasil

RESPEITÁVEL PROFESSOR	177
ALGUMA PERGUNTA?	187
QUERO MEU DÓLAR!	192
VOCÊ VAI LÁ E APENAS *PERGUNTA*?	196
NÚMEROS DA SORTE	204
O AMERICANO, OUTRA VEZ!	211
O HOMEM DAS MIL LÍNGUAS	231
CLARO, SR. BIG!	232
UMA PROPOSTA QUE SE DEVE RECUSAR	244

Parte 5
O mundo de um físico

VOCÊ RESOLVERIA A EQUAÇÃO DE DIRAC?	251
A SOLUÇÃO DOS 7%	261
TREZE VEZES	270
ISSO PARA MIM É GREGO!	272
MAS ISSO É ARTE?	274
ELETRICIDADE É FOGO?	292
JULGAR LIVROS PELA CAPA	301
O OUTRO ERRO DE ALFRED NOBEL	316
LEVAR CULTURA AOS FÍSICOS	326
DESMASCARADOS EM PARIS	331
ESTADOS ALTERADOS	342
A CIÊNCIA DO CULTO DA CARGA	350

Índice   361

Prefácio

As histórias que compõem este livro foram colhidas aos poucos e de maneira informal ao longo dos sete agradáveis anos em que toquei percussão com Richard Feynman. Engraçadas por si sós, elas formam um conjunto surpreendente. Às vezes é difícil acreditar que possam ter acontecido tantas coisas malucas e maravilhosas a ele no decorrer de uma só vida. E sem dúvida é inspirador que em uma só vida ele possa ter realizado tantas travessuras inocentes.

Ralph Leighton

Nota à edição da
W.W. Norton & Company Ltd.

O interesse permanente por Richard Feynman mais de dez anos após a publicação de *Só pode ser brincadeira, sr. Feynman!* me traz à lembrança uma frase que ele passou a dizer, com uma piscadela, ao se aproximar do fim da vida: "Ainda não estou morto!"

RL

Introdução

Eu me lembro muito bem do exato momento em que me encantei por Richard Feynman.

Estava com um amigo de férias em Santa Barbara. Aprender é uma das minhas formas favoritas de relaxar, por isso fomos à biblioteca da universidade local para dar uma olhada em alguns rolos de filme (isso foi em meados dos anos 1980), o que incluiu as famosas *Feynman's Lectures*, as palestras que ele proferiu em Cornell.

Durante o dia, íamos à praia. Já à noite ligávamos o projetor e assistíamos a Feynman. Eu estava maravilhado. Sempre fui um geek que adora ciência, mas ele fez a física parecer divertida e acessível de um jeito que eu nunca tinha visto. Ele explicava temas complexos como a lei da gravitação universal numa linguagem simples que todo mundo entende e mantinha o interesse dos alunos com histórias envolventes. As palestras me impressionaram tanto que acabei fazendo com que a Microsoft as disponibilizasse on-line gratuitamente para que qualquer um pudesse usufruir delas.

Mas Feynman foi mais do que um cientista incrível e um professor excelente. Foi uma das figuras mais interessantes de seu tempo. É fácil entender o porquê ao ver o reitor de Cornell apresentando-o para o público em sua primeira palestra. O reitor logo descartou as informações biográficas que costumam ser citadas em tais apresentações, preferindo falar daquilo que tornava Feynman especial: o grande respeito que inspirava nos colegas, sua habilidade como arrombador de cofres e o talento com o bongô.

Quando finalmente tomou a palavra, Feynman fez graça com o estranho fato de que quando era convidado a tocar bongô "o encarregado de fazer sua apresentação nunca achar relevante mencionar que ele também trabalha com física teórica".

Esse comentário resume bem a personalidade de Feynman. Seu senso de humor e o dom para criar mitos sobre si mesmo são uma ótima explicação para *Só pode ser brincadeira, sr. Feynman!* se manter um clássico passadas mais de três décadas de seu lançamento.

As histórias narradas neste livro são tão encantadoras que você vai querer compartilhá-las com amigos e familiares. A minha favorita é a da sua primeira ida ao Laboratório Nacional de Oak Ridge enquanto trabalhava no Projeto Manhattan. Um grupo de militares lhe pediu que identificasse pontos fracos em um mapa do local, mas Feynman não sabia como interpretá-lo. Então apontou para um quadrado com um X e perguntou o que aconteceria se uma válvula travasse, na esperança de que alguém o corrigisse e revelasse o significado daquele símbolo.

Feynman era tão sortudo quanto brilhante, pois o tal símbolo não apenas representava uma válvula como também era uma área que necessitava de reparos. Seus colegas ficaram impressionados com sua genialidade e perguntaram como tinha feito aquilo. No que ele, como sempre, respondeu com a maior sinceridade e sem rodeios: "Eu só estava tentando descobrir se aquilo era ou não uma válvula."

O físico nuclear Hans Bethe certa vez descreveu o dr. Feynman como um "mágico". Ele está certo. Requer uma certa porção de mágica para fazer da ciência algo divertido, envolvente e simples como Feynman conseguia. Independentemente de esta ser a primeira ou quinta vez que você lê *Só pode ser brincadeira, sr. Feynman!*, espero que você curta a leitura tanto quanto eu.

Bill Gates

Apresentação

Eu espero que estas não venham a ser as únicas memórias de Richard Feynman. As lembranças aqui reunidas traçam, com certeza, uma imagem fiel de grande parte de sua personalidade — a necessidade quase compulsiva de solucionar enigmas, o espírito travesso, a furiosa impaciência com a pretensão e a hipocrisia, e o talento para vencer qualquer um que tentasse superá-lo. Este livro proporcionará uma excelente leitura — é escandaloso e chocante, mas ao mesmo tempo prazeroso e muito humano.

Apesar disso, ele mal toca naquilo que foi a essência de sua vida: a ciência. Ela se deixa entrever aqui e ali, como cenário de um caso ou outro, mas nunca como o foco de sua existência, o que de fato foi — como bem sabem colegas e gerações de seus alunos. Talvez não seja possível fazer nada além disso. Talvez não haja como construir tal série de histórias deliciosas sobre ele e seu trabalho: o desafio e a frustração, a empolgação que se seguia ao entendimento, o prazer profundo da compreensão científica, que foi a fonte de felicidade em sua vida.

Recordo, de meu tempo de estudante, como era uma aula dele. Ficava de pé na frente da sala, sorrindo para os que iam chegando, tamborilando os dedos em um ritmo complicado no tampo preto da bancada de demonstração. À medida que os retardatários se sentavam, ele pegava o giz e se punha a girá-lo rapidamente entre os dedos, como um apostador profissional brincando com uma ficha de jogo, ainda sorrindo, feliz, como se lembrasse de uma piada secreta. A seguir, ainda sorrindo, falava-nos da física, usando diagramas e equações para nos ajudar a partilhar de seu conhecimento. Não era nenhuma piada secreta que provocava o sorriso e o brilho em seus olhos. Era a física. A alegria da física! Aquela alegria era contagiante. Que sorte tivemos, aqueles de nós que contraíram essa infecção. Agora é a oportunidade de *vocês*, leitores, serem expostos à alegria da vida ao estilo de Feynman.

Albert R. Hibbs
Membro Sênior da Equipe Técnica,
Laboratório de Propulsão a Jato, Caltech

Fundamentos

Alguns fatos sobre a minha vida: nasci em 1918, numa cidadezinha perto do mar chamada Far Rockaway, nos arredores de Nova York. Morei ali até 1935, quando tinha dezessete anos. Estudei no Instituto de Tecnologia de Massachusetts (MIT) durante quatro anos e depois fui para Princeton por volta de 1939. Enquanto estive lá, comecei a trabalhar no Projeto Manhattan e acabei indo para Los Alamos em abril de 1943, onde fiquei até outubro ou novembro de 1946, quando fui para Cornell.

Em 1941, casei com Arlene, que morreu de tuberculose em 1946 enquanto eu estava em Los Alamos.

Fiquei em Cornell até mais ou menos 1951. Visitei o Brasil no verão de 1949 e passei ali metade do ano de 1951. Logo depois, fui para Caltech (Instituto de Tecnologia da Califórnia), onde permaneci desde então.

No fim de 1951, passei algumas semanas no Japão, experiência que repeti um ou dois anos depois, logo após meu segundo casamento, com Mary Lou.

Hoje em dia estou casado com Gweneth, que é inglesa, e temos dois filhos, Carl e Michelle.

R. P. F.

PARTE 1

De Far Rockway ao MIT

ELE CONSERTA RÁDIOS COM O PENSAMENTO!

Quando eu tinha onze ou doze anos, montei em casa um laboratório com um velho caixote de madeira no qual instalei prateleiras. Eu tinha um aquecedor, colocava gordura nele e fazia batatas fritas o tempo todo. Tinha também uma bateria e um banco de lâmpadas.

Para fazer esse banco, fui a uma loja de artigos baratos e comprei várias tomadas, que aparafusei numa base de madeira e conectei com fios de campainha. Eu sabia que, fazendo diferentes combinações de interruptores — em série ou em paralelo —, podia obter diferentes voltagens. No entanto, não me dei conta de que a resistência de uma lâmpada elétrica depende de sua temperatura, de modo que os resultados de meus cálculos não coincidiam com o que saía do circuito. Mas estava tudo bem, e, quando as lâmpadas estavam acesas, *brilhaaaaaaavam*, tão bonitas — era sensacional!

Instalei um fusível no sistema, de modo que, em caso de curto-circuito, apenas ele queimasse. Como precisava de um fusível mais fraco que o da casa, eu mesmo o fabriquei, enrolando papel-alumínio em torno de um fusível velho e já queimado. Antes do fusível havia uma lâmpada de cinco watts. Assim, se ele queimasse, a tensão proveniente do carregador de baixa amperagem, que carregava continuamente a bateria, acenderia essa lâmpada, alocada no quadro de distribuição atrás de um pedaço de papel-manilha pardo (ele ficava avermelhado quando a lâmpada acendia atrás dele). Desse jeito, quando alguma coisa dava errado, eu olhava para o quadro de distribuição e via uma mancha avermelhada no lugar do fusível queimado. Era *divertido*!

Eu gostava de rádios. Comecei com um receptor de cristal de galena que comprei na loja de ferragens e ficava ouvindo de noite na cama, antes de dormir, usando fones de ouvido. Quando mamãe e papai saíam à noite e voltavam tarde, vinham até o meu quarto e tiravam os fones de meus ouvidos — eles se preocupavam com o que entrava em minha cabeça enquanto eu dormia.

Foi mais ou menos nessa época que inventei um alarme contra ladrões, muito rudimentar: não passava de uma bateria grande e uma campainha com alguma fiação. Quando a porta do meu quarto se abria, ela empurrava o fio contra a bateria, o que fechava o circuito, fazendo soar a campainha.

Um dia, papai e mamãe voltaram para casa tarde da noite e, com todo cuidado para não fazer barulho e me acordar, abriram a porta do meu quarto para tirar os fones de ouvido. De repente, a enorme campainha disparou, com um barulho ensurdecedor — BONG BONG BONG BONG BONG!!! Saltei da cama, gritando: "Funcionou! Funcionou!"

Eu tinha uma bobina Ford — uma bobina indutora de faíscas tirada de um automóvel — e instalei os terminais de faíscas no tampo de meu quadro de distribuição. Eu ligava os terminais a uma válvula eletrônica Raytheon RH, a gás hélio, e a faísca criava um brilho roxo no vácuo. Aquilo era uma beleza!

Um dia, eu estava brincando com a bobina Ford, abrindo buracos com as faíscas numa folha de papel, quando ela começou a pegar fogo. Em pouco tempo eu já não conseguia segurar a folha, porque o fogo chegava a meus dedos, e deixei-a cair num cesto metálico cheio de jornais. Como todo mundo sabe, jornal queima depressa, e a chama no quarto parecia enorme. Fechei a porta para que minha mãe, que jogava bridge com as amigas na sala, não descobrisse que havia um incêndio em meu quarto. Peguei uma revista que estava por ali e a usei para cobrir o cesto, abafando o fogo.

Depois que o fogo apagou, tirei a revista de cima do cesto, e o quarto começou a se encher de fumaça. Como o cesto ainda estava muito quente, peguei dois alicates, levantei-o e levei-o para o outro lado do quarto, segurando-o junto à janela para que a fumaceira se dissipasse.

Porém ventava lá fora, e o fogo recomeçou, agora com a revista fora de alcance. Puxei o cesto em chamas para dentro novamente a fim de pegar a revista e só então prestei atenção nas cortinas. Aquilo era muito perigoso!

Peguei a revista, apaguei o fogo de novo e, dessa vez, mantive a revista na mão enquanto sacudia as brasas para tirá-las do cesto e jogá-las na rua, dois ou três andares abaixo. Saí do quarto, fechei a porta e disse à minha mãe "Vou lá embaixo" enquanto a fumaça saía lentamente pela janela.

Eu também mexia com motores elétricos e construí um amplificador para uma célula fotoelétrica que tinha comprado e que fazia uma campainha tocar quando eu punha a mão diante da célula. Eu não conseguia fazer tudo o que queria porque minha mãe passava o tempo todo me mandando sair para brincar. Mas eu dava um jeito de ficar muito tempo em casa, mexendo em meu laboratório.

Também comprava rádios em bazares beneficentes. Eu não tinha dinheiro, mas os rádios eram baratos — estavam velhos e com defeitos, e eu os comprava para tentar consertá-los. Em geral, apresentavam defeitos bobos — um fio solto, ou uma bobina cujo enrolamento estava partido ou parcialmente desfeito —, e eu conseguia fazer alguns voltarem a funcionar. Com um desses rádios, certa noite, consegui sintonizar a WACO, uma emissora de Waco, no Texas — foi muito emocionante!

Com esse mesmo receptor a válvulas consegui sintonizar, em meu laboratório, uma estação de Schenectady. Nessa época, todos nós — meus dois primos, minha irmã e as crianças da vizinhança — ouvíamos um programa chamado Clube do Crime Eno, aquele Eno do sal de frutas efervescente, e era o *máximo*! Bem, eu descobri que podia ouvir esse programa transmitido pela rádio de Schenectady uma hora antes que ele fosse ao ar em Nova York! Por isso eu sabia o que iria acontecer, e assim, quando todos estávamos reunidos no andar de baixo, em volta do rádio e ouvindo o Clube do Crime Eno, eu dizia, por exemplo: "Faz muito tempo que não ouvimos falar de fulano. Aposto que hoje ele vai aparecer para resolver a situação."

Dois segundos depois, *tchan tchan tchan tchan*, ele aparecia! É claro que eles ficavam espantados com isso, e eu ainda tinha previsto outras coisas. Aí eles se deram conta de que havia alguma tramoia por trás daquilo — eu devia saber de alguma coisa, de algum jeito. Então contei o que estava acontecendo: eu ouvia o programa uma hora antes lá em cima no meu quarto.

Vocês sabem, naturalmente, qual foi o resultado. A partir de então, eles não quiseram mais esperar para ouvir o programa na hora habitual. Todos subiam para o meu laboratório e se reuniam durante meia hora em torno do meu radinho cheio de rangidos e estática para ouvir as aventuras do Clube do Crime Eno transmitidas pela estação de Schenectady.

Nessa época, morávamos numa casa grande deixada por meu avô aos filhos, que, além do imóvel, não tinham muito mais. Era enorme, de madeira, e eu estendia fios por toda a parte externa e instalava tomadas em todos os cômodos para poder ouvir meus rádios, que ficavam no andar de cima, no laboratório. Tinha também um alto-falante — não o dispositivo inteiro, só a parte sem a corneta.

Um dia, quando estava usando os fones de ouvido, resolvi ligá-los ao alto-falante e descobri uma coisa: se eu tocasse no alto-falante com um dedo, podia ouvir o som do toque nos fones de ouvido; se arranhasse o alto-falante com as unhas, também escutava o som do arranhão pelos fones. Descobri assim que o alto-falante podia atuar como um microfone, e nem era preciso uma bateria. Como na escola estávamos estudando Alexander Graham Bell, fiz uma demonstração para meus colegas com o alto-falante e os fones de ouvido. Na época nem pensara nisso, mas hoje acho que foi esse o tipo de telefone que ele usou originalmente.

Assim, agora eu tinha um microfone e podia transmitir do andar de cima para o de baixo, e do de baixo para o de cima, utilizando os amplificadores dos meus radinhos de bazares beneficentes. Nessa época, minha irmã Joan, que era nove anos mais nova que eu, devia ter dois ou três anos, e havia na rádio um sujeito chamado Tio Don de quem ela gostava. Ele cantava umas musiquinhas que falavam de "crianças boazinhas" e lia cartões enviados pelos pais, contando que "Mary de Tal está comemorando seu aniversário neste sábado, na avenida Flatbush, número 25".

Um dia, minha prima Frances e eu fizemos Joan se sentar e dissemos que havia um programa especial que ela devia ouvir. Em seguida, subimos correndo para o andar de cima e começamos a fazer uma transmissão.

"Quem está falando é o Tio Don. Conhecemos uma garota muito boazinha, chamada Joan, que mora na rua New Broadway. Ela vai fazer aniversário... Não é hoje, mas sim no dia tal. Ela é uma menina engraçadinha."

Aí cantamos uma musiquinha e emendamos com um corinho alegre: "*Lá, larilaiá, tê tererê dudu, tê tererê dudu...*" Depois disso tudo, descemos a escada.

— E então, Joan? Gostou do programa?

— Foi bom — disse ela. — Mas por que vocês fizeram a música com a boca?

Um dia, recebi uma ligação telefônica.

— É o senhor Richard Feynman?

— Sou eu mesmo.

— Aqui é de um hotel. Temos um rádio que está com defeito e queríamos que fosse consertado. Soubemos que o senhor poderia fazer isso.

— Mas eu sou uma criança — respondi. — Não sei se...

— Ah, sabemos disso, mas gostaríamos que passasse aqui assim mesmo.

Tratava-se de um hotel administrado pela minha tia, mas eu não sabia. Cheguei lá — até hoje eles contam essa história — com uma chave de fenda enorme no bolso de trás da calça. Bem, eu era pequeno, então *qualquer* chave de fenda comigo pareceria grande.

Fui direto até o rádio e tentei consertá-lo. Eu não sabia por onde começar, mas havia um faz-tudo no hotel, e não sei se foi ele ou se fui eu quem notou alguma coisa solta no reostato — o componente que serve para aumentar o volume —, e por isso o cursor não se movia. Ele poliu alguma coisa, e o reostato voltou a funcionar.

O próximo rádio que tentei consertar não funcionava de jeito nenhum. Mas foi fácil dar um jeito nele: o problema era no fio da tomada. À medida que os consertos foram se tornando cada vez mais complicados, fui aprendendo cada vez mais. Comprei um miliamperímetro em Nova York e o transformei num voltímetro que apresentava diferentes escalas, empregando comprimentos corretos (que calculei) de um fio de cobre bem fino. O dispositivo não era muito preciso, mas mostrava bastante bem se as coisas estavam certas nas distintas conexões naqueles receptores.

O principal motivo que levava as pessoas a me contratarem era a Grande Depressão. Elas não tinham dinheiro para o conserto e ouviam falar daquele garoto que consertava as coisas bem baratinho. Por isso eu subia em telhados para ajeitar antenas e fazer toda espécie de reparos. Aprendi com uma série de lições de dificuldade crescente. Acabei aceitando um trabalho que consistia em converter um aparelho de corrente contínua em um de corrente alternada. Foi muito difícil acabar com o zumbido no sistema e não consegui consertar direito aquela coisa. Eu não devia ter dado um passo maior que as pernas, mas na época eu não tinha o discernimento.

Um desses trabalhos, porém, foi mesmo sensacional. Eu estava trabalhando para um tipógrafo, e um conhecido dele, sabendo que eu consertava rádios, mandou um interessado me buscar na tipografia. O cara era evidentemente pobre — seu carro estava caindo aos pedaços —, e fomos à casa dele, situada numa área bem degradada da cidade. No caminho, perguntei:

— Qual é o problema do rádio?

— Quando eu ligo, ele faz um barulho. Depois de algum tempo, o barulho para e fica tudo bem, mas não quero que ele faça esse barulho quando é ligado.

Pensei comigo: "Ora bolas! Se ele não tem dinheiro, devia aguentar um pouco de barulho por enquanto."

O tempo todo, a caminho de sua casa, ele não parava de perguntar coisas como: "Você sabe mexer com rádios?"; "Como foi que aprendeu uma coisa dessas?"; "Você é só um menino!"

Ele não parava de me desmerecer, e eu pensava: "Qual é o problema desse cara? Só porque o rádio faz um barulhinho."

Quando chegamos, afinal, ele não perdeu tempo. Foi até onde estava o rádio e o ligou. Um barulhinho? *Deus do céu!* Não era de admirar que o pobre coitado não aguentasse aquilo. O aparelho começou a rugir e a vibrar: UUU BU BU BU BU — era um *enorme* trovão. Passado algum tempo, o rugido cessou e o rádio passou a funcionar como devia. Pensei: "O que pode estar acontecendo?"

Refletindo, comecei a andar de um lado para outro e me ocorreu que o motivo da barulheira podia ser o aquecimento das válvulas na ordem errada: ou seja, o amplificador esquentava e as válvulas estavam prontas para funcionar, mas não havia alimentação alguma, ou talvez o que as alimentasse fosse um circuito de retorno, ou quem sabe haveria um erro no começo de tudo — quero dizer, na radiofrequência — e por isso o receptor fizesse muito barulho, captando alguma coisa. E quando o circuito de radiofrequência passava a funcionar direito, e as tensões da grade se ajustavam, tudo ficava bem.

Então, o sujeito disse:

— O que você está fazendo? Você veio aqui para consertar o rádio, mas fica só andando de um lado para outro!

— Estou pensando! — respondi.

E disse a mim mesmo: "Muito bem, vamos retirar as válvulas e inverter completamente a ordem delas no aparelho." (Naquele tempo, muitos receptores usavam as mesmas válvulas em locais diferentes — creio que eram 212 ou 212-A.) Portanto, inverti a ordem das válvulas, fui até o rádio e liguei o aparelho, que se manteve quietinho como um cordeiro. Daí a pouco, quando os circuitos esquentaram, ele passou a funcionar perfeitamente — o ruído tinha sumido.

Quando uma pessoa mostra uma atitude negativa em relação a você e em seguida você faz uma coisa dessas, é quase certo que ela adote uma atitude totalmente oposta, como se tentasse compensar o antagonismo anterior. Esse homem conseguiu outros trabalhos para mim, e não parava de dizer às pessoas que eu era um gênio, comentando, por exemplo: "Ele conserta rádios com o pensamento!" A ideia de pensar para consertar um rádio — que um menino pudesse parar para raciocinar e decidir como agir — não lhe passava pela cabeça.

Naquele tempo, era muito mais fácil compreender os circuitos de um receptor de rádio, pois tudo ficava à mostra. Depois de desmontar o aparelho (um problema sério era achar os parafusos certos), via-se um resistor, depois um condensador, aqui era isto, ali era aquilo. E tudo estava rotulado. Se estivesse escorrendo cera do condensador, era porque ele tinha esquentado demais e com certeza estava queimado. Se houvesse carvão num dos resistores, já se sabia onde estava o problema. E, se não fosse possível determinar o problema mediante um exame visual, dava para utilizar um voltímetro e verificar se estava passando tensão. Os receptores eram simples, os circuitos nada tinham de complicados. A voltagem nas grades era sempre de 1,5 ou 2 volts; nas placas, era de cem ou duzentos, corrente contínua. Por isso para mim não era difícil consertar rádios: bastava compreender o que estava acontecendo dentro dele, determinar o que não estava funcionando direito e reparar o problema.

Às vezes o conserto levava um bom tempo. Lembro-me de um caso em que levei uma tarde inteira para achar uma resistência queimada, que não estava visível. O rádio era de uma amiga de minha mãe, por isso eu *tinha* tempo. Não havia ninguém atrás de mim perguntando: "O que você está fazendo?" Em vez disso, as pessoas me diziam: "Quer um copo de leite ou um pedaço de bolo?" Por fim, consegui consertar o rádio, porque eu era, e ainda sou, persistente. Se me deparo com um enigma, não consigo deixá-lo de lado. Se a amiga de minha mãe tivesse dito qualquer coisa como "Esqueça isso, é muito complicado", eu teria ficado furioso, porque, depois de chegar até ali, eu queria superar aquele obstáculo. Não poderia largar o serviço pela metade após ter chegado até ali. Tinha de ir até o fim e descobrir qual era o problema.

Trata-se de um ímpeto para resolver enigmas. É o que explica minha necessidade de decifrar hieróglifos maias ou abrir cofres. Lembro-me de que, no primeiro ano do ensino médio, um colega costumava me procurar com um problema de geometria de seu curso avançado de matemática. Eu não sossegava enquanto não resolvia a porcaria do troço, o que me exigia quinze ou vinte minutos. Mas, durante o dia, outros caras me procuravam com o mesmo problema, e eu os resolvia num piscar de olhos. Quer dizer, da primeira vez eu ficava uns vinte minutos resolvendo o problema, mas para cinco outros caras eu era um supergênio.

Por isso, ganhei uma reputação e tanto. Durante o ensino médio, todos os enigmas conhecidos pela humanidade devem ter sido levados a mim. Eu conhecia todas as charadas idiotas e loucas que as pessoas já tinham inventado. Quando fui para o MIT, houve um baile, e um dos veteranos estava ali com a namorada, que conhecia uma porção de charadas. Ele lhe disse que eu era um bambambã na área. Durante o baile, ela me procurou:

— Ouvi dizer que você é um cara esperto. Então, ouve essa. Um homem tem de rachar oito achas de lenha...

— Ele começa rachando as achas em três pedaços, uma sim, outra não... — respondi de imediato, porque já conhecia aquela.

Ela se afastou, mas logo voltou com outra, que eu também já conhecia.

Isso se repetiu várias vezes, até que, finalmente, perto do fim do baile, ela se aproximou de novo, com uma expressão de quem tinha certeza de que dessa vez me pegaria, e disse:

— Uma mãe está viajando à Europa com a filha...

— A filha contraiu peste bubônica.

A moça desabou! Não havia pistas suficientes para resolver aquela charada. Era uma história comprida sobre uma mãe e a filha que se hospedam em quartos separados de um hotel, e no dia seguinte a mãe vai ao quarto da filha e não há ninguém ali, ou há outra pessoa. A mãe pergunta "Onde está minha filha?", o gerente do hotel pergunta "Que filha?", e na recepção só consta o nome da mãe etc., e é enorme o mistério a respeito do que aconteceu. A solução é que a filha contraiu peste bubônica, e o hotel, para não ter de fechar, levou-a para longe dali, limpou o quarto e eliminou todas as evidências de sua estada ali. Era uma história muito comprida, mas eu já a tinha ouvido, de modo que, quando a moça começou dizendo "Uma mãe está viajando à Europa com a filha...", eu me lembrei de uma história que começava assim, tentei a sorte e deu certo.

Havia no ensino médio um grupo que se intitulava "equipe de álgebra", formado por cinco garotos. Viajávamos por várias cidades e participávamos de competições com outras equipes. Ocupávamos uma fileira de carteiras, e a equipe adversária ficava em outra. Uma professora, que organizava a disputa, tirava um envelope em que estava escrito "45 segundos". Ela o abria, copiava o problema na lousa e dizia "Podem começar!", de modo que, na verdade, dispúnhamos de mais de 45 segundos, porque já podíamos ir pensando enquanto ela escrevia. O jogo era o seguinte: você tinha uma folha de papel e podia escrever ou *fazer* qualquer coisa nela. A única coisa que contava era a resposta. Se a resposta fosse "seis livros", bastava você escrever "6" e fazer um grande círculo em torno dele. Se o que estivesse dentro do círculo fosse a resposta correta, você ganhava.

Uma coisa era certa: era praticamente impossível resolver o problema de uma forma objetiva convencional, como escrever "A é o número de livros vermelhos, B o número de livros azuis", pensar, pensar, pensar e chegar a "seis livros". Isso exigiria cinquenta segundos, e a condição era que fossem resolvidos em menos tempo. Por isso era preciso pensar numa forma de *ver* o problema. Às vezes era possível vê-lo num segundo, mas em outros casos era preciso inventar outra solução e fazer o cálculo algébrico o mais depressa possível. Era um treinamento espetacular, e eu fiquei cada vez mais hábil naquilo, a ponto de me tornar o líder da equipe. Aprendi a fazer cálculos algébricos bem depressa, o que foi ótimo na faculdade. Quando surgia um problema de cálculo, eu via rapidamente onde aquilo ia dar e calculava com rapidez.

Outra coisa que eu fazia no ensino médio era criar problemas e teoremas. Quer dizer, se eu estivesse resolvendo algum problema de matemática, tentava encontrar um exemplo prático para o qual a solução do problema pudesse ser útil. Criei um conjunto de problemas de triângulos retângulos, mas em vez de dar o comprimento de dois lados para encontrar o do terceiro, eu dava a diferença entre os dois lados. Eis um exemplo típico: uma corda pende do topo de um mastro de bandeira. A corda é 90 centímetros mais longa que o mastro, mas bem esticada chega a 1,5 metro da base do mastro. Qual é a altura do mastro?

Criei algumas equações para resolver problemas como esse e no processo observei uma conexão — talvez fosse $sen^2 + cos^2 = 1$ — que me lembrava a trigonometria. Ora, alguns anos antes, talvez aos onze ou doze, eu tinha lido um livro de trigonometria que peguei na biblioteca, mas o livro tinha sumido havia bastante tempo. Eu só lembrava que a trigonometria tinha alguma coisa a ver com as relações entre senos e cossenos. Por isso, comecei a calcular todas as relações, desenhando triângulos, comprovando, sozinho, cada uma delas. Também calculei o seno, o cosseno e a tangente de todos os ângulos com graus múltiplos de cinco, começando com o seno de cinco graus, mediante fórmulas de soma e de meio ângulo que eu havia criado.

Anos depois, quando estudei trigonometria na escola, ainda tinha minhas anotações e vi que muitas vezes minhas demonstrações eram diferentes das que estavam no livro. Às vezes, quando eu não achava uma maneira simples de resolver uma coisa, dava voltas até conseguir. Em outras ocasiões, meu caminho era muito hábil — a demonstração convencional do livro era muito mais complicada! Assim, às vezes eu vencia o livro, outras vezes acontecia o contrário.

Avançando pela trigonometria, eu não gostava dos símbolos usados para seno, cosseno, tangente etc. Para mim, "sen f" parecia s multiplicado por e multiplicado por n multiplicado por f! Por isso, inventei outro símbolo, como um sinal de raiz quadrada, que era um sigma com um braço longo que se estendia para fora, e pus o f embaixo dele. No caso da tangente, era um tau com o topo do tau esticado, e para o cosseno eu fazia uma espécie de gama, mas ficava um pouco parecido com o sinal de raiz quadrada.

Para o seno inverso eu também usava o sigma, mas invertido, da esquerda para a direita, de modo que começava com a linha horizontal, com o valor embaixo e em seguida o sigma. *Isso sim* era o seno inverso, NÃO aquela loucura de sen^{-1}. E eles usavam isso nos livros! Para mim, sen^{-1} significava 1/seno, a recíproca. Portanto, meus símbolos eram melhores.

Eu não gostava de f(x), pois isso me parecia indicar f multiplicado por x. Também não gostava de dy/dx (a gente tende a cancelar os dês), por isso criei um sinal diferente, uma coisa parecida com &. No caso dos logaritmos, eu usava um L maiúsculo grande, espichado para a direita, com o número do qual se busca o logaritmo dentro dele, e assim por diante.

Eu achava meus símbolos tão bons quanto os normais, se não melhores; não fazia diferença alguma você usar *este ou aquele* símbolo — porém mais tarde descobri que fazia diferença, sim. Certa vez, quando estava explicando alguma coisa a outro garoto no colégio, comecei a usar aqueles meus símbolos, e ele perguntou: "Mas o que são essas coisas?" Nesse dia percebi que, se ia falar de matemática com outras pessoas, teria de usar os símbolos convencionais, assim acabei pondo de lado meus símbolos.

Também inventei uma série de símbolos para a máquina de escrever, como faz o Fortran, para digitar equações. Além disso, consertava máquinas de escrever com clipes de papéis e elásticos (os elásticos de borracha não quebravam como acontece aqui em Los Angeles), mas não era um mecânico profissional. Eu só as ajustava para que funcionassem como eu queria. Na verdade, o que me interessava era descobrir o que havia de errado e imaginar o que teria de fazer para resolver o problema — como um enigma.

VAGENS

Eu devia ter dezessete ou dezoito anos quando passei as férias de verão trabalhando num hotel administrado por minha tia. Não sei quanto ganhava (acho que eram 22 dólares por mês), mas lembro que alternava dias de onze e treze horas de trabalho, como recepcionista ou cumim no restaurante. E, durante a tarde, quem estivesse trabalhando como recepcionista tinha de levar o leite da sra. D., uma senhora inválida que nunca nos dava gorjeta. O mundo era assim: você trabalhava muitas horas e não ganhava nada com isso, dia após dia.

Era um resort de frente para o mar, nos arredores de Nova York. Os maridos iam trabalhar na cidade e deixavam as mulheres no hotel, onde elas passavam o tempo jogando cartas, por isso tínhamos de estar sempre arrumando as mesas de bridge. De noite, os homens jogavam pôquer, e tínhamos de preparar as mesas para eles — limpar os cinzeiros etc. A jogatina durava até tarde, mais ou menos até as duas, por isso a jornada de trabalho era de onze a treze horas.

Havia coisas de que eu não gostava, como essa história de gorjetas. Eu achava que devíamos ganhar mais em vez de contar com uma gratificação extra. Mas, quando falei sobre isso com a chefe, só escutei risadas. Ela disse a todos: "Richard não quer ganhar gorjetas, hahaha. Ele não quer as gorjetas, hahaha." O mundo está cheio dessa gente metida a engraçadinha, que não sabe de nada.

Bem, a certa altura hospedamos um grupo de homens que, quando chegavam da cidade, iam logo pedindo gelo para as bebidas. Eu tinha um colega de trabalho que era recepcionista há mais tempo. Era mais velho do que eu e muito mais profissional. Um dia, ele me disse: "Escute aqui, estamos a toda hora levando gelo para esse tal de Ungar, e ele nunca nos dá gorjeta, nem mesmo dez centavos. Da próxima vez que ele lhe pedir gelo, nem saia do lugar. Aí eles vão chamar você de novo, e, quando isso acontecer, você diz: 'Ah, desculpe, esqueci. Todos nós ficamos esquecidos às vezes.'"

Foi o que fiz, e Ungar me deu quinze centavos. Mas hoje, quando me lembro disso, percebo que o outro recepcionista, o profissional, sabia *mesmo* como proceder. Fazia com que o *outro* corresse o risco de arrumar encrenca. Ele *me* encarregou de treinar aquele sujeito a dar gorjetas. Não disse uma só palavra, mas deu um jeito de que *eu* fizesse isso!

Como cumim, uma de minhas tarefas consistia em arrumar as mesas no salão de refeições. A gente juntava numa bandeja tudo o que estava nas mesas e, quando a pilha atingia uma boa altura, levava a bandeja para a cozinha. Aí pegávamos outra bandeja, certo? Isso *deveria* ser feito em duas etapas: carregar a bandeja cheia para a cozinha e depois pegar uma bandeja nova. Mas eu pensei: "Vou simplificar o trabalho e reduzi-lo a uma só etapa." Assim, tentei meter a bandeja nova debaixo da pilha e puxar a bandeja cheia ao mesmo tempo, mas ela virou: BUM! Tudo foi ao chão. E a seguir, naturalmente, a pergunta foi: "O que você estava fazendo? Como foi que isso caiu?" Bem, como eu podia explicar que estava tentando inventar uma nova forma de trabalhar com bandejas?

Entre as sobremesas, havia uma espécie de bolo de café que era servido em um pequeno guardanapo sobre um pratinho. Mas quem fosse aos fundos da cozinha veria um homem denominado copeiro, o encarregado das sobremesas. Ele tinha trabalhado antes como minerador ou alguma coisa do gênero. Era um sujeito corpulento, com dedos curtos e muito grossos. Pegava uma pilha de guardanapinhos, que eram fabricados mediante algum tipo de processo de prensagem, bem comprimidos, e com os dedos grossos tentava separá-los para pô-los nos pratinhos. Eu sempre o ouvia reclamar enquanto fazia isso — "Essas porcarias de papeletas!" —, e me lembro de pensar: "Que contraste... A pessoa na mesa recebe esse bolinho tão bonito num pratinho com guardanapo, enquanto o copeiro, nos fundos da cozinha, brigando com seus dedões, reclama: 'Essas porcarias de papeletas!'" Portanto, aquela era a diferença entre o mundo real e o mundo aparente.

Em meu primeiro dia de trabalho, a senhora que cuidava da despensa me disse que quase sempre preparava um sanduíche de presunto, ou algo do tipo, para o sujeito do turno da noite. Eu disse a ela que gostava de doces e que, se tivesse sobrado alguma sobremesa do jantar, gostaria que ela a deixasse para mim. Na noite seguinte eu estava de serviço até as duas da manhã, com aqueles caras que jogavam pôquer. Fiquei ali andando de um lado para outro, sem nada para fazer, entediado, quando de repente me lembrei da sobremesa à minha espera. Fui até a geladeira e vi que ela havia deixado seis sobremesas! Havia um pudim de chocolate, algumas fatias de pêssego, um pouco de arroz-doce, gelatina — havia de tudo! Sentei ali e comi as seis sobremesas. Foi sensacional!

No dia seguinte, ela me disse:

— Deixei uma sobremesa para você...

— Foi maravilhoso — respondi. — Simplesmente maravilhoso!

— Mas eu deixei seis sobremesas porque não sabia de qual você gostava mais.

Por isso, a partir daquele dia ela passou a deixar seis sobremesas. Toda noite eu tinha seis sobremesas. Nem sempre eram diferentes, mas eram sempre seis sobremesas.

Certa vez, quando eu estava na recepção, uma moça deixou um livro junto do telefone ao sair para jantar. Era *A vida de Leonardo*, e não pude resistir: a moça me emprestou o livro, que eu li inteiro.

Eu dormia num quartinho nos fundos do hotel, e havia uma regra rigorosa sobre apagar as luzes do quarto ao sair, coisa que eu nunca me lembrava de fazer. Inspirado pelo livro sobre Leonardo, inventei uma geringonça que consistia num sistema de cordões e pesos — garrafas de Coca-Cola cheias de água — e era acionada quando eu abria a porta, puxando uma correntinha e acendendo a luz interna. Abria-se a porta, a coisa funcionava e acendia a luz; fechava-se a porta, e a luz se apagava. Mas minha verdadeira façanha veio depois.

Uma de minhas tarefas era cortar verduras na cozinha. As vagens tinham de ser cortadas em pedaços de mais ou menos dois dedos de comprimento. A maneira tradicional de fazer isso era a seguinte: com uma das mãos, você segurava duas vagens; com a outra, a faca; então comprimia a faca contra as vagens e seu polegar, quase se cortando. Era um processo demorado. Por isso, comecei a pensar no assunto e tive uma ótima ideia. Sentei-me à mesa de madeira na copa, pus uma tigela no colo e espetei na mesa, à minha frente, uma faca bem afiada, inclinada para trás num ângulo de 45 graus. Depois de ter posto um montinho de vagens de cada lado da faca, eu pegava uma vagem com cada uma das mãos, e as puxava em minha direção, com força suficiente para que fossem cortadas em pedaços, que caíam na tigela em meu colo.

Lá ia eu cortando muito bem as vagens, uma depois da outra — *tic, tic, tic, tic, tic* —, bem depressa e com todo mundo me animando, quando chega minha chefe e diz:

— Que diabos você está *fazendo*?!

— Inventei um jeito ótimo de cortar essas vagens! — digo eu.

E exatamente nesse momento, meto um dedo na faca, em vez de uma vagem. O sangue cai nas vagens e há um momento de agitação:

— Veja quantas vagens você estragou! Que jeito mais idiota de fazer as coisas! — continuaram falando.

Por isso não tive oportunidade de introduzir uma melhoria no processo, o que teria sido fácil — com uma guarda de proteção ou alguma coisa assim —, mas não, não houve nenhuma chance de aperfeiçoamento.

Inventei também uma outra coisa, que enfrentou dificuldades semelhantes. Tínhamos de fatiar batatas depois de cozidas, para uma espécie de salada de batatas. Por estarem pegajosas e molhadas, elas eram de difícil manuseio. Pensei numa série de facas, dispostas paralelamente numa armação, que descessem e cortassem as batatas em várias fatias. Pensei nisso durante bastante tempo, e por fim me ocorreu a ideia de usar arames num bastidor.

Com essa ideia na cabeça, fui a uma loja de ferragens comprar faquinhas ou arames e vi exatamente o objeto que estava imaginando: um cortador de ovos. Na ocasião seguinte em que o menu incluía a salada de batatas, usei meu cortador de ovos, fatiei todas as batatas rapidamente e as mandei de volta ao chef, um alemão enorme conhecido como o Rei da Cozinha. Com veias grossas no pescoço, ele veio em minha direção, mais vermelho do que nunca.

— O que houve com essas batatas? — berrou. — Elas não estão fatiadas!

Elas tinham sido cortadas, mas as fatias estavam todas coladas umas nas outras. Ele perguntou:

— Como é que vou separar essas fatias?

— Enfie as batatas na água — sugeri.

— NA ÁGUA? ECA!!!

Em outra ocasião, tive uma ideia realmente boa. Estava na recepção e tinha de atender o telefone. Se entrasse uma chamada, ouvia-se um zumbido e um controle descia na mesa telefônica, indicando qual era a linha.

Às vezes, entrava uma chamada quando eu estava ajudando as mulheres com as mesas de bridge, ou sentado na varanda da frente no meio da tarde, num horário em que havia pouquíssimas chamadas. A mesa ficava meio longe, e eu corria para atender, mas, por causa do balcão da recepção, precisava dar um monte de voltas para chegar lá, o que levava um tempão.

Assim, tive uma ideia. Amarrei fios aos controles da mesa, estiquei-os por cima dela e prendi um papelzinho na ponta de cada um. Depois pus o bocal do telefone em cima do balcão da recepção, para não precisar dar a volta para pegá-lo. Assim, quando entrasse uma chamada, o papelzinho que tinha se movido indicaria o controle que havia abaixado e eu atendia à chamada direto, pela frente do balcão, sem perder tempo. É claro que depois eu teria de dar a volta para repor o circuito em sua posição de espera, mas tinha atendido a ligação sem demora. Dizia "Um momento, por favor" e contornava toda a recepção para repor tudo no lugar.

Achei que tudo estava perfeito, mas um dia a chefe apareceu e quis atender a chamada, mas não conseguiu — era complicado demais.

— Para que todos esses papéis? — quis saber. — Por que o telefone está deste lado? Por que você não... *Raaaaa!*

Tentei explicar — ela era minha tia — que não havia nenhum motivo para *não* se fazer aquilo, mas não se pode dizer isso a uma pessoa *inteligente*, que *dirige um hotel*! Aprendi que a inovação é muito difícil de aplicar no mundo real.

QUEM ROUBOU A PORTA?

No começo de cada ano letivo, as fraternidades acadêmicas do Instituto de Tecnologia de Massachusetts, o MIT, organizavam reuniões nas quais tentavam fazer com que os calouros se candidatassem a elas. No verão que antecedeu minha ida para o MIT, fui convidado para um encontro da Phi Beta Delta, em Nova York, uma fraternidade judaica. Naquele tempo, se você fosse judeu ou tivesse sido criado por uma família judia, não tinha como ser aceito por nenhuma outra fraternidade. Ninguém mais sequer olhava para você. Eu não estava particularmente interessado em me unir a outros judeus, e o pessoal da Phi Beta Delta não se importava com meu grau de judaísmo — na verdade, eu não acreditava em nada daquilo e com certeza não tinha nada de religioso. De qualquer forma, uns sujeitos da fraternidade me fizeram algumas perguntas e me deram alguns conselhos — por exemplo, que eu deveria prestar o exame de cálculo no primeiro ano, para não ter de fazer o curso — o que acabou sendo um bom conselho. Eu gostei dos caras da fraternidade que foram a Nova York e depois me tornei colega de quarto de dois deles.

Havia no MIT outra fraternidade judaica, a Sigma Alpha Mu, e eles me ofereceram uma carona até Boston, onde eu ficaria com eles. Aceitei a carona e naquela primeira noite fiquei num dos quartos do andar de cima.

Na manhã seguinte, olhei pela janela e vi os dois caras da Phi Beta Delta (com quem eu estivera em Nova York) subindo a escadaria da entrada. Alguns integrantes da Sigma Alpha Mu saíram correndo do prédio para falar com eles, e seguiu-se uma discussão acalorada.

— Ei, eu tinha combinado de ficar com aqueles caras! — gritei pela janela e saí correndo da fraternidade, sem perceber que todos estavam disputando a minha candidatura e sem nenhum sentimento de gratidão pela carona ou por qualquer outra coisa.

A fraternidade Phi Beta Delta quase tinha deixado de existir no ano anterior devido uma cisão entre dois grupos. Um deles gostava de festas e bailes, depois dos quais passeavam de carro, enquanto os integrantes do outro grupo nada faziam senão estudar e nunca apareciam nos bailes.

Pouco antes da minha chegada à fraternidade, tinha havido uma grande reunião em que as partes chegaram a um acordo da maior importância. Eles iam dialogar e cooperar. Todos teriam de apresentar uma determinada média de notas. Os caras que estudavam o tempo todo dariam aulas aos que estivessem precisando melhorar o desempenho e os ajudariam a fazer seus trabalhos. Por outro lado, todos teriam de ir aos bailes. Se um sujeito não soubesse como arranjar uma companhia feminina, os outros conseguiriam uma acompanhante para ele. E se o sujeito não soubesse dançar, eles até lhe ensinariam os passos básicos. Um grupo ensinaria os festeiros a pensar, enquanto estes fariam com que os nerds se tornassem mais sociáveis.

Isso era ótimo para mim, pois eu *não* me distinguia nas artes sociais. Era tão tímido que, quando tinha de despachar as cartas no correio e passar por alguns veteranos sentados na escadaria com moças, ficava petrificado: eu não sabia como passar por eles! E ouvir uma garota dizer "Puxa, até que ele é fofo!" não me ajudava em nada.

Pouco tempo depois disso que os alunos do segundo ano trouxeram suas namoradas e as amigas de suas namoradas para que elas nos ensinassem a dançar. Muito tempo depois, um dos caras me ensinou a dirigir seu carro. Eles se esforçaram bastante para fazer com que nós, os intelectuais, nos socializássemos e ficássemos mais relaxados — e vice-versa. Foi um acordo interessante.

Eu tive alguma dificuldade para compreender o que significava, exatamente, ser mais "sociável". Pouco tempo depois de os estudantes mais extrovertidos terem me ensinado a conversar com garotas, vi uma garçonete bonitinha num restaurante em que estava almoçando sozinho. Com muito esforço, juntei coragem e convidei-a para ser meu par no próximo baile da fraternidade, e ela aceitou.

De volta à fraternidade, quando estávamos conversando sobre o baile, eu disse a meus colegas que dessa vez não precisava que me arranjassem uma acompanhante, pois eu tinha arrumado uma sozinho. Fiquei muito orgulhoso.

Meus colegas mais adiantados ficaram em choque quando descobriram que minha acompanhante era uma garçonete. Disseram que aquilo não seria possível e que conseguiriam para mim uma acompanhante "apropriada". Fizeram com que eu me sentisse incompetente e incapaz. Decidiram que resolveriam a situação. Foram ao restaurante, acharam a garçonete, convenceram-na a desistir de meu convite e me arranjaram outra garota. Estavam tentando educar o "filho excêntrico", por assim dizer, mas em minha opinião estavam enganados. Eu era apenas um calouro na época, ainda sem segurança para impedir que retirassem minha proposta à moça.

Quando me tornei candidato, descobri que eles tinham vários meios de submeter os calouros a trotes. Uma das coisas que fizeram foi nos levar, de olhos vendados, a uma zona rural distante em pleno inverno e nos deixar, separados uns dos outros por uma distância de trinta metros, à beira de um lago congelado. Ficamos no meio do *nada*, num lugar sem casas nem nada parecido, e tínhamos de achar o caminho de volta à fraternidade. Estávamos um tanto assustados, pois éramos jovens e não falávamos muito, com exceção de um sujeito chamado Maurice Meyer, que não parava de fazer gracejos e trocadilhos bobos, mantendo o tempo todo uma atitude despreocupada, como se dissesse: "Haha, não há o que temer. Isso está até engraçado!"

Estávamos ficando com raiva de Maurice. Ele sempre caminhava um pouco atrás dos outros, rindo da situação, enquanto os demais não sabiam se seriam capazes de resolver aquele problema.

Chegamos a um cruzamento não muito longe do lago, de onde ainda não se viam casas nem coisa alguma, e estávamos debatendo se deveríamos pegar a estrada da direita ou da esquerda quando Maurice nos alcançou e disse:

— Vamos por *aqui*.

— Por que você diz isso, Maurice? — perguntamos, irritados. — Você não para de fazer essas brincadeiras bobas. Por que deveríamos pegar *esse* caminho?

— É simples: vejam os fios de telefone. O caminho que tem mais fios é o que vai dar na estação central.

Aquele sujeito, que parecia não estar prestando atenção a coisa alguma, acabava de propor uma solução inteligente! Seguimos seu conselho e chegamos à cidade sem erro.

No dia seguinte haveria um "lamaceiro" (vários tipos de luta e cabos de guerra travados na lama) entre calouros e alunos de segundo ano. Já tarde da noite, nossa fraternidade foi invadida por um monte de estudantes do segundo ano — de nossa fraternidade e de outras —, que nos sequestraram: queriam nos cansar para poder vencer-nos no dia seguinte.

Os estudantes amarraram com relativa facilidade todos os calouros — menos eu. Eu não queria que os caras da fraternidade me achassem um fracote. (Nunca fui bom em esportes. Sempre tive pavor de que uma bola de tênis passasse por cima da cerca e caísse perto de mim, pois eu nunca conseguiria devolvê-la à quadra — normalmente ela passava a um radiano de onde deveria passar e caía fora da quadra.) Achei que aquela era uma nova situação, um novo mundo, e que eu poderia conquistar uma nova reputação. Por isso, para não parecer que eu não sabia lutar, lutei como um endemoniado, o melhor que pude (sem ter noção do que fazia), e só depois de muitas tentativas três ou quatro sujeitos conseguiram me amarrar. Em seguida, nos levaram para uma casa bem distante na floresta e prenderam todos nós ao assoalho com grandes grampos em U.

Tentei fugir de todas as formas, mas alguns dos estudantes do segundo ano estavam de vigia e nenhuma de minhas tentativas deu certo. Lembro-me perfeitamente de um rapaz que não chegou a ser preso ao chão porque nossos algozes ficaram receosos: o cara estava aterrorizado, com o rosto amarelo-esverdeado, e tremia sem parar. Descobri mais tarde que ele era europeu — isso ocorreu no começo dos anos 1930 —, e não entendeu que prender aqueles estudantes ao chão era uma espécie de brincadeira. Ele sabia o que vinha acontecendo na Europa. Estava tão apavorado que sua aparência era de meter medo.

Ao fim da noite, só havia três estudantes nos vigiando — éramos cerca de trinta —, mas não sabíamos disso. Eles saíam e voltavam com seus carros para dar a impressão de muito movimento, e não notávamos que eram sempre os mesmos carros e as mesmas pessoas. Por isso, nada fizemos.

Por acaso, meu pai e minha mãe vieram de Nova York naquela manhã para ver como o filho estava se saindo em Boston, e o pessoal da fraternidade deu uma série de desculpas até chegarmos de volta do lugar para onde nos tinham levado. Eu estava com um aspecto tão ruim e sujo, devido ao esforço para fugir e por não ter dormido, que eles ficaram estupefatos com a aparência do filho no MIT!

Além disso, eu estava com torcicolo e me lembro de ter ficado em pé naquela tarde, numa fila no Centro de Treinamento de Oficiais da Reserva, sem conseguir olhar para a frente. O comandante agarrou minha cabeça e a virou, gritando: "Olhe para a frente!"

Senti uma dor forte enquanto meus ombros voltavam à posição anterior.

— Não consigo, senhor!

— Ah, me desculpe! — disse ele.

Fosse como fosse, ter lutado vigorosamente para me libertar me rendeu uma reputação fantástica, e nunca mais tive de me preocupar com o medo de ser visto como fracote — um alívio tremendo.

Eu sempre observava meus colegas de quarto — ambos eram veteranos — estudando para o curso de física teórica. Um dia, eles estavam com muita dificuldade para entender certo tópico que me parecia claríssimo, então resolvi intervir:

— Por que vocês não usam a equação de Baronallai?

— O que é isso? — perguntaram. — De que você está falando?

Expliquei a eles o que eu queria dizer e como a equação poderia ajudá-los naquele caso, e isso solucionou o problema. Na verdade, eu estava me referindo à equação de Bernoulli, mas tinha lido sobre ela na enciclopédia, sem conversar com ninguém a respeito, e não sabia pronunciar direito o nome.

Mas meus colegas de quarto ficaram muito empolgados e daí em diante discutiam seus problemas de física comigo (é preciso dizer que não tive a mesma sorte com muitos deles). No ano seguinte, quando fiz o curso, me saí muito bem. Essa era uma excelente maneira de aprender: trabalhar nos problemas dos cursos mais adiantados e aprender a pronunciar os nomes das coisas e pessoas.

Eu gostava de ir a um lugar chamado Raymour and Playmore Ballroom — dois salões de baile interligados — nas noites de terça-feira. Meus colegas da fraternidade não frequentavam esses bailes "abertos". Preferiam os próprios bailes, aos quais levavam moças da alta sociedade a quem tinham sido apresentados da maneira "apropriada". Quando eu conhecia uma pessoa, não me importava de onde ela vinha ou qual era sua origem social, de modo que eu ia àqueles bailes, por mais que meus colegas os desaprovassem (na época eu estava no terceiro ano, e eles nada podiam fazer), e me divertia a valer.

Num desses bailes, dancei várias vezes com a mesma garota, e não falei muito. Por fim, ela me disse algo, mas não entendi direito suas palavras — ela tinha alguma dificuldade de elocução —, mas achei que ela queria dizer que eu dançava muito bem.

— Obrigado — respondi. — Foi um prazer dançar com você.

Fomos para uma mesa, onde estava uma amiga dela com o rapaz com quem tinha dançado, e ficamos ali, nós quatro. Era muito difícil ouvir uma das moças, e a outra era quase surda.

Quando as duas garotas conversavam entre si, faziam muitos sinais rápidos para a frente e para trás e resmungavam um pouco. Aquilo não me aborrecia. A garota dançava bem e era legal.

Depois de dançar mais um pouco, voltamos a nos sentar à mesa, e as duas recomeçaram a trocar sinais até que, enfim, ela dirigiu alguns sinais a mim, e entendi que ela queria que as levássemos a um certo hotel.

Perguntei ao outro rapaz se ele queria ir.

— *Por que* elas querem que a gente vá a esse hotel? — retrucou ele.

— Ah, não faço ideia. Não conseguimos conversar direito!

Mas eu não *precisava* saber. Era divertido ver o que iria acontecer. Era uma aventura!

O outro rapaz ficou com medo e disse que não iria. Assim, entrei com as duas garotas num táxi e fomos para o tal hotel, onde descobri que havia um baile organizado por pessoas surdas. Todos eles eram membros de um clube. Ali eu vim a saber que muitos eram capazes de perceber o ritmo da música o bastante para dançar e aplaudir a orquestra ao fim de cada número.

Aquilo era interessantíssimo! Eu tinha a sensação de estar em outro país, cujo idioma eu desconhecia. Eu podia falar, mas ninguém ouvia nada. Todo mundo ali usava a linguagem dos sinais para se comunicar, e eu não entendia patavina! Pedi à garota que estava comigo que me ensinasse alguns sinais e aprendi alguns, da mesma forma que uma pessoa aprende algumas palavras na língua do país que visita, só de brincadeira.

Todos pareciam alegres e descontraídos, fazendo sinais e sorrindo o tempo todo. Não mostravam nenhuma dificuldade para se comunicar entre si. Eles estavam falando uma língua que eu desconhecia por completo, com uma diferença: enquanto faziam sinais, eles estavam sempre virando a cabeça de um lado para outro. Logo entendi por quê. Quando alguém queria fazer um comentário, ou interromper outra pessoa, não podia dizer: "Um instante, fulano!" Só podia fazer um sinal, que o fulano não veria se não estivesse habituado a olhar ao redor o tempo todo.

As pessoas estavam totalmente à vontade umas com as outras. Ficar à vontade era um dos meus problemas. Foi uma experiência sensacional.

O baile durou um tempão, e, quando acabou, fomos a uma lanchonete. Todos pediam coisas apontando para elas. Lembro-me de alguém perguntar à minha garota, usando a linguagem de sinais, e ela responder "N-o-v-a Y-o-r-k" com as mãos. Ainda recordo de um cara me dizendo, com sinais, "moça simpática!". Ele ergueu o polegar e depois tocou numa lapela imaginária. É um sistema legal.

Todo mundo estava sentado, brincando uns com os outros e me recebendo em seu grupo com muita gentileza. Como eu queria comprar uma garrafa de leite, procurei o balconista e articulei a palavra "lei-te", sem emitir os sons.

O rapaz não entendeu.

Fiz com as mãos o símbolo de "leite": os dois punhos se movendo como se estivessem ordenhando uma vaca, mas ele continuou sem entender. Tentei apontar para o letreiro que indicava o preço do leite, e nada.

Então, um desconhecido pediu leite, e apontei para ele.

— Ah! Leite! — exclamou o balconista enquanto eu concordava com a cabeça.

O rapaz me passou a garrafinha de leite, e eu lhe disse:

— Obrigadíssimo!

— Seu engraçadinho! — respondeu ele, sorrindo.

Na época em que estudei no MIT, eu me divertia pregando peças nos outros. Certa vez, numa aula de desenho técnico, um engraçadinho pegou uma curva francesa (uma régua de curvas, feita de plástico, usada para traçar linhas curvas — um objeto curioso e engraçado) e disse:

— Fico sempre pensando se as curvas desse troço obedecem a alguma fórmula especial.

— Claro que sim — disse eu, após uma breve reflexão. — Essas curvas são muito especiais. Vou lhe mostrar. — Peguei minha curva francesa e comecei a girá-la devagar. — A curva francesa é construída de modo que, no ponto mais baixo de cada curva, em qualquer posição que ela estiver, a tangente seja horizontal.

Ouvindo isso, todos os estudantes da sala passaram a examinar sua curva francesa em diferentes posições, encostando o lápis no ponto mais baixo de cada curva e depois traçando uma linha imaginária, e descobrindo que, com efeito, a tangente era horizontal. Todos eles já estavam empolgados com a "descoberta" — embora já tivessem avançado até certo ponto no estudo de cálculo e "aprendido" que a derivada (tangente) do ponto mínimo (o mais baixo) de *qualquer* curva é zero (horizontal). Mas não juntavam dois mais dois. Nem sequer sabiam que "sabiam".

Não entendo qual é o problema com as pessoas: elas não aprendem por um processo de compreensão, mas de alguma outra forma — por memorização ou algo assim. O conhecimento delas é tão frágil!

Fiz o mesmo tipo de brincadeira quatro anos depois, em Princeton, quando estava conversando com uma pessoa experiente, um assistente de Einstein, que com toda certeza trabalhava continuamente com gravidade. Propus a ele um problema. Você viaja num foguete que leva um relógio a bordo. Há um outro relógio em terra. Você precisa voltar quando o relógio em terra indicar que já transcorreu uma hora. A ideia é que, ao voltar, o relógio no foguete indique um transcurso de tempo bem maior, o máximo possível. De acordo com Einstein, se você percorrer uma distância muito grande, seu relógio funcionará mais depressa, pois quanto mais alto estiver um objeto num campo gravitacional, mais depressa funcionará seu relógio. Mas, se você tentar subir demais, como só tem uma hora, terá de voar a uma velocidade tão grande que ela retardará. Por isso, não pode subir demais. Pergunta-se: qual é, exatamente, a velocidade e a altura que você deve programar para obter o máximo de tempo em seu relógio?

Esse assistente de Einstein quebrou a cabeça por um bocado de tempo antes de se dar conta de que a resposta é o movimento real da matéria. Se você dispara alguma coisa para o céu de maneira normal, de modo que o tempo que o objeto leva para subir e descer é de uma hora, esse é o movimento correto. É o princípio fundamental da gravidade de Einstein — ou seja, o que se chama de "tempo próprio" está em seu máximo na curva real. Mas, quando lhe expus o problema, falando de um foguete com um relógio, ele não o reconheceu — exatamente como os estudantes na aula de desenho técnico, mas dessa vez não se tratava de calouros tolos. Ou seja, esse tipo de fragilidade é, na verdade, bastante comum e acomete inclusive pessoas de alta formação.

Em meus dois últimos anos da faculdade, eu frequentava certo restaurante em Boston. Ia lá sozinho muitas vezes, várias noites seguidas. O pessoal da casa já me conhecia, e eu era servido sempre pela mesma garçonete.

Notei que os empregados estavam sempre apressados, correndo de um lado para outro, e um dia, só de brincadeira, deixei a gorjeta, que em geral era de dez centavos (um valor normal naquele tempo), em duas moedas de cinco centavos, cada uma delas debaixo de um copo: enchi cada um deles de água até a borda, joguei uma moeda dentro, pus um cartão em cima de cada um deles e virei-os de cabeça para baixo sobre a mesa. Em seguida, retirei os dois cartões (a água não vazou, porque o ar não entrava nos copos, cuja borda ficou colada à mesa).

Pus a gorjeta debaixo dos copos porque sabia que o pessoal do restaurante vivia correndo. Se a gorjeta fosse uma moeda de dez centavos dentro de um único copo, a garçonete, na pressa de arrumar a mesa para o próximo cliente, levantaria o copo, a água derramaria e isso seria o fim da brincadeira. Mas, sendo dois copos, o que ela faria com o segundo? Com certeza não teria coragem de levantá-lo também.

Ao me retirar, eu disse à minha garçonete: "Tenha cuidado, Sue. Os copos que você me deu são engraçados... Estão cheios até a borda e têm um buraco no fundo!"

Na noite seguinte, voltei ao restaurante e fui atendido por uma nova garçonete. A de sempre não quis saber de mim.

— Sue está muito zangada com você — disse-me a nova garçonete. — Depois que ergueu o primeiro copo e molhou o chão todo, ela chamou o patrão. Examinaram a mesa um pouco, mas, como não podiam passar a noite toda pensando no que fazer, por fim levantaram o outro copo e o chão se encheu de água *de novo*. Foi uma bagunça terrível. Depois disso, Sue ainda escorregou no molhado. *Todo mundo* está furioso com você.

Comecei a rir.

— Isso não tem nada de engraçado — ralhou ela. — Qual seria a *sua* reação se alguém fizesse isso com você? Como *você* reagiria?

— Eu pegaria um prato de sopa, empurraria o copo com muito cuidado até a borda da mesa e faria a água derramar dentro do prato... Não cairia um pingo no chão. Em seguida, pegaria a moeda.

— Ah... É uma boa ideia — disse a moça.

Naquela noite, pus a gorjeta debaixo de uma xícara de café, que deixei de cabeça para baixo na mesa.

Na noite seguinte, voltei ao restaurante e fui atendido pela mesma garçonete da véspera.

— Em que você estava pensando quando deixou a xícara de cabeça para baixo ontem?

— Bem, eu imaginei que, mesmo com pressa, você teria de ir à cozinha pegar um prato de sopa. Depois, teria de empurrar a xícara *de-va-gaaar* e com cuidado até a borda da mesa...

— Eu *fiz* isso — ela se queixou —, mas não havia água nela!

Minha obra-prima de traquinagem aconteceu na fraternidade. Certa manhã, acordei muito cedo, mais ou menos às cinco horas, e, como não consegui voltar a dormir, deixei o andar de dormitórios, desci as escadas e me deparei com alguns avisos, pendurados por barbantes, que diziam coisas como "PORTA! PORTA! QUEM ROUBOU A PORTA?". Vi que alguém tinha tirado uma porta das dobradiças e que no lugar delas pendurara um cartaz que dizia "FECHE A PORTA, POR FAVOR!" — o mesmo cartaz que antes ficava na porta desaparecida.

Percebi imediatamente o que havia acontecido. Um sujeito chamado Peter Bernays e alguns outros, muito estudiosos, usavam aquela sala e faziam questão de silêncio. Se um de nós entrasse ali à procura de alguma coisa ou para perguntar como tinham solucionado determinado problema, ao sair sempre os ouvia gritar: "Feche a porta, por favor!"

Sem dúvida alguém tinha se cansado disso e tirado a porta. Aquela sala, não sei por quê, tinha duas portas, o que me deu uma ideia: tirei a outra porta das dobradiças, desci as escadas com ela e a escondi no porão, atrás do tanque de óleo. Em seguida, voltei para meu quarto e me deitei de novo.

Mais tarde, fingi que só então estava acordando e desci um pouco mais tarde do que de costume. Os outros estudantes circulavam pelo prédio, e

Pete e seus amigos se mostravam aborrecidos: as portas da sala de estudos deles tinham sumido, assim não podiam estudar, blá-blá-blá. Eu ainda estava descendo a escada quando os ouvi perguntar:

— Feynman! Você tirou as portas?

— Tirei, sim! — respondi. — Eu tirei a porta. Vejam só os arranhões nos nós dos meus dedos. Arranhei as mãos nas paredes enquanto carregava a porta para o porão.

Eles não ficaram satisfeitos com a minha resposta. Na verdade, não acreditaram em mim.

Os camaradas que tiraram a primeira porta tinham deixado tantas pistas — a caligrafia nos cartazes, por exemplo — que logo foram descobertos. Minha intenção era que, uma vez descobertos os autores do roubo da primeira porta, todo mundo imaginasse que eles tinham tirado também a segunda. Foi isso mesmo o que aconteceu: os ladrões da primeira porta foram denunciados, acusados e criticados por todos até que, por fim, convenceram seus algozes de que só tinham tirado a primeira porta, por mais improvável que isso pudesse parecer.

Acompanhei tudo isso de longe, feliz da vida.

A segunda porta não foi encontrada por uma semana inteira, e para os rapazes que estudavam naquela sala tornou-se cada vez mais importante que ela fosse localizada.

Por fim, desejando resolver a questão, o presidente da fraternidade declarou durante um jantar:

— Temos de solucionar esse problema, o da outra porta. Não consegui, então gostaria de ouvir sugestões dos demais membros da fraternidade, pois Pete e os outros estão precisando estudar.

Alguém fez uma sugestão, logo seguida pela proposta de outro membro.

Passado algum tempo, levantei-me e fiz uma sugestão.

— Muito bem — falei, num tom sarcástico. — Seja você quem for, sabemos que é um ladrão de portas magnífico. Você é *muito* esperto! Não temos como saber sua identidade, então você deve ser uma espécie de supergênio. Você não precisa se identificar. Só queremos saber onde está a porta. Por isso, se você deixar um bilhete em algum lugar, dizendo onde está a porta, haveremos de respeitá-lo e declarar *para todo o sempre* que você é um grande gênio, que é *tão* esperto que foi capaz de levar a outra porta sem que pudéssemos imaginar quem possa ser. No entanto, pelo amor de Deus, deixe o bilhete em algum lugar e lhe seremos eternamente gratos.

Um colega fez a própria sugestão:

— Tenho outra ideia. Creio que o presidente da fraternidade deve pedir a cada um dos presentes que dê sua palavra de honra de que sumiu ou não com a porta.

O presidente declarou:

— Essa é uma *excelente* ideia. A palavra de honra de cada membro da fraternidade!

Em seguida, ele começou a rodear a mesa, perguntando aos presentes, um a um:

— Jack, *você* tirou a porta?

— Não, senhor. Não fui eu quem tirou a porta.

— Tim, *você* tirou a porta?

— Não, senhor. Não fui eu quem tirou a porta!

— Maurice, *você* tirou a porta?

— Não, senhor. Não fui eu quem tirou a porta!

— Feynman, *você* tirou a porta?

— Sim, senhor. Fui *eu mesmo* quem tirou a porta!

— Pare com isso, Feynman. Esse assunto é *sério*! Sam, foi você que tirou a porta...?

Todos responderam que não. Todo mundo ficou *chocado*. Era evidente que havia na fraternidade um *patife* que não dava o devido valor a sua palavra de honra!

Naquela noite, deixei um bilhete com uma imagem do tanque de óleo e a porta a seu lado. No dia seguinte, a porta foi encontrada e reposta no devido lugar.

Passado algum tempo, admiti novamente ter sido o culpado pela retirada da porta e todos me acusaram de mentiroso. Ninguém lembrava o que eu tinha dito. Só lembravam da conclusão a que tinham chegado depois que o presidente da fraternidade rodeou a mesa, fazendo a mesma pergunta a cada um: ninguém admitia ter tirado a porta. Lembravam-se da ideia, mas não das palavras.

É comum as pessoas me considerarem um embusteiro, mas normalmente eu sou honesto, de certa forma — de uma forma que muitas vezes faz as pessoas não acreditarem em mim!

LATIM OU ITALIANO?

Havia no Brooklyn uma estação de rádio italiana, a qual eu ouvia na infância sem parar. Adorava os sons ondulantes que chegavam a mim, como se eu estivesse no oceano e as ondas não fossem grandes. Ficava sentado ali, deixando que a água e aquelas lindas palavras italianas passassem por mim. Nos programas italianos havia sempre uma questão de família, mostrado por meio de discussões entre a mãe e o pai:

Voz aguda: "*Nio teco TIEto capito TUtto...*"

Voz grave e baixa: "*DRO tone pala TUtto!!*" (Seguido de palmas.)

Era fantástico! Aprendi a reproduzir todas aquelas emoções: eu sabia chorar, sabia rir; fazia tudo aquilo. O italiano é um idioma lindo.

Perto de nós, em Nova York, moravam muitos italianos. Às vezes, quando eu estava andando de bicicleta, um motorista de caminhão se enfezava comigo, metia a cabeça para fora da boleia, fazia gestos e gritava alguma coisa como "*Me aRRUcha LAMpe etta TIche!*"

Eu me sentia um ignorante. O que ele estava dizendo? Eu não sabia o que gritar de volta.

Na escola, perguntei a um colega italiano o que era aquilo, e ele respondeu: "Diga apenas '*A te! A te!*', que significa 'O mesmo pra você!'."

Achei aquilo uma grande ideia. Eu devolveria os insultos — "*A te! A te!*" — e também faria gestos, é claro. Quando ganhei confiança, dei um passo à frente. Se eu estava andando de bicicleta e uma senhora, de carro, me fechava, eu bradava: "*PUzzia a la maLOche!*" — e ela se encolhia toda! Um menino italiano lhe lançara uma maldição assustadora!

Não era fácil reconhecer minhas manifestações como falso italiano. Certa vez, quando estudava em Princeton, eu estava entrando de bicicleta no estacionamento do Laboratório Palmer quando alguém me cortou. Minha reação era sempre a mesma: eu fazia um gesto para a pessoa, gritava "*oREzze caBONca MIche!*" — e batia o dorso da mão na outra.

E, quase no fim de um longo gramado, havia um jardineiro italiano cuidando das plantas. Ele parava, acenava e gritava, alegremente: "*REzza ma Lia!*"

Eu gritava de volta: "*RONte BALta!*", retribuindo a saudação. Ele não sabia que eu não sabia o que ele dissera. Nem ele sabia o que eu tinha dito. Mas estava tudo bem! Era fantástico! Afinal, quando escutavam a entonação, eles percebiam imediatamente que eu estava falando italiano... Talvez eu falasse o idioma de Milão, e não o de Roma, como ia saber? Seja como for, eu era italiano! Por isso me dava bem. Mas precisava falar com absoluta autoconfiança. Era só falar com firmeza que nada acontecia.

Uma vez cheguei da faculdade para passar as férias em casa e encontrei minha irmã mergulhada em tristeza, quase chorando: seu grupo de bandeirantes ia dar um banquete de pais e filhas, mas nosso pai estava viajando, vendendo uniformes. Por isso, eu disse a ela que a levaria (sou nove anos mais velho, de modo que a ideia não era absurda).

Ao chegarmos ao local do banquete, sentei-me com os pais durante algum tempo, mas logo me cansei deles. Todos tinham levado as filhas àquela festa tão simpática, mas só falavam da bolsa de valores — não sabiam o que dizer aos próprios filhos, quanto mais aos amigos de seus filhos.

Durante o banquete, as meninas apresentaram números diversos, como pequenos esquetes, poemas etc. De repente, porém, apareceram com umas roupas curiosas, uma espécie de avental com um buraco no meio para ser enfiado em torno da cabeça, e anunciaram que tinha chegado a hora em que seriam os *pais* que apresentariam um número.

Assim, cada pai teve de se levantar, meter a cabeça pelo buraco da vestimenta e dizer alguma coisa. Um deles declamou uns versinhos infantis, mas de modo geral ninguém sabia o que fazer. Eu também não sabia o que fazer, mas quando chegou a minha vez anunciei que declamaria um pequeno poema e lamentava que ele não fosse em inglês, mas tinha certeza de que todas elas o apreciariam:

A TUZZO LANTO
Poici di Pare

TANto SAca TULna TI, na PUta TUchi PUti TI la.
RUNto CAta CHANto CHANta MANto CHI la TI da.
YALta CAra SULda MI la CHAta PIcha PIno Tito BRALda pe te CHIna nana
    CHUNda lala CHINda lala CHUNda!
RONto piti CA le, a TANto CHINto quinta LALda
O la TINta dalla LALta, YENta PUcha lalla TALta!

    O poema tinha três ou quatro estrofes, passava por todas as emoções que eu tinha ouvido na rádio italiana, e as meninas ficaram boquiabertas, rolando de rir, felicíssimas.

    Terminada a festa, a monitora das bandeirantes e uma professora vieram falar comigo e disseram que estavam curiosas a respeito de meu poema. Uma delas achava que a língua em que eu o declamara era o italiano, enquanto a outra afirmava que era latim. A professora me perguntou:

— Quem é que tem razão?

— A senhora vai ter de perguntar às meninas — respondi. — Elas entenderam na mesma hora e sabem qual era o idioma.

SEMPRE TENTANDO FUGIR

Quando estudava no MIT, eu só me interessava por ciência, e não me destacava em nada mais. Entretanto, havia uma regra na instituição: os alunos tinham de fazer alguns cursos de humanidades, para adquirir mais "cultura". Além das aulas obrigatórias de inglês, devíamos cursar duas disciplinas eletivas. Examinei a lista, e meus olhos logo se fixaram em astronomia — estava listada na área de *humanidades*! Assim, naquele ano eu me dei bem escolhendo a matéria. No ano seguinte, voltei a examinar a lista, passando pela literatura francesa e cursos semelhantes, e parei na filosofia. Era o tema mais próximo à ciência que consegui encontrar.

Antes de lhes contar o que aconteceu na filosofia, quero relatar algo sobre as aulas de inglês. Tínhamos de escrever sobre vários temas. Por exemplo, Mill havia escrito um texto sobre a liberdade, e devíamos comentar o assunto, mas, em vez de escrever sobre a liberdade *política*, como fez Mill, escrevi sobre a liberdade em ocasiões sociais — o problema de ter de simular e mentir para ser cortês, além do fato de que esse jogo perpétuo de enganação em situações sociais acarreta a "destruição da fibra moral da sociedade". Uma questão interessante, mas *não* a que devíamos abordar.

Outro ensaio que tivemos de comentar foi "Sobre um pedaço de giz", de Thomas Huxley, no qual o biólogo britânico discorre sobre um pedaço de giz comum que ele tem na mão, constituído de restos de ossos de animais, e sobre as forças do interior do planeta que o soergueram até que ele viesse a fazer parte dos Penhascos Brancos de Dover, de onde foi extraído para ser usado na transmissão de ideias por meio de palavras escritas na lousa

Mais uma vez, entretanto, em vez de comentar o ensaio que nos fora recomendado, escrevi uma paródia intitulada "Sobre um grão de poeira", que falava de como a poeira produz as cores do crepúsculo, precipita a chuva etc. Fui sempre um farsante, sempre à procura de uma rota de fuga.

No entanto, quando tivemos de escrever um trabalho dissertativo sobre o *Fausto*, de Goethe, não houve jeito. A obra era longa demais para ser parodiada ou para que eu inventasse qualquer outra coisa. Eu caminhava de um lado para outro na fraternidade, dizendo:

— Não *consigo* fazer isso. Não *vou* fazer isso. Não vou!

— Tudo bem, Feynman — disse um de meus colegas. — Você não vai fazer isso. Mas o professor há de imaginar que você não apresentou nada porque não quer fazer o trabalho. Você precisa escrever uma dissertação sobre *alguma coisa*, com o mesmo tamanho pedido, e entregá-la com uma nota dizendo que você simplesmente não compreendeu *Fausto*, que não tem coragem de abordar o assunto e que é incapaz de escrever um texto sobre ele.

Foi o que fiz. Escrevi um longo texto intitulado *Sobre as limitações da razão*, na qual refletia sobre técnicas científicas para resolver problemas e sobre a existência de certas limitações: os valores morais não podem ser decididos por métodos científicos, blá-blá-blá e assim por diante.

Em seguida, um colega de outra fraternidade me deu mais um conselho.

— Feynman, isso não vai dar certo, entregar um trabalho que não tem nada a ver com o *Fausto* — avisou ele. — O que você deveria fazer era pegar isso que você escreveu e dar um jeito de *inserir* no *Fausto*.

— Isso é ridículo — respondi.

Entretanto, os demais colegas da fraternidade acharam que aquela era uma boa ideia.

— Está certo, está certo! — concordei a contragosto. — Vou tentar.

Por isso, acrescentei meia página ao que já tinha escrito, dizendo que Mefistófeles representa a razão, enquanto Fausto representa o espírito, e Goethe estava tentando mostrar as limitações da razão. Dei umas mexidas no texto, meti mais coisas nele e entreguei.

O professor nos chamou, um a um, para que justificássemos nosso trabalho. Quando chegou a minha vez, estava esperando pelo pior.

— A introdução está boa — disse ele —, mas o material sobre o *Fausto* é um tanto breve demais. Afora isso, o trabalho está ótimo. Nota 8,5.

Eu tinha escapado de novo!

Agora vou falar da matéria de filosofia. O curso era dado por um professor idoso, chamado Robinson, que não falava, murmurava. Eu assistia às aulas, ele resmungava, e eu não compreendia *nada*. Parecia que os demais alunos entendiam melhor, mas eles não prestavam a menor atenção. Eu tinha uma pequena broca, de 1,5 milímetro de diâmetro, e, para passar o tempo durante a aula, ficava brincando com ela entre os dedos e abrindo furos nas solas dos sapatos, semana após semana.

Por fim, certo dia, quando a aula já chegava ao fim, o professor Robinson grunhiu alguma coisa como "unga cunga unga cunga cunga..." e todo mundo se animou! Todos os meus colegas se puseram a falar e a discutir uns com os outros, de modo que imaginei que o mestre tivesse dito alguma coisa interessante, graças a Deus! O que teria sido?

Perguntei a alguém, e me disseram:

— Temos de escrever um artigo e entregá-lo daqui a quatro semanas.

— Sobre o quê?

— Sobre o que ele esteve falando o ano todo.

Gelei. A única coisa que eu tinha ouvido durante todo aquele curso e de que me lembrava era um momento em que percebi uma ressurgência de águas profundas, "ungacungafluxodeconsciênciaungacunga", e *fiiiiu!*, tudo voltou a afundar no caos.

Esse "fluxo de consciência" me fez lembrar de um problema que meu pai me pedira para resolver muitos anos antes. Ele dissera: "Suponha que os marcianos estivessem a caminho da Terra, e que nunca dormissem, ficando eternamente ativos. Suponha também que eles não conhecessem esse nosso hábito, muito curioso, chamado dormir. Por isso, eles lhe fazem uma pergunta: 'O que é que uma pessoa *sente* quando dorme? O que *acontece* quando você dorme? Seus pensamentos se interrompem de repente ou se retardam caaada veeezzz maaaaaaaaaaiiiiisss? Como é, exatamente, que a mente se desliga?'"

Na época, fiquei interessado. Desta vez, tinha de responder à seguinte pergunta: como é que o fluxo de consciência *termina* quando a gente vai dormir?

Assim, todas as tardes, nas quatro semanas seguintes, eu me dedicava ao meu texto. Fechava as cortinas do quarto, apagava as luzes e ia dormir. E observava o que *acontecia* quando ia dormir.

Depois, de noite, eu ia dormir de novo, de modo que podia fazer observações duas vezes por dia — era ótimo.

No começo, notei uma porção de coisas subsidiárias que tinham muito pouco a ver com o adormecimento. Reparei, por exemplo, que eu pensava bastante em meus diálogos internos. Também podia imaginar coisas visualmente.

A seguir, percebi que, quando começava a me cansar, conseguia pensar em duas coisas ao mesmo tempo. Descobri isso quando conversava internamente comigo mesmo sobre alguma coisa e, *enquanto* fazia isso, eu imaginava preguiçosamente duas cordas presas aos pés da minha cama, passando por algumas polias e se enrolando em um cilindro giratório, erguendo a cama devagar. Eu não tinha *consciência* de estar imaginando essas cordas até começar a ter medo de que elas se emaranhassem e não fossem enroladas corretamente pelo cilindro. Mas eu dizia internamente "Ah, a tensão vai cuidar desse problema", e isso interrompia meu primeiro pensamento e me fazia perceber que eu estava pensando em duas coisas ao mesmo tempo.

Percebi também que, à medida que adormecemos, as ideias continuam, mas ficam cada vez menos interconectadas no aspecto lógico. Só *notamos* que elas não estão logicamente interconectadas quando nos perguntamos: "O *que* foi que me fez pensar nisso?" Tentamos trilhar o caminho de volta e muitas vezes não conseguimos lembrar o que foi, afinal, que nos levou a pensar aquilo!

Por isso, somos tomados pela *ilusão* de uma conexão lógica, mas a verdade é que nossos pensamentos ficam cada vez mais absurdos até se tornarem totalmente incoerentes, e depois disso adormecemos.

Depois de quatro semanas de sono contínuo, escrevi a dissertação e expliquei as observações que tinha feito. No final do trabalho, frisei que todas essas observações tinham sido feitas enquanto eu me *via* adormecer, e eu na verdade não sei como é adormecer quando *não* estou a me observar. Encerrei a dissertação com uma quadrinha que inventei e que destacava esse problema da introspecção:

Fico imaginando por quê. Fico imaginando.
Fico imaginando por que imagino.
Fico imaginando por que *fico imaginando*

Fico imaginando por que imagino!

Entregamos nossos trabalhos, e na aula seguinte o professor lê para a turma uma delas: "Mum mum unga mum mum..." Fico sem saber o que a pessoa escreveu.

Depois ele lê outro: "Unga cunga mum mum cunga cunga..." Fico sem saber também o que esse colega escreveu, mas, terminado o texto, ele continua:

Uuu cunga uuu. Uuu cunga uuu.
Uuu cunga cunga cunga.
Fico cunga uuu *cunga uuu*
Uuu cunga cunga cunga.

"Ahhh!", penso comigo. "Essa é o *meu* trabalho!" Sinceramente, só então eu a reconheci.

Depois de ter feito aquele trabalho, não perdi a curiosidade e continuei a me observar enquanto adormecia. Certa noite, enquanto sonhava, percebi que estava observando a mim mesmo no sonho. Eu mantinha o processo de observação até mesmo durante o sono!

Na primeira parte do sonho, eu estava em cima de um vagão de trem que se aproximava de um túnel. Fiquei com medo, estendi-me sobre o vagão e entramos no túnel — *fuuuu!* Penso comigo: "Quer dizer que você tem a sensação de medo e consegue perceber a mudança no som quando entra no túnel."

Notei também que eu conseguia distinguir cores. Já tinham me dito que a gente sonhava em preto e branco, mas isso não era verdade, pois eu estava sonhando em cores.

Nessa altura, estou no interior de um dos vagões de passageiros e sinto o movimento do trem. Penso comigo: "Então, a gente tem sensações cinestésicas num sonho!" Caminho com certa dificuldade até o fim do vagão e vejo um janelão, que me lembra uma vitrine de loja. Atrás dele, não estão manequins, mas três moças reais e de maiô, e muito bonitas!

Passo para o vagão seguinte, segurando nas alças presas ao teto, e penso comigo: "Ei! Seria interessante experimentar uma excitação... do gênero sexual... por isso vou voltar para o outro vagão." Descobri que podia dar meia-

-volta e retornar pelo trem — podia controlar a direção de meu sonho. Volto para o vagão que tinha a janela-vitrine e vejo três velhotes tocando violinos —, mas voltaram a ser moças! Ou seja, eu era capaz de mudar a direção do sonho, mas de modo imperfeito.

Bem, comecei a ficar excitado, intelectual e sexualmente, dizendo coisas como "Uau! Está dando certo!", e acordei.

Tinha feito outras observações enquanto sonhava. Além de me perguntar, sem parar, "Estou *mesmo* sonhando em cores?", eu pensava: "Com que precisão eu vejo as coisas?"

No sonho seguinte, havia uma garota ruiva deitada em uma relva alta. Tentei distinguir *cada* fio de seu cabelo. Como se sabe, existe uma pequena área de cor no ponto em que a luz do sol reflete — o efeito de difração, e eu podia ver *isso*! Via cada fio de cabelo com muita nitidez: minha visão era perfeita!

Em outra ocasião, tive um sonho no qual havia uma tachinha metálica cravada no batente de uma porta. Eu via a tachinha e ao correr o dedo pela superfície conseguia tateá-la. Ou seja, aparentemente o "departamento visual" e o "departamento táctil" do cérebro estavam conectados. Em seguida, pensei: Será possível que esses dois departamentos possam *não* estar necessariamente interligados? Olhei para o batente de novo, e não havia tachinha. Corri o dedo pelo batente e pude *senti-la*!

Em outra ocasião, eu estava sonhando e escutei sons de batidas numa porta. Alguma coisa estava acontecendo no sonho que provocava aquela série de batidas, audíveis mas imperfeitas. Havia nelas algo de esquisito. Pensei: "Tenho certeza de que essas batidas estão vindo *de fora* do sonho, e inventei essa parte do sonho para justificá-las. *Tenho* de acordar e descobrir que diabos está acontecendo."

As batidas continuaram, eu acordei e... silêncio completo. Nada se ouvia. Ou seja, elas não estavam conectadas ao mundo exterior.

Outras pessoas já me disseram ter incorporado ruídos reais a seus sonhos, mas, quando passei por essa experiência, "vigiando de baixo" com todo cuidado, *convicto* de que o som vinha de fora do sonho, na verdade ele não vinha.

Na época em que eu fazia observações de meus sonhos, o momento de despertar me provocava um pouco de medo. Quando estamos começando a acordar, há um momento em que nos sentimos rígidos e presos à cama ou debaixo de muitos colchões empilhados. É difícil explicar, mas chega um momento em que a gente tem a sensação de que não conseguirá sair dali; não temos certeza de que seremos capazes de despertar. Por isso eu teria de reconhecer — depois de acordado — que aquilo era ridículo. Não conheço nenhuma doença em que a pessoa adormece naturalmente e não consegue acordar. Você pode *sempre* acordar. E depois de dizer isso a mim mesmo muitas vezes, passei a sentir cada vez menos medo e, na verdade, descobri que o processo de acordar é até emocionante. É mais ou menos como uma montanha-russa: depois de algum tempo, a pessoa já não sente medo e começa a apreciar um pouco a experiência.

Talvez vocês queiram saber como foi que esse processo de observar meus sonhos chegou ao fim (o que, de modo geral, de fato aconteceu, pois desde então só voltou a acontecer umas poucas vezes). Certa noite eu estava sonhando, como de costume, fazendo observações, e avistei uma flâmula na parede diante de mim. Declarei pela 25ª vez: "Isso, estou sonhando em cores." Nesse momento me dei conta de ter dormido com a parte posterior da cabeça comprimida contra uma haste redonda de metal. Levo a mão à cabeça e percebo que a parte posterior está *mole*. Penso comigo: "Ah! Foi por *isso* que pude fazer todas aquelas observações sobre meus sonhos: a haste de metal perturbou meu córtex visual. Tudo que preciso fazer é dormir com uma haste de metal debaixo da cabeça, e vou poder fazer observações como essas sempre que quiser. Por isso, vou parar com as observações por hoje, para ter um sono mais profundo."

Mais tarde, quando acordei, não havia haste de metal alguma, nem minha cabeça estava mole. Eu devia estar cansado de fazer aquelas observações, e meu cérebro tinha inventado umas falsas razões para que eu parasse com aquilo.

Em decorrência dessas observações, comecei a formular uma pequena teoria. Um dos motivos pelos quais eu gostava de observar meus sonhos era a curiosidade de saber como é possível ver, de olhos fechados, uma imagem — de uma pessoa, por exemplo. Alguém dirá que se trata de descargas nervosas aleatórias e irregulares, mas, quando estamos dormindo, o sistema nervoso não tem como gerar imagens com os mesmos detalhes sutis de quando estamos despertos olhando para alguma coisa. Nesse caso, como eu conseguia "ver" em cores e com detalhes mais vivos quando dormia?

Concluí que, sem dúvida, devia haver um "departamento de interpretação". Quando estamos olhando algo diretamente — uma pessoa, uma luminária ou uma parede —, não avistamos apenas manchas de cores. Alguma coisa nos diz de que se trata; o que é visto precisa ser interpretado. Quando sonhamos, o departamento de interpretação continua a funcionar, mas de forma duvidosa. Ele nos informa que estamos vendo uma cabeleira humana de maneira incrivelmente detalhada, mas isso não é verdade. Ele está interpretando o lixo aleatório que chega ao cérebro como uma imagem nítida.

Mais uma coisa em relação aos sonhos. Eu tinha um amigo chamado Deutsch, cuja mulher pertencia a uma família de psicanalistas de Viena. Certa noite, durante uma longa discussão a respeito de sonhos, ele disse que os sonhos tinham significado: eles apresentam símbolos passíveis de interpretação psicanalítica. Eu não acreditava em quase nada disso, mas naquela noite tive um sonho interessante: estávamos disputando um jogo em uma mesa de sinuca com três bolas — uma branca, uma verde e uma cinza —, e o nome do jogo era "maminhas". Havia um detalhe em relação às tentativas de lançar as bolas nas caçapas: era fácil fazer isso com a bola branca e com a verde, mas era difícil encaçapar a cinza.

Ao acordar, percebi que era facílimo interpretar aquele sonho: o próprio nome do jogo já denunciava, evidentemente, que ele tinha a ver com mulheres! A bola branca também não oferecia nenhum mistério, porque eu estava saindo clandestinamente com uma mulher casada que trabalhava como caixa numa lanchonete e usava uniforme branco. A bola verde também era fácil, pois duas noites antes eu tinha visto um filme num *drive-in* com uma garota que usava um vestido verde. Mas a bola cinza... O que ela poderia significar? Eu sabia que essa bola *estava* representando *alguém*. Eu *sentia* isso. Era a mesma sensação que a gente tem quando tenta lembrar um nome que está na ponta da língua, mas não consegue atinar com ele.

Metade do dia se passou antes que eu lembrasse que tinha me despedido de uma garota de quem gostava muito, que tinha viajado para a Itália dois ou três meses antes. Era uma garota legal, e eu tinha resolvido que quando voltasse iria querer sair com ela de novo. Não sei se ela usava uma roupa cinza, mas ficou bem claro, assim que pensei nela, que ela era a bola cinza.

Procurei meu amigo Deutsch e lhe disse que ele devia ter razão — a análise dos sonhos *fazia* sentido. Mas, quando lhe falei de meu sonho interessante, ele contestou: "Não, essa sua explicação está perfeita demais — muito óbvia. Em geral é preciso fazer uma análise mais detida."

O PESQUISADOR-CHEFE DE QUÍMICA DA METAPLAST CORPORATION

Depois de terminar meu curso no MIT, resolvi arranjar um emprego de verão. Já me candidatara duas ou três vezes ao Bell Labs e tinha feito algumas visitas à empresa. A cada vez que eu ia lá, Bill Shockley, que me conhecia do laboratório no MIT, me mostrava vários setores do local. Eu ficava extasiado durante essas visitas, mas nunca consegui trabalhar lá.

Alguns de meus professores tinham me dado cartas de recomendação para duas empresas. Uma delas era a Bausch and Lomb Company, onde eu traçaria raios através de lentes; a outra era a Electrical Testing Labs, em Nova York. Na época, as pessoas não sabiam sequer o que era um físico, e a indústria não oferecia empregos a físicos. Engenheiros, tudo bem, mas físicos... Ninguém sabia nem mesmo o que eles faziam. É interessante notar que em pouco tempo, depois da guerra, a situação se inverteu: todas as empresas queriam físicos. No entanto, no período final da Depressão eu era um físico que ninguém queria contratar.

Mais ou menos nessa época, encontrei na praia de Far Rockaway um amigo de infância, com quem fora criado. Tínhamos sido colegas de escola aos onze ou doze anos e ainda éramos bons amigos. Tanto eu quanto ele nos interessávamos por ciência. Tanto eu quanto ele tínhamos um "laboratório". Passávamos muito tempo juntos, falando de nossos interesses.

Fazíamos números de mágica — mágica química — para nossos colegas. Esse meu amigo tinha muito jeito para o teatro, e eu também gostava de me exibir. Fazíamos nossos números usando uma mesinha com dois bicos de Bunsen, um de cada lado, que ficavam acesos o tempo todo. Nesses bicos, aquecíamos discos de vidro com iodo, o que produzia um belo vapor roxo que subia de ambos os lados da mesa durante o espetáculo. Era uma beleza! Fazíamos muitos truques, como transformar "vinho" em água e outras mudanças de cores usando substâncias químicas. No encerramento do espetáculo, fazíamos um truque que lançava mão de uma coisa que tínhamos descoberto. Sem que ninguém visse, eu molhava as mãos, primeiro com água e depois com benzina. Em seguida, encostava uma das mãos, "acidentalmente", num bico de Bunsen, e essa mão pegava fogo. Batia uma mão na outra, e as duas mãos se incendiavam. (Não doía porque a benzina queima depressa, e a água mantinha as mãos frias.) Eu agitava as mãos, correndo de um lado para outro, gritando "FOGO, FOGO!", e o pessoal se assustava. Saíam correndo da sala, e com isso terminava o espetáculo!

Mais tarde, contei essa história para meus colegas de fraternidade no MIT, e eles disseram:

— Essa não! Isso não pode ser verdade!

(Eu sempre tinha esse problema de precisar demonstrar para aqueles caras alguma coisa em que eles não acreditavam — como a vez em que discutimos se a urina saía da pessoa simplesmente por gravidade, e fui obrigado a demonstrar que isso não era verdade, provando que se pode urinar de cabeça para baixo. Ou a vez em que alguém afirmou que ingerir aspirina e Coca-Cola ao mesmo tempo provocava um desmaio imediato. Eu disse que achava isso uma grande besteira e me dispus a fazer eu mesmo uma demonstração: ingerir uma aspirina com a bebida. Mas aí eles começaram a discutir se a aspirina devia ser engolida antes, junto ou dissolvida na Coca. Por isso engoli seis comprimidos de aspirina e tomei três refrigerantes, tudo em seguida. Primeiro engoli duas aspirinas e, em seguida, tomei uma Coca; depois dissolvi duas aspirinas num copo com a bebida; e, por fim, tomei uma Coca e, depois, engoli duas aspirinas. A cada vez, os tolos que acreditavam naquela baboseira ficavam ao meu redor, prontos para me amparar quando eu desmaiasse. Porém, nada aconteceu. Lembro-me de não ter dormido muito bem naquela noite. Levantei-me, resolvi uma porção de problemas e estudei algumas fórmulas da chamada função zeta de Riemann.)

— Muito bem, meus amigos — disse eu a eles. — Vamos arranjar um pouco de benzina.

Quando trouxeram a benzina, meti a mão sob a torneira da pia, molhei-a com benzina, encostei nela um fósforo aceso... e a dor foi insuportável! O problema era que agora haviam crescido *pelos* no dorso de minhas mãos, que atuavam como pavios e mantinham a benzina no lugar enquanto ela queimava, e no tempo da escola fundamental minhas mãos não tinham pelos. Aliás, depois que *fiz* a experiência para meus colegas de fraternidade do MIT, os pelos da minha mão também sumiram.

Bem, meu amigo e eu nos encontramos na praia, e ele disse que conhecia um processo para revestir plásticos com metal. Eu contestei, dizendo que isso era impossível, porque, não havendo condutividade, não se poderia prender um metal ao plástico. Mas ele argumentou que podia metalizar qualquer substância, e ainda me lembro que pegou um caroço de pêssego que estava na areia e, para me impressionar, disse que poderia revestir *aquilo* de metal.

Mas bom mesmo foi que ele me ofereceu um emprego em sua pequena empresa, que ficava no último andar de um edifício em Nova York. A empresa tinha apenas quatro pessoas. Quem estava entrando com o capital era o pai dele, o "presidente" da companhia, enquanto meu amigo era o "vice-presidente". Havia ainda outro sujeito, que era o vendedor, e eu seria o "pesquisador-chefe de química", enquanto o irmão de meu amigo, um rapaz pouco ilustrado, era o lavador de garrafas. Tínhamos seis banhos de metais.

O processo de revestimento do plástico consistia no seguinte: primeiro, depositava-se a prata no objeto mediante precipitação do metal contido num banho de nitrato de prata, junto com um agente redutor (tal como se fabrica um espelho); depois, punha-se o objeto, com a prata atuando como condutor, num banho de eletrogalvanização, e o objeto ficava folheado a prata.

Restava um problema: a prata aderia ao objeto?

Não. Ela se soltava facilmente. Por isso havia um passo intermediário que fazia a prata grudar com firmeza no objeto. Meu amigo tinha descoberto que, em certos casos, como no da baquelite — um plástico importante naquele tempo —, se o material fosse previamente submetido a um jateamento com areia e logo passasse algumas horas mergulhado em hidróxido estanoso, que penetrava em seus poros, a prata ia aderir muito bem à superfície.

Entretanto, o processo só funcionava com alguns tipos de plástico, e a cada momento surgiam novos tipos, como o metil metacrilato, também conhecido como acrílico, que de início não conseguíamos metalizar diretamente. O acetato de celulose, muito barato, era outro plástico que no começo não tínhamos como metalizar, mas acabamos descobrindo que metalizava muito bem se fosse submetido a um breve tratamento com hidróxido de sódio, antes da aplicação do cloreto estanoso.

Tive bastante sucesso como "químico" na empresa. Minha vantagem era que meu amigo não sabia nada sobre o assunto; não tinha feito experiências e só sabia fazer as coisas uma vez. Comecei a trabalhar usando muitas amostras diferentes de plástico, que punha em garrafas nas quais despejava depois todo tipo de produto químico. Experimentando tudo e registrando todas as experiências, descobri meios de metalizar uma faixa de plástico bem maior.

Consegui também simplificar o processo. Depois de consultar alguns livros, troquei o agente redutor, a glicose, por formaldeído. Assim, era possível recuperar 100% da prata de imediato, em vez de ter de recuperá-la em solução, posteriormente.

Consegui também que o hidróxido estanoso se dissolvesse em água, mediante o acréscimo de um pouco de ácido hidroclorídrico — algo de que me lembrava por causa de um curso de química na faculdade —, e assim reduzi à duração de cinco minutos uma etapa que antes consumia *horas*.

Minhas experiências eram sempre interrompidas pelo vendedor, que não parava de trazer amostras de plástico dadas por um possível cliente. Eu já tinha alinhado todas aquelas garrafas, com tudo registrado, quando, de repente, escutava um grito: "Você tem de parar essa experiência para fazer um 'supertrabalho' para o departamento de vendas!" Por isso, muitas de minhas experiências precisaram ser recomeçadas.

Certa vez nos metemos num problema sem tamanho. Um artista plástico estava trabalhando na produção de uma imagem para a capa de uma revista de automóveis. Tinha construído uma roda de material plástico com todo cuidado e, como nosso vendedor havia dito a ele que podíamos metalizar qualquer coisa, queria que metalizássemos a parte central da roda, dando-lhe um brilho prateado. Mas a roda era feita de um plástico novo que não sabíamos bem como metalizar. O fato era que o vendedor não tinha a menor ideia do que éramos *capazes* de fazer e estava sempre prometendo coisas. Nosso trabalho não deu certo na primeira tentativa. Para consertá-lo, tínhamos de retirar a prata que fora aplicada, e não conseguíamos fazer isso direito. Resolvi então empregar ácido nítrico concentrado — e ele realmente retirou a prata, mas também abriu buracos no plástico. *Dessa* vez ficamos mesmo em apuros! Verdade seja dita, muitas vezes nos vimos nessa situação...

Os outros integrantes da empresa decidiram que devíamos publicar anúncios na revista *Modern Plastics*. Algumas coisas que tínhamos metalizado estavam com ótimo aspecto. Pareciam bonitas nos anúncios. Tínhamos também algumas coisas na vitrine junto da entrada da empresa, para que possíveis clientes vissem, mas ninguém podia pegar os objetos usados nos anúncios ou expostos na vitrine para conferir se a metalização era durável. Talvez alguns desses trabalhos fossem realmente bons, mas tinham sido feitos com um cuidado especial. Não eram exemplos de nossa produção normal.

Deixei a empresa no fim do verão para estudar em Princeton, e pouco depois ela recebeu uma boa proposta de alguém que queria metalizar canetas de plástico. Assim, as pessoas poderiam adquirir canetas prateadas leves, fáceis de usar e baratas. As canetas foram um sucesso comercial, e, sabendo de onde elas tinham vindo, foi emocionante ver gente por toda parte as usando.

No entanto, a empresa não tinha muita experiência com o material — ou, talvez, com o reforço que era usado no plástico (a maior parte dos plásticos não é pura; eles têm um "reforço" — que naquele tempo não se sabia como controlar muito bem) —, e os objetos metalizados acabavam apresentando bolhas. Quando se tem nas mãos um objeto com uma pequena bolha que começa a descascar, é impossível parar de mexer. Ou seja, todo mundo estava mexendo nas bolhas e descascando as canetas.

Agora a empresa enfrentava uma *emergência*: tinha de dar um jeito para que as canetas não descascassem. Meu amigo concluiu que precisava de um microscópio potente e coisas desse tipo. Não sabia o que iria examinar, ou por quê, e essa pesquisa de araque custou um bom dinheiro à empresa. O resultado foi um grande pepino: não resolveram o problema, e a empresa faliu, pois seu primeiro grande negócio acabou sendo um fracasso completo.

Anos depois, eu estava em Los Alamos, onde havia um homem chamado Frederic de Hoffman, uma espécie de cientista que, além disso, era um notável administrador. Não tinha grande formação, mas gostava de matemática e se esforçava bastante, compensando com trabalho intenso sua formação deficiente. Mais tarde ele se tornou presidente ou vice-presidente da

General Atomics e, depois disso, um grande nome da indústria. Mas naquela época ele era apenas um rapaz de muita energia, alerta e entusiasmado, que contribuía para o Projeto Manhattan da melhor forma que podia.

Um dia, estávamos comendo no Fuller Lodge quando ele me disse que estivera trabalhando na Inglaterra antes de vir para Los Alamos.

— Que tipo de trabalho você fazia lá? — perguntei.

— Trabalhei num processo de metalização de plásticos. Eu era um dos pesquisadores no laboratório.

— E vocês tiveram êxito?

— A coisa estava até indo bem, mas tivemos alguns problemas.

— Ah...

— Quando estávamos começando a desenvolver nosso processo, uma empresa de Nova York...

— *Qual* empresa de Nova York?

— O nome era Metaplast Corporation. Ela estava à nossa frente.

— Por que vocês pensavam isso?

— Eles publicavam anúncios frequentes na *Modern Plastics*, e eram anúncios de página inteira que mostravam tudo o que metalizavam, e percebemos que eles estavam bem à nossa frente.

— Vocês tinham alguma amostra do trabalho deles?

— Não, mas pelos anúncios dava para ver que estavam muito além do que podíamos fazer. Nosso processo era bastante interessante, mas não adiantava tentar competir com um processo americano como aquele.

— Quantos químicos trabalhavam no laboratório de vocês?

— Seis químicos.

— Quantos químicos você acha que a Metaplast Corporation tinha?

— Ah, eles deviam ter um departamento de química *de verdade*!

— Você poderia me dizer como imagina o pesquisador-chefe de química da Metaplast Corporation e o funcionamento do laboratório da empresa?

— Acredito que eles tivessem de 25 a cinquenta químicos, e que o chefe da pesquisa tivesse a própria sala... Reservada e envidraçada. Sabe, como a gente vê no cinema... Com sujeitos entrando o tempo todo, levando projetos de pesquisa em curso, ouvindo a orientação dele e saindo para fazer mais pesquisas, pessoas chegando e saindo o tempo todo. Com 25 ou cinquenta químicos, como é que iríamos competir com eles?

— Você há de ficar interessado e vai achar engraçado saber que está falando neste momento com o pesquisador-chefe de química da Metaplast Corporation, cujo quadro de pessoal se resumia a um lavador de garrafas!

PARTE 2

Os anos de Princeton

"SÓ PODE SER BRINCADEIRA, SR. FEYNMAN!"

Eu adorava o MIT quando era aluno da graduação. Achava que era um lugar ótimo e, claro, queria continuar minha formação ali. Mas quando procurei o professor Slater para lhe falar de minhas intenções, ele disse:

— Não vamos deixar que você fique aqui.

— O quê? — perguntei.

— Por que você acha que deve fazer a pós-graduação no MIT? — retrucou Slater.

— Porque o MIT é a melhor escola de ciência do país.

— Você *acha* mesmo isso?

— Sim.

— É por isso que deve ir para outra escola. Você precisa descobrir como é o resto do mundo.

Foi assim que decidi ir para a universidade de Princeton. No entanto, Princeton tinha um ar de elegância. De certa forma, imitava uma escola inglesa. Os rapazes da fraternidade, que conheciam meus modos informais, quase rudes, começaram a fazer observações do tipo: "Espere só até eles descobrirem quem permitiram que entrasse em Princeton! Espere só até perceberem o erro que cometeram!" Então decidi tentar ser legal ao chegar lá.

Meu pai me levou de carro, fui conduzido a meu quarto, e ele foi embora. Não fazia nem uma hora que eu cheguei ali quando fui procurado por um homem de sotaque forte: "Sou o Administrador de Residências daqui e gostaria de lhe dizer que o decano está organizando um chá da tarde e gostaria que todos vocês viessem. O senhor faria a gentileza de informar seu companheiro de quarto, o sr. Serette?"

Foi essa a minha apresentação à pós-graduação em Princeton, onde todos os estudantes moravam. Parecia uma imitação de Oxford ou Cambridge — com direito a sotaques (o administrador de residências era professor de literatura francesa). No andar de baixo havia um porteiro, todos nós tínhamos bons quartos e fazíamos juntos as refeições, usando becas acadêmicas em um grande salão de vitrais.

Assim, na mesma tarde em que cheguei a Princeton tive de ir ao chá do decano sem ter a menor ideia do que seria um "chá" ou por que estava sendo realizado! Não tinha traquejo social de espécie alguma, nem experiência com esse tipo de evento.

Assim, cheguei à porta, e lá estava o decano Eisenhart, recebendo os novos alunos: "Oh, é o sr. Feynman", disse. "Que bom tê-lo conosco!" Isso ajudou um pouco, porque de alguma forma ele tinha me reconhecido. Cruzei a porta, e ali estavam algumas senhoras e também algumas garotas. Era tudo muito formal, e me pus a pensar onde me sentaria, se deveria me sentar ao lado desta garota ou não e como deveria me comportar, até que ouvi uma voz atrás de mim.

— Prefere creme ou limão em seu chá, sr. Feynman?

Era a sra. Eisenhart, servindo o chá.

— Ambos, por favor — respondi, ainda procurando um lugar para me sentar, quando ouvi de repente:

— Hehehehehe. Isso só pode ser *brincadeira*, sr. Feynman — retrucou ela.

Brincadeira? Brincadeira? Que diabos eu disse? E então entendi o que tinha feito. Assim foi minha primeira experiência com assuntos de chá.

Mais tarde, já instalado em Princeton havia algum tempo, consegui entender esse "Hehehehehe". Na verdade, já naquele primeiro chá, quando estava indo embora, compreendi que significava "Você está cometendo uma gafe". Porque da vez *seguinte* em que ouvi o mesmo "Hehehehehe" da sra. Eisenhart, alguém estava beijando sua mão ao se despedir.

Em outro momento, talvez um ano depois, em outro chá, eu conversava com o professor Wildt, um astrônomo que tinha criado teorias sobre as nuvens de Vênus. Supunha-se que fossem compostas de formaldeído (é maravilhoso aprender alguma coisa que um dia nos intrigou), e ele tinha elucidado todo o processo, o modo como o formaldeído se precipitava e assim por diante. Era interessantíssimo. Estávamos conversando sobre o assunto quando uma mocinha se aproximou e disse:

— Sr. Feynman, a sra. Eisenhart gostaria de trocar uma palavra com o senhor.

— Sim, um minutinho... — respondi, e continuei conversando com Wildt.

A mocinha voltou e disse outra vez:

— Sr. *Feynman*, a sra. Eisenhart gostaria de trocar uma palavra com o senhor.

— Está bem, está bem! — exclamei, e fui atrás da sra. Eisenhart, que servia o chá.

— Prefere café ou chá, sr. Feynman?

— A sra. Fulana de Tal disse que a senhora queria falar comigo.

— Hehehehehe. Prefere *café* ou *chá*, sr. Feynman?

— Chá, obrigado.

Momentos depois, a filha da sra. Eisenhart e uma colega chegaram, e fomos apresentados. A ideia *daquele* "hehehe" era: a sra. Eisenhart não queria falar comigo, queria que eu estivesse ali tomando chá quando a filha e a amiga chegassem, assim elas teriam com quem conversar. Era assim que funcionava. Naquela época eu já sabia o que fazer ao ouvir "Hehehehehe". Não perguntava: "O que a senhora quer dizer com 'Hehehehehe?'" Sabia que "hehehe" significava erro, e que seria melhor consertá-lo.

Todas as noites usávamos becas no jantar. Na primeira noite, fiquei apavorado com aquilo, porque não gosto de formalidades. Mas em pouco tempo descobri que as becas eram uma grande vantagem. Os caras que estavam jogando tênis podiam correr para o quarto, pegar a beca e vesti-la. Não precisavam perder tempo trocando de roupa ou tomando banho. Assim, por baixo da beca havia braços nus, camisetas etc. Além do mais, a regra era que a beca nunca fosse lavada, pois assim era possível distinguir um calouro de um aluno do segundo ano, de um aluno do terceiro, de um porco! A beca nunca era lavada nem consertada, e assim os calouros usavam becas boas e relativamente limpas, mas, lá pelo terceiro ano, só havia uma coisa disforme cobrindo seus ombros, com farrapos dependurados.

Portanto, quando cheguei a Princeton, fui àquele chá na tarde de domingo e, na mesma noite, jantei de beca no "Colégio". Mas, na segunda-feira, a primeira coisa que eu queria fazer era ver o cíclotron.

O MIT tinha construído um novo cíclotron quando eu estudava lá, e era tão *bonito*! O cíclotron propriamente dito estava numa sala, com os controles em outra. Era muito bem projetado. Os cabos iam da sala de controle até o cíclotron por baixo, em conduítes, e havia todo um painel com botões e relógios. Era o que eu chamaria de cíclotron folheado a ouro. Eu já tinha lido uma porção de artigos sobre experimentos no cíclotron, mas poucos foram originados no MIT. Talvez estivessem apenas começando. Mas havia vários estudos feitos em lugares como Cornell, Berkeley e, principalmente, Princeton. Portanto, o que eu queria mesmo, o que eu esperava com ansiedade, era ver o CÍCLOTRON DE PRINCETON. Devia ser *uma maravilha*!

Por isso, a primeira coisa que fiz na segunda de manhã foi procurar o prédio da física e perguntar:

— Onde está o cíclotron? Em que prédio?

— Lá em baixo, no porão, no fim do corredor.

No *porão*? Era um edifício antigo. Não havia espaço para um cíclotron no porão. Fui até o fim do corredor, entrei e em dez segundos descobri por que Princeton era o lugar certo para mim — o melhor lugar para eu estudar. Nessa sala havia cabos esticados *por toda parte*. Os interruptores estavam pendurados nos fios, pingava água de resfriamento pelas válvulas, a sala estava *cheia* de coisas, tudo ao alcance. Havia mesas cheias de instrumentos por toda parte; era a maior bagunça já vista. O cíclotron estava ali numa sala, e o caos era completo, absoluto!

Lembrei de meu laboratório em casa. Nada no MIT me recordava meu laboratório. De repente, eu compreendia por que Princeton estava conseguindo bons resultados. Eles trabalhavam com o instrumento. Tinham *construído* o instrumento, sabiam onde ficava cada coisa, como funcionava cada coisa. Não havia nenhum engenheiro, a menos que estivesse trabalhando ali também. O cíclotron era muito menor que o do MIT, e "folheado a ouro"? — era exatamente o contrário. Quando queriam resolver um problema com o vácuo, pingavam no cíclotron gotas de gliptal, e por isso o piso estava todo manchado com essa substância. Era lindo! Porque *trabalhavam* com ele. Não tinham de ficar sentados em outra sala e apertar botões! (Uma vez, houve um incêndio naquela sala por causa da bagunça — excesso de fios —, e o cíclotron foi destruído. Mas melhor nem falar nisso!)

(Mais tarde, quando cheguei a Cornell, fui olhar o cíclotron de lá. Nem precisava de uma sala: seu diâmetro total era de cerca de um metro. Era o menor cíclotron do mundo, mas com ele conseguiam coisas fantásticas. Tinham todo tipo de técnicas e truques especiais. Se quisessem mudar alguma coisa nos "dês" — os semicírculos em forma de D em torno dos quais giravam as partículas —, pegavam uma chave de fenda, tiravam os dês manualmente para consertá-los e recolocá-los em seus lugares. Em Princeton isso era muito mais difícil, e no MIT era preciso trazer um guindaste que baixava seu gancho pelo telhado e dava uma trabalheira *danada*.)

Aprendi muitas coisas diferentes em escolas diferentes. O MIT é ótimo, não estou tentando diminuí-lo. Eu estava apaixonado por ele. Ele criou para si mesmo uma aura, de modo que todos lá achavam que era o lugar mais magnífico do mundo — o *centro*, de certa forma, do desenvolvimento científico e tecnológico dos Estados Unidos, se não do mundo. É como um nova-iorquino vê Nova York: ele esquece o resto do país. E embora nesse lugar não se adquira uma boa noção de proporção, ganha-se uma excelente noção de estar *nele* e *com ele*, além de motivação e desejo de seguir em frente — a sensação de ter sido especialmente escolhido e ter a sorte de estar ali.

Portanto, o MIT era bom, mas Slater estava certo ao me recomendar outra escola para minha pós-graduação. E sempre aconselho meus alunos da mesma forma. Aprenda como é o resto do mundo. A variedade vale a pena.

Certa vez, fiz uma experiência no laboratório do cíclotron de Princeton com resultados surpreendentes. Um problema de um livro de hidrodinâmica estava sendo discutido por todos os estudantes de física. Era o seguinte: temos um aspersor de água em forma de S (um tubo em S fixado a um pivô), e a água é esguichada em ângulos retos em relação ao eixo, fazendo-o girar num certo sentido. Todo mundo sabe por que ele gira, usando a força da água que sai. A questão é: se você tiver um lago, ou uma piscina — uma grande quantidade de água —, submergir completamente o aspersor e o fizer sugar água em vez de esguichá-la, para que lado ele vai girar? Será para o mesmo lado que gira quando esguicha, ou para o outro?

À primeira vista, a resposta é óbvia. O problema é que, para alguns, parecia perfeitamente claro que ia girar para um lado e, para outros, que ia girar para o lado oposto. Por isso, todos estavam discutindo a questão. Lembro-me em especial de um seminário, ou de um chá, em que alguém se dirigiu ao professor John Wheeler:

— Para que lado *o senhor* acha que ele gira?

— Ontem, Feynman me convenceu de que ele gira para o outro lado — disse Wheeler. — Hoje, ele me convenceu do contrário. Nem imagino *do que* ele vai me convencer amanhã!

Vou dar um argumento que vai levar a crer que é de um jeito, e outro argumento que vai levar a crer que é de outro, está bem?

O primeiro argumento diz que, quando você faz o aspersor sugar água, é como se estivesse puxando a água com o bico, então ele vai para a frente, em direção à água que entra.

Mas aí chega outro cara e diz: "Suponha que ele seja mantido imóvel e imagine de que tipo de torque precisamos para mantê-lo imóvel. No caso da água que sai, todos sabemos que será necessário segurá-lo por um ponto fora da curva, por causa da força centrífuga da água que faz a curva. Mas, se a água descreve a mesma curva para o *outro* lado, provoca a mesma força centrífuga para fora da curva. Portanto, os dois casos são iguais, e o aspersor vai girar para o mesmo lado, seja quando esguicha, seja quando suga a água."

Depois de pensar um pouco, finalmente cheguei a uma conclusão e, para demonstrá-la, quis fazer uma experiência.

No laboratório do cíclotron de Princeton há um garrafão — uma garrafa de água gigantesca. Achei que estava de bom tamanho para meu experimento. Peguei um tubo de cobre e dei-lhe forma de S. Fiz um buraco no meio, no qual inseri um pedaço da mangueira de borracha que passava por um furo na rolha do garrafão. A rolha tinha outro furo, pelo qual fiz passar outro pedaço de mangueira, que conectei à fonte de ar comprimido do laboratório. Fazendo entrar ar na garrafa, eu obrigava a água a entrar no tubo de cobre exatamente como se ele a estivesse sugando. O tubo em S não girou, mas se torceu por causa da mangueira flexível, e obtive a velocidade do fluxo de água medindo a distância até onde chegava o esguicho a partir do gargalo da garrafa.

Tendo tudo pronto, liguei o ar comprimido e ouviu-se um *"Puup!"*. A pressão do ar empurrou a rolha da garrafa para fora. Amarrei-a bem para que ela não saísse, e o experimento deu certo. A água estava saindo e a mangueira se torcendo, e dei um pouco mais de pressão porque, a uma velocidade maior, as medições deveriam ser mais precisas. Medi o ângulo com todo o cuidado, medi a distância e aumentei a pressão mais uma vez. De repente, aquela coisa explodiu, voando água e cacos de vidro por todo o laboratório. Um cara que tinha vindo assistir ficou todo molhado e precisou ir em casa trocar de roupa (por milagre, não se cortou com o vidro). Um monte de fotos feitas pacientemente com uma câmera de nuvens, usando o cíclotron, ficaram completamente molhadas. Por algum motivo, eu mesmo estava a certa distância e me molhei pouco. Mas nunca vou esquecer quando o grande professor Del Sasso, responsável pelo cíclotron, veio até mim e disse, com severidade: "Os experimentos de calouros devem ser feitos no laboratório dos calouros!"

EUUUUUUUUUUUU!

Às quartas-feiras, na Escola de Pós-Graduação de Princeton, havia palestras dadas por pessoas de fora. Os oradores eram quase sempre interessantes, e nos divertíamos muito nos debates que se seguiam às palestras. Por exemplo, havia em nossa escola um cara profundamente anticatólico. Antes da palestra de algum religioso, esse colega nos repassava perguntas embaraçosas, e com elas fazíamos o orador passar por maus bocados.

Em outra ocasião, alguém deu uma palestra sobre poesia. Falou sobre a estrutura do poema e as emoções que ele suscitava. Para ele, tudo se dividia em categorias. Durante o debate, ele perguntou:

— Não acontece a mesma coisa com a matemática, dr. Eisenhart?

O dr. Eisenhart, decano da pós-graduação, era um grande professor de matemática. E também muito espirituoso.

— Eu gostaria de saber o que Dick Feynman pensa sobre isso em relação à física teórica — disse o decano, sempre me pondo em situações como essa.

Levantei-me e afirmei:

— Sim, a relação é muito próxima. Em física teórica, o análogo da palavra é a fórmula matemática, o análogo da estrutura do poema é a relação entre o blá-blá-blá teórico e o isto e aquilo.

Continuei nessa linha, fazendo uma analogia perfeita. Os olhos do palestrante *brilhavam* de felicidade.

Foi então que eu disse:

— Parece-me que, para *qualquer coisa* que o senhor diga sobre poesia, eu poderia traçar um paralelo com *qualquer outro* assunto, assim como fiz com a física teórica. Acho que essas analogias não significam nada.

Na grande sala de jantar de janelas com vitrais, onde sempre fazíamos as refeições com nossas becas em franca deterioração, o decano Eisenhart começava cada jantar com um agradecimento em latim. Depois de comermos, ele se levantava e dava alguns avisos. Certa noite, o dr. Eisenhart levantou-se e disse:

— Daqui a duas semanas, um professor de psicologia virá dar uma palestra sobre hipnose. Mas ele acha que seria muito melhor se tivéssemos uma demonstração na prática em vez de só falar sobre ela. Por isso eu gostaria que alguns dos senhores se apresentassem como voluntários para serem hipnotizados.

Fiquei ansiosíssimo: não havia dúvida de que eu tinha de saber algo sobre hipnose. Aquilo ia ser o máximo!

O decano disse ainda que seria melhor termos três ou quatro voluntários, para que o hipnotizador pudesse decidir quais tinham condições de ser hipnotizados, portanto ele gostaria muito de nos convidar a nos candidatarmos. (*Ele está perdendo muito tempo*, santo Deus!)

Eisenhart estava numa extremidade do salão, e eu, na outra, lá atrás. Havia centenas de caras ali. Eu sabia que todos iam querer fazer aquilo, e fiquei apavorado com a ideia de que ele não me visse, tão ao longe. Eu precisava participar da demonstração!

Por fim, Eisenhart solicitou:

— Então eu gostaria de perguntar se vamos ter alguns voluntários...

Levantei a mão e dei um pulo da cadeira, gritando o mais alto que pude:

— EUUUUUUUUUUUUUUUU!

Ele me ouviu muito bem, porque ninguém mais disse nada. Minha voz ecoou pelo salão — foi muito constrangedor. A reação imediata de Eisenhart foi:

— Sim, claro, eu sabia que o senhor se apresentaria, sr. Feynman, mas me pergunto se não poderia haver *mais* alguém.

Finalmente, uns poucos caras se apresentaram como voluntários, e, uma semana antes da demonstração, o homem veio treinar conosco, para ver se algum de nós seria suscetível à hipnose. Eu conhecia o fenômeno, mas não sabia como era ser hipnotizado.

Ele começou a me orientar, e logo me vi numa situação em que ele disse: "Você não consegue abrir os olhos."

Pensei com meus botões: "Aposto que *consigo* abrir os olhos, mas não quero atrapalhar. Vamos ver até onde vai isso." Era uma situação interessante: você fica levemente atordoado e, embora um pouco perdido, tem certeza de que pode abrir os olhos. Mas é claro que não vai abrir os olhos, então, em certo sentido, não pode mesmo abrir os olhos.

Ele fez uma porção de coisas e decidiu que eu servia.

Ao chegar a hora da demonstração para valer, ele nos fez subir ao palco e nos hipnotizou diante de toda a Escola de Pós-Graduação de Princeton. Dessa vez o efeito foi mais forte: acho que eu tinha aprendido a ser hipnotizado. O hipnotizador fez várias demonstrações, levando-me a fazer coisas que eu normalmente não seria capaz de fazer, e, no final, disse que, depois que eu saísse da hipnose, em vez de ir direto para o meu lugar — a coisa mais natural a fazer —, eu daria a volta na sala toda e chegaria a meu lugar pelos fundos.

Durante toda a demonstração, eu fiquei vagamente consciente do que estava acontecendo, cooperando com o que o hipnotizador dizia, mas dessa vez eu estava decidido: "Ora, já basta! Vou direto para a minha cadeira."

Quando chegou a hora de descer do palco, comecei a ir direto para a minha cadeira. Nisso, uma sensação perturbadora tomou conta de mim: me senti tão desconfortável que não consegui continuar. E dei a volta pela sala toda.

Fui hipnotizado em outra situação, algum tempo depois, por uma mulher. Enquanto estava hipnotizado, ela disse: "Vou acender um fósforo, apagá-lo e encostá-lo imediatamente nas costas da sua mão. Você não vai sentir dor."

"Que besteira!", pensei. Ela pegou o fósforo, acendeu-o, soprou-o e encostou-o nas costas da minha mão. Senti um calorzinho. Estava de olhos fechados o tempo todo, mas pensava: "Isso é mole. Ela acende um fósforo, mas encosta outro em minha mão. Não tem segredo *nenhum*, é uma farsa!"

Quando saí da hipnose e vi o dorso da minha mão, tive a maior surpresa: havia uma queimadura. Formou-se uma bolha, mas nunca doeu, nem mesmo quando estourou.

Por isso achei a hipnose uma experiência muito interessante. O tempo todo, você fica dizendo a si mesmo "eu sou capaz de fazer isso, mas não vou fazer" — que é outra maneira de dizer que não é capaz.

UM MAPA DO GATO?

Na sala de jantar da Escola de Pós-Graduação de Princeton, as pessoas costumavam se sentar com seu grupo correspondente. Eu me sentava com os físicos, mas depois de algum tempo pensei: "Seria legal ver o que o resto do mundo está fazendo, então durante uma ou duas semanas vou me sentar com cada um dos outros grupos."

Quando me sentei com os filósofos, ouvi-os discutindo seriamente um livro chamado *Processo e realidade*, de Whitehead. Eles usavam as palavras de um modo engraçado, e eu não entendia bem o que estavam dizendo, mas não queria ficar interrompendo a conversa deles para pedir que me explicassem. Nas poucas vezes em que fiz isso, eles tentaram me explicar, mas continuei não entendendo. Por fim, eles me convidaram para uma reunião de seu seminário.

Eles tinham um seminário que funcionava como um curso. Reuniam-se uma vez por semana para debater algum capítulo de *Processo e realidade* — um deles fazia um resumo do capítulo, depois todos discutiam. Fui à reunião do grupo de estudos prometendo a mim mesmo ficar de boca fechada, lembrando que não sabia nada sobre o tema e estava indo só para observar.

O que aconteceu então foi típico de mim — tão típico que parece inacreditável, mas é verdade. De início, fiquei ali sem dizer nada, o que é quase inacreditável, mas também é verdade. Um aluno fez um resumo do capítulo que seria debatido naquela semana. Nesse capítulo, Whitehead continuava usando a expressão "objeto essencial" de um jeito especialmente técnico e que supostamente já tinha definido, mas que eu não entendia.

Depois de alguma discussão sobre o significado de "objeto essencial", o professor que orientava o grupo disse algo destinado a esclarecer as coisas e desenhou no quadro algo parecido com um raio.

— Sr. Feynman — perguntou ele —, o senhor diria que um elétron é um "objeto essencial?"

Bem, agora eu estava numa enrascada. Admiti que não tinha lido o livro e não fazia ideia do que Whitehead queria dizer com essa expressão; estava ali apenas para observar.

— Mas vou tentar responder à pergunta — falei — se antes o senhor responder a uma pergunta minha, assim posso ter uma ideia mais clara do que seja "objeto essencial". Um *tijolo* é um objeto essencial?

O que eu pretendia era descobrir se eles achavam que construções teóricas eram objetos essenciais. O elétron é uma *teoria* que utilizamos, e é tão útil para entender como a natureza funciona que quase podemos dizer que é real. Eu queria empregar uma analogia para tornar clara a ideia de uma teoria. No caso do tijolo, minha pergunta seguinte seria "E o *interior* do tijolo?", e logo eu diria que nunca ninguém viu o interior de um tijolo. Sempre que se quebra um tijolo, vemos apenas uma superfície. A existência de um interior no tijolo é uma teoria simples que nos ajuda a compreender melhor as coisas. A teoria dos elétrons é análoga. Por isso, comecei perguntando:

— Um tijolo é um objeto essencial?

As respostas começaram a aparecer. Um homem levantou-se e disse:

— Um tijolo é um tijolo determinado, específico. É *isso* que Whitehead quer dizer com objeto essencial.

— Não, o objeto essencial não é o tijolo determinado — argumentou outro. — O caráter geral que todos os tijolos têm em comum... sua "tijolidade"... é que é o objeto essencial.

Outro rapaz se levantou e declarou:

— Não, ele não está nos tijolos em si. "Objeto essencial" é a ideia que se forma na mente quando se pensa em tijolos.

Outro rapaz se levantou, e mais outro, e eu diria que nunca se tinha ouvido falar de tijolos de modos tão diversos e tão inventivos. E, como acontece em todos os casos que envolvem filósofos, aquilo terminou no mais perfeito caos. Em todas as discussões anteriores, eles sequer tinham se perguntado se um objeto simples como um tijolo, muito menos um elétron, é um "objeto essencial".

Depois daquilo fui à mesa dos biólogos na hora do jantar. Sempre tive algum interesse pela biologia, e os caras falavam de coisas muito interessantes.

Alguns deles me convidaram para um curso que teriam sobre fisiologia celular. Eu sabia um pouco de biologia, mas aquele era um curso de pós-graduação. "Vocês acham que vou dar conta? O professor vai me deixar entrar?", perguntei.

Eles perguntaram ao professor, E. Newton Harvey, que tinha feito muitas pesquisas sobre bactérias luminescentes. Harvey disse que eu poderia participar desse curso especial avançado contanto que fizesse todos os trabalhos e escrevesse os artigos como os demais alunos.

Antes da primeira aula, os caras que tinham me convidado para o curso quiseram me mostrar umas coisas ao microscópio. Havia ali umas células de plantas, e era possível ver uns pontos verdes chamados cloroplastos (eles produzem açúcar ao receber luz) circulando. Olhei para aquilo e ergui os olhos:

— Como é que eles circulam? O que os impulsiona? — perguntei.

Ninguém sabia. Afinal, isso ainda não era conhecido naquela época. Então, na mesma hora, descobri uma coisa sobre a biologia: era muito fácil encontrar uma pergunta interessante à qual ninguém soubesse responder. Em física, é preciso ir um pouco mais fundo para isso.

Quando o curso começou, Harvey desenhou uma grande célula no quadro e deu nome a todas as coisas que há dentro dela. Falou então sobre essas coisas, e eu entendi a maior parte.

Depois da aula, um dos caras que tinham me convidado perguntou:

— E aí, você gostou?

— Muito bom — falei. — A única parte que não entendi foi a da lecitina. O que é lecitina?

Ele começou a explicar numa voz monótona:

— Todas as criaturas vivas, plantas e animais, são constituídas de objetos semelhantes a tijolos chamados 'células'...

— Veja bem — interrompi, impaciente. — Eu *sei* disso, do contrário não estaria no curso. O que é *lecitina*?

— Não sei.

Tive de redigir artigos como todos os demais, e o primeiro que me foi atribuído tratava do efeito da pressão sobre as células — Harvey escolheu esse tópico para mim por ter algo a ver com a física. Embora entendendo o que estava fazendo, pronunciei tudo errado ao ler meu artigo, e a turma ria histericamente quando eu falava sobre "blastóferos" em vez de "blastômeros", e coisas assim.

Meu artigo seguinte seria sobre Adrian e Bronk. Os dois pesquisadores tinham demonstrado que os impulsos nervosos eram fenômenos de pulso único. Para tanto, realizaram experimentos com gatos, medindo voltagens nos nervos.

Comecei a ler o texto. A toda hora falava em músculos extensores e flexores, músculo gastrocnêmio e assim por diante. Citava o músculo tal, o músculo qual, mas não tinha a menor ideia de onde eles se localizavam em relação aos nervos ou em relação ao gato. Procurei então a bibliotecária da seção de biologia e perguntei a ela se conseguiria encontrar para mim um mapa do gato.

"Um *mapa* do *gato*, senhor?", perguntou ela, horrorizada. "O senhor quer dizer um *atlas zoológico*!" Desde esse dia, passaram a circular boatos sobre um estudante da pós-graduação em biologia meio burro que estava procurando um "mapa do gato".

Quando chegou a hora de dar minha palestra sobre o tema, comecei por desenhar o contorno de um gato e nomear seus diversos músculos.

Os demais alunos me interromperam:

— Já *sabemos* de tudo isso!

— Ah, é? — perguntei. — Sabem *mesmo*? Então não é de *estranhar* que eu seja capaz de alcançá-los tão depressa depois de terem estudado quatro anos de biologia.

Eles tinham perdido tempo decorando coisas como aquelas, que podiam ser encontradas em quinze minutos.

Depois da guerra, todos os verões eu viajava de carro a algum lugar dos Estados Unidos. Um dia, depois de visitar o Caltech, pensei: "Este ano, em vez de ir a um lugar diferente, vou para uma área diferente."

Isso foi logo depois que Watson e Crick descobriram a estrutura em espiral do DNA. Havia alguns bons biólogos no Caltech, já que Delbrück mantinha ali seu laboratório e Watson tinha vindo dar algumas palestras sobre os sistemas de codificação do DNA. Fui a essas palestras e seminários no departamento de biologia e me enchi de entusiasmo. Era uma época interessantíssima para a biologia, e o Caltech era um lugar maravilhoso para se estar.

Eu não pensava em fazer pesquisa de verdade em biologia, portanto achava que durante minha visita de verão a essa área me limitaria a andar de um lado para outro no laboratório e a "lavar pratos", observando o que era feito. Cheguei ao laboratório de biologia para falar de meu desejo, e Bob Edgar, o jovem pós-doutor que atuava como encarregado do local, disse que não permitiria isso: "Você vai ter de fazer alguma pesquisa de verdade, como qualquer pós-graduando, e lhe daremos um problema no qual trabalhar." Para mim, isso caiu como uma luva.

Inscrevi-me num curso de fagos, que nos ensinou a fazer pesquisa com bacteriófagos (vírus que contêm DNA e atacam bactérias). De cara, percebi que tinha me poupado uma porção de problemas por ter uma noção de física e matemática. Sabia, por exemplo, como os átomos se comportavam em meio líquido, de modo que não havia mistério sobre o funcionamento da centrífuga. Sabia estatística o bastante para entender os erros estatísticos na contagem de pequenos pontos num prato. Assim, enquanto todos os rapazes da biologia tentavam entender essas "novidades", eu podia dedicar meu tempo aprendendo a parte de biologia.

Durante o curso, aprendi uma técnica de laboratório valiosa que uso até hoje: segurar um tubo de ensaio e remover sua tampa com uma só mão (usando os dedos médio e indicador), deixando a outra mão livre para alguma outra coisa (por exemplo, encher uma pipeta de cianureto). Agora sou capaz de segurar a escova de dentes com uma das mãos e, com a outra, segurar o tubo de pasta, tirar e repor a tampa.

Já se tinha descoberto que os bacteriófagos podem sofrer mutações que afetam sua capacidade de atacar bactérias, e nós devíamos estudar essas mutações. Alguns bacteriófagos apresentavam uma segunda mutação, que lhes devolvia a capacidade de atacar bactérias, e dentre eles alguns voltavam a ser exatamente como eram antes da primeira mutação. Com outros isso não acontecia: sua ação sobre as bactérias ficava levemente diferente — eles agiam mais depressa ou mais devagar que o normal, e as bactérias tornavam-se mais rápidas ou mais lentas que o normal. Em outras palavras, havia "mutações reversas", mas não eram perfeitas. Às vezes, o bacteriófago recuperava apenas uma parte da capacidade perdida.

Bob Edgar sugeriu que eu fizesse um experimento para tentar descobrir se as mutações ocorriam no mesmo ponto da espiral de DNA. Com muito cuidado e um trabalho bastante tedioso, consegui encontrar três exemplos de mutações reversas que haviam ocorrido em pontos muito próximos uns dos outros — mais próximos do que qualquer coisa vista até então — e que restabeleciam parte das funções do bacteriófago. Era um trabalho lento. E um tanto acidental: era preciso esperar que ocorresse uma dupla mutação, o que era muito raro.

Comecei a pensar em meios de fazer o bacteriófago sofrer mutações mais frequentes e de detectar rapidamente essas mutações, mas o verão acabou antes que conseguisse desenvolver uma boa técnica, e eu não quis continuar com esse problema.

No entanto, meu ano sabático estava chegando, e decidi trabalhar naquele mesmo laboratório de biologia, mas num tema diferente. Trabalhei algum tempo com Matt Meselson e depois com um camarada da Inglaterra chamado J.D. Smith. O problema tinha a ver com ribossomos, a "maquinaria" da célula que produz proteína a partir daquilo que hoje chamamos de RNA mensageiro. Usando substâncias radioativas, demonstramos que o RNA podia ser retirado dos ribossomos e depois devolvido a eles.

Fiz um trabalho minucioso de medir e tentar controlar tudo, mas levei oito meses para entender que tinha descuidado de um dos passos. Naquela época, preparar a bactéria para a retirada dos ribossomos exigia que ela fosse triturada num almofariz com alumina. Tudo o mais era química e estava sob controle, mas era impossível repetir o modo como se girava o pistilo ao triturar a bactéria. Por isso, o experimento não deu em nada.

Acho que preciso falar também sobre o tempo em que, com Hildegarde Lamfrom, tentei descobrir se as ervilhas podiam usar os mesmos ribossomos que as bactérias. Tratava-se de determinar se os ribossomos da bactéria podem fabricar proteínas de seres humanos ou outros organismos. Hildegarde acabara de descobrir um método para extrair ribossomos das ervilhas e injetar neles RNA mensageiro, para que pudessem produzir proteína de ervilha. Percebemos que uma questão crucial estava em saber se os ribossomos das bactérias, ao receber o RNA mensageiro das ervilhas, produziriam proteína de ervilha ou de bactéria. Seria um experimento de fundamental importância.

— Vou precisar de um monte de ribossomos de bactéria — declarou Hildegarde.

Meselson e eu tínhamos extraído enormes quantidades de ribossomos de *E. coli* para outro experimento.

— Bem, vou lhe dar os ribossomos que extraímos. Temos muitos deles em meu refrigerador no laboratório — falei.

Teria sido uma descoberta vital e fantástica se eu fosse um bom biólogo. Mas eu não era. Tínhamos uma boa ideia, um bom experimento e o equipamento certo, mas acabei estragando tudo: dei a ela ribossomos contaminados — o erro mais crasso que se pode cometer num experimento como esse. Meus ribossomos tinham ficado na geladeira ao longo de quase um mês e foram contaminados com alguma outra coisa viva. Se eu tivesse preparado novos ribossomos e os entregado a ela de forma cuidadosa e séria, com tudo sob controle, o experimento teria dado certo e teríamos sido os primeiros a demonstrar a uniformidade da vida: a máquina de fazer proteína, constituída pelos ribossomos, era a mesma em todas as criaturas. Estávamos no lugar certo, fazendo as coisas certas, mas agi como um amador — fiz coisas estúpidas e desleixadas.

Sabe o que isso me recorda? O marido de Madame Bovary no livro de Flaubert, um médico rural meio bronco que teve uma ideia para consertar pés tortos, mas só conseguiu ferrar as pessoas. Eu era como aquele cirurgião desastrado.

Já o trabalho sobre bacteriófagos, acabei por jamais redigi-lo — Edgar insistiu para que o escrevesse, mas nunca o retomei. Esse é o problema de trabalhar num campo que não é o seu: você não leva a coisa a sério.

Escrevi informalmente algo sobre ele. Mandei o texto a Edgar, que riu quando o leu. Não estava na forma padronizada usada pelos biólogos — primeiro, procedimentos, e assim por diante. Passei um tempão explicando coisas que todos os biólogos sabem. Edgar fez uma versão abreviada do texto, que não consegui entender. Acho que eles nunca a publicaram. Eu mesmo nunca a publiquei.

Watson achou que meu trabalho com os bacteriófagos podia despertar algum interesse e me convidou para ir a Harvard. Dei uma palestra no departamento de biologia sobre as duplas mutações que ocorriam muito próximas. Disse a eles que, na minha opinião, a primeira mutação provocava uma modificação na proteína, como alterar o pH de um aminoácido, e a segunda fazia uma modificação oposta em outro aminoácido da mesma proteína, de modo a equilibrar em parte a primeira mutação — não de forma perfeita, mas o bastante para fazer o bacteriófago operar outra vez. Eu achava que ocorriam duas modificações na mesma proteína que se compensavam quimicamente.

Mas não era o caso. Poucos anos depois, pessoas que sem dúvida alguma criaram uma técnica para provocar e detectar as mutações com mais rapidez descobriram que faltava na primeira mutação toda uma base de DNA. O "código" tinha sido alterado e já não podia ser "lido". Na segunda mutação, era devolvida uma base extra, ou duas outras bases eram retiradas. Agora o código podia ser lido de novo. Quanto mais perto da primeira mutação ocorresse a segunda, menos a mensagem seria alterada pela dupla mutação e mais perfeitamente o bacteriófago recuperaria suas capacidades perdidas. Estava demonstrado que existiam três "letras" para codificar cada aminoácido.

Enquanto eu passava a semana em Harvard, Watson fez uma sugestão, e fizemos juntos um experimento que durou alguns dias. Era uma experiência incompleta, mas aprendi algumas novas técnicas de laboratório com um dos melhores do ramo.

Tinha chegado, então, meu grande momento: dei um seminário no departamento de biologia de Harvard! Estou sempre fazendo isso: me meto em alguma coisa e vejo até onde posso ir.

Aprendi muita coisa em biologia e ganhei muita experiência. Melhorei na pronúncia das palavras, aprendi o que incluir ou não em um artigo ou seminário e a detectar uma técnica deficiente num experimento. Mas adoro física e quero voltar a ela.

MONSTROS DE SABEDORIA

Quando ainda era estudante de pós-graduação em Princeton, trabalhei como pesquisador-assistente de John Wheeler. Ele me confiou um problema difícil, e eu não estava chegando a lugar nenhum. Então voltei a uma ideia que havia tido ainda no MIT: a de que os elétrons não atuam sobre si mesmos, mas apenas sobre outros elétrons.

Havia o seguinte problema: quando você agita um elétron, ele irradia energia, e assim tem-se uma perda. Isso significa que deve haver nele uma força. E deve haver forças diferentes quando ele está carregado e quando não está. (Se a força fosse exatamente a mesma com o elétron carregado e descarregado, num caso ele perderia energia e no outro, não. E não se pode ter duas respostas diferentes para o mesmo problema.)

A teoria convencional dizia que essa força (chamada força de reação da radiação) provinha de uma ação do elétron sobre si mesmo, e eu só via elétrons agindo sobre outros elétrons. Portanto, como percebi naquela época, eu estava em apuros. (Quando estava no MIT, tive a ideia sem perceber o problema, mas, quando fui para Princeton, já o conhecia.)

Isto era o que eu pensava: vou agitar este elétron. Ele vai fazer um outro elétron próximo se agitar, e o efeito disso sobre o primeiro elétron é a origem da força de reação da radiação. Então fiz alguns cálculos e levei-os a Wheeler.

Na mesma hora, ele disse:

— Bem, isto não está certo porque varia na razão inversa do quadrado da distância em relação aos outros elétrons, enquanto não deveria depender em absoluto desses elementos. Varia também na razão inversa da massa do outro elétron; será proporcional à carga no outro elétron.

O que me incomodou foi achar que ele devia ter *feito* o cálculo. Só mais tarde entendi que um homem como Wheeler era capaz de ver aquilo tudo no momento em que você lhe apresentava o problema. Eu precisava calcular; para ele, bastava ver.

— Haverá um retardo — prosseguiu ele. — A onda volta com atraso... então o que você encontrou foi a luz refletida.

— Sim, é claro — respondi.

— Mas espere — disse ele. — Vamos supor que ela retorne por meio de ondas adiantadas... reações de volta no tempo... de modo que chegue no momento certo. Vimos que o efeito variava na razão inversa do quadrado da distância, mas vamos supor que haja uma porção de elétrons no espaço: o número é proporcional ao quadrado da distância. Então talvez pudéssemos fazer com que tudo se compensasse.

Achamos que podíamos fazer aquilo. Tudo parecia ótimo e encaixava muito bem. Era uma teoria clássica que talvez estivesse certa, embora fosse diferente do padrão de Maxwell ou da teoria padrão de Lorentz. Ela não tinha nenhum problema com a infinitude ou a ação independente, e era engenhosa. Tinha ações e atrasos, idas e voltas no tempo — chamamos a isso "potenciais semiadiantados e semirretardados".

Wheeler e eu achamos que o passo seguinte seria retomar a eletrodinâmica quântica, que tinha dificuldades (assim eu pensava) com a ação independente do elétron. Imaginamos que seria possível nos desvencilhar da dificuldade primeiro com a física clássica e depois propor uma teoria quântica daquilo, que poderíamos corrigir da mesma forma.

Agora que tínhamos a teoria clássica correta, Wheeler declarou: "Feynman, você é um cara jovem... deveria dar um seminário sobre isto. Precisa ganhar experiência em palestras. Enquanto isso, vou trabalhar na parte da teoria quântica e mais tarde darei um seminário sobre ela."

Seria minha primeira palestra técnica, e Wheeler combinou com Eugene Wigner de incluí-la no calendário regular de seminários.

Um dia ou dois antes da palestra, estive com Wigner no auditório. "Feynman", disse ele, "acho muito interessante esse trabalho que você está fazendo com Wheeler e convidei Russell para vir ao seminário." Henry Norris Russell, o grande e famoso astrônomo da época, viria à palestra!

Wigner continuou: "Achei que o professor Von Neumann também poderia se interessar." Johnny von Neumann era o maior matemático da área. "E o professor Pauli, da Suíça, está aqui em visita, por isso convidei-o também."

Pauli era um físico famosíssimo — e a essa altura eu estava ficando pálido. Para rematar, Wigner disse: "O professor Einstein vem muito raramente a nossos seminários semanais, mas seu trabalho é tão interessante que o convidei especialmente, e ele virá também."

Nesse ponto, eu devia estar verde, porque Wigner disse: "Não, não! Não se preocupe! Só estou avisando: se o professor Russell adormecer — e sem dúvida vai adormecer —, isso não quer dizer que o seminário esteja ruim; ele adormece em todos os seminários. Por outro lado, se o professor Pauli ficar balançando a cabeça o tempo todo, como se estivesse concordando com o andamento do seminário, não lhe dê atenção. Ele tem paralisia."

Procurei Wheeler, relacionei todas as pessoas famosas que viriam assistir a minha palestra e disse que estava preocupado.

"Está tudo bem", disse ele. "Não se preocupe. Eu respondo a todas as perguntas."

Preparei a palestra e, quando chegou o momento, entrei e fiz uma coisa que os jovens sem experiência em palestras sempre fazem: escrevi um monte de equações no quadro. Veja só, um cara jovem não sabe dizer: "Claro, isto varia na razão inversa, e isto funciona assim...", porque todos os que estão assistindo já sabem, são capazes de ver isso. Mas *ele* não sabe. Só consegue demonstrar as coisas por meio da álgebra — daí a quantidade de equações.

Enquanto eu escrevia aquelas equações todas no quadro, antes da palestra, Einstein chegou e disse, muito simpático: "Olá, vim para o seu seminário. Mas, antes disso, onde servem o chá?"

Eu lhe disse onde e continuei escrevendo equações.

E então chegou a hora de dar a palestra, e ali estavam todos aqueles *monstros de sabedoria* na minha frente, esperando! Minha primeira palestra técnica, com aquela plateia! Quero dizer que eles podiam me deixar numa situação difícil! Lembro muito bem que minhas mãos tremiam enquanto eles tiravam minhas anotações de um envelope pardo.

Mas então deu-se um milagre, como aconteceu repetidamente em minha vida, o que é uma sorte para mim: no momento em que começo a pensar em física e tenho de me concentrar no que estou explicando, nada mais ocupa minha mente — fico imune ao nervosismo. Assim, depois que comecei, já não sabia quem estava na sala. Estava só explicando a ideia e nada mais.

Mas o seminário chegou ao fim, e vieram as perguntas. De início, Pauli, que estava ao lado de Einstein, levantou-se e disse:

— Não acho que essa teoria possa estar certa, por isto, isto e isto. — E virando-se para Einstein, perguntou: — O senhor concorda, professor Einstein?

— Nãoooooooooooooo — respondeu Einstein, um "não" sonoro, com sotaque alemão, muito educado. — Só acho que seria muito difícil formular uma teoria correspondente para a interação gravitacional. — Ele falava da teoria geral da relatividade, sua cria. E continuou: — Como até agora não temos uma grande quantidade de provas experimentais, não estou certo, em absoluto, da correção da teoria gravitacional.

Einstein gostava que as coisas pudessem ser diferentes daquilo que sua teoria afirmava; era muito receptivo em relação a outras ideias.

Gostaria de lembrar o que Pauli disse, porque anos depois descobri que a teoria não era satisfatória no que diz respeito à formulação da teoria quântica. É possível que o grande homem tenha notado a dificuldade de imediato e a tenha exposto em forma de uma questão, mas eu estava tão aliviado por não ter de responder às perguntas que na verdade não as ouvi com a devida atenção. Mas lembro-me de ter subido os degraus da Biblioteca Palmer com Pauli, que perguntou:

— O que Wheeler vai dizer sobre a teoria quântica quando der seu seminário?

— Não sei — respondi. — Ele não me contou. Está trabalhando nisso sozinho.

— Oh! — exclamou ele. — O homem trabalha e não diz a seu assistente o que está fazendo em teoria quântica? — Chegou mais perto de mim e sussurrou: — Wheeler nunca vai dar esse seminário.

Era verdade. Wheeler não deu o seminário. Ele achava que seria fácil fazer a parte quântica dar certo; achava que tinha chegado quase lá. Mas não tinha. E, ao se aproximar o dia do seminário, ele compreendeu que não tinha conseguido e, portanto, não tinha nada a dizer.

Mas eu nunca consegui resolver o problema — uma teoria quântica de potenciais semiadiantados e semiatrasados — e trabalhei nisso durante anos.

MISTURANDO TINTAS

O motivo pelo qual costumo dizer que sou "inculto" ou "anti-intelectual" remete a meus tempos de ensino médio. Eu estava sempre preocupado com a possibilidade de ser visto como diferente, não queria ser tão delicado. Para mim, nenhum homem *de verdade* dava atenção à poesia e a coisas do tipo. Que a poesia tenha chegado um dia a ser *escrita*... isso nunca me preocupou! Por isso adotei uma atitude negativa em relação a caras que estudam literatura francesa, ou muita música, ou poesia — todas essas "fantasias". Admirava mais o metalúrgico, o soldador, o montador. Sempre achei que trabalhar numa montadora, ser capaz de fazer coisas, isso *sim* era ser um *homem de verdade*! Essa era a minha atitude. Ser um homem prático, para mim, era sempre uma virtude de certa forma positiva; ser "culto" ou "intelectual", não. A primeira dessas convicções estava certa, é claro, mas a segunda era maluca.

Eu ainda tinha esse sentimento quando cursava a pós-graduação em Princeton, como veremos. Costumava fazer minhas refeições num pequeno restaurante chamado Papa's Place. Certo dia, estava lá comendo quando um pintor de parede, vestido com suas roupas de trabalho, desceu do andar de cima, onde estivera a pintar, e sentou-se perto de mim. Não sei como começamos a conversar, e ele comentou sobre como era preciso saber uma porção de coisas no ramo da pintura.

— Neste restaurante, por exemplo, que cores *você* usaria se tivesse de pintar as paredes? — perguntou ele.

Eu disse que não sabia, e ele falou:

— Você precisa ter uma faixa escura a uma determinada altura, porque, como vê, as pessoas sentadas à mesa encostam o cotovelo na parede, portanto você não vai querer pôr ali uma bela parede branca. Ela suja com muita facilidade. Mas, acima dessa faixa, você vai *preferir* o branco, que dá uma sensação de limpeza.

O cara parecia saber do que estava falando, e fiquei ali sentado, preso a suas palavras, quando ele disse:

— E você também precisa saber sobre cores, sobre como obter cores diferentes ao misturar tintas. Por exemplo, que cores *você* misturaria para obter amarelo?

Eu não sabia como obter amarelo a partir da mistura de tintas. Se fosse *luz*, bastaria misturar verde e vermelho, mas eu sabia que ele estava falando de *tintas*. Assim, respondi:

— Não sei como obter amarelo sem usar amarelo.

— Bem, se você misturar vermelho e branco vai obter amarelo.

— Tem certeza de que não é *rosa*?

— Não — afirmou ele —, você vai obter amarelo.

E eu acreditei, porque ele era um pintor profissional e sempre admirei caras como ele. Mas eu ainda me perguntava como ele fazia aquilo.

Tive uma ideia.

— Deve ser uma espécie de troca *química*. Você estava usando algum tipo especial de pigmento que provocasse uma troca química?

— Não, funciona assim com pigmentos antigos. Vá até a loja de artigos baratos e compre um pouco de tinta... só uma lata normal de tinta vermelha e uma lata normal de tinta branca... e eu vou misturá-las para lhe mostrar que teremos amarelo.

A essa altura eu estava pensando: "Alguma coisa não faz sentido. Sei o bastante sobre tintas para ter certeza de que não vai dar amarelo, mas *ele* deve saber que *vai*, portanto alguma coisa interessante deve estar acontecendo. Quero ver o que é!"

— Está bem, vou comprar as tintas — concordei.

O pintor subiu para terminar o trabalho, e o dono do restaurante se aproximou e disse:

— Por que está discutindo com esse homem? Ele é pintor, foi pintor a vida inteira e disse que dá amarelo. Por que discutir com ele?

Fiquei constrangido, sem saber o que responder. Por fim, disse:

— Passei a vida inteira estudando a luz. E acho que com vermelho e branco *não* se pode obter amarelo, só rosa.

Então fui à loja, comprei as tintas e as levei para o restaurante. O pintor desceu, e o dono do restaurante também ficou por ali. Pus as latas numa cadeira velha e o pintor começou a misturar as tintas. Pôs um pouco mais de vermelho, um pouco mais de branco — e aquilo ainda me parecia rosa —, e misturou um pouco mais. Foi então que resmungou algo como:

— Eu tinha um tubinho de amarelo aqui, para reforçar um pouco... então fica amarelo.

— Oh! — falei. — É claro! Você acrescenta amarelo e aí fica amarelo, mas não consegue fazer isso sem o amarelo.

O pintor voltou lá para cima para pintar.

— Esse cara é corajoso, discutir com um cara que passou a vida estudando a luz! — exclamou o dono do restaurante.

Tudo isso mostra o quanto eu confiava nesses "caras de verdade". O pintor tinha me dito tanta coisa razoável que resolvi considerar a hipótese de que existisse algum fenômeno estranho que eu desconhecia. Eu esperava rosa, mas meu pensamento era: "A única forma de obter amarelo vai ser uma coisa nova e interessante, e eu preciso ver isso."

Muitas vezes cometo erros na física por achar que a teoria não é tão boa quanto a realidade, que haverá um monte de complicações que vão estragar tudo — uma atitude do tipo "qualquer coisa pode acontecer", embora você esteja bastante certo do que deveria acontecer.

UMA CAIXA DE FERRAMENTAS DIFERENTE

Na Escola de Pós-Graduação de Princeton, o departamento de física e o de matemática dividiam uma área comum, e todas as tardes, às quatro, tomávamos chá. Era uma maneira de relaxar no meio do dia, além de imitar uma faculdade inglesa. As pessoas ficavam ali jogando Go ou discutindo teoremas. Naquela época, a topologia era o assunto do momento.

Ainda me lembro de um cara sentado no sofá, imerso em pensamentos, e outro diante dele dizendo:

— Portanto, tal e tal é verdadeiro.

— Por quê? — perguntou o cara do sofá.

— É óbvio! É óbvio! — disse o rapaz que estava de pé. Rapidamente enumerou uma série de passos lógicos: — Primeiro, você considera isto e aquilo, depois temos o troço de Kerchoff, depois o teorema de Waffenstoffer, substituímos isto e obtemos aquilo. Agora você põe o vetor que aparece por ali, e então assim e assado...

O cara do sofá se esforçou para absorver toda essa informação, desfiada em alta velocidade durante mais ou menos quinze minutos!

Finalmente, o cara que estava de pé chegou ao fim, e o do sofá disse:

— Claro, claro! É óbvio.

Nós, físicos, estávamos rindo, tentando entender aquilo. Concluímos que "óbvio" queria dizer "provado". Então brincamos com os matemáticos:

— Temos um novo teorema: o de que os matemáticos só podem provar teoremas óbvios, porque todo teorema provado é óbvio.

Os matemáticos não gostaram do teorema, e alfinetei-os por isso. Disse que nunca havia surpresas, que os matemáticos só provam aquilo que é evidente.

A topologia não era nem um pouco óbvia para os matemáticos. Havia todo tipo de possibilidades "contraintuitivas". Então tive uma ideia e lancei a eles um desafio:

— Aposto que não existe um só teorema que vocês possam me apresentar do qual eu não possa dizer na hora se é verdadeiro ou falso, desde que as premissas e o enunciado estejam em termos que eu possa entender.

A coisa acontecia mais ou menos assim. Eles me diziam:

— Você tem uma laranja, certo? Agora você vai cortar a laranja num número finito de pedaços, vai juntá-los de novo e terá algo do tamanho do Sol. Verdadeiro ou falso?

— Sem buracos?

— Sem buracos.

— Impossível! Isso não existe.

— A-há! Agora pegamos você! Venham todos! É o paradoxo assim e assado de Banach-Tarski!

Bem quando eles acharam que tinham me pegado, recordei-os:

— Mas vocês disseram uma laranja! Vocês não podem cortar a casca da laranja mais fino do que os átomos.

— Mas temos a condição de continuidade: podemos continuar cortando!

— Não, vocês disseram uma laranja, e *supus* que, com isso se referiam a uma *laranja de verdade*.

Era assim que eu ganhava sempre. Se meu palpite era de que estava certo, ótimo. Mas, se eu achava que estava errado, sempre conseguia encontrar alguma coisa errada na simplificação que eles faziam.

Na verdade, havia alguma qualidade autêntica em meus palpites. Eu tinha um esquema, que ainda uso quando tentam me explicar algo que estou tentando entender: imagino exemplos. No caso dos matemáticos, eles iam elaborar um teorema tenebroso e estavam todos agitados. Enquanto me explicavam as condições do teorema, eu elaborava um exemplo que preenchia todas as condições. Sabe como é, você tem um conjunto (uma bola) — disjunto (duas bolas). Na minha cabeça, as bolas se transformam em cores, nascem-lhe pelos ou qualquer outra coisa, à medida que eles põem mais condições. Por fim eles enunciam o teorema, alguma coisa boba sobre a bola que não se aplica à minha bola verde felpuda, então digo: "Falso!"

Se é verdadeiro, eles ficam agitados, e eu deixo que fiquem assim por algum tempo. Depois menciono meu contraexemplo.

— Ah! Esquecemos de dizer que é um homomorfismo de Hausdorff de classe 2.

— Bem, então... — dizia eu. — É óbvio! É óbvio!

A essa altura eu percebia para onde aquilo se encaminhava mesmo sem saber o que era o homomorfismo de Hausdorff.

Eu acertava o palpite na maior parte das vezes porque, embora os matemáticos achassem que seus teoremas topológicos eram contraintuitivos, na verdade não eram tão difíceis quanto pareciam. Você pode se acostumar às propriedades esquisitas desse negócio de cortes ultrafinos e se sair muito bem apostando em como vai resultar.

Embora eu tenha dado muito trabalho aos matemáticos, eles eram sempre muito legais comigo. Eram uma turma alegre de garotos que estavam criando coisas, entusiasmadíssimos com isso. Discutiam seus teoremas "óbvios" e estavam sempre tentando explicar alguma coisa quando alguém lhes fazia uma simples pergunta.

Paul Olum e eu usávamos o mesmo banheiro. Acabamos virando bons amigos e ele tentava me ensinar matemática. Levou-me a grupos de homotopia e naquele ponto eu desisti. Mas as coisas menores eu entendia muito bem.

Uma coisa que nunca aprendi foi a integral de contorno. Eu tinha aprendido a fazer integrais por diversos métodos expostos num livro que meu professor de física no ensino médio, o sr. Bader, tinha me dado. Um dia, depois da aula, ele me chamou para conversar.

"Feynman", disse ele, "você fala muito e faz muito barulho. Eu sei por quê. Você está entediado. Então, vou lhe dar um livro. Você vai ficar num canto lá no fundo e vai estudar esse livro. Quando souber tudo o que está nele, pode conversar outra vez."

Foi assim que deixei de prestar atenção ao que acontecia com a lei de Pascal ou com qualquer outra coisa que estivéssemos estudando nas aulas de física. Eu ficava lá no fundo com o livro: *Cálculo avançado*, de Woods. Bader sabia que eu tinha estudado um pouco de cálculo com um livro para iniciantes chamado *Calculus for the Practical Man* [Cálculo para o homem prático, em tradução livre], portanto o que me deu era um trabalho de verdade

— um livro utilizado em cursos universitários básicos ou mais avançados. Estudei séries de Fourier, funções de Bessel, determinantes, funções elípticas — todo tipo de coisas magníficas sobre as quais eu nada sabia.

Aquele livro me ensinou também a diferenciar parâmetros na integral — é uma operação certa. Acontece que ela não é muito ensinada nas universidades, não tem nenhuma ênfase. Mas aprendi a usá-la e usei repetidamente essa ótima ferramenta. Como me tornei autodidata em relação à matéria do livro, tinha meus métodos peculiares de usar integrais.

Quando os caras do MIT ou de Princeton tinham problemas com alguma integral, era porque não conseguiam resolvê-la com os métodos convencionais que tinham aprendido na escola. Esse era o normal. Se fosse uma integração de contorno, eles teriam resolvido; se fosse uma expansão de série simples, teriam resolvido também. Então eu entrava em cena e tentava a diferenciação na integral, e quase sempre funcionava. Por isso ganhei fama como solucionador de integrais, só porque minha caixa de ferramentas era diferente das de todos os demais, e eles já tinham esgotado as possibilidades antes de me trazer o problema.

TELEPATIA

Meu pai sempre teve interesse por truques de mágica e queria saber como funcionavam. Uma das coisas que ele conhecia era a telepatia. Quando ele era criança e morava numa cidadezinha chamada Patchogue, no meio de Long Island, foi anunciada com furor a chegada de um telepata para a quarta-feira seguinte. Os cartazes diziam que alguns cidadãos respeitáveis — o prefeito, um juiz, um banqueiro — esconderiam uma nota de cinco dólares em algum lugar, e, quando o telepata chegasse à cidade, ele iria encontrá-la.

Quando ele chegou, pessoas se aglomeraram para vê-lo trabalhar. Ele segurou a mão do banqueiro e a do juiz, os homens que tinham escondido a nota de cinco dólares, e começou a andar pela rua. Chegou a um cruzamento, dobrou a esquina, caminhou mais uma rua, depois outra, e chegou à casa certa. Entrou na casa, sempre de mãos dadas com eles, subiu ao segundo andar, entrou no quarto certo, foi até uma escrivaninha, soltou a mão deles, abriu uma gaveta e lá estava a nota de cinco dólares. Muito teatral!

Naquele tempo, era difícil ter uma boa educação, por isso o telepata foi contratado como preceptor do meu pai. Depois de uma aula, meu pai perguntou como ele tinha conseguido encontrar o dinheiro sem que ninguém lhe dissesse onde estava.

Ele explicou que, segurando de leve a mão de uma pessoa ao caminhar, basta se movimentar um pouco. Chega-se a um cruzamento, onde você pode escolher entre seguir em frente, pela esquerda ou pela direita. Você se movimenta um pouco em direção à esquerda, e, se não estiver certo, vai sentir uma certa resistência, porque a pessoa não espera que você tome esse caminho. Mas, quando vai na direção certa, como ela acha que você vai conseguir fazer aquilo, prossegue com mais facilidade, sem opor resistência. Então você precisa estar sempre se movimentando um pouco, experimentando o que parece ser o caminho certo.

Meu pai me contou essa história e disse que achava que aquilo exigia muita prática. Ele mesmo nunca tentou.

Mais tarde, quando fazia a pós-graduação em Princeton, decidi tentar com um colega chamado Bill Woodward. De uma hora para outra, anunciei que tinha o dom da telepatia e era capaz de ler a mente dele. Disse a ele que fosse ao "laboratório" — um salão com várias fileiras de mesas cobertas de equipamentos de vários tipos, com circuitos elétricos, ferramentas e lixo por toda parte —, escolhesse um objeto e saísse. Expliquei: "Depois vou ler sua mente e levá-lo direto até esse objeto."

Ele entrou no laboratório, escolheu um objeto e saiu. Peguei a mão dele e comecei a me movimentar. Percorremos esse corredor, depois aquele, direto até o objeto. Fizemos três tentativas. Em uma delas, descobri na mesma hora qual era o objeto — estava no meio de vários outros. Em seguida, cheguei ao lugar certo, mas por poucos centímetros não cheguei ao objeto. Na terceira vez, alguma coisa deu errado. Mas funcionou melhor do que eu esperava. Era muito fácil.

Algum tempo depois, quando eu tinha mais ou menos 26 anos, fui com meu pai a Atlantic City, onde estava havendo várias atrações de rua. Enquanto meu pai cuidava de negócios, fui ver um telepata. Ele estava sentado num palco, de costas para a plateia, vestido com uma túnica e um grande turbante. Tinha um ajudante, um menino que corria entre os espectadores dizendo coisas como:

— Ó Grande Mestre, de que cor é este livrinho?

— Azul! — dizia o mestre.

— Ó, Ilustre Senhor, como se chama esta mulher?

— Marie!

Um rapaz ficava de pé:

— Qual é o meu nome?

— Henry.

Levantei-me e perguntei:

— Qual é o meu nome?

Ele não respondeu. O outro cara estava certamente combinado com ele, mas não consegui descobrir de que modo ele fazia os outros truques, como adivinhar a cor do livrinho. Será que tinha fones de ouvido debaixo do turbante?

Quando me encontrei com meu pai, contei-lhe sobre aquilo. "Eles têm um código combinado, mas não sei qual é. Vamos lá descobrir isso", disse ele.

Voltamos ao lugar, e meu pai me disse: "Tome cinquenta centavos. Vá ler a sorte naquele outro quiosque, nos vemos em meia hora."

Eu sabia o que ele ia fazer. Ia contar uma lorota ao homem, e seria melhor não ter o filho por perto dizendo "Ah, ah!" o tempo todo. Ele tinha que me tirar do caminho.

Quando ele voltou, revelou o código completo: "Azul é '(Ó Grande Mestre) verde é 'Ó Sábio dos Sábios'" e assim por diante. "Fui falar com ele depois, disse que fazia um espetáculo em Patchogue e que tínhamos um código, mas com poucos elementos. A escala de cores era reduzida. Perguntei a ele como fazia para lidar com tanta informação.

O telepata tinha tanto orgulho de seu código que se sentou com meu pai e lhe explicou como funcionava *a coisa toda*. Meu pai era vendedor. Sabia criar uma situação como aquela. Eu não sou capaz disso.

O CIENTISTA AMADOR

Quando criança, eu tinha um "laboratório". Não era um laboratório onde pudesse efetuar medições precisas ou realizar experimentos importantes. Em vez disso, eu brincava: construía um motor, ou um dispositivo que disparava quando algo passava por uma célula fotoelétrica, divertia-me com selênio, passava o tempo todo à toa. Realizei alguns cálculos para uma série de lâmpadas e interruptores que usava como resistores para controlar voltagens. Tudo para uso prático. Nunca fiz nenhum tipo de experimento real.

Tinha também um microscópio e eu *adorava* ver coisas nele. Aquilo exigia paciência: eu punha alguma coisa sob a lente do microscópio e ficava ali olhando interminavelmente. Vi muita coisa interessante, como todo mundo vê — uma diatomácea deslocando-se lentamente pela mesa do microscópio, e assim por diante.

Um dia, estava observando um paramécio e notei algo que não constava dos livros que eu lia na escola — nem na faculdade. Esses livros sempre simplificam as coisas para que o mundo seja mais como *eles* querem que seja. Quando falam sobre o comportamento animal, sempre começam assim: "O paramécio é extremamente simples, tem um comportamento simples. Tem forma de chinelo, desloca-se pela água até chocar-se com algum obstáculo, e então se encolhe sobre si mesmo, descreve um ângulo e começa tudo de novo."

Isso não é totalmente preciso. Em primeiro lugar, como todos sabem, os paramécios, de tempos em tempos, conjugam-se entre si — encontram-se e trocam núcleos. Como é que eles decidem que chegou a hora de fazer isso? (Não se preocupe, não é esse o tema.)

Eu observava os paramécios colidindo com alguma coisa, encolhendo-se, descrevendo um ângulo e recomeçando. A ideia de que tudo ocorre mecanicamente, como num programa de computador... não parece certa. Eles percorrem distâncias diferentes, se encolhem a distâncias diferentes, descrevem trajetórias angulares diferentes em vários casos; nem sempre se viram para a direita; são muito irregulares. Parece aleatório, porque você não conhece todos os produtos químicos que eles estão cheirando ou algo assim.

Dentre outras coisas, eu queria ver era o que acontece com o paramécio quando seca a água em que ele está. Acreditava-se que o paramécio podia secar, tornando-se uma espécie de semente rígida. Pus uma gota d'água na mesa do microscópio e, nela, um paramécio e um pouco de "grama" — da perspectiva do paramécio, aquilo devia parecer uma pilha de varetas trançadas. Quando a gota d'água evaporou, depois de quinze ou vinte minutos, o paramécio foi ficando numa situação cada vez mais apertada: continuou num vaivém até ficar quase sem poder se mexer. Estava preso entre as "varetas" — praticamente emperrado.

Foi então que vi algo inédito, do qual nunca ouvira falar: o paramécio perdeu a forma. Ele conseguiu se dobrar, como uma ameba. Começou a se esfregar contra uma das varetas e a dividir-se em duas pontas até a divisão chegar mais ou menos ao meio dele. Nessa hora, ele resolveu que *aquela* não era uma boa ideia e retrocedeu.

Assim, minha impressão a respeito desses animais é que seu comportamento é simplificado demais nos livros. Não é tão mecânico ou unidimensional como dizem. Os livros deveriam descrever corretamente o comportamento desses animais simples. Até vermos todas as dimensões do comportamento de um animal unicelular, não seremos capazes de entender plenamente o comportamento de animais mais complexos.

Eu gostava também de observar insetos. Aos treze anos, tinha um livro sobre eles. Dizia que as libélulas não causam dano e não picam. Em nossa região, todo mundo sabia que as "agulhas de cerzir", como as chamávamos, eram bem perigosas e picavam. Então, se estivéssemos ao ar livre jogando bola ou qualquer coisa assim e uma delas começasse a voar por perto, todos corriam para se proteger, agitando os braços, gritando: "Uma agulha de cerzir! Uma agulha de cerzir!"

Um dia, eu estava na praia e acabara de ler o livro que dizia que as libélulas não picam. Uma agulha de cerzir se aproximou, e todo mundo começou a gritar e correr, e eu fiquei ali mesmo. "Não se preocupem!", exclamei. "As agulhas de cerzir não picam!"

Aquela criatura pousou no meu pé. Todos gritaram, e armou-se a maior confusão. E lá estava eu, a maravilha da ciência, dizendo que ela não ia me picar.

Você *com certeza* deve estar pensando que no fim dessa história ela me pica, mas isso não aconteceu. O livro estava certo. Mas suei um bocado.

Eu tinha também um pequeno microscópio manual. Era de brinquedo, e tirei dele a lente de aumento para usá-la na mão, como uma lupa, embora ela aumentasse quarenta ou cinquenta vezes. Com paciência, era possível encontrar o foco. Então eu saía por aí olhando coisas pela rua.

Quando estava na Escola de Pós-Graduação de Princeton, uma vez tirei a "lupa" do bolso e me pus a observar algumas formigas que andavam sobre a hera. Tive de gritar, de tanto entusiasmo. O que eu estava vendo era uma formiga e um afídeo — um inseto protegido pelas formigas. Elas o carregam de uma planta para outra quando a primeira está morrendo. Em compensação, se alimentam de uma secreção do afídeo parcialmente digerida, chamada "melada". Eu sabia disso porque meu pai tinha me contado, mas nunca tinha visto.

E ali estava o afídeo, e, como era de esperar, apareceu uma formiga que começou a lhe dar tapinhas com as patas — por todo o afídeo, *tap, tap, tap*. Era interessantíssimo! Por fim, a secreção saiu pela traseira do afídeo. Ampliada pela lente, parecia uma bola, grande, bela e brilhante devido à tensão superficial. Como a lente do microscópio não era lá muito boa, a gota parecia colorida por causa da aberração cromática — aquilo era uma maravilha!

A formiga retirou a bola do afídeo com as duas patas dianteiras e a *segurou*. O mundo é tão diferente naquela escala que é possível pegar e segurar a água! As formigas devem ter um material graxo ou oleoso nas patas que impede a quebra da tensão superficial da água quando elas a seguram. A formiga quebrou a superfície da gota com a boca, e a tensão superficial fez com que fosse parar diretamente em seu estômago. Era *muito* interessante ver aquilo tudo acontecer!

Em meu quarto ano em Princeton, eu tinha uma janela com um parapeito em curva. Um dia, apareceram umas formigas no parapeito e circularam por ali um pouco. Tive curiosidade de saber como elas encontravam o que precisavam. Eu pensava: como elas sabem para onde ir? Elas conseguem dizer umas às outras onde está a comida, como as abelhas? Será que têm alguma noção de geometria?

Tudo isso é amadorismo, todo mundo sabe a resposta, mas eu não sabia, então meu primeiro passo foi esticar um barbante de um extremo ao outro do parapeito curvado e pendurar nele um pedaço de papelão com açúcar. A ideia era isolar o açúcar das formigas, de modo que elas não o encontrassem por acaso. Eu queria ter tudo sob controle.

Em seguida, cortei uma porção de tiras de papel, fiz uma dobra em cada uma delas para poder pegar as formigas e levá-las de um lado a outro. Pus as tiras de papel dobradas em dois lugares: algumas perto do açúcar (pendente do barbante), e as outras perto das formigas em determinado lugar. Fiquei ali a tarde toda, lendo e observando, até que uma das formigas subiu por acaso em uma de minhas balsas de papel. Levei-a então até onde estava o açúcar. Depois que várias formigas tinham sido transportadas até o açúcar, uma delas por acaso subiu em uma das balsas próximas e eu levei-a de volta ao parapeito.

Eu queria saber quanto tempo transcorreria até que as outras formigas levassem a mensagem até o "terminal das balsas". Começou devagar, mas a velocidade aumentou rapidamente até que comecei a levar as formigas para lá e para cá como um louco.

Mas, de repente, quando estava dando tudo certo, comecei a levar as formigas para um lugar *diferente*. A pergunta agora era: a formiga aprende a voltar ao ponto de onde veio ou vai para onde foi da vez anterior?

Depois de algum tempo, quase não havia formigas indo ao primeiro lugar (que as levaria ao açúcar), enquanto havia muitas delas no segundo lugar, circulando para lá e para cá, tentando encontrar o açúcar. Então, até aquele ponto, concluí que elas iam para o lugar de onde tinham vindo.

Em outro experimento, pus no parapeito uma porção de lâminas de vidro para microscopia e fiz as formigas andarem sobre elas, para trás e para a frente, em direção ao açúcar que eu tinha posto ali. Então, substituindo uma lâmina por uma nova, ou reorganizando as lâminas, eu poderia demonstrar que as formigas não têm noção de geometria: elas não são capazes de deduzir onde está alguma coisa. Se tomassem um caminho para chegar ao açúcar, mesmo que existisse um caminho mais curto, elas não o deduziriam.

Com a redistribuição das lâminas, ficou bem claro que as formigas deixavam uma espécie de trilha. Aí eu fiz uma porção de experimentos fáceis para descobrir quanto tempo uma trilha dessas leva para secar, se é possível secá-la com facilidade e assim por diante. Descobri também que a trilha não era direcional. Se eu tirasse uma formiga da trilha com um pedaço de papel, girasse o papel de um lado para outro e devolvesse a formiga à trilha, ela não saberia que estava indo para o lado errado até encontrar outra formiga. (Mais tarde, no Brasil, conheci formigas cortadeiras e tentei o mesmo experimento com elas. Essas formigas *descobrem*, em poucos passos, se estão indo em direção ao alimento ou se distanciando dele — supostamente pela trilha, que pode ser formada por uma série de cheiros em certa ordem: A, B, espaço, A, B, espaço e assim por diante.)

A certa altura, tentei fazê-las andar em círculo, mas não tive paciência para ir até o fim. Não consigo ver outro motivo, além da falta de paciência, pelo qual isso não possa ser feito.

Uma coisa que dificultou os experimentos foi a respiração, que espantava as formigas. Deve ser um comportamento instintivo para se proteger de algum animal que queira comê-las ou perturbá-las. Não sei se o que as incomodava era o calor, a umidade ou o cheiro da minha respiração, mas eu tinha sempre de prendê-la ou virar a cabeça para o lado de modo a não atrapalhar o experimento quando transportava as formigas de balsa.

Uma questão sobre a qual eu pensava: por que as trilhas das formigas parecem tão boas e diretas? Parece que elas sabem o que estão fazendo, como se tivessem uma boa noção de geometria. No entanto, os experimentos que fiz para tentar demonstrar sua noção de geometria não deram certo.

Muitos anos depois, quando eu estava no Caltech e morava numa casinha da rua Alameda, apareceram formigas na banheira. Pensei que seria uma grande oportunidade. Pus um pouco de açúcar na outra ponta da banheira e fiquei ali a tarde inteira até que finalmente uma formiga encontrou o açúcar. É só uma questão de paciência.

No momento em que ela encontrou o açúcar, peguei um lápis de cor que estava à mão (já tinha feito experimentos que indicavam que as formigas não dão a mínima para marcas feitas a lápis — elas passam direto sobre elas —, e por isso sabia que aquilo não ia atrapalhar em nada) e desenhei uma linha acompanhando o caminho percorrido pela formiga para saber onde ficava a trilha. A formiga hesitou um pouco antes de voltar ao buraco, então a trilha devia estar um tanto irregular, diferente de uma trilha normal de formigas.

Quando a próxima formiga a encontrar o açúcar se lançou no caminho de volta, marquei sua trilha com outra cor. (Aliás, ela seguiu o caminho de volta feito pela primeira formiga em vez de traçar o próprio caminho. Minha teoria é que, quando uma formiga encontra alimento, deixa uma trilha muito mais nítida do que quando está simplesmente andando para lá e para cá.)

A segunda formiga estava muito apressada e seguiu quase que exatamente a trilha original. Mas, como tinha pressa, ela ia direto quando a trilha se tornava sinuosa, como se cortasse caminho. Depois de tomar o atalho, ela voltava à trilha. Já estava claro que a volta da segunda formiga era relativamente mais certeira. Com as formigas seguintes, ocorreu esse mesmo "aperfeiçoamento" da trilha pela "marcha" apressada e descuidada.

Acompanhei de oito a dez formigas com o lápis até as trilhas se tornarem uma linha claramente reta ao longo da banheira. Foi como fazer um esboço: você traça primeiro uma linha fraca, passa o lápis sobre ela algumas vezes e, depois de algum tempo, tem uma linha nítida.

Lembro-me de que, quando era criança, meu pai me dizia que as formigas eram maravilhosas, sobre como cooperavam umas com as outras. Eu olhava com muita atenção três ou quatro formigas que carregavam um pedacinho de chocolate para o ninho. À primeira vista, parece uma cooperação eficiente, magnífica, brilhante. Mas, se você observar bem, vai ver que não é nada disso: elas se comportam como se o chocolate estivesse sendo levado por algum outro ser. Puxam-no para cá e para lá. Uma formiga pode passar por cima dele enquanto está sendo puxado pelas outras. Ele balança, treme, as direções se confundem. O chocolate não é transportado diretamente para o ninho.

As formigas cortadeiras do Brasil, que por um lado são magníficas, têm um aspecto curioso muito interessante que não sei por que não evoluiu. Uma formiga tem bastante trabalho para recortar um arco na folha e tirar um pedaço dela. Quando o corte está feito, a formiga tem 50% de chance de puxar a folha pelo lado errado, deixando cair ao chão a peça cortada. Nesses casos, a formiga puxa e empurra, puxa e empurra o lado errado da folha, até que desiste e se põe a fazer outro corte. Não faz nenhuma tentativa de recuperar um pedaço já cortado por ela mesma ou por outra formiga. Se você olhar em detalhe, fica óbvio que não se trata de um trabalho genial, esse negócio de cortar e transportar folhas. Elas vão até uma folha, fazem o corte em arco e, na metade das vezes, pegam o lado errado da folha e deixam cair o pedaço cortado.

Em Princeton, as formigas descobriram meu armário — onde eu tinha geleia, pão e outras coisas —, que ficava a certa distância da janela. Uma longa fila de formigas marchava pelo piso, cruzando a sala. Isso foi na época em que eu estava fazendo aqueles experimentos com formigas, então perguntei a mim mesmo: "O que posso fazer para impedi-las de chegar a meu armário sem matá-las? Veneno, não; é preciso ser humano com as formigas!"

Eis o que fiz: como treino, pus um punhado de açúcar a mais ou menos vinte centímetros do buraco pelo qual elas entravam na sala, num ponto que elas não conheciam. Então usei de novo o método da balsa: quando uma formiga voltava com o alimento e subia em minha pequena balsa, eu a levava para o açúcar. Finalmente, as formigas encontraram o caminho que levava do açúcar para o buraco, então esse novo caminho foi duplamente reforçado enquanto o caminho antigo passava a ser cada vez menos usado. Eu sabia que, depois de mais ou menos meia hora, o caminho antigo desapareceria, e em uma hora elas estariam longe de meu armário. Não lavei o piso, tudo que fiz foi uma balsa para formigas.

PARTE 3

Feynman, a bomba e as Forças Armadas

FUSÍVEIS QUEIMADOS

No começo da guerra na Europa, quando os Estados Unidos ainda não tinham tomado parte nela, havia muita conversa sobre nos prepararmos e sermos patriotas. Os jornais traziam grandes matérias sobre homens de negócios que se ofereciam para ir a Plattsburg, Nova York, para fazer treinamento militar e coisas assim.

Comecei a pensar se não deveria dar algum tipo de contribuição. Depois que terminei o curso no MIT, um amigo da minha fraternidade, Maurice Meyer, alistado na Arma de Comunicações do Exército, me levou até um coronel do comando em Nova York.

— Eu gostaria de ajudar meu país, senhor, e, como tenho formação técnica, talvez haja uma maneira de ser útil.

— Bem, o melhor é que vá para o campo de Plattsburg e faça o treinamento básico. Aí sim poderemos aproveitá-lo — informou o coronel.

— Mas não haveria uma maneira de empregar meus conhecimentos de modo mais direto?

— Não, o exército está organizado assim. Tem de ser pelas vias normais.

Saí e me sentei no parque para pensar a respeito. Pensei, pensei e concluí que talvez a melhor maneira de dar uma contribuição fosse seguir o modo deles. Mas por sorte pensei um pouco mais e decidi: "Que vá para o inferno! Vou esperar um pouco. Quem sabe acontece alguma coisa e possam me utilizar de um jeito mais eficaz."

Fui a Princeton para iniciar a pós-graduação e, na primavera, estive mais uma vez no Bell Labs de Nova York para me candidatar a um emprego temporário. Adorava andar pelo Bell. Bill Shockley, o cara que inventou o transistor, me mostrava tudo. Lembro que havia marcas em uma das janelas da sala: a ponte George Washington estava sendo construída, e aqueles caras acompanhavam seu progresso. Tinham traçado a curva original quando o cabo principal foi instalado e mediam as diferenças progressivas observadas à medida que a ponte ia sendo suspensa por ele, com a curva tornando-se uma parábola. Era o tipo de coisa que eu gostaria de ser capaz de realizar. Eu admirava aqueles caras; estava sempre ansiando o dia em que poderia trabalhar com eles.

Alguns colegas do laboratório me levaram para almoçar num restaurante de frutos do mar e estavam encantados porque iam comer ostras. Eu vivia no litoral e não conseguia nem olhar para aquilo. Não comia peixe, que dirá ostras.

"Vou ser ousado", pensei comigo. "Vou comer uma ostra."

Peguei uma, e foi absolutamente terrível. Mas disse a mim mesmo: "Isso não prova realmente que você seja homem. Você não sabia que seria horrível. Era bem mais fácil quando ainda havia alguma incerteza."

Os outros continuavam falando do quanto as ostras estavam boas, então me servi de outra, e dessa vez foi mais difícil do que a primeira.

Nessa ocasião, que devia ser a minha quarta ou quinta visita ao Bell Labs, eles me aceitaram. Fiquei muito contente. Naquela época, era difícil encontrar um trabalho em que fosse possível estar em contato com outros cientistas.

Mas então houve uma grande agitação em Princeton. O general Trichel foi até lá e disse: "Precisamos de físicos! Os físicos são muito importantes para o exército! Precisamos de três físicos!"

É preciso entender que, naquele tempo, as pessoas mal sabiam o que era um físico. Einstein, por exemplo, era conhecido como matemático — portanto, raramente alguém precisava de físicos. "Esta é minha oportunidade de dar minha contribuição", pensei, e me apresentei para trabalhar como voluntário para o exército.

Perguntei no Bell Labs se me deixariam trabalhar para o exército naquele verão, e eles disseram que também tinham trabalho para a guerra, se era isso que eu queria. Mas eu estava tomado de fervor patriótico e acabei perdendo uma boa oportunidade. Teria sido muito mais inteligente trabalhar no Bell Labs. Mas nessas ocasiões ficamos meio bobos.

Fui para o Frankford Arsenal, na Filadélfia, e comecei a trabalhar com um dinossauro: um computador mecânico que orientava a artilharia. Quando passavam aviões, os atiradores os viam por um telescópio, e o computador mecânico, com suas engrenagens, rodas dentadas e tudo mais, tentava adivinhar a trajetória futura do avião. Era uma máquina magnificamente projetada e construída, e uma das ideias mais importantes eram suas engrenagens não circulares — que mesmo assim encaixavam perfeitamente. Por causa dos raios diferentes das engrenagens, um eixo podia girar em função do outro. No entanto, essa máquina era um beco sem saída. Muito em breve, chegariam os computadores eletrônicos.

Depois de muita conversa sobre a importância dos físicos para o exército, minha primeira incumbência foi verificar desenhos de engrenagens para ver se os cálculos estavam certos. Isso continuou durante algum tempo. Depois, aos poucos, o cara responsável pelo departamento começou a ver que eu podia ser útil em outras coisas, e, à medida que o verão avançava, ele passava mais tempo conversando comigo.

Um engenheiro mecânico do Frankford estava sempre tentando desenhar coisas e nunca conseguia fazer nada direito. Certa vez, desenhou uma caixa cheia de engrenagens, uma das quais era uma roda com vinte centímetros de diâmetro e seis dentes. Ele perguntou, muito animado:

— E aí, chefe, como está isso? Como está isso?

— Muito bom! — respondeu o chefe. — Você só precisa desenhar um orifício de passagem para o eixo em cada um dos dentes para que a roda possa girar!

O sujeito tinha desenhado um eixo que passava entre os dentes!

O chefe nos disse que os tais orifícios de passagem *de fato* existiam (achei que ele estivesse brincando). Tinham sido inventados pelos alemães durante a guerra para evitar que os navios caça-minas britânicos capturassem os cabos que mantinham as minas alemãs flutuando a certa profundidade. Esses orifícios faziam com que os cabos britânicos passassem pelos cabos dos alemães como que por uma porta giratória. Portanto, instalar orifícios de passagem em todos os dentes seria possível, mas o chefe não quis dizer com isso que os mecânicos deviam ter todo esse trabalho. O tal sujeito deveria refazer o desenho e pôr o eixo em algum outro lugar.

De vez em quando, o exército mandava um tenente para verificar o andamento das coisas. Nosso chefe nos disse que, como estávamos numa seção civil, o tenente era superior a qualquer um de nós. "Não digam nada ao tenente", dizia ele. "Quando ele começar a achar que entende do que estamos fazendo, vai querer dar um monte de ordens e estragar tudo."

Nessa época, eu estava desenhando algumas coisas, mas, quando o tenente chegava, fingia não saber o que estava fazendo, dizia estar apenas cumprindo ordens.

— O que está fazendo, sr. Feynman?

— Bem, estou desenhando uma sequência de linhas em ângulos sucessivos, e depois devo medir diferentes distâncias a partir do centro, de acordo com essa tabela, e desenhá-las...

— Bem, e o que é isso?

— Acho que é uma roda dentada.

Na verdade, eu mesmo tinha desenhado aquilo, mas fazia de conta que outra pessoa tinha me dito exatamente o que fazer.

O tenente não conseguia extrair informação de ninguém e seguíamos em frente, trabalhando alegremente em nosso computador mecânico, sem nenhuma interferência.

Um dia, o tenente chegou e fez uma única pergunta:

— Suponham que o observador não esteja no mesmo ponto que o atirador, como resolveriam isso?

Aquilo foi um choque. Tínhamos desenhado tudo usando coordenadas polares, ângulos e distância radial. Com coordenadas X e Y, é fácil corrigir em função de um observador deslocado. É uma questão de somar e subtrair. Mas, com coordenadas polares, é uma confusão terrível!

Então, o que aconteceu foi que aquele tenente, a quem queríamos impedir de nos ordenar o que quer que fosse, acabou dizendo algo muito importante que tínhamos esquecido ao projetar aquele instrumento: a possibilidade de que a estação de observação e o atirador não estivessem no mesmo ponto! Consertar aquilo deu uma trabalheira!

Já perto do fim do verão, fui incumbido de desenhar meu primeiro trabalho de verdade: uma máquina capaz de fazer uma curva contínua a partir de um conjunto de pontos — cada ponto aparecendo a cada quinze segundos —, para um novo dispositivo de rastreamento de aviões inventado na Inglaterra chamado "radar". Era a primeira vez que eu fazia um desenho mecânico e por isso estava um pouco assustado.

Procurei um dos caras e disse:

— Você é engenheiro mecânico, eu não sei nada de engenharia mecânica e me deram este trabalho...

— Muito *fácil* — disse ele. — Vou lhe mostrar. Há duas regras que você precisa conhecer para desenhar essas máquinas. Primeiro, o atrito em todo rolamento é assim e assado, e em cada junção da engrenagem é assim e assado. Daí, você pode estimar de quanta força precisa para fazer a coisa andar. Segundo, quando tiver uma proporção, por exemplo, 2 para 1, e quiser saber como se faz para transformá-la em 10 para 5, ou 24 para 12, ou 48 para 24, faça o seguinte: consulte o Catálogo Boston de Engrenagens e escolha as engrenagens que estão no meio da lista. As que estão no topo têm muitos dentes e são difíceis de fazer. Se eles pudessem fabricar engrenagens com dentes cada vez mais finos, a lista iria mais longe ainda. Já as engrenagens do final da lista têm tão poucos dentes que se quebram com facilidade. É por isso que os melhores desenhos empregam modelos do meio da lista.

Eu me diverti muito desenhando aquela máquina. Ao simplesmente escolher as engrenagens do meio da lista e calcular o torque com os dois números que ele havia me dado, virei engenheiro mecânico!

Depois daquele verão, o exército não quis que eu voltasse a meus estudos de pós-graduação em Princeton. Continuaram me dando tarefas patrióticas e, para que eu ficasse, me propuseram a direção de um projeto completo.

Tratava-se do desenho de uma máquina como a primeira — que eles chamavam de diretor —, mas dessa vez achei que o problema seria mais fácil porque o atirador estaria logo atrás do alvo, num avião à mesma altitude. O atirador introduziria na máquina a altitude e uma estimativa da distância em relação ao outro avião. Minha máquina giraria automaticamente a arma no ângulo correto e acionaria o detonador.

Como diretor do projeto, eu devia ir a Aberdeen para pegar as tabelas de tiro. Mas já havia alguns dados preliminares. Observei que, para a maior parte das altitudes mais elevadas, não havia dados. Então passei a investigar por que isso acontecia e descobri que não estavam usando detonadores à distância, mas rastilhos de pólvora, que nessas altitudes não funcionavam — eles não tinham sucesso no ar rarefeito.

Achei que só precisava corrigir a resistência do ar para uma altitude diferente. Mas não: minha tarefa era inventar uma máquina que fizesse explodir um projétil no momento certo, quando o rastilho não queimasse.

Decidi que aquilo era difícil demais para mim e voltei a Princeton.

O TESTE DO SABUJO

Quando estava em Los Alamos e tinha algum tempo livre, ia visitar minha esposa, que estava internada num hospital em Albuquerque, a poucas horas de distância. Em certa vez que estive lá, sem poder vê-la assim que cheguei, fui até a biblioteca do hospital para ler um pouco.

Na revista *Science*, encontrei um artigo científico sobre sabujos que explicava por que eles têm um olfato tão bom. Os autores relataram os vários experimentos que tinham feito — os sabujos eram capazes de identificar objetos que tinham sido tocados por certas pessoas, e coisas assim —, e comecei a pensar: é extraordinário como os sabujos são bons de olfato, podendo dessa forma seguir o rastro das pessoas e tal. Mas e *nós*, até que ponto somos bons?

Quando consegui ver minha esposa, disse a ela:

— Vamos fazer uma experiência. Essas garrafas de Coca-Cola que estão ali... — Ela tinha no quarto uma caixa de seis garrafas vazias do refrigerante guardadas para troca. — Já deve fazer uns dias que você não pega nelas, não é?

— Sim.

Peguei a caixa sem tocar as garrafas e disse:

— Tudo bem. Agora vou sair, você vai pegar uma das garrafas, manuseá-la por dois minutos e devolvê-la a seu lugar. Eu vou entrar e tentar descobrir qual foi a garrafa.

Saí, ela pegou uma das garrafas e manuseou-a durante um tempo — muito tempo, porque não sou um sabujo! Segundo o artigo, eles conseguem descobrir que você mal tocou a garrafa.

Voltei e foi absolutamente evidente! Nem precisei cheirar a garrafa, porque, claro, estava a uma temperatura diferente. E foi óbvio também com o cheiro. Assim que você a aproximava do rosto, conseguia perceber pelo cheiro a umidade e o calor. De modo que o experimento não funcionou porque era óbvio demais.

Depois olhei para a estante e disse:

— Faz algum tempo que você não pega nesses livros, não é? Desta vez, quando eu sair, pegue um dos livros da estante, abra-o... só isso... feche-o de novo e devolva-o à estante.

Saí de novo, ela pegou um livro, abriu-o, fechou-o e o repôs na estante. Entrei... e foi *moleza*! Era fácil. Basta cheirar os livros. É difícil explicar, porque não estamos acostumados a falar sobre isso. Você leva cada livro ao nariz, cheira algumas vezes e consegue adivinhar. É muito diferente. Um livro que fica algum tempo na estante tem um cheiro seco, nada interessante. Mas depois de tocado por uma mão, há uma umidade e um cheiro muito distintos.

Fizemos mais alguns experimentos, e descobri que, embora os sabujos sejam muito competentes, os humanos não são tão *in*competentes quanto pensam: é que eles têm o nariz muito alto em relação ao chão!

(Já observei que meu cachorro descobre o caminho que percorri dentro de casa, principalmente se eu estiver descalço, cheirando minhas pegadas. Então tentei fazer o mesmo: arrastei-me de gatinhas em volta do tapete, cheirando tudo, para ver se conseguia descobrir a diferença entre o lugar por que tinha passado e os demais, e foi impossível. Então o cachorro é muito melhor do que eu.)

Muitos anos depois, da primeira vez que estive no Caltech, houve uma festa na casa do professor Bacher, com uma porção de gente do Instituto. Não sei como o assunto veio à baila, mas contei-lhes a história das garrafas e dos livros. Com certeza, eles não acreditaram numa só palavra porque sempre acharam que eu era um farsante. Tive de fazer uma demonstração.

Tiramos oito ou nove livros da estante, sem tocá-los diretamente com as mãos, e eu saí. Três pessoas diferentes tocaram três livros diferentes: pegavam o livro, que abriam e fechavam, e o devolviam a seu lugar.

Voltei, cheirei as mãos de todo mundo e de todos os livros — não lembro o que cheirei primeiro — e descobri quais eram os três livros; só errei uma das pessoas.

Eles ainda não acreditavam, achavam que era uma espécie de truque. Continuavam tentando descobrir como eu tinha feito aquilo. Existe um famoso truque desse tipo em que o adivinho está em conluio com alguma pessoa do grupo, e esta lhe informa o que deve dizer por meio de sinais. Eles se puseram a procurar essa pessoa. Desde então, sempre penso que seria um ótimo truque pegar um baralho e pedir a alguém para tirar uma das cartas, devolvendo-a depois ao maço, enquanto você estaria fora da sala. *Você diria*: "Agora vou *cheirar* todas as cartas e dizer qual foi a que você pegou." É claro que com essa conversa as pessoas não acreditariam nem por um minuto que era exatamente isso o que você estava fazendo!

Os cheiros das mãos das pessoas são muito diferentes — é por isso que os cachorros identificam as pessoas; você deveria *experimentar*! Todas as mãos têm uma espécie de cheiro úmido, e quem fuma tem um cheiro específico nas mãos. As mulheres costumam usar diversos tipos de perfume, e assim por diante. Se uma pessoa manusear as moedas que tem no bolso, pode-se perceber isso pelo cheiro.

LOS ALAMOS VISTO DE BAIXO*

Quando digo "Los Alamos visto de baixo", quero dizer exatamente isso. Embora eu seja hoje um tantinho famoso em minha área, naquele tempo não era nada famoso. Nem sequer tinha me formado quando comecei a trabalhar no Projeto Manhattan. Muitas das outras pessoas que falam sobre Los Alamos — gente situada em escalões mais altos — estavam preocupadas com algumas grandes decisões. Eu não me preocupava com grandes decisões. Estava sempre circulando por baixo.

Um dia, enquanto trabalhava em meu quarto em Princeton, Bob Wilson chegou e disse que tinha recebido verbas para um trabalho secreto que não deveria revelar a ninguém; mas ele ia me contar porque sabia que, assim que eu soubesse o que ele ia fazer, ia querer participar. Relatou então o problema de separar os diferentes isótopos de urânio para no fim fazer uma bomba. Ele tinha inventado um processo de separação dos isótopos de urânio (diferente do que acabou sendo usado) e queria tentar aperfeiçoá-lo. Falou-me sobre ele e disse:

— Vai haver uma reunião...

Eu disse que não queria fazer aquilo.

— Está bem — disse ele. — A reunião é às três horas. Nos vemos lá.

— Tudo bem você ter me contado o segredo, porque não vou contar a ninguém, mas não vou fazer isso — falei.

E voltei a trabalhar em minha tese... durante três minutos. Em seguida comecei a andar de lá para cá pensando no tópico. Os alemães tinham Hitler, e a

---

* Adaptado de uma palestra apresentada na Universidade da Califórnia em Santa Barbara em 1975. "Los Alamos visto de baixo" foi uma de nove palestras de uma série publicada sob o título *Reminiscences of Los Alamos, 1943-1945* [Reminiscências de Los Alamos, 1943-1945 e organizada por L. Badash et al., pp. 105-32. Copyright © 1980 por D. Reidel Publishing Company, Dordrecht, Holanda.

possibilidade de que criassem uma bomba atômica era óbvia; a de que a criassem antes de nós era assustadora. Então decidi ir à reunião das três horas.

Lá pelas quatro, já tinha uma mesa numa sala e tentava calcular se o processo de Wilson podia ser limitado pela quantidade total de corrente que se obtém de um feixe de íons e assim por diante. Não vou entrar em detalhes. Mas eu tinha uma mesa, papel e estava trabalhando com todo afinco e o mais rápido possível, para que os camaradas que estavam construindo o aparelho pudessem experimentá-lo ali mesmo.

Era como esses filmes de animação em que você vê uma parte do equipamento fazendo *bruuuuup, bruuuuup, bruuuuup*. Toda vez que eu levantava os olhos, aquilo estava maior. É que todos os rapazes tinham decidido trabalhar naquilo e parar com suas pesquisas científicas. Toda a ciência parou durante a guerra, exceto aquele pouco que estava sendo feito em Los Alamos. E aquilo não tinha muito de ciência, estava mais para engenharia.

Todo o equipamento dos mais diversos projetos de pesquisa estava sendo requisitado para construir o aparelho que executaria o experimento: separar os isótopos do urânio. Parei com meu trabalho pela mesma razão, mas depois de algum tempo tirei umas férias de seis semanas e terminei de escrever minha tese. E me formei pouco antes de ir para Los Alamos — então não estava num escalão tão baixo quanto os levei a acreditar.

Uma das primeiras experiências interessantes que tive nesse projeto em Princeton foi conhecer grandes homens. Eu não tinha conhecido muitos até então. Mas havia em Los Alamos uma comissão de avaliação incumbida de nos ajudar, o que definitivamente significava nos ajudar a decidir de que modo separaríamos o urânio. Essa comissão tinha homens como Compton, Tolman, Smyth, Urey, Rabi e Oppenheimer. Eu participava porque sabia como funcionava nosso processo de separação de isótopos, e por isso eles me faziam perguntas e falavam sobre o tema. Nessas discussões, um homem dava uma opinião. Então Compton, por exemplo, expunha outro ponto de vista. Dizia que precisava ser de maneira *tal*, e estava certíssimo. Outro cara dizia "bem, pode ser, mas há outra possibilidade que temos de levar em conta".

Assim, todos os que estavam em torno da mesa discordavam. Fiquei surpreso por Compton não ter repetido e enfatizado sua opinião. Por fim, Tolman, que era o presidente da comissão, disse: "Bem, tendo ouvido todos esses argumentos, acho que o de Compton é o melhor, e agora temos de ir em frente."

Para mim, foi um choque ver que os integrantes de uma comissão podiam apresentar uma porção de ideias, cada um deles com uma nova perspectiva, sem deixar de ter em mente o que os demais camaradas tinham dito, até que, no fim, a decisão era tomada com base na melhor ideia — em resumo, sem que fosse necessário repeti-las. Eram, com efeito, grandes homens.

Por fim, decidiu-se que aquele projeto *não* seria usado para separar o urânio. Disseram-nos então que íamos parar, porque em Los Alamos, Novo México, seria iniciado o projeto que de fato faria a bomba. Todos nós iríamos para lá. Haveria experimentos e trabalho teórico a fazer. Eu fiquei no trabalho teórico. Todos os demais ficaram no trabalho experimental.

A pergunta era: O que fazer agora? Los Alamos ainda não estava pronto. Entre outras coisas, Bob Wilson tentou usar esse tempo para me enviar a Chicago a fim de descobrir tudo o que pudéssemos sobre a bomba e seus problemas. Depois, em nossos laboratórios, poderíamos começar a construir equipamentos, contadores de diversos tipos e assim por diante, dispositivos que seriam úteis quando chegássemos a Los Alamos. Então, não perdemos tempo.

Fui enviado a Chicago com instruções de visitar cada grupo, dizer que ia trabalhar com eles e fazê-los me contar tudo sobre um problema até que eu pudesse me sentar e começar a trabalhar nele. Assim que chegasse a esse ponto, devia procurar outro cara e perguntar sobre outro problema. Dessa forma, iria entendendo os detalhes de tudo.

Era uma boa ideia, mas minha consciência me incomodava um pouco, porque eles iam ter muito trabalho para me explicar aquelas coisas e eu iria embora sem ajudá-los. Mas tive muita sorte. Quando um dos caras estava me explicando um problema, perguntei: "Por que não tenta resolver isso por diferenciação na integral?" Em meia hora ele resolveu o problema, depois de três meses trabalhando naquilo. Então, usando minha "caixa de ferramentas diferente", eu servi para alguma coisa. Voltei de Chicago e expus a situação — quanta energia seria liberada, como seria a bomba e assim por diante.

Um dia, um amigo que trabalhava comigo, o matemático Paul Olum, chegou para mim e disse: "Quando fizerem um filme sobre isso, vão pôr o cara chegando de Chicago para dar seu relatório aos homens de Princeton sobre a bomba. Ele estará usando terno, levará uma pasta e coisa e tal. E aí está você, em mangas sujas de camisa, falando calmamente sobre um assunto sério e dramático."

Houve um novo atraso, e Wilson foi a Los Alamos para saber o que estava emperrando o andamento. Ao chegar, viu que a construtora estava trabalhando com afinco e já tinha concluído o teatro e alguns outros edifícios, mas não tinha recebido instruções claras sobre como construir um laboratório — quantos dutos para gás, quantos para água. Então Wilson simplesmente ficou por lá e decidiu, em cima da hora, quanta água, quanto gás etc., e disse a eles que começassem a construir os laboratórios.

Ao voltar, estávamos todos prontos para ir, impacientes. Então eles se reuniram e decidiram que iríamos mesmo que as obras não estivessem concluídas.

Aliás, fomos recrutados por Oppenheimer e outras pessoas, e ele foi muito paciente. Dava atenção aos problemas de todos. Tranquilizou-me sobre a minha esposa, que tinha tuberculose, indicando um hospital nas proximidades e tudo mais. Foi a primeira vez que o encontrei onde havia uma intimidade maior; era um homem maravilhoso.

Disseram-nos que tomássemos precauções, tais como não comprar passagens na estação de Princeton, que era muito pequena; se todos comprássemos bilhetes para Albuquerque, Novo México, levantaríamos suspeitas de que algo estava acontecendo. Assim, todos compraram passagens em outras estações, menos eu, porque achei que se todos comprassem em outras estações...

Então, cheguei à estação e disse:

— Quero ir para Albuquerque, Novo México.

— Ah, então todas essas coisas são para *você*! — respondeu o homem.

Vínhamos despachando caixas cheias de calculadoras durante semanas, e esperávamos que ninguém notasse que elas iam para Albuquerque. Pelo menos minha presença ali explicava por que estávamos despachando todas aquelas caixas; *eu* estava indo para Albuquerque.

Ao chegarmos, as casas, dormitórios e coisas assim não estavam prontos. Na verdade, nem os laboratórios estavam exatamente prontos. Nossa chegada antes do tempo acabara por pressioná-los, então eles se zangaram e alugaram casas de fazenda nas proximidades. De início, ficamos alojados nessas casas e de manhã íamos trabalhar de carro. A primeira manhã em que viajei foi impressionante. A beleza da paisagem, para uma pessoa do Leste que não viaja muito, era sensacional. Lá estavam os grandes penhascos que provavelmente todos já viram em filmes. Quem chega ao topo vindo de baixo se surpreende ao ver uma meseta tão alta. Para mim, o mais impactante foi pensar, quando estava subindo, que talvez houvesse povos indígenas morando ali, e o cara que estava dirigindo parou o carro, foi andando até a esquina e indicou cavernas utilizadas por esses povos originários que podiam ser examinadas. Foi emocionante.

Quando cheguei ao lugar pela primeira vez, reparei que uma área técnica, a qual deveria estar cercada, continuava aberta. Depois deveria haver uma cidade e, mais além, uma *grande* cerca em torno da cidade. Mas eles ainda a estavam construindo, e meu amigo Paul Olum, que era meu assistente, estava ao lado do portão com uma prancheta verificando caminhões que entravam e saíam e explicando em que lugares deviam fazer a entrega do material.

Ao entrar no laboratório, vi homens que conhecia de trabalhos publicados pela *Physical Review* e outras revistas acadêmicas. Nunca os vira pessoalmente. "Este é John Williams", diziam, e um cara que estivera sentado a uma mesa coberta de plantas e projetos se levantava com as mangas arregaçadas e gritava pela janela, organizando caminhões que iam em diversas direções com material de construção. Em outras palavras, os físicos experimentais não tinham nada para fazer até que seus edifícios e equipamentos estivessem prontos, então ficavam construindo os edifícios — ou ajudando a construí-los.

Os físicos teóricos, por sua vez, puderam começar a trabalhar de imediato, então decidiu-se que não ficariam alojados em fazendas, mas no próprio local. Começamos a trabalhar. A única lousa que havia era equipada com rodas, então a deslocávamos de lá para cá, e Robert Serber nos explicava tudo que tinha aprendido em Berkeley sobre a bomba atômica, física nuclear e todas essas coisas. Eu não sabia muito sobre o assunto, estivera trabalhando em outro tipo de coisa. Assim, tinha muito trabalho pela frente.

Todos os dias eu estudava e lia, lia e estudava. Foi um período de atividade febril. Mas tive sorte. Todos os medalhões estavam ausentes na época, menos Hans Bethe, e ele precisava de alguém com quem conversar, para discutir suas ideias. Bem, ele se aproximava da minha insignificante pessoa num escritório e começava a discutir, explicando alguma ideia. Eu dizia: "Não, não, você está maluco. É assim." E ele dizia "Um momento" e explicava por que não estava louco, *eu* é que estava louco. E assim íamos em frente. Vejam bem: quando ouço falar em física, só penso em física, e não quero saber com quem estou falando, por isso dizia coisas insensatas como "não, não, você está errado" ou "você está maluco". Mas acontece que ele precisava exatamente daquilo. Ganhei pontos com ele e acabei gerenciando um grupo sob o comando de Bethe, com quatro caras abaixo de mim.

Bem, da primeira vez que estive lá, como já disse, os dormitórios não estavam prontos. Mas, fosse como fosse, os físicos teóricos tinham que ficar lá. O primeiro lugar em que nos alocaram foi o prédio de uma velha escola para meninos desativada. Eu morava em uma seção chamada Alojamento dos Mecânicos. Estávamos amontoados em beliches, e aquilo não estava bem organizado, porque Bob Christy e a esposa precisavam passar por nosso dormitório para ir ao banheiro. Era muito desconfortável.

Finalmente, o dormitório ficou pronto. Fui até o lugar onde estavam distribuindo os quartos, e disseram que agora eu podia escolher o meu. Sabem o que fiz? Procurei saber onde ficava o dormitório das mulheres e peguei um quarto bem em frente — mas depois descobri que uma enorme árvore estava crescendo bem diante da janela.

Fui informado que cada quarto abrigaria temporariamente duas pessoas. Havia um banheiro para cada dois quartos, e um beliche duplo em cada um. Mas eu não queria *outra pessoa* comigo.

Na noite em que cheguei, não havia ninguém lá, e decidi manter o quarto só para mim. Minha esposa estava em tratamento de tuberculose em Albuquerque, mas eu tinha ficado com algumas caixas com seus pertences. Então peguei uma camisola, abri a cama de cima e atirei ali a peça, descuidadamente. Peguei um par de chinelos da caixa e joguei um pouco de pó de arroz no piso do banheiro. Fiz com que parecesse que havia mais alguém ali. E sabem o que aconteceu? Bem, esperava-se que aquele fosse o dormitório masculino, não é? Então, quando fui para o quarto aquela noite, encontrei meu pijama dobradinho, debaixo do travesseiro, e meus chinelos arrumados ao pé da cama. A camisola estava dobradinha, debaixo do travesseiro; os lençóis, perfeitamente esticados; e os chinelos, arrumados no piso. O chão do banheiro estava limpo, e não havia *ninguém* dormindo na cama de cima.

Na noite seguinte, o mesmo. Ao acordar, amarrotei os lençóis da cama superior, joguei a camisola de qualquer maneira sobre ela e espalhei pó de arroz no banheiro. Fiz isso durante quatro noites, até que todo mundo estivesse acomodado e já não houvesse perigo de alojarem outra pessoa no meu quarto. Toda noite, eu encontrava tudo arrumado com muito cuidado, embora fosse um dormitório masculino.

Eu ainda não sabia, mas essa pequena infração me valeria um envolvimento em política. Havia ali todo tipo de facção, é claro — a das donas de casa, a dos mecânicos, a do pessoal técnico e assim por diante. Bem, os solteiros e solteiras alojados nos dormitórios acharam que tinham de ter uma facção também, por causa de uma nova regra que fora implantada: Mulheres São Proibidas no Dormitório Masculino. Isso era completamente ridículo! Afinal, éramos adultos! Que absurdo! Tínhamos de tomar uma atitude política. Discutimos o assunto e fui eleito representante do pessoal dos dormitórios junto à administração municipal.

Um ano depois de chegar a Los Alamos, eu estava conversando qualquer coisa com Hans Bethe. Ele havia integrado o conselho de administração durante aquele tempo todo, e lhe contei o truque da camisola e dos chinelos. Ele começou a rir e disse: "Então foi *assim* que você foi parar na administração municipal."

Eis o que tinha acontecido: a mulher que arruma os quartos no dormitório abre a porta e se depara com um problema: alguém está dormindo com um dos rapazes! Ela relata o acontecido à camareira-chefe, a camareira-chefe relata ao tenente, o tenente relata ao major. Isso vai em frente até chegar aos generais.

E o que fazem eles? Vão pensar sobre o assunto, é isso que vão fazer! Nesse meio-tempo, porém, que instrução dar aos majores, para que a transmitam aos capitães, que a transmitirão aos tenentes, para que a repassem à camareira-chefe, que a repassará à camareira? "Deixe as coisas do jeito que estavam, faça a faxina e observe o que acontece." No dia seguinte, o mesmo relatório. Durante quatro dias, eles estiveram preocupados com o que iam fazer. Por fim, promulgaram uma norma: "São Proibidas Mulheres no Dormitório Masculino!" E isso causou tanta *polêmica* nos baixos escalões que tiveram de eleger um representante...

Eu gostaria de falar um pouco sobre a censura que se instaurou ali. Eles decidiram fazer algo completamente ilegal e censurar a correspondência de pessoas dentro dos Estados Unidos, mesmo não tendo esse direito. Então, precisavam agir com muito tato, fazendo parecer que era tudo voluntário. Todos teríamos de concordar em não fechar os envelopes das cartas que enviávamos e concordaríamos que abrissem cartas dirigidas a nós; aceitamos isso voluntariamente. Eles fechariam nossas cartas se achassem que estava tudo bem. Se, na opinião deles, não estivesse bem, eles a mandariam de volta para nós com uma nota dizendo que havia na carta uma violação de tal ou qual parágrafo de nosso "acordo".

Assim, com muito tato em meio àqueles caras de mentalidade científica liberal, finalmente instaurou-se a censura, com muitas regras. Podíamos fazer comentários sobre o estilo da administração se quiséssemos, podíamos escrever a nosso senador e dizer a ele que não gostávamos do jeito como as coisas estavam sendo conduzidas e coisas assim. Eles disseram que seríamos notificados se houvesse alguma dificuldade.

Tudo combinado, chegou o primeiro dia da censura. Telefone: *Triiiim!*
Eu:
— Sim?
— Desça, por favor.
Desci.
— O que é isto?
— Uma carta do meu pai.
— Bem, e o que diz?
Lá estava o papel pautado, e lá estavam aquelas linhas com pontos — quatro pontos embaixo, um ponto em cima, dois pontos embaixo, um ponto em cima, dois pontos...
— O que é isto?
— É um código — falei.
— Sim, é um código, mas o que quer dizer? — perguntaram eles.
— Não sei — respondi.
— Bem, qual é a senha do código? Como se decifra isto?
— Bem, não sei.
Então eles disseram:
— O que é isso?
— É uma carta da minha esposa — respondi. — Diz TJXYWZ TW1X3.
— E isso é o quê?
— Outro código — falei.

— E qual é a senha?

— Não sei.

— Você está recebendo códigos e não sabe a senha?

— Exatamente — falei. — É um jogo. Eu os desafio a me mandar um código que eu não saiba decifrar, entende? Então eles vão criando códigos e enviam para mim, sem me dizer qual é a senha.

Uma das regras da censura era que eles não iam interferir em nada do que você fizesse normalmente com a sua correspondência. Então eles declararam:

— Muito bem, você precisa dizer a eles para enviar a senha junto com o código.

— Eu não *quero* ver a senha! — retruquei.

— Está bem, nós ficamos com a senha.

Ficamos combinados assim. Tudo bem? Tudo bem. No dia seguinte, recebi uma carta da minha esposa que dizia: "É muito difícil escrever porque sinto que a — — está olhando por cima do meu ombro." E no lugar da palavra havia um borrão feito com corretivo.

Então fui ao gabinete e disse:

— Vocês não podem mexer na correspondência que chega quando não gostam dela. Podem vê-la, mas não podem eliminar coisa alguma.

— Não seja ridículo — disseram eles. — Você acha que os censores trabalham com corretivo? Eles cortam com tesoura.

Concordei. Então escrevi a minha mulher e perguntei: "Você usou corretivo em sua carta?" Ela respondeu: "Não, não usei corretor em minha carta, deve ter sido a — — —" E ali havia um buraco recortado no papel.

Procurei o major supostamente responsável por isso e reclamei. Bem, levou algum tempo, mas eu me sentia uma espécie de representante incumbido de endireitar as coisas. O major tentou me explicar que os censores tinham sido ensinados a fazer as coisas daquele jeito e não entendiam esse nosso novo hábito, que exigia tanta delicadeza.

Então, ele questionou:

— Qual é o problema, o senhor acha que não tenho boa vontade?

— Sim, o senhor tem toda a boa vontade, mas acho que não tem *poder* — falei, porque, vejam só, ele já estava naquela função havia três ou quatro dias.

— Isso é o que vamos *ver*! — disse ele.

Em seguida, pegou o telefone e tudo foi resolvido. As cartas não seriam mais cortadas.

No entanto, havia algumas outras dificuldades. Um dia, por exemplo, recebi uma carta da minha esposa com uma nota do censor que dizia: "Há um código sem a senha, por isso o retiramos."

Naquele dia, quando fui visitar minha esposa em Albuquerque, ela me perguntou:

— Bem, onde estão as coisas?

— Que coisas? — perguntei.

— Óxido de chumbo, glicerina, cachorro-quente, roupa lavada — disse ela.

— Um minuto... era uma lista?

— Sim — assentiu ela.

— Isso era um *código* — falei. — Eles acharam que era um código: óxido de chumbo, glicerina etc. — (Ela queria óxido de chumbo e glicerina para fazer cimento e consertar uma caixa de ônix.)

Tudo isso aconteceu nas primeiras semanas, antes de afinarmos tudo. De qualquer forma, um dia eu estava brincando com a calculadora e descobri uma coisa notável. Se você dividir 1 por 243 vai obter 0,004115226337... É bem interessante: a coisa continua assim até 8559, e nesse ponto você obtém uma sequência de nove outros algarismos, após o que a série anterior se repete direitinho, até chegar de novo à mesma sequência de nove algarismos.* Achei divertido.

Bem, escrevi isso na carta, e ela voltou. Não passou pela censura e vinha com uma notinha: "Ver parágrafo 17B." Fui ver o parágrafo 17B. Dizia: "As cartas devem ser escritas apenas em inglês, russo, espanhol, português, latim, alemão e assim por diante. Exige-se autorização por escrito para escrever em qualquer outra língua." No fim, dizia: "Códigos estão proibidos."

Então incluí em minha carta uma notinha para o censor, dizendo que eu achava que aquilo não podia absolutamente ser um código, porque se você dividir 1 por 243 vai de fato obter aquele número, portanto não há mais informação no número 0,004115226337... do que no número 243 — que dificilmente representaria alguma informação. E assim por diante. Portanto, eu

---

* A divisão de 1 por 243 com 54 decimais dá, por exemplo, 0,004115226337448559670781893004115226337448559670781893. (N. do T.)

pedia autorização para usar algarismos arábicos em minhas cartas. Desse jeito, consegui me sair bem.

Sempre havia alguma dificuldade com as cartas que iam e vinham. Por exemplo, minha esposa continuava a dizer que se sentia pouco à vontade com a impressão de ter um censor espiando por cima de seu ombro quando escrevia. Mas, segundo as normas, não devíamos mencionar a censura. Não devíamos, mas como eles diriam isso a *ela*? Então eles continuaram me mandando notas: "Sua mulher mencionou a censura." *Claro* que minha mulher mencionou a censura. Então, um dia, eles enfim me mandaram uma nota que dizia: "Por favor, informe a sua esposa que não deve mencionar a censura em suas cartas." Então comecei uma carta assim: "Fui instruído a informá-la de que não deve mencionar a censura em suas cartas." Pimba, a carta voltou direto! Então escrevi a eles: "Fui instruído a informar minha esposa de que não deve mencionar a censura. Como acham que devo fazer isso? Ademais, *por que* devo instruí-la a não mencionar a censura? Vocês estão me escondendo alguma coisa?"

Foi muito interessante que o censor em pessoa tenha sido obrigado a me pedir para dizer a minha esposa para não mencionar que ela... Mas eles tinham uma resposta. Eles disseram que sim, estavam preocupados com uma possível interceptação da correspondência postada em Albuquerque, e se alguém lesse a correspondência poderia descobrir que havia censura, então que ela agisse com mais naturalidade, por favor.

Na minha visita seguinte a Albuquerque, conversei com ela e disse: "Olhe, não vamos mencionar a censura." Mas, a essa altura, tínhamos tido tanta chateação que afinal criamos um código, o que era proibido. Se eu pusesse um ponto depois da assinatura, queria dizer que tinha tido problemas de novo, e ela colocaria em ação o plano que tinha bolado. Ela ficava lá sentada o dia inteiro, porque estava doente, e inventava coisas para passar o tempo. A última coisa que fez foi enviar um anúncio que achou perfeitamente legítimo. O anúncio dizia: "Mande a seu namorado uma carta em forma de quebra-cabeça. Nós enviamos o modelo, você escreve a carta nele, separa as peças, põe num saquinho e manda pelo correio." Recebi essa carta com uma nota que dizia: "Não temos tempo para jogos. Por favor, instrua sua mulher a se limitar a cartas convencionais."

Bem, já tínhamos combinado a história do ponto, mas logo em seguida eles afrouxaram e não tivemos de usá-lo. Para a carta seguinte, tínhamos resolvido que devia começar assim: "Espero que você se lembre de abrir esta carta com cuidado, porque pus nela o Pepto-Bismol para o seu estômago, como combinamos." Seria uma carta cheia de pó. Esperávamos que eles a abrissem com pressa, assim o pó se espalharia por todo o piso da sala e todos ficariam atrapalhadíssimos, porque não se espera que você atrapalhe nada. Teriam de juntar todo aquele Pepto-Bismol... Mas no fim das contas não precisamos usar esse recurso.

Em decorrência de todas essas experiências com o censor, fiquei sabendo exatamente o que podia e o que não podia passar. Ninguém sabia disso tão bem quanto eu. Foi assim que consegui ganhar algum dinheiro fazendo apostas com isso.

Um dia, descobri que os trabalhadores que moravam fora dali, por preguiça de dar a volta para chegar ao portão de entrada, tinham feito um buraco na cerca. Então fui até o portão, saí, entrei pelo buraco, saí de novo pelo portão e fiz isso uma porção de vezes, até que o sargento que vigiava o portão começou a se perguntar o que estava acontecendo. Como é que esse cara está sempre saindo e nunca entra? A reação dele, como não podia deixar de ser, foi chamar o tenente e tentar me mandar para a cadeia. Expliquei que havia um buraco.

Como se pode ver, eu estava sempre tentando pôr as pessoas no caminho certo. Por isso, um dia apostei com alguém que ia conseguir mencionar o buraco na cerca numa carta e despachá-la. Claro que consegui. E a maneira como consegui fazer isso foi dizendo: "Você precisa ver como administram isto aqui." (Era o que estávamos *autorizados* a dizer.) "Há um buraco na cerca a vinte metros de tal lugar, de tal tamanho, pelo qual se pode passar."

O que eles podiam fazer? Não podiam me dizer que o buraco não existia. Ou seja, o que eles fariam? Azar o deles que haja um buraco na cerca. Vão ter de *consertá-lo*. Então, consegui fazer passar a carta.

Também fiz passar uma carta na qual contava que um rapaz de um de meus grupos de trabalho, John Kemeny, tinha sido acordado no meio da noite e interrogado com luzes na cara por alguns idiotas do exército que tinham descoberto qualquer coisa sobre o pai dele, que seria comunista ou algo assim. Kemeny é agora um homem famoso.

Havia outras questões. Como aconteceu com o buraco da cerca, eu estava sempre tentando mostrar essas coisas de modo indireto. E algo que eu queria mostrar era o seguinte: desde o início, tínhamos segredos importantíssimos sobre o que estávamos fazendo, uma porção de coisas relacionadas a bombas, urânio e como isso funcionava. Estava tudo em documentos guardados em arquivos de madeira, fechados por cadeados pequenos e comuns. Claro que havia alguns dispositivos de segurança, como uma vareta passada entre os puxadores das gavetas e presa por um cadeado, mas, de qualquer forma, era um mero cadeado. Além disso, era possível extrair coisas sem sequer abri-lo. Bastava inclinar o arquivo um pouco para trás. A gaveta inferior tinha uma vareta para manter os papéis empilhados, e debaixo dela havia um buraco bem grande na madeira. Podia-se tirar os papéis da gaveta por baixo.

Por isso eu estava sempre abrindo cadeados e mostrando como era fácil. E toda vez que tínhamos uma reunião geral eu me levantava e dizia que tínhamos segredos importantes e não devíamos guardá-los daquele jeito; precisávamos de fechaduras melhores. Um dia, Teller levantou-se durante uma reunião e me disse:

— Não guardo meus segredos mais importantes no arquivo, eles ficam na gaveta da minha mesa. Não é melhor?

— Não sei — respondi. — Precisaria ver a gaveta.

Ele estava sentado na frente do grupo reunido, e eu mais atrás. A reunião continuou, eu saí de fininho, desci e fui ver a gaveta dele.

Nem precisei arrombar o cadeado. Pondo a mão no fundo da gaveta, por baixo, era possível tirar os documentos dela como se tiram toalhas de papel de um toalheiro. Puxava-se um, depois outro, depois outro... Esvaziei completamente a gaveta, pus tudo de lado e voltei à reunião.

A reunião estava acabando, todos saíam. Corri para junto do grupo, alcancei Teller e disse:

— Ah, sim, deixe-me ver sua gaveta.

— Claro — concordou ele, e mostrou-me sua mesa.

Olhei para a gaveta e falei:

— Parece-me que está bem. Vamos ver o que o senhor tem aí dentro.

— Eu lhe mostraria tudo de bom grado — disse ele, pondo a chave na fechadura e abrindo a gaveta —, se você já não tivesse visto por si mesmo.

O problema de pregar uma peça num homem inteligente como Teller é que o *tempo* que ele leva entre perceber que alguma coisa está errada até entender exatamente o que aconteceu é curto demais para dar algum prazer!

Alguns dos problemas especiais que tive em Los Alamos eram bem interessantes. Um deles era relacionado à segurança da usina em Oak Ridge, Tennessee. Los Alamos ia fazer a bomba, mas era Oak Ridge que tentava separar os isótopos de urânio — urânio 238 e urânio 235, este último o explosivo. Eles estavam *apenas* começando a obter quantidades ínfimas de uma porção experimental de urânio 235, e, ao mesmo tempo, praticavam a química. Aquela seria uma grande usina; eles obteriam tanques e mais tanques da coisa, e a coisa seria purificada e repurificada para a fase seguinte. (É necessário purificá-la em diversas etapas.) Então, por um lado, eles estavam treinando, e por outro, obtendo experimentalmente um pouquinho de U-235 de uma das partes do equipamento. E estavam tentando descobrir como analisá-lo para determinar a quantidade de urânio 235 gerada. Mandávamos instruções, mas eles nunca entendiam direito.

Por fim, Emil Segrè disse que a única forma possível de entendimento mútuo seria ir até lá e ver o que estavam fazendo. O pessoal do exército declarou: "Não, nossa diretriz é manter toda a informação de Los Alamos num só lugar."

O pessoal de Oak Ridge não fazia a menor ideia de qual seria a função daquilo; só sabia o resultado esperado. O que quero dizer é que o pessoal dos escalões superiores sabia que estavam separando urânio, mas não o quanto a bomba seria poderosa, ou como ela funcionava exatamente, nada disso. O pessoal subalterno não sabia absolutamente nada sobre o que estava fazendo. E o exército queria que as coisas ficassem assim. Não havia circulação de informação. Mas Segrè insistiu, dizendo que eles nunca fariam as análises direito e que tudo viraria fumaça. Assim, ele finalmente foi ver o que estava acontecendo e, enquanto andava por Oak Ridge, viu que estavam empurrando um garrafão de água, água verde — ou seja, nitrato de urânio em solução.

— Xi, vocês também vão tratá-lo desse jeito quando estiver purificado? É isso mesmo? — perguntou ele.

— Claro — disseram eles. — Por que não?

— E não vai explodir? — retorquiu ele.

Como?! *Explodir?!*

Então o exército comunicou: "Está vendo? Não devíamos ter deixado que nenhuma informação chegasse a eles! Agora estão todos preocupados."

Por fim, o exército se convenceu de que precisaríamos de vinte quilos do produto e de que todo esse material, purificado, jamais ficaria na usina, portanto não havia perigo. Mas eles não sabiam que os nêutrons são muito mais eficientes quando desacelerados pela água. Em meio aquoso, basta um décimo — não, um centésimo — do material para produzir uma reação com emissão de radioatividade. Isso mata as pessoas que estão por perto, entre outras coisas. Era *muito* perigoso, mas eles não davam a menor atenção à segurança.

Então, Oppenheimer passou um telegrama para Segrè: "Percorra a usina toda. Observe onde devem estar todas as concentrações, com o processo da forma como *eles* projetaram. Enquanto isso, vamos calcular a quantidade de material que se pode acumular sem causar uma explosão."

Dois grupos começaram a trabalhar nisso. O grupo de Christy estudou as soluções aquosas, e meu grupo, o pó seco em caixas. Calculamos quanto material eles poderiam acumular com segurança. E Christy iria a Oak Ridge para explicar a situação, porque estava tudo uma bagunça e *tínhamos* de ir lá dizer isso a eles. Assim, entreguei alegremente todos os meus dados a Christy e disse: "Pronto, você já pode ir." Mas Christy pegou pneumonia, e fui obrigado a ir em seu lugar.

Eu nunca tinha viajado de avião. Amarraram os segredos numa coisinha às minhas costas! Naquele tempo, o avião era como um ônibus, a não ser pelas estações mais distantes umas das outras. A toda hora, pousávamos e aguardávamos.

Um cara chacoalhava uma corrente perto de mim, dizendo algo como:

— Deve ser *muito* difícil voar hoje em dia sem ter uma prioridade.

— Bem, não sei. *Tenho* uma prioridade — comentei, sem conseguir me conter.

Pouco depois ele investiu de novo.

— Estão chegando uns generais. Eles vão tirar alguns de nós, os que têm prioridade três.

— Tudo bem — falei. — Minha prioridade é número dois.

Ele provavelmente escreveu a seu representante no congresso — se é que não era ele mesmo um parlamentar — dizendo: "O que pretendem com essa história de mandar por aí meninos com prioridade número dois no meio da guerra?"

Seja como for, cheguei a Oak Ridge. A primeira coisa que fiz foi pedir que me levassem à usina. Não disse nada lá, apenas vistoriei tudo. Achei a situação pior do que Segrè relatara, porque ele observara umas caixas em grande quantidade numa sala, mas não vira um monte delas em outra, do outro lado da mesma parede — e mais problemas do tipo. É que se você tem muita coisa junta, sabe, acaba explodindo tudo.

Assim, percorri a usina inteira. Tenho péssima memória, mas, quando estou trabalhando firme, tenho boa memória de curto prazo, por isso consigo lembrar de todas as coisas malucas como edifício 90-207, tanque número tal e assim por diante.

Naquela noite fui para o meu quarto e repassei tudo, onde estavam os perigos e como resolver os problemas. Era muito fácil. Bastava pôr cádmio em solução para absorver os nêutrons da água e separar as caixas para não serem armazenadas em grande volume, segundo certas regras.

No dia seguinte haveria uma grande reunião. Esqueci de mencionar que, antes de minha partida de Los Alamos, Oppenheimer havia me dito:

— As pessoas tecnicamente competentes em Oak Ridge são o sr. Julian Webb, o sr. Fulano de Tal e assim por diante. Quero que você se assegure de que todos vão estar na reunião, que você vai lhes dizer o que devem fazer para tornar o lugar seguro e que eles *entendam* direito.

— E se eles não estiverem na reunião? — perguntara eu. — O que devo fazer?

— Nesse caso você deve dizer: *Los Alamos não pode assumir a responsabilidade pela segurança da usina de Oak Ridge* a menos que...

— Você quer dizer que eu, o pobre Richard, vou lá e vou dizer que...?

— Sim, pobre Richard — dissera ele —, você vai lá e vai fazer isso.

Eu tinha crescido rápido mesmo!

Quando cheguei, como era de se esperar, os chefões da empresa estavam lá, os técnicos estavam lá, os generais e todos os interessados naquele grave problema estavam lá. Isso foi bom, porque a usina teria ido pelos ares se ninguém tivesse prestado atenção ao problema.

Certo tenente Zumwalt tomara conta de mim. Avisou-me que o coronel tinha dito para não informá-los sobre o modo como os nêutrons funcionavam nem entrar em detalhes sobre a razão de armazenar o material em separado. Devia dizer apenas o que eles precisavam fazer para manter tudo em segurança.

"Na minha opinião", comentei, "é impossível que eles obedeçam a um punhado de regras sem compreender as razões. Acredito que a única forma de isso dar certo é dizer a eles que *Los Alamos não pode assumir a responsabilidade pela segurança da usina de Oak Ridge a menos que eles estejam plenamente informados de como a coisa funciona!"*

Foi ótimo. O tenente me conduziu ao coronel e repetiu o que eu tinha dito. O coronel disse: "Cinco minutinhos", foi até a janela, parou e começou a refletir sobre o assunto. Nisso eles eram muito bons — tomar decisões. Achei bem curioso que o problema de informar ou não sobre como a bomba funcionava tivesse de ser decidido e *pudesse* ser decidido em cinco minutos na usina de Oak Ridge. Portanto, tenho muito respeito por esses militares, porque eu nunca consigo decidir nada importante seja qual for o tempo.

Após cinco minutos, ele anunciou: "Tudo bem, sr. Feynman, vá em frente."

Sentei-me e disse a eles tudo sobre os nêutrons, como eles funcionavam, isso e aquilo, há nêutrons demais juntos aqui, vocês precisam dividir o material, o cádmio absorve, nêutrons lentos são mais eficazes que nêutrons rápidos e assim assado — tudo muito elementar em Los Alamos, mas eles nunca tinham ouvido falar daquilo, então eu parecia um gênio.

O resultado foi que eles decidiram formar pequenos grupos e efetuar os próprios cálculos para descobrir como proceder. Começaram reprojetando usinas, e os projetistas de usinas estavam lá: os construtores, os engenheiros, os engenheiros químicos para a nova usina que ia lidar com o material separado.

Disseram-me que voltasse em alguns meses, então voltei depois que os engenheiros terminaram o projeto. Agora cabia a mim vistoriar a usina.

Como se faz para vistoriar uma usina que ainda não foi construída? Não sei. O tenente Zumwalt, que estava sempre comigo, porque eu tinha de ter um acompanhante por toda parte, levou-me até uma sala onde havia dois engenheiros e uma mesa *compriiiiiida* com uma pilha de plantas representando os vários andares de toda a usina projetada.

Estudei desenho mecânico na escola, mas não sou bom para ler plantas. Então eles desenrolaram a pilha e começaram a me explicar aquilo, achando que eu era um gênio. Uma das coisas que eles precisavam evitar na nova usina era o acúmulo de coisas. Eles haviam antevisto alguns problemas; por exemplo, a possibilidade de um evaporador em atividade ter uma válvula emperrada, ou qualquer coisa do tipo, causando acúmulos que levariam o evaporador a explodir. Então eles me explicaram que a usina era projetada para que nada acontecesse se uma válvula travasse. Seria necessário usar pelo menos duas válvulas em toda parte.

Então explicaram como aquilo operava. O tetracloreto de carbono entra por aqui, o nitrato de urânio vai daqui para ali, para cima e para baixo, passa pelo teto, pelos dutos, vindo do segundo andar, *bluuuurp* — percorrendo aquela pilha de plantas, de baixo para cima, de baixo para cima, falando muito rápido, explicando a complicadíssima usina química.

Fiquei completamente perplexo. Pior ainda, não sabia o que significavam os símbolos na planta! De início, penso que certa coisa é uma janela. É um quadrado com uma cruz no meio, por toda parte. Acho que é uma janela, mas não, não pode ser uma janela porque nem sempre está nas bordas. Tive vontade de perguntar o que era aquilo.

Você já deve ter vivido uma situação assim, em que não faz perguntas logo no começo. Se tivesse sido no início, tudo bem. Mas agora eles já tinham passado um tempão explicando aquilo. Você hesitou demais. Se perguntar agora, eles dirão: "Por que nos fez perder tanto tempo?"

O que posso *fazer*? Tive uma ideia. Talvez seja uma válvula. Ponho o dedo sobre uma das cruzinhas misteriosas na página três de uma das plantas e pergunto:

— O que vai acontecer se esta válvula travar? — imaginando que eles diriam: "Isso não é uma válvula, senhor, é uma janela."

Mas um deles olhou para o outro e disse:

— Bem, se *essa* válvula travar...

E repassou o projeto de cima a baixo, de frente para trás, e o outro cara fez o mesmo, e ambos se entreolharam. Viraram-se para mim, de boca aberta como peixes assustados, e enfim disseram:

— O senhor tem toda razão!

Enrolaram as plantas, deram no pé e nós saímos. O sr. Zumwalt, que estivera me seguindo o tempo todo, disse:

— O senhor é um gênio. Entendi que era um gênio quando entrou na usina pela primeira vez e foi capaz de falar com eles sobre o evaporador C-21 no edifício 90-207 na manhã seguinte. Mas o que o senhor fez agora é *fantástico*, tanto que quero saber como, *como* é que fez isso?

Contei a ele que só estava tentando descobrir se aquilo era ou não uma válvula.

Outro tipo de problema com que me deparei foi o seguinte: tínhamos de efetuar muitos cálculos, que eram feitos em calculadoras da Marchant. Aliás, só para dar uma ideia de como era Los Alamos, tínhamos essas máquinas da Marchant — calculadoras manuais com números. Você apertava e ela multiplicava, dividia, somava e assim por diante, mas não era fácil como agora. Eram dispositivos mecânicos, sempre davam defeito e tinham de ser enviados à fábrica para reparo. Em pouco tempo, estavam faltando máquinas. Alguns de nós começamos a tirar a tampa das máquinas. (Não devíamos fazer isso. As instruções diziam: "Se a tampa for removida, não nos responsabilizamos...") Então tiramos a tampa das calculadoras e aprendemos a consertá-las, tornando-nos cada vez melhores à medida que fazíamos reparos mais frequentes e mais elaborados. Quando nos deparávamos com algo muito complicado, enviávamos a calculadora para a fábrica, mas resolvíamos os problemas mais simples e mantínhamos andamento das coisas. Terminei por consertar todas as calculadoras, e um cara da oficina ficava responsável pelas máquinas de escrever.

Porém nos demos conta de que o grande problema — que era prever exatamente o que acontecia durante a implosão da bomba, e assim prever exatamente quanta energia seria liberada e coisas do tipo — exigia muito mais cálculos do que éramos capazes de fazer. Um camarada esperto chamado Stanley Frankel achou que talvez pudéssemos fazer isso em máquinas da IBM, as quais tinham fins comerciais, chamadas tabuladoras, que somavam um grande número de parcelas, e uma multiplicadora na qual se inseria um cartão para que multiplicasse dois números contidos nele. Havia também comparadores, classificadores e outros instrumentos.

A partir disso, Frankel imaginou um belo programa. Se tivéssemos muitas dessas máquinas numa mesma sala, poderíamos pegar os cartões e usá-los em círculo. Qualquer pessoa que faça cálculos numéricos saberá exatamente do que estou falando, mas na época era uma novidade — produção em massa com máquinas. Já tínhamos trabalhado com somadoras. Normalmente, quando fazemos as coisas diretamente, avançamos passo a passo. Mas aquele caso era diferente — íamos à somadora, depois à multiplicadora, voltávamos à somadora e assim por diante. Frankel projetou esse sistema e encomendou as máquinas da IBM, porque achamos que era um bom meio de resolver nossos problemas.

Precisávamos de um homem que fizesse a manutenção das máquinas, para que funcionassem sem interrupção e tudo mais. O exército estava sempre a ponto de mandar esse camarada, mas toda vez adiava. E nós *sempre* tínhamos pressa. Tentávamos fazer *tudo* o mais rápido possível. Nesse caso em particular, preparamos todos os passos numéricos que as máquinas eram capazes de fazer — multiplicar isto, fazer aquilo e subtrair aquele outro. Fizemos o programa, mas não tínhamos máquina para testá-lo. Então enchemos a sala de garotas. Cada uma delas usava uma Marchant: uma multiplicava, outra somava. Esta elevava ao cubo — tudo que ela fazia era elevar um número ao cubo e passá-lo à garota seguinte.

Treinamos esse ciclo até eliminar todas as falhas. No fim, conseguíamos fazer os cálculos muito mais rápido que da outra forma, em que uma só pessoa executava todos os passos. Com esse sistema, ganhamos a velocidade prevista para a máquina da IBM. A única diferença é que as máquinas da IBM não ficavam cansadas mesmo trabalhando três turnos. Já as garotas ficavam cansadas depois de algum tempo.

Seja como for, conseguimos eliminar as falhas durante esse processo, e por fim as máquinas chegaram, mas não o técnico. Eram algumas das máquinas mais complicadas da tecnologia da época, coisas enormes que chegavam meio desmontadas, com uma porção de fios e instruções de como fazê-las funcionar. Stan Frankel, outro camarada e eu juntamos as partes e tivemos nossos problemas. Um grande contratempo eram os chefões que chegavam o tempo todo e diziam: "Vocês vão quebrar alguma coisa!"

Montamos tudo, e às vezes as máquinas funcionavam, outras vezes não, porque a montagem estava errada. Finalmente, eu estava trabalhando com uma multiplicadora e vi dentro dela uma parte amassada, mas tive medo de quebrá-la se fizesse uma tentativa de endireitá-la — estavam sempre dizendo que íamos estragar irreversivelmente alguma coisa. Quando o técnico enfim chegou, consertou as máquinas que não tínhamos conseguido montar e tudo passou a funcionar. Mas ele teve problemas com uma máquina que já tinha me causado dor de cabeça. Passou três dias trabalhando *nela*.

Tomei uma decisão e falei:

— Olhe, por acaso reparei que isso aí está amassado.

— Claro! É tudo por causa disso! — exclamou ele.

Amassado! Estava tudo bem. Era só isso.

Bem, o sr. Frankel, que tinha criado esse programa, começou a sofrer do mal que aflige todos que trabalham com computadores. É uma doença grave e interfere totalmente no trabalho. O problema dos computadores é que *brincamos* com eles. Eles são maravilhosos. Lá estão todos aqueles botões — se tiver um número par, você faz isto; se tiver um número ímpar, faz aquilo —, e, se você for um tanto inteligente, em pouco tempo será capaz de fazer coisas cada vez mais elaboradas com uma máquina.

Depois de algum tempo, o sistema quebrou. Frankel não estava prestando atenção; não supervisionava ninguém. O sistema começou a funcionar muito devagar — enquanto Frankel estava numa sala tentando fazer uma tabuladora imprimir automaticamente o arco tangente de X, ela vai imprimir colunas blá-blá-blá e calcular automaticamente o arco tangente por integração, e vai continuar e fazer uma tabela inteira numa só operação.

Absolutamente inútil. *Tínhamos* as tabelas de arcos tangentes. Mas, se você já trabalhou com computadores, vai compreender a doença — o *prazer* de ser capaz de ver até onde pode ir. Mas ele foi o primeiro a pegar a doença, o coitado que inventou aquela coisa.

Pediram-me para parar de trabalhar no que estava fazendo em meu grupo e assumir o grupo IBM, e tentei evitar contrair a doença. E, embora tivesse resolvido apenas três problemas em nove meses, o grupo era muito bom. O problema real era que nunca ninguém tinha dito nada àqueles camaradas. O exército os selecionara em todo o país para uma coisa chamada Destacamento Especial de Engenharia — rapazes inteligentes do ensino médio com talento para a engenharia. Foram mandados para Los Alamos, instalados em casernas... E ninguém lhes disse *nada*.

Então eles começaram a trabalhar, e o que tinham de fazer era trabalhar em máquinas IBM — perfurar cartões, com números que não conseguiam entender. Ninguém explicou o que aquilo era. Tudo andava muito devagar. Eu disse que a primeira coisa a fazer era falar para esses caras de formação técnica o que eles estavam fazendo. Oppenheimer foi lá, conversou com a segurança e conseguiu uma licença especial. Então pude dar uma boa palestra sobre o que estávamos fazendo, e todos ficaram animados: "Estamos fazendo guerra! Sabemos o que é isso!" Eles sabiam o que os números significavam. Se a pressão subia, queria dizer que mais energia estava sendo liberada, e coisas assim. Eles sabiam o que estavam fazendo.

Transformação *completa*! *Eles* começaram a inventar meios de aprimorar a operação. Melhoraram o esquema. Trabalhavam de noite. Não precisavam de supervisão à noite; não precisavam de nada. Entendiam tudo, inventaram vários dos programas que usamos.

Foi assim que meus rapazes deram conta do recado, e só precisamos dizer a eles o que era aquilo. Em consequência, passamos a resolver nove problemas em *três* meses quando antes levávamos nove meses em três problemas, ou seja, quase dez vezes mais rápido.

Um dos segredos para resolver nossas questões foi o seguinte: os problemas consistiam num punhado de cartões que precisavam passar por um ciclo: primeiro somar, depois multiplicar. Por isso eles passavam por todo o ciclo de máquinas da sala, devagar, rodando e rodando. Então imaginamos um jeito de inserir um conjunto de cartões de outra cor para que cumprissem o ciclo, mas em outra frequência. Assim conseguíamos resolver dois ou três problemas ao mesmo tempo.

Mas isso causou *outro* empecilho. Perto do fim da guerra, por exemplo, pouco antes de fazermos um teste em Albuquerque, a pergunta era: quanto será liberado? Tínhamos calculado a liberação de vários projetos, mas não do projeto específico que seria realmente usado. Então Bob Christy chegou e anunciou:

— Gostaríamos de ter o resultado sobre como isso vai funcionar em um mês. — Ou algum outro prazo curtíssimo, como três semanas.

— Impossível — falei.

— Ora, vocês estão resolvendo mais ou menos dois problemas por mês — avaliou ele. — Estão levando apenas duas ou três semanas por problema.

— Sei disso — retruquei. — Na verdade, levamos muito mais tempo para resolver cada problema, mas estamos trabalhando neles em *paralelo*. Cada um leva um bom tempo para completar o ciclo, e não há como apressá-lo.

Ele saiu, e me pus a pensar. Haveria uma maneira de fazer aquilo andar mais rápido? E se não puséssemos nada mais na máquina, de modo que nada interferisse? Escrevi no quadro-negro o desafio aos rapazes — PODEMOS FAZER ISSO? Todos começaram a gritar: "Sim, vamos trabalhar dobrado, vamos fazer horas extras", esse tipo de coisa. "Vamos *tentar*. Vamos *tentar*!"

A ordem era: *parar* com todos os outros problemas. Só um problema, e concentração total. E eles começaram a trabalhar.

Minha esposa, Arlene, estava com tuberculose — seu estado era grave. Poderia piorar a qualquer momento, então combinei antecipadamente com um amigo do dormitório que, em caso de emergência, eu pegaria o carro dele para poder chegar rapidamente a Albuquerque. Ele se chamava Klaus Fuchs. Era o espião, e usava seu carro para levar segredos atômicos de Los Alamos para Santa Fé. Mas ninguém sabia disso.

A emergência ocorreu. Peguei o carro de Fuchs e levei um par de caronas, para o caso de acontecer alguma coisa com o carro pelo caminho. Como era de se esperar, um dos pneus furou assim que entramos em Santa Fé. Os dois caronas ajudaram a trocá-lo, mas, quando saíamos de Santa Fé, furou outro pneu. Empurramos o carro até um posto de gasolina próximo.

O mecânico do posto estava consertando outro carro e levaria um tempo para que pudesse nos ajudar. Eu nem pensava em dizer nada, mas os dois caronas foram até o rapaz do posto e lhe contaram a situação. Em pouco tempo tínhamos um novo pneu (mas não estepe — era difícil conseguir pneus durante a guerra).

A uns cinquenta quilômetros de Albuquerque, furou o terceiro pneu, então deixamos o carro na estrada e pegamos carona para o trecho que faltava. Telefonei para um reboque e pedi que pegassem o carro enquanto eu ia ao hospital ver minha esposa.

Arlene morreu poucas horas depois que cheguei. Uma enfermeira trouxe o atestado de óbito para ser preenchido e saiu. Passei mais um tempo com minha esposa. Então olhei o relógio que tinha lhe dado sete anos antes, logo que ela adoeceu de tuberculose. Naquele tempo existia uma coisa muito boa: um relógio digital cujos números mudavam, girando mecanicamente. O relógio era muito sensível e volta e meia parava por um ou outro motivo — eu precisava repará-lo de tempos em tempos —, mas consegui fazê-lo funcionar durante todos aqueles anos. Agora ele tinha parado outra vez — às 21h22, a hora que constava no atestado de óbito!

Lembro-me da época em que estava na fraternidade do MIT e me veio à cabeça a ideia completamente inesperada de que minha avó tinha morrido. Pouco depois o telefone tocou, de repente. Era uma ligação para Pete Bernays — minha avó não tinha morrido. Então eu me lembro disso sempre que alguém me conta uma história que tenha o outro final. Imaginei que essas coisas poderiam acontecer às vezes por acaso — afinal, minha avó era bastante idosa —, embora as pessoas possam pensar que ocorrem em razão de algum fenômeno sobrenatural.

Arlene tinha ficado com o relógio na cabeceira durante todo o tempo em que esteve doente, e ele parara no momento da morte dela. Posso entender uma pessoa que até certo ponto acredita em coisas assim e que, não tendo uma mente contestadora — principalmente numa circunstância como aquela —, não tenta entender de imediato o que aconteceu, mas diz em vez disso que ninguém tocou o relógio e que não há fenômeno natural que explique. O relógio simplesmente parou. Teria sido um exemplo dramático desses fenômenos fantásticos.

Notei que a iluminação do quarto era tênue e lembrei que a enfermeira tinha pegado o relógio para virá-lo para a luz a fim de vê-lo melhor. Isso pode ter sido o bastante para que ele parasse.

Saí para caminhar um pouco. Talvez eu estivesse me enganando, mas fiquei um tanto surpreso por não estar sentindo o que acho que as pessoas esperam sentir sob tais circunstâncias. Não estava feliz, mas não me sentia terrivelmente perturbado, talvez porque tivesse passado sete anos sabendo que algo assim aconteceria.

Eu não sabia como ia encarar todos os meus amigos em Los Alamos. Não queria gente fazendo cara de tristeza para mim e falando do assunto. Quando voltei (outro pneu furou no caminho), eles me perguntaram o que tinha acontecido.

"Ela morreu. Como vai o programa?"

Eles perceberam na mesma hora que eu não queria ficar remoendo aquilo.

(É claro que eu tinha me preparado psicologicamente: a realidade era tão importante — eu tinha de entender o que *realmente* acontecera com Arlene, em termos fisiológicos — que só chorei meses depois, quando estava em Oak Ridge. Passei por uma loja de departamentos com vestidos na vitrine, e achei que Arlene teria gostado de um deles. Aquilo foi demais para mim.)

Quando voltei a trabalhar no programa de cálculo, ele estava uma *bagunça*! Havia cartões brancos, cartões azuis, cartões amarelos, e comecei a dizer:

— Vocês não deviam estar resolvendo mais de um problema; o problema é um só!

— Saia, saia. Espere um pouco, vamos explicar tudo.

Esperei, e eis o que aconteceu. À medida que os cartões iam passando, a máquina podia cometer um erro eventual, ou eles inseriam um número errado. O que costumávamos fazer quando isso ocorria era voltar ao início e recomeçar tudo. Mas eles observaram que um erro cometido em algum ponto do ciclo afetava apenas os números próximos; no ciclo seguinte, afetava números próximos dos já afetados, e assim por diante. O erro se propaga pelo bloco de cartões. Se você tivesse cinquenta cartões e cometesse um erro no cartão 39, o erro afetaria os cartões 37, 38 e 39. No próximo ciclo, afetaria os cartões 36, 37, 38, 39 e 40. Na vez seguinte, o erro se disseminaria como uma doença contagiosa.

Então, ao encontrar um erro, eles tiveram uma ideia. Iam considerar apenas um pequeno conjunto de dez cartões próximos do erro. E como dez cartões podem ser processados pela máquina mais rápido que o conjunto de cinquenta cartões, eles recomeçavam apenas com os dez cartões, sem interromper o trabalho com os cinquenta, deixando o mal se alastrar. Mas o outro conjunto estava sendo processado mais rápido, e eles isolariam e corrigiriam o erro. Muito astuto.

Foi assim que aqueles caras deram um jeito de ganhar velocidade. Não havia outra forma. Se precisassem parar para corrigir o erro, teríamos perdido tempo. Não teríamos conseguido. Isso era o que eles estavam fazendo.

Claro que vocês já sabem o que aconteceu enquanto eles faziam aquilo. Encontraram um erro no conjunto azul. E tinham um conjunto amarelo de poucos cartões que estava passando mais rápido que o conjunto azul. Bem, quando já estavam para enlouquecer — porque depois de ter consertado esse conjunto, teriam de consertar o conjunto branco —, o *chefe* chegou.

"Deixe-nos em paz", disseram eles. Deixei-os em paz e tudo deu certo. Resolvemos o problema a tempo, e foi assim que aconteceu.

De início eu era subalterno. Mais tarde, tornei-me chefe de um grupo. E tive contato com alguns grandes homens. Foi uma das melhores experiências da minha vida ter conhecido todos esses físicos maravilhosos.

Um deles, como não podia deixar de ser, foi Enrico Fermi. Uma vez, ele chegou de Chicago para uma consultoria rápida, no intuito de nos ajudar se tivéssemos problemas. Houve uma reunião com ele, e eu vinha fazendo alguns cálculos e obtive certos resultados. Os cálculos eram muito elaborados, muito difíceis. Em condições normais, eu era especialista naquilo; sempre conseguia dizer mais ou menos qual seria a resposta, ou quando chegava a ela sabia explicar por quê. Mas dessa vez era tão complicado que eu não conseguia explicar *por que* era daquele jeito.

Então contei a Fermi que estava trabalhando nesse problema e comecei a falar dos resultados. Ele disse: "Espere, antes de me dizer o resultado, deixe-me pensar. Vai ser mais ou menos assim", ele estava certo, "e vai ser assim por causa disto e daquilo. E eis aqui uma explicação perfeitamente óbvia para isso..."

Ele fez o que se esperava que eu fizesse muito bem, dez vezes melhor. Foi uma boa lição para mim.

Outra pessoa que conheci foi John von Neumann, o grande matemático. Costumávamos sair para uma caminhada aos domingos. Andávamos pelos cânions, muitas vezes com Bethe e Bob Bacher. Era um grande prazer. E Von Neumann me deu uma ideia interessante: você não é obrigado a se responsabilizar pelo mundo em que vive. Assim, desenvolvi um poderoso senso de irresponsabilidade social. Isso fez de mim um homem muito feliz desde então. Mas foi Von Neumann quem lançou a semente do que se tornaria a minha irresponsabilidade *ativa*!

Conheci também Niels Bohr. Naquele tempo, ele se chamava Nicholas Baker e chegou a Los Alamos com Jim Baker, seu filho, que na verdade se chama Aage Bohr. Vinham da Dinamarca e eram físicos *muito* famosos, como se sabe. Mesmo para os chefões, Bohr era como um deus.

Certo dia, da primeira vez que ele veio, estávamos em reunião e todos queriam *ver* o grande Bohr. Havia um monte de gente discutindo os problemas da bomba. Eu estava atrás, num canto. Ele ia e vinha, e eu só conseguia vê-lo entre cabeças de outras pessoas.

Na manhã do dia em que ele era esperado para sua segunda visita a Los Alamos, recebi um telefonema.

— Alô, Feynman?

— Sim.

— Aqui é Jim Baker. — Era o filho dele. — Meu pai e eu gostaríamos de falar com o senhor.

— Comigo? Sou Feynman, sou só um...

— Certo. Às oito, pode ser?

Assim, às oito da manhã, antes que os demais acordassem, fui para o lugar combinado. Entramos numa sala da área técnica, e ele disse:

— Estivemos pensando em como poderíamos tornar a bomba mais eficiente e tivemos a seguinte ideia.

— Não, isso não vai dar certo — falei. — Não é eficiente... — e blá-blá-blá.

— Que tal assim? — retrucou ele.

— Parece um pouco melhor, mas se baseia nessa ideia maluca.

A discussão continuou durante duas horas, num vaivém de ideias, para lá e para cá. O grande Niels continuava tentando acender o cachimbo, mas apagava sempre. E falava de uma maneira incompreensível, sussurrando. Era difícil de entender. Eu conseguia entender melhor o filho dele.

— Bem — disse ele ao fim, acendendo o cachimbo —, acho que *agora* podemos chamar os chefões.

Então chamaram os outros caras e tiveram uma discussão com eles.

O filho me contou depois o que tinha acontecido. Da vez anterior em que tinham estado lá, Bohr havia dito a ele: "Lembra o nome daquele camaradinha que está ali no fundo? É o único que não tem medo de mim e vai me dizer quando eu tiver uma ideia maluca. Então, da *próxima* vez que formos até lá discutir ideias, não vamos conseguir nada com esses caras que a tudo dizem 'sim, sim, dr. Bohr'. Procure aquele cara e vamos falar com ele primeiro."

Sempre tive esse jeito *obtuso*. Não me importava com quem estava falando. Estava preocupado com a física. Se a ideia me parecesse péssima, eu dizia que era péssima. Se me parecia boa, eu dizia que era boa. Simples assim.

Sempre vivi dessa forma. É bom, é gostoso — se você for capaz. Tenho a sorte de poder fazer isso.

Depois que fiz os cálculos, o que veio a seguir, é claro, foi o teste. Eu estava em casa, numa breve licença após a morte da minha esposa, quando recebi uma mensagem que dizia: "O bebê deve nascer no dia tal."

Voltei de avião e cheguei *bem* no momento em que os ônibus estavam partindo para o lugar do teste. Fui direto para lá, onde ficamos todos esperando, a trinta quilômetros de distância. Tínhamos um rádio e esperávamos que nos dissessem quando a coisa ia explodir e tudo mais, mas o rádio não funcionou e nada sabíamos do que estava acontecendo. Minutos antes da hora da explosão, o rádio voltou a funcionar e nos disseram que faltavam vinte segundos ou mais ou menos isso. E estávamos a trinta quilômetros de distância! Havia outros mais perto, a dez quilômetros.

Tinham distribuído óculos escuros para observarmos a explosão. Óculos escuros! A trinta quilômetros de distância não se poderia ver coisa alguma com óculos escuros. Então pensei que a única coisa que pode mesmo prejudicar os olhos é a luz ultravioleta (a luz brilhante não faz mal algum). Postei-me atrás do para-brisa de um caminhão, pois a luz ultravioleta não passa através do vidro, e assim pude ver a coisa toda em segurança.

Chegou a hora, e aquele *tremendo* clarão brilhou tanto que me abaixei e vi uma mancha púrpura no piso do caminhão. Disse a mim mesmo: "Não é isso. Essa é uma pós-imagem." Então levantei os olhos e vi a luz branca mudando para amarelo, depois para laranja. Nuvens se formaram e desapareceram — com a compressão e a expansão da onda de choque.

Finalmente, a grande bola laranja com o centro muito brilhante ascendeu, ondulou um pouco, ficou meio preta nas bordas, então o que se viu foi uma imensa bola de fumaça com raios em seu interior, fogo e calor saindo.

Tudo isso durou cerca de um minuto. Foi uma série do luminoso ao escuro, e eu *vi* tudo. Devo ser o único cara que olhou de verdade para aquilo — o primeiro teste Trinity. Todos os demais usaram óculos escuros, e os que estavam a dez quilômetros de distância não viram nada porque receberam a ordem de deitar no chão. Provavelmente fui o único cara a ver aquilo a olhos nus.

Então, depois de mais ou menos um minuto e meio, ouviu-se um tremendo estrondo — BOOM, e depois um ronco, como um trovão —, e foi isso que me convenceu. Ninguém disse uma só palavra durante aquele tempo. Apenas olhávamos, em silêncio. Mas esse barulho desbloqueou todo mundo — a mim particularmente, porque a firmeza daquele som à distância queria dizer que a coisa tinha dado certo.

— O que foi isso? — perguntou o homem que estava a meu lado.

— Isso foi a Bomba — falei.

O homem era William Laurence. Estava ali para escrever um artigo sobre a situação. Fui escolhido para acompanhá-lo. Então acharam que aquilo era técnico demais para ele e mandaram H.D. Smyth, e lhe mostrei o lugar. Uma das coisas que fizemos foi entrar numa sala onde havia um pedestal estreito sustentando uma pequena bola prateada. Era possível tocá-la. Estava quente. Era radioativa. Era plutônio. E ficamos ali na porta da sala, conversando sobre aquilo. Era um novo elemento, criado pelo homem, um que nunca existira na Terra, exceto por um breve período, possivelmente bem no começo. E aqui estava ele, isolado, radioativo e com todas essas propriedades. Nós tínhamos feito aquilo. E o valor desse feito era *incalculável*.

Enquanto isso... vocês sabem o que as pessoas fazem quando estão conversando — ficam se mexendo pra lá e pra cá. Ele chutou a soleira da porta e disse: "Claro, esta soleira é mesmo bem apropriada para esta porta." A soleira era um semicírculo de 25 centímetros de raio de metal amarelado — ouro, na verdade.

O que aconteceu foi que precisávamos fazer uma experiência para descobrir quantos nêutrons eram refletidos por diferentes materiais, para poupar nêutrons e não usar material demais. Testamos muitos materiais. Experimentamos platina, zinco, latão, ouro. Então, depois que fizemos os testes com ouro, ficaram ali aqueles pedaços e alguém teve a brilhante ideia de usá-lo para fazer uma soleira para a porta da sala que guardava o plutônio.

Depois que a coisa explodiu, houve grande agitação em Los Alamos. Todo mundo comemorava, todo mundo festejava. Sentei-me na traseira de um jipe, fiz uma percussão improvisada e saiu um som. Mas um homem, lembro-me bem, Bob Wilson, estava ali, pensativo.

— Por que você está pensativo? — perguntei.

— O que fizemos foi uma coisa horrível — disse ele.

— Mas foi você quem começou — retruquei. — Você nos meteu nisso.

O que aconteceu comigo — o que aconteceu com todos nós — foi que *começamos* por um motivo justo e trabalhamos com afinco para concluir aquilo, o que foi prazeroso, empolgante. E aí paramos de pensar; simplesmente *paramos*. Bob Wilson era o único que ainda estava pensando naquilo, naquele momento.

Voltei à civilização pouco depois e fui a Cornell para dar aulas, e minha primeira impressão foi bem estranha. Eu já não conseguia entender aquilo, mas estava sentindo com muita força. Sentava-me num restaurante em Nova York, por exemplo, ficava observando todos aqueles edifícios e começava a pensar sobre a extensão do dano causado pela bomba de Hiroshima...

A que distância daqui fica a rua 34?... Todos aqueles edifícios, tudo destruído — e assim por diante. Eu saía e via as pessoas construindo uma ponte, ou abrindo uma nova estrada, e pensava: "Eles estão *loucos*, eles não entendem, eles não *entendem* nada. Por que estão fazendo coisas novas? É tão inútil!"

Mas, felizmente, hoje em dia essas coisas vêm sendo inúteis há quase quarenta anos, não é? Então eu estava errado sobre a inutilidade de construir pontes e fico contente que outras pessoas tenham tido o bom senso de ir em frente.

ARROMBADOR CONHECE ARROMBADOR

Aprendi a arrombar fechaduras com um cara chamado Leo Lavatelli. Acontece que abrir fechaduras comuns de tambor — como as de Yale — é fácil. Você tenta girar a fechadura introduzindo uma chave de fenda no buraco (é preciso empurrar de lado para deixar o buraco livre). Ela não gira porque tem alguns pinos que precisam ser erguidos a uma certa altura (pela chave). Mas, como a fechadura não é perfeita, é firmada mais por um pino do que pelos demais. Se você inserir um arame nela — pode ser um clipe de papel com uma leve protuberância na ponta —, movendo-o para a frente e para trás, vai acabar empurrando o pino que dá maior sustentação para a altura certa. A fechadura cede um pouquinho, e o primeiro pino se ergue e fica preso. Agora a maior parte da sustentação é dada por outro pino, e você repete o mesmo processo aleatório durante alguns minutos até que todos os pinos estejam levantados.

Muitas vezes a chave de fenda escorrega, o que produz um *tic-tic-tic* enlouquecedor. Os pinos são empurrados para baixo por pequenas molas quando se retira uma chave, e você pode ouvi-las quando solta a chave de fenda. (Às vezes você solta a chave de fenda de propósito para ver se está conseguindo alguma coisa — você pode estar empurrando para o lado errado, por exemplo.) O processo é mais ou menos como o de Sísifo: você está sempre caindo ladeira abaixo.

É um procedimento simples, mas a prática ajuda muito. Você aprende a quantidade de força que precisa empregar — o suficiente para que os pinos fiquem erguidos, mas não a ponto de impedi-los de subir. A maioria das pessoas não imagina que, embora estejam eternamente se trancando em toda parte, não é tão difícil de arrombar uma fechadura.

Quando começamos a trabalhar no projeto da bomba atômica em Los Alamos, tudo tinha sido feito tão às pressas que, na verdade, não estava pronto. Todos os segredos do projeto — tudo sobre a bomba atômica — ficavam guardados em arquivos de aço que, quando tinham algum tipo de fechadura, eram cadeados, provavelmente de três pinos. Era facílimo abri-los.

Para aumentar a segurança, a oficina equipou cada arquivo com uma longa vareta que passava entre os puxadores das gavetas, presa por um cadeado.

Um dos rapazes perguntou:

— Olha só esse negócio que a oficina instalou. Você seria capaz de abrir o arquivo agora?

Examinei a parte de trás dos arquivos e pude ver que as gavetas não tinham um fundo muito sólido. Em cada uma delas havia uma ranhura com um arame que segurava uma peça deslizante (para manter os papéis empilhados dentro da gaveta). Comecei por trás do arquivo, deslizei a peça para trás e comecei a puxar os papéis pela ranhura.

— Veja! — falei. — Nem precisei arrombar a fechadura.

Los Alamos era um lugar de muita cooperação, e nos sentíamos responsáveis por apontar o que devia ser melhorado. Reclamei diversas vezes que aquilo não era seguro, e mesmo assim todo mundo *achava* que era, por causas das varetas de aço e dos cadeados, que não serviam para nada.

Para demonstrar meu argumento, toda vez que precisava do relatório de uma pessoa e ela não estava por perto, eu entrava em seu escritório, abria o arquivo e o pegava. Ao terminar, devolvia-o a seu dono:

— Obrigado pelo relatório.

— Onde você o conseguiu?

— No seu arquivo.

— Mas estava *trancado*!

— Eu *sei* que estava trancado, mas as trancas não prestam.

Por fim, chegaram alguns arquivos fechados com segredo, feitos pela Mosler Safe Company. Tinham três gavetas. A gaveta superior, ao ser aberta, soltava um fecho e liberava as demais. Ela se abria quando o disco numerado era girado para a esquerda, para a direita e para a esquerda, de acordo com a sequência numérica que constituía o segredo, e depois para a direita até o número dez, o que afastava um ferrolho interno. Para trancar o arquivo, fechava-se a gaveta inferior primeiro e depois a superior, girando o disco numerado para fora da marca do dez, o que empurrava o ferrolho.

De início, esses novos arquivos foram um desafio, claro. Adoro enigmas. Um cara tenta fazer uma coisa para manter outro cara de fora; deve haver uma forma de derrotá-lo!

Primeiro eu tinha de entender como funcionava a fechadura e, para isso, desmontei uma delas em meu escritório. Era assim: ela possuía três discos montados num único eixo, um atrás do outro. Cada um tinha uma fenda num ponto diferente de sua circunferência. A ideia era alinhá-las de modo que, quando a roda numerada marcasse dez, a pequena força de atrito gerada abaixasse o ferrolho, que entrava na ranhura formada pelas fendas niveladas dos três discos.

Para fazer girar os discos, havia um pino que saía da parte de trás da roda numerada e um pino que saía para cima do primeiro disco, no mesmo raio. Com uma volta da roda numerada, levantava-se o primeiro disco.

Na parte de trás do primeiro disco havia um pino de mesmo raio que o pino frontal do segundo disco, então, quando a roda numerada girava duas vezes, o segundo disco também se levantava.

Continuando a girar a roda numerada, o pino da parte de trás do segundo disco prendia o pino frontal do terceiro disco, que ficava na posição adequada com o primeiro número da combinação.

Agora era preciso dar uma volta completa na roda numerada no sentido inverso, prendendo o segundo disco pelo outro lado, e continuar até o segundo número da combinação para firmar o segundo disco.

Mais uma vez, invertia-se o sentido do giro para deixar o segundo disco no lugar. Agora as fendas estavam alinhadas, e, girando a roda até o dez, o arquivo se abria.

Bem, depois de muita luta, eu não conseguia chegar a lugar algum. Comprei alguns livros sobre arrombamento de fechaduras, mas todos diziam o mesmo. No começo de um deles, eram narrados alguns casos fantásticos de sucesso do arrombador, como o de uma mulher que está para morrer congelada, presa num frigorífico, mas o arrombador, pendurado de cabeça para baixo, consegue abri-lo em dois minutos. Ou há peles preciosas ou lingotes de ouro no fundo do mar; o arrombador mergulha e abre o contêiner.

Na segunda parte do livro, explica-se como abrir um cofre. Ali há todo tipo de banalidades e bobagens como: "É sempre uma boa ideia tentar uma data como combinação, porque muita gente gosta de usar datas." Ou: "Pense na psicologia do dono do cofre e no que ele usaria como combinação." E mais: "Uma secretária está sempre preocupada com um possível esquecimento da combinação do cofre, por isso costuma anotá-la num dos seguintes lugares — na lateral da gaveta de sua mesa, numa lista de nomes e endereços...", e assim por diante.

Mas os livros me revelaram *de fato* uma coisa sensata sobre a abertura de cofres comuns, bem fácil de entender. Eles têm um puxador extra, de modo que se você forçá-lo para baixo enquanto gira a roda numerada, estando os discos desnivelados (como acontece com as fechaduras), a força do puxador tentando empurrar o ferrolho para dentro das fendas (que não estão alinhadas) é suportada mais por um disco que por outros. Quando a fenda daquele disco fica debaixo do ferrolho, é possível ouvir um clique utilizando um estetoscópio, ou perceber uma leve queda na resistência que se pode sentir com os dedos (se eles não estiverem protegidos por luvas para ocultar as digitais), e você descobre: "Aí está um número!"

Você não vai saber se é o primeiro, o segundo ou o terceiro, mas pode ter uma boa noção disso se souber quantas vezes precisa girar a roda para o outro lado para ouvir o mesmo clique de novo. Se for pouco menos de uma vez, é o primeiro disco; se um pouco menos de duas vezes, é o segundo (é preciso levar em conta a espessura dos pinos).

Esse truque valioso só funciona para cofres comuns, que têm o puxador extra, então fiquei empacado.

Tentei todo tipo de truques complementares com os arquivos, como descobrir como soltar os engates das gavetas inferiores sem abrir a de cima, tirando um parafuso da frente e cutucando com um pedaço de arame de cabide. Tentei girar a roda numerada com muita rapidez e depois ir até o dez, empregando um pouco de fricção, esperando que um dos discos se detivesse de alguma forma no ponto certo. Tentei de *tudo*. Estava desesperado.

Fiz também um pouco de estudo sistemático. Por exemplo, uma combinação típica era 69-32-21. Até que ponto um número próximo podia dar certo quando se está tentando abrir um cofre? Se 69 for o número correto, 68 daria certo? E 67? No caso específico de nossas fechaduras, a resposta era positiva para aqueles dois números, mas não para 66. Havia uma margem de dois números em cada sentido, então era preciso tentar um número em cada cinco. Podia-se tentar zero, cinco, dez, quinze e assim por diante. Com vinte números numa roda numerada de zero a cem, as possibilidades se reduziriam de um milhão, no caso de ser preciso tentar todos os números, para oito mil.

A pergunta agora era: quanto tempo vou levar para tentar as oito mil combinações? Vamos supor que eu tivesse os dois primeiros números de uma combinação que estou tentando descobrir. Digamos que esses números sejam 69-32, mas eu não sei disso — obtive-os como se fossem 70-30. Posso tentar as vinte possibilidades para o terceiro número sem precisar usar os dois primeiros em todas as tentativas. Suponhamos agora que eu tenha apenas o primeiro número da combinação. Depois de tentar os vinte números no terceiro disco, desloco o segundo disco só um pouquinho, e faço o mesmo com os vinte números seguintes no terceiro disco.

Eu treinava o tempo todo com meu cofre até conseguir executar o processo todo o mais rápido possível sem me confundir e esquecer com que número estava tentando. Assim como o cara que executa truques com a mãos, cheguei a um ritmo excelente: podia tentar os quatrocentos últimos números possíveis em menos de meia hora. Isso quer dizer que conseguia abrir um cofre em no máximo oito horas, com um tempo médio de quatro horas.

Havia em Los Alamos um cara chamado Staley, que também se interessava por fechaduras. Falávamos no assunto de tempos em tempos, mas não fomos muito longe. Depois de ter a ideia de abrir um cofre num tempo médio de quatro horas, quis mostrar isso a Staley. Entrei na sala de um cara do departamento de computação e perguntei:

— Posso usar seu cofre? Gostaria de mostrar uma coisa a Staley.

Nesse ínterim, chegaram uns caras do departamento de computação e um deles disse:

— Ei, todo mundo! Feynman vai mostrar a Staley como se abre um cofre, ha, ha, ha!

Na verdade, eu não ia abrir o cofre, só queria mostrar a Staley esse modo de tentar os dois últimos números sem se perder e ter de colocar o primeiro número outra vez.

Comecei:

— Vamos supor que o primeiro número seja quarenta, e estamos tentando quinze para o segundo. Vamos para trás e para a frente, dez; cinco para trás e para a frente, dez, e assim por diante. Agora tentamos todos os terceiros números possíveis. Agora tentamos vinte para o segundo número, vamos para trás e para a frente, dez, mais cinco para trás e para a frente... CLIQUE! Meu queixo caiu: o primeiro e o segundo número estavam certos!

Ninguém viu minha expressão porque eu estava de costas para eles. Staley ficou muito surpreso, mas na mesma hora descobrimos o que tinha acontecido, então puxei a gaveta de cima com um floreio e disse:

— Aí está!

— Estou vendo o que você quer dizer — disse Staley. — É um esquema muito bom.

E fomos embora. Todos ficaram assombrados. Tinha sido por pura sorte! Agora é que eu havia *mesmo* ganhado fama como abridor de cofres.

Tinha levado cerca de um ano e meio para eu chegar até aquele ponto (claro, eu estava trabalhando na bomba também!), mas achei que tinha derrotado os cofres. Ou seja, se eles chegassem a constituir um problema real — alguém que se perdesse, ou morresse, sem que ninguém mais soubesse os números da combinação —, eu poderia abri-los se necessário. Depois de ler as coisas absurdas que os arrombadores diziam, considerei minha conquista bastante respeitável.

Não havia entretenimento em Los Alamos, e precisávamos de alguma distração. Mexer com a fechadura Mosler de meu arquivo era uma de minhas diversões. Certo dia, notei algo interessante: quando alguém abre a fechadura e puxa a gaveta, a roda permanece na marca dez (é o que as pessoas fazem quando abrem arquivos para tirar algum papel) e o ferrolho continua para baixo. E o que significa o ferrolho continuar para baixo? Significa que o ferrolho permanece na ranhura formada pelas fendas dos três discos, que estão alinhados. Ahhhh!

Agora, se eu afastar a roda do dez um pouquinho, o ferrolho sobe; se eu voltar ao dez imediatamente, o ferrolho volta para baixo porque eu não mexi na ranhura. Se eu continuar me afastando do dez de cinco em cinco, em algum momento o ferrolho não vai voltar para baixo quando eu voltar ao dez: a ranhura foi alterada. O número imediatamente anterior, que ainda permite que o ferrolho abaixe, é o último número da combinação!

Percebi que podia fazer a mesma coisa para encontrar o segundo número: assim que descobrisse o último número, poderia girar a roda em sentido oposto e, mais uma vez, em saltos de cinco em cinco, empurrar pouco a pouco o segundo disco até que o ferrolho permanecesse em cima. O número imediatamente anterior seria o segundo número da combinação.

Se eu tivesse paciência, seria capaz de descobrir todos os três números com esse método, mas o trabalho necessário para descobrir o primeiro número dentro desse esquema elaborado seria muito maior do que simplesmente experimentar os vinte primeiros números possíveis com os dois números já conhecidos com o arquivo fechado.

Treinei muito até descobrir como obter os dois últimos números de um arquivo apenas com o manuseio da roda. Então, quando estava na sala de alguém discutindo algum problema de física, eu me encostava em seu arquivo aberto e, exatamente como faz um cara que brinca distraidamente com suas chaves enquanto fala, fazia oscilar a roda para a esquerda e para a direita, para a esquerda e para a direita. Às vezes punha o dedo no ferrolho e nem precisava olhar se ele estava ou não subindo. Dessa forma, descobri os dois últimos números de diversos arquivos. Ao voltar para minha sala, escrevia os dois números num papel que guardava trancado em meu arquivo. Cada vez que queria pegar o papel, desativava a fechadura — achava que era um lugar seguro para ele.

Depois de algum tempo, minha fama se espalhou devido às casualidades da vida. Alguém dizia: "Ei, Feynman! Christy está fora da cidade, e precisamos de um documento que está no cofre dele. Você poderia abri-lo?"

Se fosse um cofre cujos dois últimos números eu desconhecia, dizia simplesmente: "Desculpe, mas agora não posso; tenho um trabalho para fazer." Em caso contrário, dizia: "Sim, mas preciso pegar minhas ferramentas." Eu não precisava de ferramenta alguma, mas tinha de ir a minha sala, abrir o arquivo e pegar meu papelzinho: "Christy — 35, 60." Aí pegava uma chave de fenda qualquer, ia até a sala de Christy e fechava a porta. É claro que eu não queria que ninguém mais aprendesse a fazer aquilo!

Ficava lá sozinho e abria o cofre em minutos. Só precisava experimentar o primeiro número no máximo vinte vezes, depois eu me sentava, pegava uma revista ou algo assim, e esperava quinze ou vinte minutos. Não era bom transparecer que aquilo era muito fácil; alguém poderia imaginar que havia um truque! Depois de algum tempo, eu abria a porta e dizia: "Está aberto."

As pessoas achavam que eu abria os cofres a partir do nada. Eu conseguia manter a impressão de que podia abrir cofres sem usar força. Ninguém suspeitava de que eu estivesse pegando os dois últimos números do segredo, embora eu fizesse isso o tempo *todo* — ou talvez por isso mesmo —, como um viciado em jogo que anda sempre com um baralho.

Eu ia muito a Oak Ridge para examinar as condições de segurança da usina de urânio. Tudo se fazia às pressas porque estávamos em guerra, e certa vez tive de ir lá num fim de semana. Era domingo, e estávamos no gabinete de um camarada — um general, um presidente ou vice-presidente de alguma empresa, alguns outros figurões e eu. Estávamos reunidos para discutir um relatório guardado no cofre do tal sujeito — um cofre secreto —, quando de repente ele percebeu que não sabia o segredo. Sua secretária era a única que sabia, mas ele ligou para ela e descobriu que ela estava num piquenique nas montanhas.

Enquanto isso acontecia, perguntei:

— O senhor se importaria se eu mexesse um pouco no cofre?

— Ha, ha, ha. Fique à vontade!

Então fui até o cofre e comecei a brincar com ele.

Já se aventava a possibilidade de pegar um carro e sair atrás da secretária, e o cara ficava cada vez mais constrangido por ter todas aquelas pessoas esperando, com ele fazendo papel de bobo, incapaz de abrir o próprio cofre. Todos estavam tensos, irritados com ele, quando — CLIQUE! — o cofre se abriu.

Em dez minutos eu tinha aberto o cofre que guardava todos os documentos secretos sobre a usina de urânio. Eles ficaram embasbacados. Ao que parece, os cofres não eram tão seguros. Foi um tremendo choque: todo aquele material altamente confidencial, ultrassecreto, trancafiado naquele magnífico cofre secreto, e chegava um cara e o abria em dez minutos!

Claro que só fui capaz de abrir o cofre por causa de meu eterno hábito de pegar os dois últimos números do segredo. Tinha ido a Oak Ridge no mês anterior, estivera naquele mesmo gabinete numa ocasião em que o cofre estava aberto e, como quem não quer nada, pegara os dois números — eu estava sempre praticando minha obsessão. Embora não tivesse anotado os números, tinha uma vaga lembrança de quais eram. Primeiro tentei 40-15, depois 15-40, mas nenhum deles funcionou. Depois tentei 10-45 combinado a todos os primeiros números possíveis, e deu certo.

Uma coisa parecida aconteceu em outro fim de semana de visita a Oak Ridge. Eu tinha escrito um relatório que precisava ser aprovado por um coronel, mas a papelada estava no cofre dele. Todos guardavam documentos em arquivos como os de Los Alamos, mas ele era coronel, então tinha um cofre muito mais bacana, de duas portas, com grandes puxadores que deslocavam ferrolhos de aço de dois centímetros de espessura. A grande porta metálica se abriu e ele tirou de lá meu relatório para ler.

Como eu ainda não havia tido a oportunidade de ver cofres *realmente* bons, perguntei a ele:

— O senhor se importaria se eu desse uma olhada em seu cofre enquanto lê meu relatório?

— Claro, vá em frente — concordou ele, certo de que eu nada pudesse fazer.

Olhei por trás de uma das sólidas portas de bronze e descobri que a roda de combinação estava conectada a uma pequena trava que parecia idêntica à pequena unidade de meu arquivo em Los Alamos. O mesmo fabricante, o mesmo ferrolho, com a única diferença de que, quando o ferrolho descia, os grandes puxadores do cofre deslocavam lateralmente algumas varetas; com um punhado de alavancas podia-se afastar todas aquelas varetas de aço de dois centímetros de espessura. Todo o sistema de alavancas dependia, aparentemente, do mesmo pequeno ferrolho que fecha arquivos de escritório.

Em nome do perfeccionismo profissional, para ter *certeza* de que era a mesma coisa, registrei os dois números assim como fazia com os arquivos de segurança.

Enquanto isso, ele lia o relatório. Ao terminar, disse:
— Muito bem, está bom.

Pôs o relatório de volta no cofre, agarrou os grandes puxadores e fechou as pesadas portas. Eles soam bem quando fecham, mas sei que é uma coisa puramente psicológica, porque não passa da mesma trava.

Não consegui conter o ímpeto de lhe dar uma alfinetada (sempre tive uma cisma com militares, naqueles magníficos uniformes), então disse:

— Da maneira como o senhor fecha o cofre, tenho a impressão de que pensa que as coisas estão em segurança dentro dele.

— É claro.

— A única razão pela qual o senhor acha que elas estão em segurança é porque os *civis* chamam isso de "cofre" — comentei, usando a palavra "civis" para dar a impressão de que ele tinha sido enganado por meros civis.

Ele ficou furioso.

— O que você quer dizer com isso? Que não é seguro?

— Um bom arrombador poderia abri-lo em trinta minutos.

— *Você* poderia abri-lo em trinta minutos?

— Eu disse um *bom* arrombador. No meu caso, levaria cerca de 45 minutos.

— Bem! — disse ele. — Minha esposa está me esperando em casa para jantar, mas vou ficar aqui observando, *você* vai se sentar ali, trabalhar nessa porcaria durante 45 minutos e *não* vai conseguir abri-la!

Ele se sentou em sua grande cadeira de couro, pôs os pés na mesa e começou a ler.

Com absoluta segurança, peguei uma cadeira, levei-a até o cofre e me sentei diante dele. Comecei a girar o disco de combinação só para fazer algum movimento.

Depois de uns cinco minutos, o que é um bom tempo quando a pessoa está sentada esperando, ele começou a perder a paciência:

— E então, fez algum progresso?

— Com uma coisa assim, ou se abre ou não se abre.

Achei que mais um ou dois minutos seriam suficientes, então comecei a trabalhar a sério. Dois minutos depois — CLIQUE! —, o cofre se abriu.

O coronel ficou de queixo caído e olhos esbugalhados.

— Coronel — falei, num tom sério —, deixe-me lhe dizer uma coisa sobre essas fechaduras: quando a porta do cofre ou a gaveta superior de um arquivo está aberta, é facílimo descobrir a combinação. Foi o que fiz enquanto o senhor lia meu relatório, só para lhe mostrar o perigo. O senhor deve recomendar que todos mantenham as gavetas de seus arquivos fechadas enquanto trabalham, porque quando estão abertas são extremamente vulneráveis.

— Sim! Entendo o que está dizendo! É muito interessante!

Depois daquilo, nós nos tornamos aliados.

Na vez seguinte que fui a Oak Ridge, todas as secretárias e demais pessoas que sabiam quem eu era diziam: "Não entre aqui! Não entre aqui!"

O coronel tinha enviado uma circular a todos que trabalhavam na usina, perguntando: "Durante sua última visita, o sr. Feynman esteve em algum momento em sua sala, perto de sua sala ou passou por sua sala?" Alguns disseram que sim, outros que não. Os que tinham dito sim receberam outra circular: "Por favor, mude o segredo de seu cofre."

Essa foi a solução que ele encontrou: *eu* era o perigo. Todos tiveram de mudar o segredo de seus cofres por minha causa. É uma chateação mudar um segredo e gravar na memória a nova combinação, então todos ficaram zangados comigo e não me queriam por perto: teriam de mudar mais uma vez seu segredo. Claro que continuaram deixando os arquivos abertos enquanto trabalhavam!

Uma biblioteca de Los Alamos guardava todos os documentos que tínhamos produzido: era uma sala de concreto, maciça, com uma porta grande e bela, dotada de uma roda metálica giratória — como o cofre de um banco. Durante a guerra, tentei vê-la mais de perto. Conhecia a bibliotecária e implorei que me deixasse brincar um pouquinho com a porta. Eu estava fascinado: era a maior tranca que eu já tinha visto! Descobri que nunca poderia usar meu método de registrar os dois últimos números da combinação. Na verdade, quando girei a roda com a porta aberta, a tranca se fechou e os ferrolhos ficaram para fora, impedindo o fechamento da porta de novo até que a bibliotecária chegasse e liberasse a tranca. Esse foi o fim de minha brincadeira com aquela tranca. Eu não tinha tempo de determinar como ela funcionava; estava muito além da minha capacidade.

Nas férias de verão depois do fim da guerra, eu precisava redigir alguns documentos e terminar trabalhos, então fui de Cornell, onde tinha dado aulas durante o ano, para Los Alamos. No meio do trabalho, eu tive de fazer referência a um documento escrito por mim do qual não me lembrava bem. O documento estava lá na biblioteca, então desci para recuperá-lo.

Havia um soldado, andando de um lado para outro com uma arma. Era sábado e, depois da guerra, a biblioteca fechava aos sábados.

Lembrei-me então de Frederic de Hoffman, um grande amigo que trabalhava na Seção de Liberação de Documentos. Certa vez, depois da guerra, o exército quis dar a público uma parte dos documentos secretos, e Frederic tinha de andar de um lado para outro na biblioteca tantas vezes — examine este documento, examine aquele documento, verifique isto, verifique aquilo

— que estava ficando maluco! Então tirou uma cópia de cada documento — todos os segredos da bomba atômica — e guardou essas cópias em nove arquivos em seu escritório.

Fui até o escritório dele e vi as luzes acesas. Parecia que uma pessoa estava ali — talvez a secretária —, mas tinha dado uma saída rápida, então esperei. Enquanto isso, comecei a mexer com o disco de combinação de um dos arquivos. (Só para lembrar, eu não tinha os dois últimos números dos cofres de Hoffman; eles haviam sido colocados ali depois da guerra, quando eu já tinha ido embora.)

Brincando com aquele disco de combinação, lembrei-me dos livros sobre arrombamento. Pensei comigo: "Nunca dei muita importância aos truques mencionados naqueles livros, nunca cheguei a testá-los. Vamos ver se conseguimos abrir o cofre de Hoffman de acordo com os livros."

Primeiro truque, a secretária: ela tem medo de esquecer a combinação, então deve tê-la escrito em algum lugar. Comecei a olhar os lugares sugeridos pelos livros. A gaveta da mesa dela estava trancada, mas com uma fechadura comum como a que Leo Lavatelli tinha me ensinado a abrir — bingo! Olhei a lateral da gaveta: nada.

Depois olhei entre os papéis da secretária. Encontrei uma página que todas as secretárias tinham, com o alfabeto grego — para que elas conseguissem reconhecer as letras nas fórmulas matemáticas — e os nomes das letras. Ali, escrito de qualquer jeito em cima da página, encontrei PI = 3,14159. Por que uma secretária precisaria saber o valor numérico de pi com seis algarismos? Era óbvio, não podia ser outro o motivo!

Tentei abrir o primeiro dos arquivos: 31-41-59. Não abriu. Tentei 59-41-31. Também não funcionou. Depois 95-14-13. De trás para diante, de frente para trás, assim, assado — nada!

Fechei a gaveta da mesa, pronto para ir embora, quando me lembrei dos livros mais uma vez: "Teste a seguir o método psicológico." Disse a mim mesmo: "Freddy de Hoffman é *bem* o tipo de cara que usaria uma constante matemática como combinação."

Voltei ao primeiro arquivo e tentei 27-18-28 — CLIQUE! Abriu! (A constante matemática mais importante depois de pi é a base dos logaritmos naturais, e = 2,71828). Havia nove arquivos, e eu tinha conseguido abrir o primeiro, mas o documento que queria estava em outro — eles estavam classificados por autor, em ordem alfabética. Tentei o segundo arquivo: 27-18-28 — CLIQUE! Abriu com a mesma combinação. Pensei: "Isto é ótimo! Abri os segredos da bomba atômica, mas, se quiser contar a história algum dia, preciso ter certeza de que todas as combinações são iguais!" Alguns dos arquivos estavam na sala ao lado, então fui lá e tentei 27-18-28 num deles, que abriu. Eu tinha conseguido abrir três arquivos — tudo igual.

"Agora posso escrever um livro sobre arrombamentos melhor do que qualquer outro", pensei, "porque de início vou dizer que arrombei fechaduras e cofres cujo conteúdo era maior e mais valioso do que qualquer outro arrombador já vira — a menos, claro, que o arrombador tenha salvo uma vida. Mas, na comparação com peles e lingotes de ouro, eu derrotava todos eles. Abri os cofres que continham todos os segredos da bomba atômica: cronogramas de produção de plutônio, procedimentos de purificação, quantidades de material necessárias, funcionamento da bomba, como são produzidos os nêutrons, como é o desenho, as dimensões, todas as informações conhecidas em Los Alamos: *a coisa toda!*"

Voltei ao segundo arquivo e tirei dele o documento de que precisava. Peguei um lápis de cera vermelho e uma folha de papel amarelo que estava por ali e escrevi: "Peguei emprestado o documento nº LA4312 — Feynman, o arrombador." Pus o bilhete em cima dos papéis do arquivo e fechei-o. Depois fui até o primeiro arquivo que tinha aberto e escrevi outro bilhete: "Este não foi mais difícil de abrir que o outro — Cara Esperto." E fechei o arquivo.

Para o arquivo da sala ao lado, escrevi: "Quando as combinações são sempre as mesmas, não é mais difícil abrir um do que outro — O Mesmo Cara." E fechei aquele também. Voltei a minha sala e escrevi meu relatório.

Naquela noite, fui jantar na cafeteria, e Freddy de Hoffman estava lá. Ele disse que ia trabalhar um pouco em sua sala, e só para fazer uma graça fui com ele.

Ele começou a trabalhar e logo foi até a sala ao lado para abrir um dos arquivos — uma coisa com a qual eu não contava —, e o que aconteceu foi que ele abriu primeiro o arquivo onde eu tinha posto o terceiro bilhete. Ele abriu a gaveta e viu ali aquele elemento estranho — um papel amarelo vivo com uns rabiscos em lápis vermelho.

Eu já tinha lido nos livros que, quando uma pessoa fica com medo, seu rosto fica pálido, mas nunca tinha visto isso acontecer. É absolutamente verdadeiro. O rosto dele ficou de um verde-acinzentado, amarelado — era uma visão assustadora. Ele pegou o papel com a mão trêmula.

— Veja isto! — disse, tremendo.

— "Quando as combinações são sempre as mesmas, não é mais difícil abrir um do que outro — O Mesmo Cara." — li em voz alta. Então perguntei:
— O que quer dizer isso?

— Todas as com-com-combinações de meus cofres são i-i-iguais! — gaguejou ele.

— Não é uma boa ideia.

— A-a-gora eu sei! — exclamou ele, com o corpo inteiro tremendo.

Outra consequência da fuga do sangue do rosto deve ser impedir que o cérebro funcione direito.

— Ele assinou o nome! Ele assinou o nome! — bradou ele.

— *O quê?* — indaguei surpreso, pois não tinha posto meu nome naquele arquivo.

— Sim, é o *mesmo cara* que andou tentando entrar no Edifício Ômega!

Durante toda a guerra, e mesmo depois dela, repetiam-se eternamente esses boatos: "Alguém está tentando entrar no Edifício Ômega!" É que, naquele período, faziam-se experimentos para a bomba nos quais se pretendia reunir material suficiente para desencadear a reação em cadeia. Pingavam certa quantidade de material *através* de outro, e, quando isso acontecia, a reação começava, e eles conseguiam medir quantos nêutrons ela liberava. O material pingava tão rápido que nada se formava ou explodia. Mas era o bastante para dar início à reação, de modo que eles pudessem saber se as coisas estavam começando corretamente, se as proporções estavam certas e se tudo estava ocorrendo como previsto — um experimento *perigosíssimo*!

Naturalmente, eles não faziam esse tipo de experimento no meio de Los Alamos, e sim a quilômetros de distância, num cânion isolado por várias mesetas. Esse Edifício Ômega tinha em volta de si uma cerca com guaritas. No meio da noite, quando tudo estava em silêncio, os coelhos saíam do mato e batiam na cerca, fazendo barulho. Os sentinelas abriam fogo. O oficial do turno da manhã chegava para a troca de guarda. O que o sentinela noturno ia dizer? Que tinha sido um coelho? Não. "Alguém tentou entrar no Edifício Ômega e eu o afugentei!"

Bem, Hoffman estava pálido e trêmulo e não percebia que havia uma falha em seu raciocínio: não estava claro em absoluto que o cara que tinha tentado entrar no Edifício Ômega fosse o mesmo que ele tinha ao lado.

Ele me perguntou o que devia fazer.

— Bem, veja se dá por falta de algum documento.

— Parece tudo bem — disse ele. — Não vejo nada faltando.

Tentei fazê-lo olhar o arquivo do qual eu tinha tirado meu documento.

— Bem, há, se a combinação é a mesma, ele pode ter tirado algo de outra gaveta.

— Claro! — disse ele, e voltou para sua sala, abriu o primeiro arquivo e encontrou meu segundo bilhete. — "Este não foi mais difícil de abrir que o outro — Cara Esperto."

A essa altura, não fazia nenhuma diferença se era o "Mesmo Cara" ou o "Cara Esperto": ele estava inteiramente convencido de que era o cara que tinha tentado entrar no Edifício Ômega. Assim, persuadi-lo a abrir o arquivo onde estava meu primeiro bilhete deu um pouco de trabalho, e não lembro exatamente o que eu disse.

Quando ele começou a abrir o arquivo, saí da sala e comecei a andar pelo corredor, porque estava com um pouco de medo: ele talvez quisesse me matar ao descobrir o autor da façanha.

Como eu pensava, ele veio correndo pelo corredor atrás de mim, mas em vez de se zangar quase me abraçou, de tão aliviado ao descobrir que o roubo dos segredos atômicos não passava de uma brincadeira minha.

Poucos dias depois, Hoffman me disse que precisava de alguma coisa que estava no cofre de Kerst. Donald Kerst tinha voltado a Illinois e estava difícil encontrá-lo. "Se você é capaz de abrir todos os meus arquivos usando o método psicológico", disse Hoffman (eu tinha contado a ele como tinha feito), "talvez possa abrir o de Kerst da mesma forma."

A essa altura, a história tinha se espalhado e diversas pessoas vieram observar o fantástico processo de abertura — sem o uso de força — do arquivo de Kerst. Eu não precisava estar sozinho. Não tinha os dois últimos números da combinação de Kerst e, para usar o método psicológico, precisava ter por perto pessoas que o conhecessem.

Fomos todos à sala de Kerst, e revistei as gavetas à procura de pistas; não encontrei nada. Então perguntei a eles:

— Que tipo de combinação Kerst usaria? Uma constante matemática?

— Oh, não! — disse Hoffman. — Kerst usaria uma coisa bem simples.

Tentei 10-20-30, 20-40-60, 60-40-20, 30-20-10. Nada.

Então perguntei:

— Vocês acham que ele usaria uma data?

— Sim! — responderam. — É o tipo de cara que usaria uma data.

Tentamos várias datas: 8-6-45, da explosão da bomba; 86-19-45; esta data; aquela data; a data do início do projeto. Nada adiantou.

A essa altura, a maior parte das pessoas tinha caído fora. Elas não tinham paciência para me ver fazendo aquilo, mas a única forma de resolver uma coisa assim é ter paciência!

Então decidi tentar tudo, desde 1900 até o presente. Parece muito, mas não é: o primeiro número é um mês, com doze possibilidades, e posso tentar descobri-lo usando apenas três números: dez, cinco e zero. O segundo número é um dia, com 31 possibilidades, que posso tentar com seis números. O terceiro número é o ano, que até a época eram 47, e eu podia tentar com nove números. Assim, as 8 mil combinações possíveis se reduziam a 162, que eu poderia testar em quinze ou vinte minutos.

Infelizmente comecei pelos números mais altos, porque, quando o arquivo finalmente se abriu, a combinação era 0-5-35.

— O que aconteceu a Kerst por volta de 5 de janeiro de 1935? — perguntei a Hoffman.

— A filha dele nasceu em 1936 — disse Hoffman. — Pode ser o aniversário dela.

Eu já tinha aberto dois cofres sem usar a força. Estava ficando bom. Agora era um profissional.

Naquele mesmo verão depois da guerra, o cara encarregado da seção de patrimônio estava tentando recuperar para revenda bens adquiridos anteriormente pelo governo. Uma dessas coisas era o cofre do capitão. Todos nós conhecíamos a história desse cofre. Ao chegar a Los Alamos, o capitão achou que os arquivos não eram seguros para guardar *seus* segredos, então ele precisava de um cofre especial.

O gabinete do capitão ficava no segundo andar de um dos frágeis prédios de madeira em que todos nós tínhamos nossas salas, e o cofre que ele encomendou era de aço, pesadíssimo. Foi preciso instalar plataformas de madeira e usar macacos especiais para levá-lo para cima. Como não havia muito entretenimento em Los Alamos, todos nós ficamos olhando aquele enorme cofre sendo levado com grande esforço para o gabinete do capitão e fazíamos piadas sobre o tipo de segredo ele ia guardar ali. Alguns colegas diziam que devíamos pôr as nossas coisas no cofre dele e deixá-lo pôr as dele nos nossos. Todos sabiam desse cofre.

O rapaz do patrimônio queria vendê-lo, mas para isso ele teria de ser esvaziado. No entanto, as únicas pessoas que conheciam o segredo eram o capitão, que estava em Bikini, e Alvarez, que o tinha esquecido. Ele me pediu que o abrisse.

Subimos ao antigo gabinete do capitão e perguntei à secretária:

— Por que não telefona para ele e pergunta qual é o segredo?

— Não quero incomodá-lo — respondeu ela.

— Bem, você vai *me* incomodar talvez durante oito horas. Não vou começar a menos que você faça pelo menos uma tentativa de encontrá-lo.

— Está bem, está bem! — disse ela.

Em seguida, tirou o fone do gancho, e eu fui para a sala ao lado olhar o cofre. Ali estava ele, o enorme cofre de aço, com as portas escancaradas. Voltei até a mesa da secretária.

— Está aberto.

— Maravilha! — disse ela, e pôs o fone no gancho.

— Não — falei —, ele *já* estava aberto.

— Ah! Imagino que o pessoal da seção de patrimônio tenha conseguido abri-lo.

Procurei o homem da seção de patrimônio.

— Fui ver o cofre e já estava aberto.

— Ah, sim — disse ele. — Desculpe por não ter avisado. Mandei nosso serralheiro para perfurar o cofre, mas ele tentou abri-lo e conseguiu.

Ora! Primeira informação: Los Alamos tem agora um serralheiro contratado. Segunda informação: esse homem sabe perfurar cofres, algo sobre o qual nada sei. Terceira informação: ele é capaz de abrir um cofre em poucos minutos sem usar a força. Esse é um profissional *de verdade*, uma fonte *real* de informação. Tenho de conhecer esse cara.

Descobri que o serralheiro tinha sido contratado depois da guerra (quando já não havia tanta preocupação com a segurança) para cuidar de coisas como essa. Acontece que ele tinha pouco trabalho com a abertura de cofres, então também reparava as calculadoras Marchant que tínhamos usado. Durante a guerra, eu estava sempre consertando aquelas coisas — eis uma desculpa para chegar até ele.

Eu nunca havia usado de subterfúgios ou trapaça para conhecer uma pessoa; simplesmente ia até ela e me apresentava. Mas, nesse caso, era muito importante conhecer o homem, e eu sabia que, antes de me contar alguns de seus segredos sobre a abertura de cofres, ele ia querer me testar.

Descobri onde ficava a sala dele — no porão da seção de física teórica, onde eu trabalhava — e já sabia que ele trabalhava à noite, quando as máquinas não estavam sendo usadas. Então, para começar, passei pela porta dele a caminho da minha sala, à noite. Só isso; apenas passei por sua porta.

Poucas noites depois, passei e disse um "Olá". Depois de algum tempo, quando ele percebeu que era sempre o mesmo cara que passava, dizia "Olá" ou "Boa noite".

Passadas algumas semanas desse lento processo, eu o vi trabalhando nas calculadoras Marchant. Não disse nada sobre elas; ainda era cedo.

Aos poucos, começamos a nos falar um pouco mais. Um dizia "Olá! Vejo que está trabalhando bastante!", e o outro respondia "Sim, bastante mesmo", esse tipo de coisa.

Finalmente, houve um avanço: ele me convidou para tomar sopa. Estava indo muito bem agora. Toda noite tomávamos sopa juntos. Comecei a falar um pouco sobre as máquinas de somar, e ele me contou que estava com um problema. Tinha tentado pôr uma série de rodas presas por molas de volta ao eixo, no entanto, não tinha a ferramenta necessária, ou algo assim; tinha passado uma semana trabalhando naquilo. Contei-lhe que costumava trabalhar com aquelas máquinas durante a guerra e emendei:

— Sabe de uma coisa? Deixe a máquina do lado de fora esta noite que amanhã dou uma olhada nela.

— Está bem — concordou ele, porque já não sabia o que fazer.

No dia seguinte, olhei para aquela coisa e tentei prendê-la segurando todas as rodas na mão. Ela continuava voltando à posição anterior. Pensei comigo: "Se ele está tentando fazer isso há uma semana, e eu estou tentando e não consigo, é porque *não* há jeito!" Parei, examinei as peças detalhadamente e pude ver que cada roda tinha um buraquinho — apenas um buraquinho. Então fez-se a luz: prendi a primeira roda, depois passei um arame pelo buraquinho. Prendi a segunda roda e passei o arame por ela. Depois mais uma, depois outra — era como enfiar contas num cordão. Prendi a coisa toda na primeira tentativa, alinhei as rodas, tirei o arame e ficou tudo certo.

Naquela noite, mostrei a ele o buraquinho e como eu tinha feito. A partir de então, passamos a conversar muito sobre máquinas. Ficamos bons amigos. Na sala dele havia uma porção de pequenos compartimentos com fechaduras semidesmontadas, além de peças de cofres. Como eram bonitas! Mas eu ainda não tinha dito uma palavra sequer sobre trancas e cofres.

Finalmente, achei que o dia estava chegando e decidi jogar uma isca a respeito de cofres: vou contar a ele a única coisa útil que sei: é possível descobrir os dois últimos números quando ele está aberto.

— Ei! — falei, examinando os compartimentos. — Vejo que está trabalhando com cofres Mosler.

— Isso mesmo.

— Sabe, essas fechaduras não são seguras. Se estiverem abertas, você pode descobrir os dois últimos números...

— É mesmo? — disse ele, mostrando por fim algum interesse.

— Aham.

— Você pode me mostrar? — pediu ele. Então lhe expliquei o procedimento, e ele se virou para mim e perguntou: — Como é o seu nome?

Durante todo aquele tempo, não tínhamos nos apresentado.

— Dick Feynman — falei.

— Meu Deus! Você é o Feynman! — exclamou ele, assombrado. — O grande arrombador! Já ouvi falar de você. Há muito tempo quero conhecê-lo! Quero aprender a abrir um cofre com você.

— O que está dizendo? Você sabe abrir cofres sem usar força.

— Não, não sei.

— Ouvi falar sobre o cofre do capitão, e este tempo todo vinha fazendo de tudo para *conhecê-lo*. E você me diz que não sabe abrir um cofre sem o uso de força?

— Isso mesmo.

— Bem, mas você deve saber arrombar um cofre.

— Também não.

— O QUÊ? — perguntei. — O cara da seção de patrimônio disse que você pegou suas ferramentas e foi lá para perfurar o cofre do capitão.

— Imagine que você tem um emprego de serralheiro — disse ele — e um cara vem pedir que você perfure um cofre. O que você faria?

— Bem — respondi —, eu faria um joguinho de cena escolhendo minhas ferramentas, juntando-as e levando-as até o cofre. Aí encostaria a broca em algum ponto aleatório do cofre e vruuuuuuummmmm, salvaria o meu emprego.

— Era exatamente o que eu ia fazer.

— Mas você abriu o cofre! Deve saber como se faz.

— Ah, sim. Eu sabia que as fechaduras chegam de fábrica com uma combinação padronizada, de 25-0-25 ou 50-25-50, então pensei: "Sabe-se lá, talvez o cara não tenha se dado o trabalho de mudar a combinação." E a segunda delas funcionou.

Então eu *realmente* aprendi alguma coisa com ele — que abria cofres com os mesmos métodos miraculosos que eu. Mas o mais engraçado era pensar que aquele capitão cheio de si, que precisava de um supercofre, de um hipercofre, tinha dado às pessoas todo aquele trabalho de içar a coisa até o escritório dele e nem ao menos mudara a combinação.

Percorri meu edifício de sala em sala, tentando aquelas duas combinações de fábrica, e abri um quinto dos cofres.

O TIO SAM NÃO PRECISA DE VOCÊ!

Depois da guerra, o exército estava raspando o fundo do tacho no intuito de reunir efetivos para as forças de ocupação na Alemanha. Até então, ele vinha dispensando gente por razões *que não* a aptidão física (eu fora dispensado por estar trabalhando na bomba). Mas agora isso tinha mudado, e estavam mandando todo mundo para o exame médico.

Naquele verão, eu estava trabalhando para Hans Bethe na General Electric em Schenectady, Nova York, e lembro que precisei me deslocar bastante — acho que Albany — para o exame.

Ao chegar ao lugar do alistamento, deram-me uma porção de formulários para preencher, e depois comecei a percorrer todos aqueles cubículos. Num deles examinavam a vista; em outro, a audição; em outro, colhiam sangue, e assim por diante.

Por fim, chegava-se ao cubículo número 13: psiquiatria. Ali ficávamos esperando, sentados num banco, e víamos o que estava acontecendo. Havia três mesas, com um psiquiatra em cada uma delas. O "réu" sentava-se diante dele em roupas de baixo e respondia a várias perguntas.

Na época, havia uma porção de filmes sobre psiquiatras, como *Quando fala o coração*, no qual uma grande pianista fica com as mãos rígidas numa estranha posição, sem poder movê-las, e a família chama um psiquiatra para tentar ajudá-la. Ele sobe para um quarto com ela, vê-se a porta se fechando atrás deles, e no térreo a família fica discutindo sobre o que pode acontecer, e aí ela sai do quarto, com as mãos ainda rígidas naquela posição horrível, desce teatralmente as escadas, senta-se ao piano, ergue as mãos sobre o teclado e, de repente — *tchan, tchan, tchan, tchan* —, consegue tocar de novo. Bem, não suporto esse tipo de besteira, então me convenci de que os psiquiatras são farsantes e decidi que não quero ter nada a ver com eles.

Esse era o meu estado de ânimo quando chegou a minha vez de falar com o psiquiatra.

Sentei-me à mesa, e ele começou a olhar meus papéis.

— Olá, Dick! — saudou ele, com voz alegre. — Onde você trabalha?

"Quem ele pensa que é para me tratar por *você*?", pensei, e respondi friamente:

— Schenectady.

— Para quem você trabalha, Dick? — perguntou o psiquiatra, sorrindo de novo.

— General Electric.

— Gosta do seu trabalho? — continuou ele, com o mesmo sorrisão no rosto.

— Mais ou menos — retruquei, pois eu simplesmente não ia dar papo para ele.

Três perguntas normais, e a quarta foi completamente diferente.

— Você acha que as pessoas falam sobre você? — perguntou, num tom grave.

— Claro! — respondi mais interessado. — Quando vou para casa, minha mãe sempre diz que estava falando sobre mim com as amigas.

Ele não ouviu a explicação, estava escrevendo alguma coisa em minha ficha. E outra vez, em tom grave, perguntou:

— Você acha que as pessoas *olham* para você?

Eu estava pronto para dizer que não quando ele acrescentou:

— Por exemplo, acha que algum dos rapazes que estão sentados no banco lá fora está olhando para você neste momento?

Enquanto esperava a minha vez, eu tinha visto uns doze caras sentados esperando pelos três psiquiatras, e eles não tinham nada mais para olhar, então dividi doze por três — quatro para cada psiquiatra —, mas, como sou conservador, respondi:

— Sim, talvez dois deles estejam olhando para nós.

— Bem, vire-se e olhe — pediu ele então, e nem se preocupou de olhar *ele* mesmo!

Então eu me virei e não deu outra: dois caras estavam olhando.

— Sim, *aquele* cara ali e *aquele outro* estão olhando para nós — afirmei, apontando para eles. É claro que, quando me voltei e indiquei os dois rapazes, outros começaram a olhar para nós, e eu ia dizendo: — Agora aquele, e aqueles outros dois... e agora o grupo todo.

Ele continuava sem olhar para se certificar. Estava ocupado escrevendo mais coisas em minha ficha. Então perguntou:

— Costuma ouvir vozes interiores?

— Raramente.

E eu estava a ponto de começar a falar sobre as duas ocasiões em que aquilo tinha me acontecido quando ele perguntou:

— Você fala sozinho?

— Sim, às vezes, quando estou fazendo a barba, ou pensando; de vez em quando.

Ele anotou mais alguma coisa.

— Vejo que sua esposa morreu... você fala com *ela*?

Essa pergunta me aborreceu de verdade, mas me contive e disse:

— Às vezes, quando subo uma montanha e estou pensando nela.

Ele escreveu mais um pouco. E então perguntou:

— Existe alguém da sua família numa instituição para pessoas com transtornos mentais?

— Sim, tenho uma tia num asilo de loucos.

— Por que você chama o lugar de asilo de loucos? — disse ele, ressentido. — Por que não diz instituição para pessoas com transtornos mentais?

— Achei que era a mesma coisa.

— O que você acha que é a loucura? — retrucou ele, zangado.

— Uma doença estranha, peculiar, dos seres humanos — respondi, com franqueza.

— Ela não tem nada de mais estranho ou peculiar que uma apendicite! — contestou ele.

— Não acho. Compreendemos melhor as causas da apendicite, algo sobre seu mecanismo, mas a loucura é muito mais complicada e misteriosa.

Eu não estava a fim de entrar nesse debate; eu queria dizer que a loucura é *fisiologicamente* peculiar, e ele deduziu como *socialmente* peculiar.

Até esse momento, embora pouco receptivo em relação ao psiquiatra, eu tinha respondido a tudo com franqueza. Mas, quando ele me pediu para estender as mãos, não pude resistir a fazer uma brincadeira que tinha aprendido com um cara na fila para tirar sangue. Achei que nunca mais teria uma chance de fazer aquilo. Estendi as mãos com uma palma para cima e outra para baixo.

O psiquiatra não percebeu. Disse:

— Vire as mãos.

Virei as mãos. A palma que estava para baixo ficou para cima, e a outra ficou para baixo, e *mesmo assim* ele não percebeu, porque olhava sempre para uma das mãos muito de perto para ver se estava tremendo. Então a brincadeira não deu certo.

Por fim, quando acabaram todas as perguntas, ele ficou amável outra vez. Entusiasmado, comentou:

— Vi que você tem um doutorado, Dick. Onde estudou?

— MIT e Princeton. E você, onde estudou?

— Yale e Londres. E o que você estudou, Dick?

— Física. E você, o que estudou?

— Medicina.

— E *isto* é *medicina*?

— Sim, é. O que você *acha* que é? Pode ir, sente-se ali e espere um pouquinho.

Sentei-me de novo no banco, e um dos outros caras que esperavam aproximou-se de mim e disse:

— Puxa! Você ficou lá 25 minutos! Os outros ficaram só cinco minutos!

— Sim.

— Ei — disse ele. — Quer saber como deixar o psiquiatra maluco? É só começar a roer as unhas, assim.

— Então por que *você* não rói as unhas assim?

— Ah — disse ele. — Eu quero ir para o exército!

— Você quer deixar o psiquiatra maluco? — perguntei. — É só dizer isso a ele!

Depois de algum tempo, fui chamado à mesa de outro psiquiatra. Enquanto o primeiro parecia jovem e ingênuo, o segundo era grisalho e tinha um aspecto distinto — obviamente era o chefe. Imaginei que tudo se esclareceria agora, mas em nenhuma hipótese seria gentil.

O novo psiquiatra olhou para a minha ficha, abriu um largo sorriso e disse:

— Olá, Dick. Vejo que trabalhou em Los Alamos durante a guerra.

— É.
— Havia uma escola para meninos lá, não é?
— Aham.
— E a escola tinha muitos edifícios?
— Eram poucos.

Três perguntas — a mesma técnica —, e a pergunta seguinte é completamente diferente.

— Você disse que ouve vozes interiores. Explique isso, por favor.
— Acontece muito raramente, quando presto atenção a uma pessoa com sotaque estrangeiro. Quando estou adormecendo, consigo ouvir a voz dela claramente. A primeira vez aconteceu quando eu estava no MIT. Pude ouvir o professor Vallarta dizendo: "Isto é um campo elétrico." E a outra vez foi em Chicago, durante a guerra, quando o professor Teller estava me explicando como funcionava a bomba. Como me interesso por todo tipo de fenômeno, me perguntava como era capaz de ouvir essas vozes com sotaque de modo tão preciso se não consigo imitá-las tão bem... Isso não acontece de vez em quando com todo mundo?

O psiquiatra cobriu o rosto com uma das mãos, e, através de seus dedos, pude ver um sorrisinho (ele não respondeu à pergunta).

Então ele passou a outro tópico.

— Você disse que fala com sua esposa morta. O que diz a ela?

Fiquei bravo. Aquilo não era da conta dele.

— Digo a ela que a amo, se você não se importa!

Depois de trocarmos mais algumas farpas, ele perguntou:

— Você acredita no supranormal?

Respondi:

— Não sei o que é "supranormal".
— O quê? Você, doutor em física, não sabe o que é supranormal?
— Isso mesmo.
— É aquilo em que Sir Oliver Lodge e seus seguidores acreditam.

Não era uma informação muito precisa, mas entendi.

— Você quer dizer *sobrenatural*.
— Pode chamar do jeito que quiser.
— Tudo bem, acredito.
— Acredita em telepatia?

— Não. Você acredita?

— Bem, tenho a mente aberta.

— O quê? Você, um psiquiatra, tem a *mente aberta*? Ha!

A coisa continuou assim por algum tempo.

Então, em algum momento já perto do fim, ele disse:

— Que valor você atribui à vida?

— Sessenta e quatro.

— Por que você diz "sessenta e quatro"?

— Como *se deve* medir o valor da vida?

— Não! Quero dizer, por que você disse "sessenta e quatro" e não "setenta e três", por exemplo?

— Se eu tivesse dito "setenta e três" você teria feito a mesma pergunta!

O psiquiatra encerrou com três perguntas gentis, exatamente como o anterior, entregou-me minha ficha e fui para o cubículo seguinte.

Enquanto esperava na fila, olhei para o papel que resumia todos os testes que eu tinha feito até ali. E, sem nenhuma razão especial, mostrei minha ficha ao cara que estava perto de mim e perguntei, com uma voz meio estúpida:

— Ei! Que nota você tirou em psiquiatria? Ah, você tirou "N". Tirei "N" em tudo mais, mas em psiquiatria tirei "D". O que quer dizer *isso*?

Eu sabia o que significava: "N" era normal, "D" era deficiente.

O cara me deu um tapinha no ombro e disse:

— Amigão, está tudo bem. Isso não quer dizer nada. Não se preocupe!

Depois, ele foi para o outro canto da sala, assustado: "Trata-se de um lunático!"

Comecei a ver o que os psiquiatras tinham escrito sobre mim, e parecia bem grave! O primeiro deles escreveu:

Acha que as pessoas falam dele.

Acha que as pessoas olham para ele.

Alucinações auditivas hipnoidais.

Fala sozinho.

Fala com a esposa morta.

Tia materna numa instituição para pessoas com transtornos mentais.

Olhar muito peculiar. (Eu sabia o que era *isso* — foi quando perguntei: "E isto é *medicina*?")

O segundo psiquiatra era sem dúvida mais importante, porque seus garranchos eram mais difíceis de ler. Suas anotações diziam coisas como "alucinações auditivas hipnoidais confirmadas". ("Hipnoidal" é algo que ocorre quando você está quase dormindo.)

Ele tinha escrito uma porção de anotações técnicas, que examinei com cuidado, e pareciam péssimas. Imaginei que talvez um dia tivesse de desfazer a confusão com o exército, de um jeito ou de outro.

Ao término do exame físico, um oficial decidia se você ficava ou saía. Por exemplo, se há algum problema com a sua audição, é *ele* que decide se é grave a ponto de você ser dispensado. E como o exército estava raspando o fundo do tacho em busca de novos recrutas, esse oficial não ia deixar barato. Ele estava inflexível. Por exemplo, o camarada que estava à minha frente tinha dois ossos protuberantes na nuca — uma espécie de vértebra deslocada ou algo assim —, e o oficial fez questão de levantar-se de sua mesa e *apalpá-las* — ele precisava ter certeza de que aquilo era verdade!

Achei que *aquele* era o lugar certo para desfazer o mal-entendido. Ao chegar minha vez, entreguei meus papéis ao oficial e me preparei para explicar tudo, mas ele nem olhou para mim. Ao ver o "D" ao lado de "Psiquiatria", pegou logo o carimbo da rejeição e, sem fazer perguntas, sem dizer nada, simplesmente estampou em minha ficha o carimbo "REJEITADO" e devolveu-a, sempre olhando para a escrivaninha.

Saí e peguei o ônibus para Schenectady. Durante a viagem ia pensando naquela loucura que tinha acontecido, e comecei a rir — a rir alto. Disse a mim mesmo: "Meu Deus! Se eles me vissem agora, teriam *certeza*!"

Quando finalmente cheguei a Schenectady, fui ver Hans Bethe. Ele estava sentado à mesa e me perguntou, em tom de brincadeira:

— E aí, Dick, você passou?

Fiz cara de decepção e meneei a cabeça, devagar.

— Não.

Ele de repente ficou assustado, achando que tinham descoberto algum problema de saúde grave em mim, e me perguntou, cheio de preocupação:

— Qual é o problema, Dick?

Levei um dedo à testa.

Ele exclamou:

— Não!

— Sim!

— Nã-ã-ã-o-o-o!!! — gritou ele, e riu tão alto que o teto da General Electric Company quase veio abaixo.

Contei a história a muitas outras pessoas, e todas riram, com poucas exceções.

Quando voltei a Nova York, meu pai, minha mãe e minha irmã foram me buscar no aeroporto, e, enquanto íamos para o carro, contei a eles toda a história. No fim, minha mãe disse:

— Bem, e o que vamos fazer, Mel?

— Não diga bobagens, Lucille. É um absurdo! — respondeu meu pai.

A coisa ficou por isso mesmo, porém mais tarde minha irmã me contou que, quando chegamos em casa e eles ficaram a sós, meu pai comentou:

— Ora, Lucille, você não tinha de dizer nada diante dele. E agora, o que *vamos* fazer?

A essa altura, minha mãe ficou séria e exclamou:

— Não diga bobagens, Mel!

Uma outra pessoa também ficou incomodada com o caso. Foi num jantar da Sociedade de Física, e o professor Slater, meu velho mestre no MIT, disse:

— Ei, Feynman! Conte a história do alistamento de que me falaram.

Contei a história tim-tim por tim-tim a todos aqueles físicos — eu não conhecia nenhum deles além de Slater —, e todos riram, mas no fim um cara disse:

— Bem, talvez o psiquiatra tivesse alguma coisa em mente.

— E qual é a *sua* profissão, senhor? — perguntei, decidido.

Era uma pergunta estúpida, claro, porque éramos todos físicos num encontro profissional. Mas fiquei surpreso por um físico dizer uma coisa daquelas.

— Bem, há, na verdade, eu não deveria estar aqui — revelou ele —, mas fui convidado por meu irmão, que é físico. Sou psiquiatra.

Desmascarei-o na mesma hora!

Depois de algum tempo, comecei a ficar preocupado. Eis um cara que foi dispensado durante toda a guerra porque estava trabalhando na bomba, a junta de recrutamento recebe cartas dizendo que ele é importante, e agora ele tira "D" em psiquiatria — não passa de um maluco! Obviamente ele *não é* maluco, está apenas tentando nos levar a *crer* que é maluco — vamos pegá-lo!

A situação não me parecia muito favorável, então eu precisava encontrar uma saída. Depois de alguns dias, pensei numa solução. Escrevi uma carta à junta de recrutamento dizendo mais ou menos o seguinte:

Prezados senhores:
Não acho que devo ser convocado, pois estou ensinando ciência e, até certo ponto, é na força de nossos futuros cientistas que repousa o bem-estar da nação. No entanto, os senhores podem decidir que devo ser dispensado por causa do relatório médico, segundo o qual sou psiquiatricamente inapto. Acredito que não se deva dar importância alguma a esse relatório, porque ele me parece grosseiramente errado. Estou levando esse erro a sua atenção porque sou louco o bastante para não querer tirar proveito desta situação.
    Atenciosamente,
R. P. Feynman

Resultado: "Dispensado. 4F. Razões médicas."

PARTE 4

De Cornell a Caltech, com um toque de Brasil

RESPEITÁVEL PROFESSOR

Não sei mesmo o que faria se não fosse professor. Isso porque, tendo alguma coisa para fazer quando estou sem ideias e não vou chegar a lugar nenhum, posso dizer a mim mesmo: "Pelo menos estou vivo, pelo menos estou *fazendo* alguma coisa, estou dando *uma* contribuição." É uma questão psicológica.

Quando estava em Princeton, na década de 1940, via o que acontecia com aquelas grandes mentes do Instituto de Estudos Avançados, especialmente escolhidas por sua tremenda capacidade intelectual, que agora tinham a oportunidade de ficar numa casa deliciosa ao lado do bosque, sem aulas para dar, sem nenhuma obrigação. Assim esses pobres infelizes poderiam se dedicar exclusivamente à reflexão, certo? Então ficam algum tempo sem ter ideia alguma: eles têm todas as oportunidades de fazer alguma coisa, e estão sem ideias. Acho que, numa situação como essa, se instala na pessoa uma espécie de culpa ou depressão, e ela começa a se *preocupar* com o fato de não ter ideias. E nada acontece. As ideias continuam sem dar as caras.

Nada acontece porque não há atividade ou desafio *reais*: você não está em contato com o pessoal da área experimental. Não tem a preocupação de responder às perguntas dos alunos. Nada!

Em qualquer processo de pensamento, há momentos em que tudo vai bem em que surgem ótimas ideias. Ensinar é uma interrupção e, por isso, é o maior problema do mundo. E aí vêm aqueles *longos* períodos em que nada acontece. Você está sem ideias e, se não tiver nada para fazer, vai ficar maluco. Nem sequer pode dizer: "Vou dar minha aula."

Quando está dando aula, você pode pensar sobre fatos elementares que conhece muito bem. Eles são uma espécie de entretenimento e prazer. Não faz mal nenhum pensar neles mais uma vez. Será que existe uma maneira melhor de apresentá-los? Haverá novos problemas ligados a eles? É possível ter novas ideias em relação a eles? É *fácil* pensar em dados elementares; se você não conseguir ter uma perspectiva nova sobre eles, nenhum problema; suas reflexões costumeiras sobre eles já são o bastante para a aula. Se pensar algo novo, vai gostar de descobrir uma maneira diferente de ver aquilo.

As perguntas dos alunos são muitas vezes fonte de novas pesquisas. Eles costumam fazer questionamentos profundos sobre coisas em que eu já tinha pensado, mas que, por assim dizer, deixei de lado por um tempo. Não me faria mal nenhum refletir sobre elas de novo e ver se consigo ir mais longe desta vez. Os alunos podem não ser capazes de alcançar aquilo a que eu quero responder, ou sutilezas que eu quero analisar, mas eles me *recordam* um problema com suas perguntas referentes a ele. Não é fácil lembrar *a si mesmo* essas coisas.

Por isso acho que o ensino e os alunos mantêm a vida andando, e *nunca* aceitaria um cargo que representasse uma situação cômoda para mim e no qual eu não precisasse ensinar. Nunca.

Mas uma vez me *ofereceram* um cargo como esse.

Durante a guerra, quando eu ainda estava em Los Alamos, Hans Bethe me arranjou um emprego de 3.700 dólares por ano em Cornell. Eu tinha uma proposta melhor de outro lugar, mas, como gosto de Bethe, optei por Cornell sem me preocupar com o dinheiro. Mas Bethe estava sempre cuidando de mim e, quando soube que havia alguém me oferecendo mais dinheiro, conseguiu um aumento para 4 mil dólares antes mesmo que eu começasse.

Disseram-me que em Cornell eu daria um curso de métodos matemáticos aplicados à física, e que devia me apresentar em 6 de novembro, o que me pareceu um pouco estranho, uma vez que o ano já estava quase no fim. Peguei o trem de Los Alamos para Ithaca e passei a maior parte do tempo de viagem escrevendo os relatórios finais para o Projeto Manhattan. Ainda recordo que estava no trem noturno de Buffalo para Ithaca quando comecei a trabalhar em meu curso.

É preciso compreender as pressões em Los Alamos. Tudo era feito o mais rápido possível, todo mundo trabalhava muito e tudo ficava pronto no último minuto. Então, elaborar meu curso no trem um ou dois dias antes da primeira aula me parecia natural.

Métodos matemáticos aplicados à física era o curso ideal para mim. Era o que eu tinha feito durante a guerra — aplicar a matemática à física. Eu sabia quais métodos eram *realmente* úteis. Ganhei muita experiência naquela época, trabalhando muito durante quatro anos e usando truques matemáticos. Então decidi quais seriam os temas que abordaria e como lidar com eles. Ainda tenho esses papéis — as anotações que fiz no trem.

Desci em Ithaca, levando minha pesada mala no ombro, como sempre. Alguém me chamou:

— Quer um táxi, senhor?

Eu nunca queria tomar um táxi: era um cara jovem, com pouco dinheiro, e queria fazer tudo por mim mesmo. Mas pensei comigo: "Sou *professor* — preciso ter dignidade." Então tirei a mala do ombro, segurei-a na mão e disse:

— Sim.

— Para onde?

— Para o hotel.

— Que hotel?

— Algum dos hotéis de Ithaca.

— Fez reserva?

— Não.

— Não é muito fácil conseguir um quarto.

— Vamos de hotel em hotel. O senhor espera por mim.

Tentei o Hotel Ithaca: não havia vaga. Fomos para o Traveller's Hotel: também não havia vaga. Então eu disse para o cara do táxi: "Não precisa andar a cidade toda comigo; isso vai custar um dinheirão. Vou caminhando." Deixei a mala no Traveller's Hotel e comecei a perambular pelas ruas à procura de uma vaga. Isso deixa claro quanto preparo eu tinha, um professor novato.

Encontrei outro cara à procura de hotel. Concluímos que encontrar hospedagem daquela forma era impossível. Depois de algum tempo, subimos uma espécie de ladeira e percebemos que estávamos perto do campus da universidade.

Vimos uma coisa que parecia ser uma hospedaria, com uma janela aberta através da qual se viam beliches. A essa altura já era noite, então decidimos perguntar se podíamos dormir ali. A porta estava aberta, mas não havia vivalma lá dentro. Subimos para um dos quartos e o outro cara disse: "Venha, vamos dormir aqui e pronto!"

Não achei que fosse uma ideia tão boa. Para mim, era como se estivesse roubando. Alguém tinha arrumado as camas; eles chegariam e nos encontrariam dormindo em suas camas, e teríamos problemas.

Então saímos dali. Caminhamos mais um pouco e vimos, debaixo de um poste, uma montanha enorme de folhas — era outono — que tinham sido varridas do gramado. "Ei! Podíamos nos deitar nessas folhas e dormir aqui!", sugeri. Experimentei; eram macias. Eu estava cansado de andar, e se a pilha de folhas não estivesse bem debaixo de uma lâmpada, teria sido perfeita. Mas eu não queria arrumar problemas logo de cara. Ainda em Los Alamos, as pessoas caçoavam de mim (quando eu tocava tambores e coisas assim) por causa do tipo de "professor" que Cornell ia ter. Diziam que eu ia ficar famoso por fazer alguma bobagem e, por esse motivo, eu estava tentando ser um pouco digno. Com relutância, desisti da ideia de dormir na pilha de folhas.

Andamos um pouco mais e chegamos a um grande edifício, alguma dependência importante do campus. Entramos e vimos dois sofás no saguão. O outro cara disse: "Vou dormir aqui!", e desabou no sofá.

Eu não queria criar problema, então procurei o zelador no subsolo e perguntei se podia dormir no sofá, ao que ele respondeu: "Com certeza."

Na manhã seguinte acordei, procurei um lugar para tomar café e comecei a correr o mais rápido possível para descobrir onde daria minha primeira aula. Cheguei ao departamento de física:

— A que horas é minha primeira aula? Perdi a hora?

— Não tem por que se preocupar — tranquilizou-me o cara do departamento. — As aulas só começam em oito dias.

Para mim, aquilo foi um *choque*! A primeira coisa que eu disse foi:

— Bem, mas por que me disseram para chegar uma semana antes?

— Achei que gostaria de conhecer a universidade e encontrar um lugar para ficar antes do início das aulas.

Eu estava de volta à civilização e não sabia!

O professor Gibbs me indicou a União dos Estudantes para conseguir um lugar onde ficar. É um lugar grande, por onde circulam muitos estudantes. Fui até uma mesa grande que anunciava MORADIA e falei:

— Sou novo aqui e estou procurando um quarto.

— Cara, a situação de moradia em Ithaca está difícil — disse o rapaz. — Tão complicada que, acredite ou não, um *professor* teve que dormir num sofá aqui do saguão esta noite!

Olhei em volta e era o mesmo saguão! Virei-me para ele e contei que, bem, o professor era eu, e o professor não vai querer fazer isso de novo!

Meus primeiros dias em Cornell como professor novato foram interessantes e por vezes divertidos. Poucos dias após minha chegada, o professor Gibbs entrou na minha sala e explicou que normalmente não aceitávamos alunos a essa altura do ano letivo, mas, em alguns casos, quando o candidato era muito, muito bom, podíamos aceitá-lo. Entregou-me uma solicitação e me pediu que a avaliasse.

Ele voltou e perguntou:

— E aí, o que você achou?

— Acho que ele é de alto nível e que devemos aceitá-lo. Acho que será uma sorte tê-lo aqui.

— Sim, mas o senhor viu o retrato dele?

— *Que diferença isso pode fazer?* — perguntei.

— Absolutamente nenhuma, senhor! Foi bom ouvi-lo dizer isso. Eu queria saber que tipo de homem temos agora como professor.

Gibbs gostava da maneira como eu me dirigia a ele, diretamente, sem dizer a mim mesmo: "Ele é o chefe do departamento, eu sou novo aqui, melhor ter cuidado com o que digo." Não tenho tempo de pensar isso, minha reação é imediata, digo a primeira coisa que me vem à cabeça.

Depois, outro cara veio à minha sala. Queria falar comigo sobre filosofia, e não lembro direito o que ele disse, mas queria que eu entrasse para uma espécie de clube de professores. Tratava-se de uma organização antissemita que achava que os nazistas não eram tão maus assim. Explicou-me que havia judeus demais fazendo coisas assim e assado — algo inacreditável. Esperei que ele terminasse, então eu disse: "Sabe, você cometeu um grande erro: fui criado numa família judia." Ele saiu, e foi assim que comecei a perder o respeito por alguns dos professores de humanas e de outras áreas na Universidade Cornell.

Eu estava recomeçando a vida após a morte da minha esposa e queria conhecer garotas. Naquele tempo, eram frequentes as reuniões dançantes. Faziam-se muitas dessas confraternizações em Cornell, para que as pessoas se conhecessem, principalmente calouros e outros que reingressavam à academia.

Lembro-me do primeiro desses bailes a que compareci. Fazia três ou quatro anos que eu não dançava, pois estava em Los Alamos, e nem sequer tinha estado numa reunião social. Então fui a esse baile e dancei o melhor que pude, pensando que estava aceitável. Normalmente você sabe quando alguém está gostando de dançar com você.

Enquanto dançávamos, eu conversava um pouco com a garota; ela fazia algumas perguntas sobre mim, eu fazia perguntas sobre ela. Mas, quando queria dançar com alguém com quem já tinha dançado, precisava *correr atrás* dela.

Eu perguntava se ela gostaria de dançar outra vez. "Não, desculpe; preciso tomar um pouco de ar." Ou: "Bem, preciso ir ao toalete" — esta ou aquela desculpa, de três garotas seguidas! Qual era o meu problema? Eu dançava mal? Minha personalidade desagradava?

Dancei com outra garota, e mais uma vez vieram as perguntas de costume:

— Você é aluno da graduação ou da pós-graduação?

(Havia muitos alunos mais velhos que estiveram no exército.)

— Não, sou professor.

— É? Professor de quê?

— Física teórica.

— Suponho que tenha trabalhado na bomba atômica.

— Sim, estive em Los Alamos durante a guerra.

— Mentiroso! — sentenciou ela, e foi embora.

Isso me aliviou bastante. Estava tudo explicado! Eu dizia às garotas a verdade pura e simples e não sabia qual era o problema. Era óbvio que eu estava sendo dispensado por uma garota atrás da outra mesmo fazendo tudo certo e com naturalidade, tendo sido educado e respondido às perguntas. Tudo parecia muito agradável e, de repente, *tchan* — não dava certo. Só fui entender depois que, por sorte, aquela mulher me chamou de mentiroso.

Então tentei me esquivar de todas as perguntas, e o resultado foi o oposto:

— Você é calouro?

— Bem, não.

— Está na pós-graduação?

— Não.

— Então você é o quê?

— Não quero dizer.

— Por que não quer dizer o que você é?

— Eu não quero... — e elas continuavam conversando comigo!

Acabei levando duas garotas para casa, e uma delas me disse que eu não devia me sentir mal por ser calouro; havia muitos caras da minha idade começando a faculdade, estava tudo bem. Elas estavam no segundo ano e foram muito maternais, as duas. Trabalharam firmemente a minha psicologia, mas eu não quis que a situação continuasse tão distorcida e mal-entendida, e contei a elas que era professor. Elas ficaram muito aborrecidas por terem sido enganadas. Tive maus momentos como um jovem professor em Cornell.

Seja como for, comecei a dar o curso sobre métodos matemáticos aplicados à física e acho que dei também outro curso — eletricidade e magnetismo, talvez. Também pretendia fazer pesquisa. Antes da guerra, quando estava na faculdade, tive muitas ideias: inventei novos métodos para a mecânica quântica usando integrais de caminho, e havia um monte de coisas que eu queria fazer.

Em Cornell, eu trabalhava na preparação de meus cursos, ia bastante à biblioteca, lia *As mil e uma noites* e cobiçava as garotas que andavam por ali. Mas, quando chegava a hora de fazer pesquisa, não conseguia trabalhar. Estava um pouco cansado, sem interesse; não conseguia fazer pesquisa! Isso me pareceu se estender por alguns anos, mas, quando olho para trás e calculo o tempo, vejo que não pode ter sido assim. Talvez hoje eu não achasse que tenha durado *tanto*, mas na época tive essa sensação. Eu simplesmente não conseguia me conectar a nenhum problema: escrevia uma ou duas linhas sobre alguma questão a respeito de raios gama e não conseguia ir em frente. Estava convencido de que, por causa da guerra e tudo o mais (a morte de minha esposa) — eu tinha me esgotado.

Agora entendo isso muito melhor. Em primeiro lugar, um jovem não entende que preparar boas aulas — principalmente da primeira vez — dar aulas, formular questões para as provas e verificar se são sensatas leva tempo. Eu estava dando bons cursos, dedicava muito raciocínio a cada aula. Mas não percebia que aquilo representava *muito* trabalho! Então lá estava eu, "exaurido", lendo *As mil e uma noites* e me sentindo deprimido.

Durante aquele período, recebi convites de diversos lugares — universidades e empresas — com salários melhores que o meu. A cada proposta, algo me fazia ficar mais deprimido. Dizia a mim mesmo: "Eles estão fazendo essas magníficas propostas, mas não sabem que estou esgotado! Claro que não posso aceitar. Eles esperam que eu realize alguma coisa, mas não consigo realizar nada! Não tenho ideias..."

Um dia, chegou pelo correio um convite do Instituto de Estudos Avançados: Einstein... Von Neumann... Wyl... todas aquelas mentes! *Eles* me escreveram e me convidaram para ser professor *ali*! E não um professor comum. De alguma forma, eles sabiam o que eu pensava acerca do Instituto: que é teórico demais, que não executa atividades nem apresenta desafios *reais*. Então eles escreveram: "Sabemos que o senhor tem bastante interesse em experiências e em docência, então fizemos um acordo para criar um tipo de docência especial, se o senhor assim desejar: metade como professor na Universidade de Princeton e metade no Instituto."

Instituto de Estudos Avançados! Docência especial! Um cargo melhor até que o de Einstein! Era ideal; era perfeito; era um absurdo!

E *era* absurdo. As outras propostas tinham me feito sentir até certo ponto pior. Esperavam que eu realizasse alguma coisa. Mas essa proposta era tão ridícula, era tão impossível para mim corresponder a essas expectativas, tão absurdamente fora de proporção! As outras propostas haviam sido apenas enganos; esta era um absurdo! Pensando nisso, enquanto fazia a barba, ri um pouco.

E pensei comigo mesmo: "Claro, o que eles pensam sobre você é fantástico demais, é impossível corresponder a isso. Você não tem a obrigação de corresponder!"

Foi uma ideia brilhante: você não tem a obrigação de corresponder àquilo que outras pessoas acham que você deve realizar. Não tenho a obrigação de ser como eles esperam que eu seja. O erro é deles, não meu.

Não foi por falha minha que o Instituto de Estudos Avançados esperava que eu fosse tão bom; aquilo era impossível. Era obviamente um engano — e no momento em que considerei a possibilidade de estarem errados, compreendi que isso valia para todos os outros lugares, inclusive minha própria universidade. Sou o que sou, e se eles esperam que eu seja bom e me oferecem dinheiro por isso, azar o deles.

Então, ao longo do dia, por algum estranho milagre — talvez ele tenha me entreouvido falando disso, ou simplesmente me entendeu —, Bob Wilson, chefe do laboratório em Cornell, me chamou. Em tom sério, ele disse: "Feynman, você está lecionando bem suas aulas; está fazendo um bom trabalho, e estamos muito satisfeitos. Qualquer outra expectativa que se possa ter é uma questão de sorte. Quando contratamos um professor, assumimos todo o risco. Se ele for bom, ótimo. Se não for, é uma pena. Mas você não deve se preocupar com o que está ou não fazendo." Ele disse tudo isso muito melhor do que eu repeti agora, o que me libertou do sentimento de culpa.

Então pensei outra coisa: a física agora me desagrada um pouco, mas eu *gostava* de fazer física. Gostava por quê? Costumava *brincar* com ela. Costumava fazer o que eu queria — não tinha a ver com a importância para o progresso da física nuclear, mas com o que era interessante e divertido para mim. Quando estava no ensino médio, eu via que a água correndo de uma torneira formava um jato cada vez mais estreito, e me perguntava se poderia descobrir o que determina essa curva. Achava muito fácil fazer aquilo. Eu não *tinha* a obrigação de fazê-lo, não era importante para o futuro da ciência; alguém já tinha feito isso. Mas não importava: eu inventava coisas e brincava com elas para meu próprio entretenimento.

E aí passei a ter essa outra atitude. "Agora que *estou* esgotado e sem condições para produzir seja lá o que for, consegui esse ótimo cargo para dar aulas na universidade, que é algo que gosto de fazer, e, da mesma forma que leio *As mil e uma noites* por prazer, vou *brincar* com a física quando tiver vontade, sem me preocupar com a importância que possa ter."

Uma semana depois, eu estava na cafeteria quando um cara, por falta do que fazer, atirou um prato pelos ares. Percebi que o prato, à medida que subia, oscilava num movimento de precessão, e o medalhão vermelho de Cornell gravado no prato girava. Era claro que o giro do medalhão era mais rápido que a precessão.

Estava à toa e comecei a calcular o movimento do prato em rotação. Descobri que, quando o ângulo era pequeno, o medalhão girava duas vezes mais rápido que a precessão — dois para um.

Tirei isso de uma equação complicada! Então pensei: "Será que existe como saber por que, de uma maneira mais fundamentada e levando em conta as forças ou a dinâmica, a proporção é de dois para um?"

Não lembro como fiz aquilo, mas afinal descobri o que é o movimento das partículas de matéria e como todas as acelerações se equilibram para resultar em dois para um.*

---

* Lowell C. Thelin de Nova Jersey acha que Feynman inverteu a proporção, talvez de propósito, para levar seus leitores a tentar o experimento por si mesmos. Thelin mordeu a isca e gravou um prato giratório em precessão, confirmando que havia *duas* precessões para *cada* rotação. Na verdade, Feynman deixou passar esse erro, mesmo depois de ler as provas gráficas. O que o impressionou foi a existência de uma proporção tão simples num movimento tão complexo. (R.L.)

Ainda me lembro de ter ido falar com Hans Bethe.

— Ei, Hans! Observei uma coisa interessante. Este prato gira assim, e a proporção de dois para um se dá porque... — expliquei, e mostrei as acelerações.

— Feynman, isso é muito interessante, mas que importância tem? Por que você está fazendo isso? — perguntou ele.

— Ora! — exclamei. — Não tem importância nenhuma. Estou fazendo porque é divertido.

A reação dele não me desanimou; eu tinha metido na cabeça que ia me divertir com a física e fazer o que gostasse.

Continuei resolvendo equações de precessão. Pensei então em como as órbitas dos elétrons iniciam seu movimento relativístico. Aí vem a equação de Dirac da eletrodinâmica. E aí a eletrodinâmica quântica. E antes de saber disso (fazia tão pouco tempo) eu estava "brincando" — trabalhando, na verdade — com o mesmo velho problema que eu adorava, no qual tinha deixado de trabalhar quando fui para Los Alamos: os problemas da minha tese, todas aquelas coisas fora de moda, maravilhosas.

Não exigia esforço. Era fácil brincar com aquelas coisas. Era como desarrolhar uma garrafa: tudo flui sem esforço. Quase tentei resistir! O que eu estava fazendo não tinha importância, mas, no fim das contas, tinha. Os diagramas e todas aquelas coisas pelas quais ganhei o Prêmio Nobel vieram dessa perda de tempo com o prato em precessão.

ALGUMA PERGUNTA?

Quando eu estava em Cornell, pediram-me que desse uma série de palestras semanais num laboratório aeronáutico em Buffalo. Cornell tinha um acordo com o laboratório que incluía palestras noturnas de física, ministradas por alguém da universidade. Já havia alguém dando as palestras, mas houve reclamações, e o departamento de física recorreu a mim. Na época, eu era um jovem professor e não tinha facilidade para dizer não, então concordei.

Para chegar a Buffalo, eu era levado por uma pequena companhia aérea que tinha um só avião. Chamava-se Robinson Airlines (mais tarde, mudou para Mohawk Airlines), e, da primeira vez que voei a Buffalo, o piloto era o sr. Robinson. Ele sacudiu o gelo das asas e lá fomos nós.

Levando tudo em conta, eu não gostava da ideia de ir a Buffalo toda quinta-feira à noite. A universidade me pagaria 35 dólares para as despesas. Eu era um filho da Depressão, e pensei em poupar esse valor, que na época era uma quantia considerável.

De repente, tive uma ideia: percebi que o objetivo dessa quantia era tornar a viagem a Buffalo mais interessante, e para isso era preciso gastar o dinheiro. Então decidi gastar os 35 dólares para me divertir a cada vez que fosse a Buffalo e tentar fazer a viagem valer a pena.

Eu não tinha muita experiência com o resto do mundo. Não sabia como começar, então pedi ao taxista no aeroporto que me orientasse em minha busca por diversão em Buffalo. Ele foi muito solícito, e ainda lembro seu nome — Marcuso, que pilotava o carro 169. Eu sempre pedia para ser atendido por ele quando chegava ao aeroporto nas noites de quinta-feira.

Quando estava indo para minha primeira palestra, perguntei a Marcuso:

— Onde há um bar interessante, onde o agito acontece?

Eu achava que eram nos bares que as coisas aconteciam.

— O Alibi Room — respondeu ele. — É um lugar animado onde você pode conhecer muita gente. Levo você lá depois da palestra.

Terminada a palestra, Marcuso me pegou e me levou ao Alibi Room. No caminho, eu disse a ele:

— Olhe, vou ter de pedir alguma bebida. Sabe o nome de um bom uísque?

— Peça um Black and White e um copo d'água — aconselhou ele.

O Alibi Room era um lugar elegante, com muita gente e muita atividade. As mulheres usavam peles, todos eram simpáticos, e os telefones tocavam o tempo todo.

Fui até o bar e pedi um Black and White e um copo d'água. O bartender era muito amável, logo encontrou uma linda mulher para sentar-se a meu lado e nos apresentou. Paguei bebidas para ela. Gostei do lugar e decidi voltar na semana seguinte.

Assim, toda quinta-feira à noite, eu ia a Buffalo, era levado para minha palestra no carro 169 e depois seguia para o Alibi Room. Ia até o bar, pedia meu Black and White e um copo d'água. Depois de algumas semanas, as coisas chegaram a um ponto em que, nem bem eu entrava, antes que chegasse ao bar, já estava lá meu Black and White, com uma água, esperando por mim. "O de sempre, senhor", era o cumprimento do bartender.

Eu bebia o copo todo de um gole, para mostrar que era um cara durão como os dos filmes que eu tinha visto, e depois relaxava durante uns vinte segundos antes de beber a água. Depois de algum tempo já nem precisava da água.

O bartender sempre tomava o cuidado de que a cadeira vazia ao meu lado fosse rapidamente ocupada por uma bela mulher, e tudo começava bem, mas, pouco antes de o bar fechar, todas tinham algum outro compromisso. Achei que era porque eu já estava bêbado a essa altura.

Uma vez, quando o Alibi Room estava fechando, a garota para quem eu estava pagando bebidas sugeriu que fôssemos a outro lugar, onde ela conhecia uma porção de gente. Ficava no segundo andar de algum outro prédio que não dava nenhuma indicação de que houvesse um bar no andar de cima. Todos os bares de Buffalo tinham de fechar às duas horas, e pessoas de todos os bares se amontoavam nesse grande salão do segundo andar e continuavam a noitada — ilegalmente, é claro.

Tentei imaginar uma maneira de me manter sóbrio no bar e ver o que estava acontecendo. Certa noite, vi um cliente regular pedir um copo de leite. Todos conheciam o problema dele: tinha úlcera, o pobre rapaz. Isso me deu uma ideia.

Na vez seguinte que cheguei ao Alibi Room, o bartender perguntou:

— O de sempre, senhor?

— Não. Coca-Cola. Só isso — falei, fazendo cara de decepção. Os demais rapazes se reuniram a minha volta e se solidarizaram:

— Entendo, há três semanas eu estava a seco também — comentou um deles.

— É difícil mesmo, Dick, muito difícil — lamentou outro.

Todos me elogiaram. Eu estava "a seco" agora, e tinha estômago para entrar no bar, com todas as suas "tentações", e pedir uma Coca — porque, claro está, eu precisava me encontrar com meus amigos. E sustentei isso durante um mês! Eu era mesmo um tremendo casca-grossa.

Certa vez, eu estava no banheiro do bar e havia um cara no mictório. Ele estava meio bêbado, e disse, em tom de poucos amigos:

— Não fui com a sua cara. Acho que vou dar uma porrada nela.

Tomei um susto e fiquei pálido. Respondi também com voz de poucos amigos:

— Saia da minha frente ou vou mijar em você!

Ele disse mais alguma coisa e achei que aquilo estava chegando perto de uma briga. Eu nunca tinha brigado. Não sabia exatamente o que fazer e tinha medo de me machucar. Então me ocorreu que era melhor me afastar da parede, porque, se levasse um soco, bateria nela com as costas também.

Então senti uma espécie de estalo no olho — nem doeu tanto —, e depois só me lembro de me ver revidando e socando o sujeitinho, automaticamente. Para mim foi uma novidade descobrir que eu não precisava pensar; o "mecanismo" sabia o que tinha de fazer.

— Tudo bem. Estamos quites — falei. — Quer continuar?

O cara recuou e foi embora. Se fosse tão estúpido quanto eu, teríamos nos matado.

Fui me lavar, minhas mãos tremiam, as gengivas sangravam — as gengivas são meu ponto fraco — e meu olho doía. Depois de me recompor, voltei ao bar e gritei com petulância para o bartender: "Black and White, e um copo d'água!" Achava que aquilo acalmaria meus nervos.

Eu não tinha percebido, mas o cara que esmurrei no banheiro estava em outro ponto do bar, conversando com mais três. E esses três caras — grandes, durões — vieram até onde eu estava e me peitaram. Com expressão de ameaça, disseram:

— O que você pretende arrumando briga com nosso amigo?

Bem, sou tão tapado que não entendo quando estou sendo intimidado; só sei o que é certo e o que é errado. Simplesmente me virei de repente e gritei para eles:

— Por que não procuram saber quem começou a briga antes de criar problema?

Os brutamontes ficaram tão sem jeito ao perceber que a intimidação não surtia efeito que se viraram e foram embora.

Depois de um tempo, um deles voltou e disse:

— Você tem razão, Curly está sempre fazendo isso. Está sempre arrumando briga e pedindo que a gente dê um jeito.

— Está vendo como tenho razão?! — falei, e o cara sentou-se ao meu lado.

Curly e os outros dois vieram e se sentaram do outro lado, a duas cadeiras de distância. Curly disse qualquer coisa sobre o estado do meu olho, e que o dele também não devia estar muito bonito.

Continuei falando grosso, porque acreditava que era essa a maneira como um homem de verdade age num bar.

A situação ia ficando cada vez mais tensa, e as pessoas no bar se preocupavam com o que poderia acontecer.

— Nada de brigas aqui, rapazes! Acalmem-se! — clamava o bartender.

— Está bem, vamos pegá-lo lá fora — resmungou Curly.

Então apareceu um gênio. Toda área tem seus especialistas de primeira ordem. Esse camarada chegou-se para mim e disse:

— Olá, Dan! Eu não sabia que você estava na cidade! Que bom te ver!

E aí disse a Curly:

— Tudo bem, Paul? Quero que conheça o Dan, um grande amigo meu. Acho que vocês iam gostar um do outro. Por que não se cumprimentam?

Demos um aperto de mãos. Curly disse:

— Prazer em conhecê-lo.

Então o gênio inclinou-se para mim e sussurrou bem baixinho:

— Agora dê o fora daqui, rápido!

— Mas eles disseram que vão...

— Vá embora! — disse ele.

Peguei meu casaco e saí depressa. Caminhava colado aos edifícios, para o caso de estarem me seguindo. Ninguém mais saiu, e voltei para o hotel. Por coincidência, era a noite da última palestra, e por isso não voltei ao Alibi Room, pelo menos durante alguns anos.

(Estive no Alibi Room cerca de dez anos depois, e estava tudo diferente. Não era mais o lugar agradável e refinado de antes; era vulgar, cheio de gente mal-encarada. Conversei com o bartender, que era outro, e lhe falei sobre os velhos tempos. "Ah, sim!", disse ele. "Era para este bar que vinham os corretores de apostas e suas garotas." Só então entendi por que as pessoas ali eram tão gentis e elegantes, e por que os telefones tocavam o tempo todo.)

Na manhã seguinte, quando me levantei e me olhei ao espelho, descobri que um olho roxo leva algumas horas para se desenvolver plenamente. Naquele dia, ao voltar a Ithaca, precisei entregar alguma coisa no gabinete do decano. Um professor de filosofia viu meu olho roxo e exclamou:

— Oh, sr. Feynman! Não me diga que o senhor bateu de cara numa porta!

— Não exatamente — respondi. — Tive uma briga no banheiro de um bar em Buffalo.

— Ha, ha, ha!

O problema agora era que eu tinha de dar aula. Entrei na sala de cabeça baixa, lendo minhas anotações. Quando estava pronto para começar, levantei a cabeça, olhei diretamente para os estudantes e disse o que sempre dizia antes de iniciar as aulas, mas dessa vez num tom de voz mais durão: "Alguma pergunta?"

QUERO MEU DÓLAR!

Enquanto estive em Cornell, ia sempre a Far Rockaway em visita. Certa vez, eu estava em casa quando o telefone tocou. Era uma ligação interurbana, da Califórnia. Naquela época, receber um interurbano significava que tinha acontecido algo *muito* importante, sobretudo uma ligação daquele lugar maravilhoso, a Califórnia, a milhares de quilômetros de distância.

O cara do outro lado da linha perguntou:

— É o professor Feynman, da Universidade Cornell?

— Eu mesmo.

— Aqui quem fala é Fulano de Tal, da Empresa Aeronáutica Tal e Tal. — Era uma das maiores fabricantes de aviões da Califórnia, mas infelizmente não consigo lembrar qual. O rapaz continuou: — Estamos pensando em montar um laboratório de aviões-foguetes propelidos a energia nuclear. Terá um orçamento anual de tantos milhões de dólares... — Era muito dinheiro.

— Um momento, senhor. Não entendi por que está me contando essas coisas — falei.

— Por favor, permita-me explicar tudo. Gostaria de fazer isso do meu jeito.

E continuou mais um pouco, dizendo quantas pessoas estariam no laboratório, tantas neste piso, outros tantos doutores naquele...

— Perdão, senhor — interrompi —, mas acho que está falando com a pessoa errada.

— Estou falando com Richard Feynman, Richard P. Feynman?

— Sim, mas o senhor está...

— *Por favor*, deixe-me apresentar o que tenho a dizer, *depois* discutimos.

— Está bem!

Sentei-me e meio que fechei os olhos para escutar aquela coisa toda, aqueles detalhes todos sobre esse grande projeto, e continuava sem ter a menor ideia de *por que* ele estava me dando aquelas informações.

Por fim, quando ele terminou tudo aquilo, disse:

— Estou lhe contando sobre nossos planos porque gostaria de convidá-lo para ser o diretor do laboratório.

— O senhor está *mesmo* falando com a pessoa certa? — perguntei. — Sou professor de física teórica. Não sou engenheiro de foguetes, nem de avião, nem nada disso.

— Temos certeza de que é a pessoa certa.

— De onde tiraram meu nome? Por que decidiram *me* ligar?

— Senhor, seu nome está na patente do avião-foguete propelido a energia nuclear.

— Ah, sim — falei, lembrando-me *por que* meu nome estava na patente, e tenho de contar essa história. Disse ao homem: — Lamento, mas eu gostaria de continuar como professor da Universidade Cornell.

Eis o que tinha acontecido: durante a guerra, em Los Alamos, havia um camarada muito legal chamado capitão Smith, encarregado do escritório de patentes pelo governo. Smith fez chegar a todos um comunicado que dizia algo assim: "Nós, do escritório de patentes, gostaríamos de patentear para o governo dos Estados Unidos qualquer ideia que vocês possam ter, na qual estejam trabalhando agora. Qualquer ideia que tenham sobre energia nuclear ou suas aplicações, que talvez vocês presumam ser de conhecimento público, *não* são. Venham a meu gabinete e me falem sobre a ideia."

Estive com Smith no almoço, e quando voltávamos para a área técnica disse a ele:

— Aquele comunicado que você fez circular: é uma loucura nos fazer entrar e contar a você *cada* ideia.

Prosseguimos discutindo — a essa altura estávamos no gabinete dele —, e então eu disse:

— Existem muitas ideias sobre energia nuclear que são absolutamente óbvias, e eles vão passar o dia inteiro aqui falando sobre elas.

— COMO O QUÊ?

— Muito simples! — falei. — Por exemplo: reator nuclear... debaixo d'água... entra água... sai vapor pelo outro lado... *Shshshsh*: é um submarino.

Ou: reator nuclear... entra ar com força pela frente... é aquecido pela reação nuclear... sai por trás... *Buuuuum!* Pelo ar: é um avião. Ou: reator nuclear... você faz passar hidrogênio por aquela coisa... *Zuuuuum!*: é um foguete. Ou: reator nuclear... só que em vez de urânio comum você usa urânio enriquecido com óxido de berílio em altas temperaturas para torná-lo mais eficiente... É uma usina de energia elétrica. Há um *milhão* de ideias! — disse isso já saindo pela porta.

Nada aconteceu.

Três meses depois, Smith me chamou a seu gabinete e disse: "Feynman, o submarino já tem dono. Mas os outros três são seus." Então, quando os caras da empresa de aviação na Califórnia começaram a planejar seu laboratório e precisaram de um especialista em coisas propelidas a foguete, não tiveram dúvida: procuraram quem tinha a patente daquilo!

De qualquer modo, Smith me pediu para assinar uns papéis para as três ideias cujas patentes eu estava cedendo ao governo. Pode parecer uma firula legal e excêntrica, mas, quando você cede uma patente ao governo, o documento que assina não tem valor legal a menos que haja uma *contrapartida* em dinheiro. Assim, o papel que assinei dizia: "Pela quantia de um dólar, eu, Richard P. Feynman, cedo esta ideia ao governo..."

Assinei o papel.

— Onde está o meu dólar?

— É só uma formalidade — disse ele. — Não temos verba para lhe pagar um dólar.

— Combinamos que eu *assinaria* em troca de um dólar — falei. — Quero meu dólar!

— Isso é uma besteira! — protestou Smith.

— Não, não é — falei. — É um documento legal. Você me fez assiná-lo, e sou um homem honesto. Se assino uma coisa que diz que devo receber um dólar, quero receber um dólar. Não há nenhuma bobagem nisso.

— Está bem, está bem! — exclamou ele, exasperado. — Vou lhe *dar* um dólar do *meu* bolso!

— Está bem.

Peguei o dinheiro e pensei no que ia fazer com ele. Fui até o armazém e fiz uma compra no valor de um dólar — que valia bastante na época — em biscoitos e guloseimas, doces de chocolate com marshmallow, um monte de coisas.

Voltei ao laboratório de física teórica e distribuí os doces: "Ei, todo mundo, ganhei um prêmio! Pegue um biscoito! Ganhei um prêmio! Um dólar por minha patente! Ganhei um dólar por minha patente!"

Todos que tinham cedido alguma patente — um monte de gente tinha feito isso — foram ao gabinete do capitão Smith: queriam seu dólar!

Ele começou pagando do próprio bolso, mas logo viu que aquilo ia virar uma sangria! Quase ficou maluco tentando estabelecer um fundo de onde tirar os dólares que aqueles caras estavam insistindo em receber. Não sei como ele conseguiu.

VOCÊ VAI LÁ E APENAS PERGUNTA?

Em meus primeiros meses em Cornell, eu me correspondia com uma garota que havia conhecido no Novo México na época em que trabalhei na bomba. Um dia, ela falou de um outro conhecido, e comecei a pensar que seria melhor eu ir até lá sem demora ao fim do ano letivo para tentar salvar a situação. Mas, quando cheguei lá, percebi que era tarde demais e acabei num hotel de Albuquerque com um verão de férias pela frente e nada para fazer.

O Casa Grande Motel ficava na Rota 66, a principal autoestrada que cruzava a cidade. A três edifícios de distância havia uma pequena discoteca. Como eu não tinha nada para fazer e gostava de observar e conhecer pessoas nos bares, ia com frequência a esse clube.

Da primeira vez, conversei com um cara no bar, e vimos uma mesa *cheia de beldades* — acho que eram comissárias de bordo da TWA — que estavam fazendo uma espécie de festa de aniversário. O outro cara disse:

— Vamos lá, reunimos coragem e convidamos as moças para dançar.

Tiramos duas delas para dançar, e elas nos convidaram para nos sentarmos à mesa com as outras. Depois de alguns drinques, o garçom chegou e perguntou:

— *Querem* mais alguma coisa?

Eu gostava de me fingir de bêbado, ainda que estivesse completamente sóbrio, e me virei para a garota com que tinha dançado e perguntei, com voz de bêbado:

— Quer mais alguma coisa?

— O que podemos pedir? — perguntou ela.

— Quaaaal-quer coisa que você quiser... QUALQUER COISA!

— Tudo bem! Vamos beber champanhe! — disse ela alegremente.

Então eu disse, em voz bem alta para que todo mundo ouvisse:

— Muito bem! Ch-ch-champanhe para todo mundo!

Foi então que ouvi meu amigo conversando com a garota que estava comigo, dizendo que "tomar todo esse dinheiro dele só porque está bêbado" era um jogo sujo, e comecei a pensar que tinha cometido um erro.

Muito gentilmente, o garçom inclinou-se para mim e disse em voz baixa:

— Senhor, são *dezesseis dólares a garrafa.*

Resolvi desistir do champanhe, e disse em voz ainda mais alta:

— QUE SE DANE!

Assim, fiquei bastante surpreso quando, depois de alguns momentos, o garçom voltou à mesa com todas aquelas coisas curiosas — uma toalha branca debaixo do braço, uma bandeja cheia de taças, um balde de gelo e uma garrafa de champanhe. Ele pensou que eu havia dito "Que se dane o *preço!*", quando na verdade eu queria dizer: "Que se dane o *champanhe!*"

O garçom nos serviu a todos, paguei os dezesseis dólares, e meu amigo ficou bravo com minha garota por achar que ela tinha me induzido a gastar todo aquele dinheiro. Mas, no que me dizia respeito, o assunto estava encerrado — embora, mais tarde, provasse ser o começo de uma nova aventura.

Comecei a frequentar aquela discoteca, e, à medida que as semanas passavam, os shows mudavam. Os artistas estavam numa turnê por Amarillo, por uma porção de outros lugares no Texas e sabe Deus onde mais. Havia também uma cantora permanente chamada Tamara. Toda vez que um novo grupo de artistas chegava ao clube, Tamara me apresentava a uma das garotas. Ela vinha para a minha mesa, sentava-se, eu lhe pagava uma bebida e conversávamos. Claro que eu gostaria de ir além da *conversa*, mas sempre acontecia algo de última hora. Por isso nunca entendi por que Tamara sempre se dava o trabalho de me apresentar todas aquelas garotas legais. Então, embora as coisas começassem bem, eu acabava sempre pagando bebidas e conversando a noite toda, mas não passava disso. Meu amigo, que não tinha o privilégio das apresentações de Tamara, também não estava chegando a lugar nenhum — éramos dois bobocas.

Depois de algumas semanas de shows diferentes e garotas diferentes, chegou um novo show. Como sempre, Tamara me apresentou uma garota do grupo; como sempre, paguei bebidas para ela, conversamos, e ela foi muito legal. A garota foi, fez seu show e voltou para a minha mesa, e fiquei bem contente. As pessoas olhavam e pensavam: "O que esse cara tem que faz a garota ficar com *ele*?"

Porém, em algum momento do fim da noite, ela disse algo que a essa altura eu já tinha ouvido uma porção de vezes: "Gostaria que você viesse ao meu quarto, mas vamos ter uma festa, então quem sabe amanhã à noite..." E eu sabia o que esse "quem sabe amanhã à noite" significava: NADA.

Bem, eu tinha observado durante toda a noite que essa garota — chamava-se Gloria — falava o tempo todo com o mestre de cerimônias, durante o show e quando entrava ou saía do toalete. Então, a certa altura, quando ela estava no toalete e o mestre de cerimônias por acaso se aproximou da minha mesa, arrisquei um palpite, de impulso, e disse a ele:

— Sua esposa é uma mulher muito bacana.

— Sim, obrigado — respondeu ele, e começamos a conversar um pouco.

Ele achou que ela tinha me contado. E, quando Gloria voltou, achou que *ele* tinha me contado. Então os dois conversaram comigo mais um pouco e me convidaram a ir até onde estavam hospedados depois que o bar fechasse.

Às duas da manhã fui com eles a seu hotel. Não havia festa alguma, é claro, e ficamos conversando por muito tempo. Eles me mostraram um álbum de fotos de Gloria da época em que eles tinham se conhecido, em Iowa, uma mulher saudável, meio gordinha; depois outras fotos dela já mais magra, e agora ela estava realmente sensacional! Ele tinha ensinado todo tipo de coisas a Gloria, mas *não* sabia ler nem escrever, o que era curioso, porque, como mestre de cerimônias, devia ler o nome dos quadros e dos artistas no concurso de calouros, e eu nem tinha notado que ele não sabia *ler* o que estava "lendo". (Na noite seguinte, vi como eles faziam. Quando ela estava levando uma pessoa para o palco, dava uma olhada no papel que ele tinha em mãos e sussurrava os nomes dos artistas seguintes e do número deles.)

Era um casal muito interessante e simpático, e tivemos boas conversas. Lembrei-me de como tínhamos nos conhecido e perguntei a eles por que Tamara estava sempre me apresentando garotas.

— Quando Tamara estava para me apresentar a você, ela disse: "Vou te apresentar ao maior *gastador* da área!" — contou Gloria.

Tive de pensar um instante para entender que, afinal, a garrafa de champanhe de dezesseis dólares que eu tinha pedido com um enérgico e mal compreendido "*Que se dane!*" acabara sendo um bom investimento. Ao que parece, eu tinha fama de ser uma espécie de excêntrico que sempre chegava vestido com *simplicidade* em vez de um *belo terno*, mas estava *sempre* disposto a gastar rios de dinheiro com as garotas.

Por fim, eu disse a eles que estava intrigado com uma coisa:

— Sou bastante inteligente — falei —, mas provavelmente apenas no que diz respeito à física. Neste bar há uma porção de caras inteligentes... caras do petróleo, da mineração, homens de negócios e assim por diante... e eles ficam pagando bebidas para as garotas o tempo todo e não recebem nada *em troca*! — Naquela época, eu tinha concluído que ninguém recebia nada em troca por aqueles drinques todos. — Como é possível que um cara "inteligente" possa ser tão bobo quando está num bar?

— Sei tudo sobre *isso* — disse o mestre de cerimônias. — Sei exatamente como funciona. Vou lhe dar umas aulas para que, de agora em diante, você consiga algo mais de uma garota num bar como este. Mas, antes das aulas, vou mostrar que sei do que estou falando. Para isso, Gloria vai arranjar um *homem* para pagar a você uma taça de champanhe.

— Tudo bem — falei, ainda pensando: "Como eles vão fazer isso?"

— Você deve fazer exatamente aquilo que lhe dissermos — continuou o mestre. — Amanhã à noite você se senta no bar, a certa distância de Gloria, e, quando ela lhe fizer um sinal, você só precisa ir até lá.

— Sim — disse Gloria. — Vai ser muito fácil.

Na noite seguinte, fui ao bar e sentei-me num canto, de onde podia ver Gloria. Depois de algum tempo, como era de se esperar, sentou-se um cara com ela, e depois de mais algum tempo o cara parecia alegre e Gloria piscou para mim. Levantei-me e fui até lá, como quem não quer nada. Ao passar por eles, Gloria virou-se e disse, em voz gentil e clara:

— Oi, Dick! Quando foi que você voltou à cidade? Por onde andou?

Nesse momento, o cara virou-se para ver quem seria o tal "Dick", e vi nos olhos dele uma expressão que conheço perfeitamente, já que tinha estado muitas vezes naquela situação.

Primeira expressão: "Hum, hum, concorrência chegando. Ele vai levá-la embora assim que eu lhe pagar uma bebida! O que vai acontecer?"

Segunda expressão: "Não, é só um amigo. Parece que se conhecem há muito tempo." Eu era capaz de *ver* tudo isso. Podia ler as feições dele. Sabia exatamente o que estava acontecendo.

Gloria virou-se para ele e disse:

— Jim, gostaria que você conhecesse um amigo de longa data, Dick Feynman.

Expressão seguinte: "Já sei o que vou fazer; *vou ser legal com esse cara, assim ela vai gostar mais de mim.*"

Jim olha para mim e diz:

— Olá, Dick. Que tal uma bebida?

— Ótimo! — falei.

— O que você quer?

— O que ela estiver tomando.

— Bartender, outra taça de champanhe, por favor.

Então era fácil; não tinha segredo nenhum. Naquela noite, depois que o bar fechou, fui de novo ao hotel do casal. Eles riram muito, contentes que o plano tivesse dado certo.

— Tudo bem — falei. — Estou absolutamente convencido de que vocês sabem exatamente do que estão falando. Mas e as aulas?

— OK — disse ele. — O princípio todo é: o cara quer ser um cavalheiro. Não quer ser visto como grosseiro, rude e, principalmente, pão-duro. Quando a garota conhece bem as intenções dele, fica fácil manobrá-lo para a direção que ela quer. Portanto — prosseguiu ele —, não seja um cavalheiro *de jeito nenhum*! Você precisa *desrespeitar* as garotas. Além disso, a primeiríssima regra é: não pague *nada* para ela, nem mesmo um maço de cigarros, antes de *perguntar* se ela vai dormir com você e ter certeza de que vai *mesmo*, de que não está mentindo.

— Hum... você quer dizer... você não... hã... você vai lá e apenas *pergunta*, é isso?

— Exatamente — confirmou. — Sei que esta é a sua primeira aula e que pode ser difícil para você ser tão rude. Então pode pagar alguma coisa a ela antes de perguntar, mas só uma. Porém isso vai tornar tudo mais difícil.

Bem, alguém me ensinou o princípio, e entendi a ideia. Durante todo o dia seguinte, construí uma psicologia diferente para mim: adotei a ideia de que todas aquelas garotas de bar eram vagabundas, *indignas* de qualquer coisa, e que só estavam lá para beber à minha custa, sem me dar nada em troca; não vou ser um cavalheiro com essas vadias que não valem nada, e assim por diante. Estudei até automatizar tudo.

Então, naquela noite, eu estava pronto para tentar. Entrei no bar como sempre e logo meu amigo disse:

— Ei, Dick! Espere só para ver a garota que consegui esta noite! Ela foi trocar de roupa, mas já volta.

— Sim, sim — falei, sem me deixar impressionar, e me sentei em outra mesa para ver o show. A garota do meu amigo chegou bem no início da apresentação, e pensei: "Não me importa nem um pouco que ela seja *tão* bonita; tudo que ela quer é que ele pague bebidas sem levar *nada* em troca!"

Depois do primeiro ato, meu amigo disse:

— Ei, Dick! Quero que você conheça Ann. Ann, este é um grande amigo meu, Dick Feynman.

Eu disse "Oi" e continuei vendo o show.

Pouco depois, Ann me disse:

— Por que não vem sentar à nossa mesa?

"Vagabunda típica: *ele* está pagando as bebidas e *ela* convida *outra* pessoa para a mesa", pensei. E disse:

— Estou vendo bem daqui.

Pouco depois, um tenente da base militar próxima entrou, com seu belo uniforme. Não demorou nada para vermos Ann sentada no outro lado do bar com o tenente!

Mais tarde, eu estava sentado no bar e via Ann dançando com o tenente, e, quando ele estava de costas para mim, ela me dava alegres sorrisos. Pensei de novo: "Vagabunda! Agora está fazendo a mesma coisa até com o *tenente*!"

Foi aí que tive uma ideia: "Não vou olhar para ela até que o tenente possa me ver também, e *aí* devolvo o sorriso, assim ele vai saber o que está acontecendo." Então o truque dela não foi muito longe.

Minutos depois, ela já não estava com o tenente, mas pedindo a bolsa e o casaco ao bartender, dizendo em voz alta, óbvia:

— Vou sair para caminhar um pouco. Alguém me acompanha?

Pensei comigo mesmo: "Você pode continuar dizendo não e as afastando, mas, se mantiver essa atitude para sempre, não vai chegar a lugar nenhum. Há um momento em que você precisa ir atrás". Então eu disse, friamente:

— *Eu* te acompanho...

Saímos. Caminhamos algumas quadras, vimos um café e ela disse:

— Tive uma ideia... vamos comprar café e sanduíches e comer lá em casa.

A ideia parecia boa, então entramos no café e ela pediu três sanduíches e três cafés, pelos quais eu paguei. Quando estávamos saindo, pensei: "Alguma coisa está errada: sanduíches demais!"

A caminho do hotel dela, ela disse:

— Sabe, não vou ter tempo de comer esses sanduíches com você, porque um tenente está chegando...

Pensei comigo mesmo: "Pronto, fui reprovado. O mestre me deu uma lição de como fazer, e fui reprovado. Gastei um dólar em sanduíches com essa garota sem fazer qualquer pergunta e agora sei que não vou receber nada! Tenho de recuperar algo, pelo menos pela honra de meu professor."

Parei de repente e disse a ela:

— Você... é pior que uma PUTA!

— O que você disse?

— *Você me* fez comprar todos esses sanduíches, e o que vou ter em troca? *Nada!*

— Está bem, seu pão-duro! — exclamou ela. — Se é isso que você pensa, *devolvo* o dinheiro dos sanduíches!

Aceitei o blefe.

— Está bem, devolva.

Ela ficou perplexa. Procurou em seu moedeiro, tirou o pouco dinheiro que tinha e me deu. Peguei meu sanduíche e meu café e fui embora.

Depois que acabei de comer, voltei ao bar para contar tudo ao mestre. Expliquei o ocorrido e pedi desculpas por ter sido reprovado, mas disse que tinha tentado me ressarcir.

— Tudo bem, Dick, está tudo certo — disse ele com a maior calma. — Como no final das contas você não pagou nada a ela, ela vai dormir com você esta noite.

— *O quê?*

— É isso mesmo — confirmou ele com segurança. — Ela vai dormir com você. Tenho *certeza*.

— Mas ela nem está mais *aqui*! Está no hotel com o te...

— Está tudo bem.

Deram duas horas, o bar fechou e nada de Ann aparecer. Perguntei ao mestre e a sua esposa se podia ir de novo ao hotel deles. Eles disseram que não havia problema.

Bem quando estávamos saindo do bar, Ann chegou correndo pela Rota 66, na minha direção. Pôs o braço no meu e disse:

— Vamos, venha para a minha casa.

O mestre tinha razão. A lição tinha sido excelente!

Quando voltei a Cornell, no outono, dancei com a irmã de um estudante da graduação, da Virgínia, que estava em visita. Ela era muito legal, e de repente tive uma ideia:

— Vamos até o bar tomar alguma coisa — falei.

A caminho do bar, fui reunindo coragem para tentar a lição do mestre com uma garota *comum*. Afinal, você não se sente tão mal ao desrespeitar uma garota de bar que está tentando fazê-lo comprar bebidas para ela — mas e uma garota legal, comum, sulista?

Chegamos ao bar e, antes de nos sentarmos, perguntei:

— Escute, antes que eu lhe pague uma bebida, quero saber uma coisa: você vai dormir comigo esta noite?

— Sim.

Então aquilo também dava certo com garotas comuns! Mas, por mais eficiente que fosse a técnica, nunca mais a usei depois daquilo. Não é do meu caráter fazer esse tipo de coisa. Mas foi interessante descobrir que as coisas funcionavam de um modo muito diferente de como fui criado.

NÚMEROS DA SORTE

Certo dia em Princeton, eu estava sentado no saguão e ouvi um grupo de matemáticos conversando sobre a série de e^x, que é $1 + x + x^2/2! + x^3/3!$ Cada termo é obtido ao multiplicar o termo anterior por x e dividindo o resultado pelo número seguinte. Por exemplo, para obter o termo que se segue a $x^4/4!$ multiplica-se esse termo por x e divide-se por 5. É muito simples.

Quando menino, eu era vidrado em séries e brincava muito com elas. Tinha computado e usando essa série e vi que os novos termos tornavam-se muito pequenos.

Resmunguei qualquer coisa sobre como era fácil calcular e elevado a qualquer potência usando essa série (é só substituir a potência por x).

— Ah, é? — disseram eles.

— Então qual é o valor de e para 3,3? — perguntou um engraçadinho; acho que era Tukey.

— Muito fácil — respondi. — É 27,11.

Tukey sabia que não era tão fácil fazer esse cálculo de cabeça.

— Ei! Como foi que você fez isso?

— Você sabe como é o Feynman — disse outro cara. — Ele está chutando. Na verdade não é isso.

Eles se sentaram a uma mesa e, enquanto faziam os cálculos, acrescentei mais casas decimais:

— 27,1126 — falei.

Eles chegaram a esse resultado.

— Está certo! Mas como você *fez* isso?

— Eu apenas somei as séries.

— Ninguém consegue somar as séries tão rápido. Acho que você já devia conhecer aquela. E para 3?

— Olhe, isso dá trabalho! — falei. — Só uma por dia!

— Ha! É uma farsa! — disseram eles, alegremente.

— Está bem — concedi. — É 20,085.

Eles procuravam no livro enquanto eu ia acrescentando decimais. Agora estavam intrigados, porque eu tinha acertado mais uma.

Ali estavam aqueles grandes matemáticos, sem palavras porque eu era capaz de elevar *e* a qualquer potência!

— Ele *não pode* estar simplesmente substituindo e somando — afirmou um deles. — É muito difícil. Deve ser algum truque. Você não poderia elevar qualquer número conhecido como *e* à potência 1,4.

— Isso não é nada fácil, mas para você eu posso contar. A resposta é 4,05. Enquanto eles procuravam, acrescentei mais alguns dígitos e disse: — Esta é a última por hoje! — sentenciei, e saí.

O que aconteceu foi que eu conhecia três números: o logaritmo de 10 na base *e* (usado para converter números da base 10 para a base *e*), que é 2,3026 (portanto eu sabia que *e* elevado à potência 2,3 é bem próximo de 10), e, por causa da radioatividade (vida média e meia-vida), o logaritmo de 2 na base *e*, que é 0,69315 (portanto sabia também que *e* elevado à potência 0,7 era bem próximo de 2). Sabia ainda que *e* (ou *e* elevado à potência 1) é 2,71828.

O primeiro número que eles me deram foi 3,3, que equivale a *e* elevado à potência 2,3 — dez vezes *e*, ou 27,18. Enquanto eles queimavam as pestanas para descobrir como eu tinha feito aquilo, eu fazia a correção para os 0,0026 restantes — 2,3026 seria um pouco alto demais.

Eu sabia que não ia conseguir repetir aquilo, tinha sido pura sorte. Mas aí um dos caras saiu-se com *e* elevado a 3: isso é o mesmo que *e* elevado a 2,3 multiplicado por *e* elevado a 7, ou 10 vezes 2. Então eu sabia que era 20 e alguma coisa, e, enquanto eles tentavam descobrir como eu fazia aquilo, fiz o ajuste para 0,693.

Agora eu tinha *certeza* de que não seria capaz de fazer outro, porque o último também tinha sido pura sorte. Mas o cara disse *e* elevado a 1,4, que equivale a *e* multiplicado por 0,7. Então, tudo que tive de fazer foi corrigir um pouquinho o 4!

Eles nunca desvendaram como fiz aquilo.

Em Los Alamos, descobri que Hans Bethe era simplesmente um ás do cálculo. Uma vez, por exemplo, estávamos substituindo números numa fórmula e chegamos ao quadrado de 48. Enquanto eu procurava a calculadora Marchant, ele disse:

— É 2.300.

Comecei a apertar as teclas, e ele disse:

— Se você quer saber exatamente, é 2.304.

A máquina mostrava 2.304.

— Uau! Isso é incrível! — exclamei.

— Você não sabe elevar ao quadrado os números próximos de 50? — perguntou ele. — Você pega o quadrado de 50, que é 2.500, e subtrai 100 vezes a diferença entre 50 e o número (neste caso, 2), obtendo 2.300. Se quiser o número exato, eleva a diferença ao quadrado ($2^2 = 4$) e soma-a ao resultado. Dá 2.304.

Minutos depois, precisamos da raiz cúbica de 2,5. Mas, para extrair uma raiz cúbica com a Marchant, é preciso usar uma tabela para a primeira aproximação. Abri a gaveta para pegar a tabela — levei um pouco mais de tempo dessa vez —, e ele disse:

— É aproximadamente 1,35.

Testei com a Marchant e deu certo.

— E essa, como você fez? — perguntei. — Você tem um segredo para obter a raiz cúbica dos números?

— Ora, o logaritmo de 2,5 é tanto. Um terço desse logaritmo está entre os logaritmos de 1,3, que é tanto, e 1,4, que é tanto, então interpolei.

Assim, eu tinha descoberto duas coisas: primeiro, que ele sabia de cor a tabela de logaritmos; segundo, que somente as contas que ele fez para obter a interpolação teriam levado mais tempo do que pegar a tabela e apertar as teclas da calculadora. Fiquei muito impressionado.

Depois disso, tentei fazer coisas como aquela. Memorizei alguns logaritmos e comecei a observar algumas relações. Por exemplo, se alguém perguntar "Quanto é 28 ao quadrado?", você considera que a raiz quadrada de 2 é 1,4, e que 28 é 20 vezes 1,4, então o quadrado de 28 deve ser mais ou menos 400 vezes 2, ou 800.

Se alguém chegar querendo dividir 1 por 1,73, você pode dizer de imediato que é 0,577, porque observou que 1,73 é próximo da raiz quadrada de 3, então 1/1,73 deve ser um terço da raiz quadrada de 3. E se for 1/1,75, é igual ao inverso de 7/4, e você sabe de memória as decimais para os sétimos: 0,571428...

Eu me divertia muito com Hans tentando fazer contas de cabeça com esses truques. Era muito raro quando eu ganhava dele na resposta ao notar alguma coisa que ele ainda não tivesse percebido, e ele ria às gargalhadas quando isso acontecia. Quase sempre ele era capaz de dar resposta a qualquer problema com uma percentagem de aproximação. Para ele era muito fácil — qualquer número era sempre próximo de alguma coisa que ele sabia.

Um dia, eu estava me sentindo especialmente cheio de energia. Era a hora do almoço para a área técnica, e não sei de onde veio a ideia, mas anunciei: "Posso resolver em sessenta segundos qualquer problema que uma pessoa possa formular em dez segundos, com 10% de aproximação!"

As pessoas começaram a me dar problemas que achavam difíceis, como integrar uma função do tipo $1/(1+x^4)$, mas que pouco variavam. O problema mais difícil que me apresentaram foi o coeficiente binomial de x^{10} em $(1+x)^{20}$; esse eu resolvi em cima da hora.

Estavam todos me apresentando problemas e eu me senti o máximo, até que Paul Olum entrou no saguão. Ele tinha trabalhado algum tempo comigo em Princeton antes de Los Alamos e sempre foi mais sagaz que eu. Um dia, por exemplo, eu me distraía brincando com uma trena, dessas que se enrolam dentro do invólucro ao se apertar um botão. A fita da trena sempre batia na mão com que eu segurava o invólucro, e doía um pouco.

— Puxa vida! — exclamei. — Sou mesmo um *mané*. Continuo brincando com esta coisa e ela me machuca todas as vezes.

— É que você não está segurando direito — explicou ele.

Pegou a geringonça, puxou a fita, apertou o botão e a fita voltou. Sem machucar.

— Uau! Como você *fez* isso? — perguntei.

— Tente descobrir!

Passei duas semanas perambulando por Princeton, fazendo a fita voltar, até que minha mão ficou literalmente em carne viva. Por fim, não consegui mais resistir.

— Paul! Desisto! Como foi que você segurou isto para não doer?

— Quem disse que não doeu? Pra mim também doeu!

Eu me senti um idiota. Ele tinha me feito andar por aí me machucando durante duas semanas!

Então Paul passou pelo refeitório, e havia uns caras empolgados.

— Ei, Paul! — chamaram. — Feynman é terrível! Propomos um problema que possa ser enunciado em dez segundos, e, em um minuto, ele nos dá a resposta com 10% de erro. Dê um problema para ele!

Sem parar para pensar, ele disse:

— A tangente de 10 a cem decimais.

Fiquei passado: teria de dividir por pi com cem casas decimais! Não tinha como.

Certa vez, me gabei: "Posso obter por outros métodos qualquer integral que outra pessoa só resolveria com integral de contorno."

Então Paul propôs uma *tremenda* integral, que havia obtido a partir de uma função complexa para a qual tinha a resposta, tirando a parte real e deixando apenas a parte complexa. Ele tinha dado um jeito de que aquilo *só* pudesse ser resolvido com integração de contorno! Ele estava sempre me humilhando com coisas assim. Era um cara muito astuto.

Da primeira vez que estive no Brasil, fui almoçar não sei a que horas — eu sempre ia a restaurantes fora de hora — e era o único cliente no lugar. Estava comendo arroz com bife (que eu adorava), e havia uns quatro garçons por ali.

Entrou um japonês no restaurante. Eu já o tinha visto antes, andando por aí. Ele vendia ábacos. Começou a falar com os garçons e os desafiou: disse que conseguia somar números mais rápido que qualquer um deles.

Os garçons não quiseram ficar por baixo e disseram:

— Claro, claro. Por que não vai até ali e desafia aquele cliente?

O homem veio. Avisei:

— Eu não falo português muito bem!

Os garçons riram.

— Os números são fáceis — disseram.

Trouxeram-me papel e lápis.

O homem pediu a um dos garçons que dissesse alguns números para somar. Ele ganhou fácil, porque, enquanto eu ainda estava escrevendo os números, ele já ia somando as parcelas.

Sugeri então ao garçom que escrevesse duas listas idênticas de números e as apresentasse a nós ao mesmo tempo. Não fez muita diferença. Ele me venceu por uma boa margem.

Nisso, o homem se entusiasmou: queria se pôr à prova ainda mais.

— Multiplicação! — exclamou.

Alguém escreveu um problema. Ele ganhou de novo, mas não com muita vantagem, porque sou bom com produtos.

Foi então que o homem cometeu um erro: propôs uma divisão. O que ele não percebia era que, quanto mais difícil o problema, mais chances eu teria.

Resolvemos um longo problema de divisão. Empatamos.

Isso incomodou bastante o tal do japonês, que era aparentemente bem treinado no ábaco e quase fora vencido por um freguês do restaurante.

— Raiz cúbica! — anunciou ele, como vingança.

Raiz cúbica! Ele quer extrair raízes cúbicas com procedimentos aritméticos! É difícil encontrar um problema fundamental mais difícil em aritmética. Deve ter sido o grande exercício dele na terra do ábaco.

Ele escreveu um número num papel — um número qualquer — do qual ainda me lembro: 1.729,03. Começou a fazer contas, resmungando e grunhindo *Mmmmmmagmmmmbrrr* — ele trabalhava como um demônio! Era todo atenção, extraindo sua raiz cúbica.

Enquanto isso eu estava quieto, *sentado* ali.

Um dos garçons perguntou:

— O que você está fazendo?

Apontei para a cabeça.

— Pensando! — disse.

Escrevi 12 no papel. Depois de um tempo, obtive 12,002.

O homem do ábaco secou o suor da testa:

— Doze! — disse ele.

— Ah, não! — retruquei. — Mais casas decimais! Mais casas!

Eu sabia que, para extrair aritmeticamente uma raiz cúbica, cada casa decimal dava mais trabalho que a anterior. É uma dureza.

Ele enterrou de novo a cabeça no ábaco, bufando *Rrrrgrrrrmmmmmm*, enquanto eu acrescentava mais duas casas a meu resultado. Finalmente ele ergueu a cabeça e disse:

— 12,0!

Os garçons ficaram empolgados e felizes. Disseram ao homem:

— Olha só! Ele faz isso pensando, enquanto você precisa de um ábaco! Ele conseguiu mais casas decimais!

O japonês ficou completamente arrasado e foi embora, humilhado. Os garçons se congratulavam.

Como foi que o freguês ganhou do ábaco? O número era 1.729,03. Eu sabia que um pé cúbico equivale a 1.728 polegadas cúbicas, portanto a resposta é um pouquinho maior que 12. O excedente, 1,03, é de apenas uma parte em quase duas mil, e eu tinha aprendido em cálculo que, para frações pequenas, o resto da raiz cúbica equivale a um terço do excedente do número. Então só tive de encontrar o resultado da divisão 1/1.728 e multiplicá-lo por 4 (dividir por 3 e multiplicar por 12). Foi por isso que consegui obter uma porção de decimais.

Semanas depois, o homem entrou no bar do hotel onde eu estava hospedado. Reconheceu-me e se aproximou.

— Queria saber como foi que conseguiu extrair uma raiz cúbica tão rápido — pediu.

Comecei a explicar que era um método aproximado e tinha a ver com porcentagem de erro.

— Digamos que você proponha o número 28. Bem, a raiz cúbica de 27 é 3...

Ele pegou o ábaco: zzzzzzzzzzzzzzz.

— Ah, sim — disse.

Foi aí que me dei conta de uma coisa: ele não conhecia números. Com o ábaco, não é preciso memorizar uma porção de combinações aritméticas; você só precisa empurrar as contas para baixo e para cima. Não precisa saber que 9 + 7 = 16; basta saber que para somar nove empurra para cima uma conta que vale dez e para baixo uma conta que vale um. Então, podemos ser mais lentos em aritmética básica, mas conhecemos números.

Além disso, a própria ideia de método aproximado estava além de sua compreensão, ainda que uma raiz cúbica dificilmente possa ser extraída com exatidão por qualquer método. Por isso nunca pude lhe ensinar como extraía raízes cúbicas ou lhe explicar que havia tido sorte quando ele escolhera 1.729,03.

O AMERICANO, OUTRA VEZ!

Certa vez, dei carona a um sujeito que me disse o quanto a América do Sul era interessante, e que eu devia conhecê-la. Reclamei que a língua era outra, mas ele disse para eu aprender a língua — não é tão difícil assim. Então achei que era uma boa ideia: vou para a América do Sul.

Cornell tinha alguns cursos de línguas que seguiam um método usado durante a guerra, no qual pequenos grupos de cerca de dez alunos e um falante nativo da língua falavam exclusivamente na língua estrangeira — apenas isso. Como em Cornell eu era um professor de aspecto bem jovial, decidi fazer o curso como se fosse um estudante regular. E, como eu ainda não sabia meu país de destino na América do Sul, escolhi espanhol porque a maior parte dos países sul-americanos fala espanhol.

Então, quando chegou a hora da inscrição para o curso, estávamos do lado de fora, prontos para entrar na sala, quando apareceu uma loura de parar o trânsito. Sabe quando uma vez ou outra você sente esse "uau"? Ela era magnífica. Disse com meus botões: "Talvez ela faça o curso de espanhol... seria ótimo!" Mas não, ela entrou na aula de português. Então pensei: "Ora bolas, eu devia aprender português também."

Comecei a ir atrás dela quando minha personalidade anglo-saxônica disse: "Não, esse não é um bom motivo para decidir que língua aprender." Então dei meia-volta e me inscrevi no curso de espanhol, para meu profundo arrependimento.

Algum tempo depois, numa reunião da Sociedade de Física em Nova York, encontrei-me ao lado de Jaime Tiomno, do Brasil, e ele perguntou:

— O que você vai fazer no próximo verão?

— Acho que vou à América do Sul.

— Ah! Por que não vem ao Brasil? Consigo uma posição para você no Centro de Pesquisas Físicas.

Então agora eu ia ter de transformar todo aquele espanhol em português!

Encontrei um estudante português de graduação em Cornell, que me dava aulas duas vezes por semana, então consegui transformar o que já tinha aprendido.

No avião que me levava ao Brasil, fiquei ao lado de um colombiano que só falava espanhol, então não quis conversar com ele para não me confundir. Mas na minha frente havia dois caras falando português. Eu nunca tinha ouvido português de verdade; só tinha tido um professor que falava devagar e com clareza. E ali estavam os dois caras naquela tagarelice, *brrrrrrr-a-ta brrrrrrr-a-ta*, e eu jamais ouvia a palavra "eu", ou a palavra "o", nem nada parecido.

Finalmente, quando fizemos uma escala de reabastecimento em Trinidade, fui até eles e disse bem devagar, em português, ou no que eu achava que era português:

— Com licença... estão entendendo... o que digo?

— Pois não, por que não? — responderam eles.

Então expliquei da melhor forma possível que tinha estudado português durante alguns meses, mas nunca tinha ouvido uma conversa nessa língua, e agora, ouvindo-os no avião, não entendia uma só palavra do que diziam.

— Ah — disseram eles, com um sorriso. — Isso não é português! É ladino! Judeu!

O que eles estavam falando estava para o português como o iídiche está para o alemão, então imagine um estudante de alemão tentando entender a conversa em iídiche de dois caras à sua frente. Claro que é alemão, mas não funciona. Ele não deve ter aprendido alemão muito bem.

Ao voltarmos ao avião, eles me indicaram um homem que realmente falava português, e me sentei ao lado dele. Tinha estudado neurocirurgia em Maryland, então era muito fácil conversar com ele — enquanto se tratava de *cirurgia neural*, ou *cerebral*, e outras coisas "complicadas". As palavras mais longas são bem fáceis de traduzir para o português porque a única diferença está no final: "-tion" em inglês vira "-ção" em português; "-ly" é "-mente", e assim por diante. Mas quando ele olhava pela janela e dizia alguma coisa simples, eu ficava perdido: não conseguia decifrar "o céu está azul".

Desembarquei no Recife (o governo brasileiro ia pagar o trecho do Recife ao Rio) e fui recebido pelo sogro de César Lattes, diretor do Centro Brasileiro de Pesquisas Físicas no Rio, por sua esposa e outro sujeito. Enquanto os homens foram pegar a minha bagagem, a moça começou a falar comigo em português:

— Fala português? Que legal! Como foi que aprendeu português?

Respondi devagar, com muito esforço.

— Primeiro, comecei a aprender espanhol... depois descobri que viria para o Brasil...

Agora eu queria dizer "Portanto, aprendi português", mas não me ocorreu a palavra "portanto". Mas eu sabia construir palavras GRANDES, então a sentença saiu assim: "CONSEQUENTEMENTE, aprendi português!"

Quando os dois homens chegaram com a bagagem, ela disse:

— Ele fala português! E com palavras ótimas, como CONSEQUENTEMENTE!

Ouviu-se então um aviso pelo alto-falante. O voo para o Rio tinha sido cancelado, e o próximo só sairia na terça-feira seguinte. Eu precisava estar no Rio o mais tardar na segunda-feira.

Fiquei muito preocupado.

— Talvez haja algum avião de carga. Posso ir num avião de carga — falei.

— Professor! — disseram eles. — Recife é bem agradável. Vamos lhe mostrar a cidade. Relaxe, o senhor está no *Brasil*.

Naquela noite, saí para dar uma caminhada no centro e cheguei até um grupo de pessoas que estavam em volta de um enorme buraco retangular no caminho — tinha sido escavado para a instalação de manilhas de esgoto, ou algo assim —, e lá dentro, exatamente no buraco, havia um carro. Era incrível: tinha encaixado perfeitamente, com o teto no nível do asfalto. Os trabalhadores da obra não tinham se dado o trabalho de pôr um aviso no final do dia, e o cara simplesmente caiu no buraco. Notei uma diferença: quando fazemos um buraco nos Estados Unidos, instalamos todo tipo de sinais de desvio e luzes piscantes para nos proteger. Lá, eles cavam o buraco e, ao final do dia de trabalho, vão embora e pronto.

De qualquer forma, Recife era uma cidade bonita e *esperei* até a terça-feira seguinte para embarcar rumo ao Rio.

Ao chegar, conheci César Lattes. A rede nacional de TV queria gravar imagens de nosso encontro, e começaram a filmar, mas sem nenhum som.

— Finjam que estão conversando — disse o cinegrafista. — Digam alguma coisa... qualquer coisa.

E aí Lattes me perguntou:

— Já conseguiu um dicionário de pegação?

Naquela noite, os telespectadores brasileiros viram o diretor do Centro Brasileiro de Pesquisas Físicas recebendo o professor visitante dos Estados Unidos, mas mal sabiam eles que o tema da conversa entre ambos era encontrar uma garota com quem passar a noite!

Ao chegar ao Centro, tivemos de decidir o turno das minhas aulas — manhã ou tarde.

— Os alunos preferem à tarde — disse Lattes.

— Então darei aulas à tarde.

— Mas à tarde a praia está ótima. Por que não dá aulas de manhã para poder aproveitar a praia depois?

— Mas você disse que os alunos preferem ter aula à tarde.

— Não se preocupe com isso. Faça o que for mais conveniente para *você*! Aproveite a praia à tarde.

Foi assim que aprendi a ver a vida de um modo diferente da perspectiva de minha terra natal. Primeiro, eles não tinham tanta pressa quanto eu. E, segundo, se é melhor para você, não se preocupe! Então eu dava aulas de manhã e ia à praia à tarde. E, se tivesse aprendido essa lição antes, teria estudado português e não espanhol.

De início, pensei que daria minhas aulas em inglês, mas descobri uma coisa: quando os alunos me explicavam alguma coisa em português, eu não entendia muito bem, embora soubesse um pouco da língua. Não ficava claro para mim se eles estavam dizendo "crescer" ou "decrescer", ou "não crescer" ou "não decrescer", ou "decrescer devagar". Mas quando eles se esforçavam para falar inglês, dizendo "*ahp*" e "*doon*" para *up* e *down*, eu entendia o que era, mesmo com a pronúncia capenga e a gramática estropiada. Então percebi que, se quisesse falar com eles e tentar ensinar, seria melhor falar português, por ruim que fosse. Seria mais fácil para eles entenderem.

Durante minha primeira estada no Brasil, que durou seis semanas, fui convidado pela Academia Brasileira de Ciências a dar uma palestra relacionada a um trabalho sobre eletrodinâmica quântica que eu tinha acabado de fazer. Achei que ia falar em português, e dois alunos do Centro se prontificaram a me ajudar. Comecei por escrever minha palestra num português miserável. Preferi escrevê-la eu mesmo, se não eles acabariam usando muitas palavras desconhecidas e eu teria dificuldade para pronunciá-las. Então escrevi e eles corrigiram a gramática, as palavras, e ficou tudo bem, num nível que eu podia ler com facilidade e saber mais ou menos o que estava dizendo. Eles treinaram comigo para que a pronúncia fosse absolutamente correta: o "de" devia ser algo entre "deh" e "day" — tinha mesmo de ser assim.

Cheguei à reunião da Academia Brasileira de Ciências, e o primeiro palestrante, um químico, deu sua palestra em inglês. Foi por cortesia ou o quê? Não consegui entender o que ele dizia porque a pronúncia era péssima, mas talvez todos os demais tivessem o mesmo sotaque e conseguissem compreender, não sei. Depois, levanta-se o segundo cara e dá sua palestra em inglês!

Quando chegou a minha vez, levantei-me e disse: "Desculpem, eu não tinha entendido que a língua oficial da Academia Brasileira de Ciências fosse o inglês e não preparei minha palestra em inglês. Peço que me desculpem, mas terei de ministrá-la em português."

Então, me pus a ler aquilo e todos ficaram contentes.

O cara seguinte se levantou e disse: "Vou seguir o exemplo do colega dos Estados Unidos e dar minha palestra em português." Então, até onde sei, mudei a tradição da língua usada na Academia Brasileira de Ciências.

Anos depois, conheci um brasileiro que citou com precisão as frases que usei no início de minha palestra na Academia. Aparentemente, ele ficou muito impressionado.

Mas a língua ainda era uma dificuldade para mim, e eu continuava a estudá-la o tempo todo, lendo jornais e coisas assim. Continuei dando minhas aulas em português — ou na língua que eu chamo de "português de Feynman", que, tenho certeza, não é o português real, porque eu conseguia entender o que estava dizendo, mas não entendia o que as pessoas diziam na rua.

Como gostei muito de minha primeira estada no Brasil, voltei um ano depois, dessa vez por dez meses. Dei um curso na Universidade Federal do Rio de Janeiro, que devia me pagar, mas nunca pagou, por isso o Centro continuou me dando o dinheiro que eu deveria receber da Universidade.

Acabei me hospedando num hotel de frente para a praia de Copacabana, chamado Miramar. Durante algum tempo, fiquei num quarto do 13º andar, com vista para o mar e para as garotas na praia.

Era nesse hotel que ficavam os pilotos e comissárias de bordo da Pan American Airlines quando tinham um *lay over* — expressão que sempre me incomodou um pouco. As acomodações deles ficavam no quarto andar, e tarde da noite sempre se ouvia um embaraçoso sobe e desce furtivo pelo elevador.

Certa vez fiquei fora durante algumas semanas, e quando voltei o gerente me disse que tinha alojado outra pessoa em meu quarto, porque era o único vazio, e por isso tinha levado minhas coisas para um outro quarto.

Meu novo quarto ficava logo acima da cozinha, e normalmente as pessoas não ficavam ali muito tempo. O gerente deve ter imaginado que eu era o único cara que ia entender as vantagens daquele quarto, que compensariam os cheiros que eu teria de tolerar, sem reclamar. Não reclamei: ficava no quarto andar, perto das comissárias. Isso evitava uma série de problemas.

O pessoal da companhia aérea estava meio entediado com a vida, por estranho que pareça, e à noite sempre iam a algum bar para beber. Eu gostava deles e, para ser sociável, ia ao bar e tomava alguns drinques, várias noites por semana.

Um dia, lá pelas três e meia da tarde, eu estava caminhando na calçada oposta à praia de Copacabana e passei por um bar. De repente, me bateu uma sensação forte, tremenda: "É *tudo* que eu quero; ia cair muito bem. Adoraria tomar uma bebida agora mesmo!"

Entrei no bar, mas de repente disse a mim mesmo: "Espere um pouco! Estamos no meio da tarde. Não há ninguém aqui. Não há nenhum motivo social para beber. Por que essa fortíssima *vontade* de beber?" Fiquei assustado.

Desde então, nunca mais bebi. Acho que, na verdade, eu não estava em risco, porque foi muito fácil parar. Mas aquela vontade fortíssima me assustou. Sabe como é, eu me divirto tanto *pensando* que não quero destruir essa máquina deliciosa que faz da vida uma coisa tão boa. Por essa mesma razão, mais tarde, relutei em experimentar LSD, apesar de minha curiosidade a respeito de alucinações.

Já no final daquele ano no Brasil, levei uma das comissárias — garota adorável, de tranças — ao museu. Quando entramos na seção egípcia, eu me vi dizendo a ela coisas como: "As asas do sarcófago significam tal e tal coisa, e nesses jarros eles costumavam pôr as entranhas, e perto do canto eles faziam isto e aquilo..." Pensei comigo: "Sabe onde você aprendeu essas coisas todas? Com Mary Lou." E senti saudade dela.

Conheci Mary Lou em Cornell e, mais tarde, quando cheguei a Pasadena, soube que ela estava em Westwood, ali perto. Gostei dela durante algum tempo, mas, como discutíamos muito, acabamos decidindo que aquilo não dava certo e nos separamos. Depois de um ano de encontros com aquelas comissárias sem chegar a lugar nenhum, no entanto, eu estava frustrado. Então, enquanto dizia aquelas coisas à garota, pensei que Mary Lou era maravilhosa e que não devíamos ter brigado tanto.

Escrevi a ela e lhe propus casamento. Uma pessoa sensata teria dito que isso era perigoso: quando você está longe, não pega nada além de papel e se sente sozinho, só recorda coisas boas e nem consegue lembrar os motivos das brigas. E isso não dá certo. As brigas recomeçaram logo em seguida e o casamento durou apenas dois anos.

Um homem da embaixada norte-americana no Brasil sabia que eu gostava de samba. Acho que, quando estive no Brasil pela primeira vez, tinha dito a ele que ouvira um grupo de samba ensaiando na rua e queria aprender mais sobre música brasileira.

Ele disse que um pequeno grupo de música "regional" ensaiava todas as semanas no apartamento dele e que eu podia ir lá para ouvir.

Eram três ou quatro pessoas — uma delas, o porteiro do edifício —, e eles tocavam uma música bastante suave no apartamento; não tinham outro lugar para tocar. Um dos caras tocava um tamborzinho que eles chamam de pandeiro, e o outro, um violão pequeno. Eu estava ouvindo uma batida de tambor em algum lugar, mas não havia tambor! Finalmente entendi que era o pandeiro, que o cara tocava de um jeito complicado, torcendo o pulso e batendo no couro com o polegar. Achei aquilo interessante e aprendi a tocar um pouco.

O Carnaval estava se aproximando. É a temporada em que se apresentam novas músicas. Eles não lançam nem gravam músicas novas o tempo todo, todas elas saem nessa época, e é muito animado.

Fiquei sabendo que o porteiro era compositor de uma pequena "escola" de samba da praia de Copacabana chamada Farsantes de Copacabana, que seria perfeita para mim, e ele me convidou para fazer parte dela.

Integravam essa escola de samba rapazes das favelas, que se reuniam atrás de um prédio em construção para ensaiar a música nova daquele Carnaval.

Escolhi para tocar uma coisa chamada "frigideira", que é uma panela de metal, de brinquedo, de quinze centímetros de diâmetro, com um bastãozinho de metal com o qual se bate nela. É um instrumento de acompanhamento, com um som metálico rápido que acompanha e enriquece a melodia principal do samba. Tentei tocar aquilo e estava indo tudo bem. Ensaiávamos, a música soava forte e tocávamos depressa, mas de repente o mestre da banda, um negro grandalhão, gritou: "PAREM! Segurem, segurem! Esperem um minuto!" E todo mundo parou. "Tem alguma coisa errada com as frigideiras!", ele berrou. "O americano, outra vez!"

Eu me senti incomodado. Tinha treinado o tempo todo. Peguei dois bastõezinhos, fui para a praia e fiquei fazendo o movimento de torcer os pulsos, treinando, treinando, treinando. Continuei trabalhando nisso, mas sempre me sentia inferior, como uma espécie de empecilho, achando que nunca seria capaz de fazer aquilo.

Bem, o Carnaval estava chegando, e uma noite houve uma conversa entre o mestre da banda e outro cara. O mestre começou a ir de lá para cá, escolhendo pessoas:

— Você! — disse a um trompetista. — Você! — disse a um vocalista. — Você! — falou, apontando para mim, e achei que era o fim. E ele ordenou: — Vão lá para a frente!

Saímos para a frente do edifício em construção, uns cinco ou seis de nós, e lá estava um velho Cadillac conversível, com a capota arriada.

— Entrem! — disse o mestre.

Não havia espaço para todos, então alguns tiveram de se sentar sobre a traseira. Perguntei ao rapaz que estava a meu lado:

— O que ele está fazendo... está tirando a gente?

— Não sei, não sei.

Pegamos uma ladeira que terminava à beira de um penhasco debruçado sobre o mar. O carro parou, e o mestre disse:

— Saiam!

E nos levaram até a beira do penhasco.

— Façam fila agora! — mandou ele. — Primeiro você, depois você, depois você! Comecem a tocar! Marchem!

Teríamos caído ribanceira abaixo não fosse por uma trilha íngreme em descida. Nosso grupinho desceu a trilha — o trompete, o cantor, o violão, o pandeiro e a frigideira — para uma festa ao ar livre na mata. Não tínhamos sido escolhidos porque o mestre quis se ver livre de nós: ele nos levou a uma festa particular que precisava de um conjunto de samba! E assim angariou dinheiro para pagar os figurinos de nossa banda.

Depois disso me senti bem melhor, porque entendi que ele tinha me escolhido entre os tocadores de frigideira!

Aconteceu outra coisa que me ajudou a me sentir mais seguro. Algum tempo depois, um rapaz de uma banda no Leblon pediu para se reunir a nossa banda.

— De onde você é? — perguntou o mestre.
— Leblon.
— O que você toca?
— Frigideira.
— Está bem. Vamos ouvir você tocando.

O cara pegou sua frigideira, a baqueta de metal e... *brrr-dum-dum; chic-chic*. Uau! Era uma maravilha!

— Vá para lá — disse o chefe —, fique perto do americano e aprenda a tocar frigideira!

Minha teoria é que é mais ou menos como um falante do francês que vem para os Estados Unidos. De início, ele comete todo tipo de erro, é difícil entendê-lo. Mas ele continua treinando até aprender a falar muito bem, e você começa a achar que há um charme em sua maneira de falar — o sotaque é agradável, você gosta de ouvi-lo. Então eu devia ter uma espécie de sotaque quando tocava frigideira, porque não era páreo para aqueles rapazes que tinham passado a vida tocando; só pode ter sido alguma espécie de sotaque involuntário. Seja como for, tornei-me um tocador de frigideira de bastante sucesso.

Um dia, já bem perto do Carnaval, o mestre da banda anunciou: "Muito bem, vamos ensaiar na rua."

Saímos da construção e fomos para a rua, onde o trânsito era intenso. As ruas de Copacabana eram sempre uma bagunça. Acredite ou não, havia uma linha de bonde em que os bondes iam num sentido e os carros no outro. Era a hora do *rush*, e íamos sair andando em plena avenida Atlântica.

"Jesus!", pensei. "O mestre não pediu autorização, não falou com a polícia, não fez nada. Decidiu que íamos sair e pronto."

Então começamos a tocar na rua, e todo mundo em volta ficou ligado. Alguns voluntários de um grupo de transeuntes pegaram uma corda e formaram um grande quadrado em torno de nossa banda. Começou a aparecer gente nas janelas. Todo mundo queria ouvir o samba novo. Era uma empolgação!

Assim que começamos a andar, vi um policial do outro lado da rua. Ele olhou, viu o que estava acontecendo e começou a desviar o trânsito! Tudo foi feito informalmente. Ninguém combinou nada, mas funcionou bem. As pessoas seguravam a corda em volta de nós, o policial desviava o trânsito, os transeuntes formaram uma multidão e o trânsito engarrafou, mas estávamos desfilando numa boa! Desfilamos por toda a rua, viramos esquinas, passamos por toda Copacabana, sem *programação*!

Finalmente, fomos parar numa pracinha diante do prédio onde morava a mãe do mestre. Ficamos tocando na praça, e a mãe, a tia e todos os demais desceram. Elas usavam aventais, estavam trabalhando na cozinha, e pudemos ver que se sentiam emocionadas — a ponto de chorar. Foi muito bom fazer aquela coisa tão humana. Toda gente vindo à janela — foi fantástico! E lembrei-me da vez anterior que tinha estado no Brasil e visto uma dessas bandas — de como tinha adorado a música, ficado louco por ela —, e agora eu estava ali, no meio dela!

Aliás, quando desfilávamos pelas ruas de Copacabana naquele dia, vi na calçada um grupo no qual havia duas moças da embaixada. Na semana seguinte, recebi uma mensagem da embaixada que dizia "É ótimo o que o senhor está fazendo, blá-blá-blá...", como se minha intenção fosse melhorar as relações entre os Estados Unidos e o Brasil! Essa era a coisa "ótima" que eu estava fazendo.

Bem, para ir a esses ensaios, eu não queria estar vestido com a roupa que usava para ir à universidade. O pessoal da banda era muito pobre, só vestiam roupas velhas e surradas. Então eu usava camiseta e calças velhas para não ficar muito diferente. Mas, vestido assim, eu não podia passar pelo saguão de meu hotel de luxo na avenida Atlântica em Copacabana. Então eu ia de elevador até o subsolo e saía por ali.

Pouco antes do Carnaval, haveria um concurso especial de bandas de Copacabana, Ipanema e Leblon; eram três ou quatro bandas, e estávamos entre elas. Íamos desfilar fantasiados pela avenida Atlântica. Eu estava me sentindo pouco à vontade com essa história de desfilar fantasiado, já que não era brasileiro. Mas devíamos desfilar fantasiados de gregos, então pus na cabeça que era um grego tão bom quanto eles.

No dia do concurso, eu estava comendo no restaurante do hotel e o maître, que sempre me via batucando na mesa quando ouvia um samba, veio até mim e disse:

— Sr. Feynman, esta noite vai acontecer uma coisa de que o senhor irá gostar! É tipicamente brasileira: vai passar um desfile de bandas bem diante do hotel! E a música é ótima, o senhor devia ouvi-la.

— Bem, vou estar meio ocupado esta noite. Não sei se vou conseguir — falei.

— Ah! Mas o senhor gosta tanto! Não pode perder! É tipicamente brasileiro!

Ele insistiu muito, e continuei dizendo que achava que não ia poder ficar para ver. Ele acabou desapontado.

Naquela noite, usando minhas roupas velhas, desci para o subsolo, como sempre. Vestimos as fantasias no prédio em construção e começamos a desfilar pela avenida Atlântica, cem gregos brasileiros de papel machê e eu atrás, tocando minha frigideira.

Juntou gente nos dois lados da avenida. Todo mundo aparecia nas janelas, e já chegávamos ao Hotel Miramar, onde eu me hospedava. As pessoas subiam nas mesas e cadeiras, era uma verdadeira multidão. Continuávamos tocando e andando a toda quando nossa banda passou diante do hotel. De repente, vi um dos garçons gesticulando e apontando com o braço. No meio daquele barulho todo, pude ouvi-lo gritando: "O PROFESSOR!" Assim, o maître ficou sabendo por que eu não podia ficar no hotel para assistir ao desfile — eu estava nele!

No dia seguinte, vi uma garota que havia encontrado várias vezes na praia, que tinha um apartamento que dava para a avenida. Ela recebera amigos para ver o desfile das bandas, e, enquanto passávamos, um de seus amigos exclamara: "Ouçam só o cara da frigideira — ele é bom!" Eu tinha dado certo. Adorei ter dado certo numa coisa que supostamente seria incapaz de fazer.

Quando chegou o Carnaval, não apareceram muitos integrantes da nossa banda. Fantasias haviam sido feitas especialmente para a ocasião, mas não havia gente o suficiente. Talvez tivessem pensado que não tínhamos chance contra as grandes escolas de samba da cidade, não sei. Pensei que tínhamos trabalhado dia após dia, ensaiando e desfilando para o Carnaval, mas, quando o Carnaval chegou, o pessoal da banda não apareceu e não nos apresentamos muito bem. Até mesmo quando já estávamos desfilando pela rua, alguns elementos da banda se retiraram. Estranho desfecho! Nunca entendi aquilo muito bem, mas talvez o mais empolgante e divertido fosse participar do concurso das bandas de praia, onde muita gente achava que era seu lugar. Aliás, nós ganhamos.

Durante minha estada de dez meses no Brasil, criei interesse pelos níveis de energia nos núcleos mais leves. Trabalhei toda a parte teórica em meu quarto de hotel, mas queria pôr os dados à prova em experimentos. Era uma coisa nova que estava sendo estudada por especialistas no Laboratório Kellogg do Caltech, por isso me pus em contato com eles — em horários previamente combinados — por radioamador. Encontrei um operador no Brasil e ia à casa dele mais ou menos uma vez por semana. Ele entrou em contato com um radioamador de Pasadena, e depois, como havia qualquer coisa meio ilegal naquilo, me atribuía umas letras e dizia:

— Agora vou passá-lo a WKWX, que está a meu lado e gostaria de falar com você.

Então eu dizia:

— Aqui fala WKWX. Você poderia me informar o espaçamento entre os níveis de boro de que falamos na semana passada? — e assim por diante. Eu usava os dados experimentais para ajustar minhas constantes e verificar se estava no caminho certo.

O primeiro operador saiu de férias, mas me deixou em contato com outro radioamador, que era cego e operava sua própria estação. Os dois foram muito legais, e o contato que fiz com o Caltech por esse meio foi muito eficaz e útil para mim.

Quanto à física propriamente dita, tive resultados bastante bons e sensatos. Mais tarde, meu trabalho foi testado e verificado por outras pessoas. Mas, como havia tantos parâmetros a ajustar — demasiados "ajustes de constantes fenomenológicas" para fazer com que tudo encaixasse —, eu não tinha certeza de que aquilo ia servir para alguma coisa. Eu queria ter um conhecimento mais profundo do núcleo, e nunca me convenci de que meu trabalho fosse significativo, portanto nunca fiz nada com ele.

Quanto à educação no Brasil, tive uma experiência muito interessante. Estava ensinando para um grupo de estudantes que seriam professores, já que no Brasil da época não havia muitas oportunidades de trabalho para pessoas com formação científica de alto nível. Esses alunos já tinham feito muitos cursos, e o meu seria seu curso mais avançado em eletricidade e magnetismo — equações de Maxwell e daí por diante.

A universidade se distribuía por diversos edifícios pela cidade, e tal curso foi num prédio de frente para a baía.

Descobri uma coisa muito estranha: os alunos respondiam imediatamente as perguntas que eu fazia. Mas, quando fazia de novo a pergunta — a mesma pergunta, sobre o mesmo assunto, até onde me lembro —, eles não sabiam responder! Por exemplo, certa vez eu estava falando sobre luz polarizada e distribuí entre eles algumas fitas de polaroide.

A luz só atravessa o polaroide quando seu vetor elétrico vai num certo sentido, então expliquei que, observando se o polaroide está claro ou escuro, é possível descobrir como a luz está sendo polarizada.

Pegávamos primeiro duas fitas de polaroide, que girávamos até que recebessem o máximo de luz. Assim se podia afirmar que as duas fitas estavam recebendo luz polarizada no mesmo sentido — o que passava por uma das fitas podia passar pela outra. Então, perguntei como seria possível descobrir o sentido *absoluto* da polarização dispondo de *uma só* fita de polaroide.

Eles não tinham a menor ideia.

Eu sabia que isso exigia um pouco de sagacidade, então lhes dei uma pista:

— Olhem a luz refletida pela baía lá fora.

Ninguém disse nada.

Então perguntei:

— Vocês já ouviram falar do ângulo de Brewster?

— Sim, senhor! O ângulo de Brewster é o ângulo em que a luz refletida de um meio com um índice de refração fica completamente polarizada.

— E de que forma a luz é polarizada quando refletida?

— A luz é polarizada perpendicularmente ao plano de reflexão.

Agora eu tive de pensar; eles sabiam aquilo de cor e salteado! Sabiam também que a tangente do ângulo é igual ao índice!

— E então? — perguntei.

Nada. Eles acabavam de dizer que a luz refletida de um meio com um índice, como a baía, era polarizada; tinham dito ainda *de que forma* era polarizada.

— Olhem para a baía lá fora, através do polaroide. Agora virem o polaroide — falei.

— Ah, está polarizada! — disseram eles.

Depois de muito investigar, descobri que os alunos tinham memorizado tudo, mas não sabiam o que aquilo significava. Quando ouviam dizer "luz que é refletida de um meio com um índice", não sabiam que isso significava um material *como a água*. Eles não sabiam que "o sentido da luz" é o sentido em que o sujeito *vê* alguma coisa quando está olhando para ela, e assim por diante. Tudo estava perfeitamente decorado, mas significado nenhum fora absorvido. Assim, se eu perguntasse "O que é ângulo de Brewster?", estaria entrando no computador com a senha correta. Mas se dissesse "Olhem para a água", nada acontecia — não havia resposta ao comando "Olhem para a água!".

Depois assisti a uma aula na escola de engenharia. A aula foi mais ou menos assim: "Dois corpos... são considerados equivalentes... se torques iguais... gerarem aceleração igual. Dois corpos são considerados equivalentes se torques iguais gerarem aceleração igual." Os alunos estavam lá sentados, escrevendo o ditado, e, quando o professor repetia a sentença, verificavam se tinham escrito tudo certo. E aí escreviam a próxima sentença e por aí vai. Eu era o único que sabia que o professor estava falando sobre corpos com o mesmo momento de inércia, e era difícil concluir isso.

Eu não conseguia vislumbrar como eles iam aprender com aquele método, fosse qual fosse o conteúdo. Ali estava o professor, falando de momento de inércia, mas não havia discussão sobre como varia a dificuldade de abrir uma porta quando do outro lado dela se põe um peso mais perto ou mais longe das dobradiças — nada!

Depois da aula, conversei com um dos alunos:

— Vejo que vocês tomaram um monte de notas. O que vão fazer com elas?

— Vamos estudá-las — disse ele. — Teremos prova.

— Como vai ser essa prova?

— Muito fácil. Posso afirmar agora mesmo qual vai ser uma das perguntas. — Olhou para o caderno e disse: — "Quando dois corpos são equivalentes?" E a resposta é: "Dois corpos são considerados equivalentes quando torques iguais geram aceleração igual."

Vê-se então que eles eram aprovados nos exames e "aprendiam" aquela coisa toda sem saber nada além do que tinham decorado.

Fui ver então uma prova para candidatos à escola de engenharia. Era um exame oral, e fui autorizado a observá-lo. Um dos candidatos era absolutamente fantástico: respondeu certinho a todas as perguntas! Os examinadores perguntaram o que era diamagnetismo, e ele respondeu com perfeição. Depois perguntaram:

— Quando a luz chega a um ângulo depois de passar por uma lâmina de material de certa espessura e de índice N, o que acontece com ela?

— Fica paralela a si mesma, senhor; deslocada.

— E o quanto ela se desloca?

— Não sei, senhor, mas posso arriscar um palpite.

E arriscou seu palpite. Ele era muito bom. Mas a essa altura eu já tinha minhas suspeitas.

Depois do exame, procurei esse rapaz brilhante e lhe contei que era dos Estados Unidos e queria lhe fazer algumas perguntas que não afetariam em absoluto o resultado de seu exame. A primeira pergunta que fiz foi:

— Você poderia me dar exemplo de uma substância diamagnética?

— Não.

Então perguntei:

— Se este livro fosse de vidro, e eu estivesse olhando alguma coisa que está em cima da mesa através dele, o que aconteceria com a imagem se eu girasse o vidro?

— Seria defletida num ângulo equivalente ao dobro do ângulo em que o senhor girasse o livro.

— Você não está confundindo o vidro com um espelho, está? — perguntei.

— Não, senhor!

Ele acabara de dizer, durante o exame, que a luz seria deslocada, ficando paralela a si mesma, e que portanto a imagem se deslocaria para um dos lados, mas não seria afetada por ângulo algum. Ele tinha até mesmo estimado o *quanto* ela se deslocaria, mas não entendia que o vidro é um material que tem um índice, e que o cálculo mencionado no exame se aplicava a minha pergunta.

Dei um curso de métodos matemáticos aplicados à física na escola de engenharia, durante o qual tentei ensinar os alunos a resolver problemas por tentativa e erro. É uma coisa que eles normalmente não aprendem, então comecei com alguns exemplos simples de aritmética para introduzir o método. Fiquei surpreso porque apenas 10% dos alunos resolveu a primeira tarefa proposta. Então fiz uma grave preleção dizendo que eles precisavam *tentar* em vez de ficarem apenas sentados *me* vendo fazer.

Depois da aula, alguns alunos vieram a mim numa pequena delegação e disseram que eu não entendia a formação deles, que eles eram capazes de estudar sem resolver problemas, que já tinham aprendido aritmética e que as coisas que eu estava dizendo estavam abaixo do nível deles.

Então continuei com o curso, e, por mais complexa ou avançada que a matéria estivesse ficando, eles nunca me entregaram nenhum trabalho. Claro que percebi o que era aquilo: eles não *conseguiam*!

Outra coisa que nunca consegui que eles fizessem foi formular perguntas. Finalmente, um deles me explicou por quê: "Se eu lhe fizer uma pergunta durante a aula, depois todo mundo vai me censurar: 'Por que você nos fez perder tempo na aula? Estamos tentando *aprender* alguma coisa e você o interrompe com perguntas.'"

Era uma espécie de demonstração de superioridade, em que nenhum deles sabia o que estava acontecendo, mas inferiorizava o outro como se soubesse. Todos fingem que sabem, porém, se um colega admite por um momento que alguma coisa está confusa e faz uma pergunta, os demais tomam uma atitude prepotente, agindo como se nada estivesse obscuro e dizendo ao autor da pergunta que ele estava atrasando os demais.

Expliquei que era útil trabalhar em conjunto, esclarecer as dúvidas, discuti-las, mas eles não fariam isso porque se sentiriam humilhados se tivessem de perguntar a outra pessoa. Era uma pena! Pessoas inteligentes, que se davam aquele trabalho todo, assumiam essa estranha forma de pensar, um modo canhestro de "educação" automultiplicadora sem sentido, completamente sem sentido!

Ao fim do ano letivo, os alunos pediram que eu desse uma palestra sobre minha experiência de ensino no Brasil. Estariam presentes não apenas estudantes, mas professores e autoridades, então fiz com que prometessem me deixar dizer o que quisesse. Eles disseram: "Claro. Naturalmente. Este é um país livre."

Então cheguei à palestra levando os livros didáticos de física usados no primeiro ano da faculdade. Eles gostavam muito desses livros por que tinham tipologia variada — as coisas mais importantes para lembrar vinham impressas em negrito, as coisas um pouco menos importantes vinham com menos destaque, e assim por diante.

De saída, alguém me perguntou:

— O senhor não vai dizer coisas ruins sobre o livro, vai? O autor está presente e todos acham que é um bom livro.

— Vocês prometeram que eu poderia dizer o que quisesse.

O auditório estava lotado. Comecei definindo ciência como o entendimento do comportamento da natureza. E perguntei: "Qual seria um bom motivo para ensinar ciência? É claro que nenhum país pode se considerar civilizado se não... blá-blá-blá." Estavam todos lá assentindo, porque sei que é assim que eles pensam.

Então eu disse: "Isso é claramente um absurdo! Por que deveríamos sentir que devemos estar à altura de outro país? Temos de fazer isso por um *bom* motivo, um motivo *sensato*; não só porque outros países fazem." Falei da utilidade da ciência, de sua contribuição para a melhora da condição humana e tudo mais — provoquei-os um pouco.

Em seguida afirmei: "O objetivo principal da minha palestra é demonstrar a vocês que *não* se está ensinando ciência no Brasil!"

Eles se remexeram nas cadeiras, e pude ver que pensavam: "O quê? Não estamos ensinando ciência? Isso é loucura. Temos um monte de aulas!"

Então eu disse a eles que uma das primeiras coisas que me chocaram quando cheguei ao Brasil foi ver meninos do curso primário nas livrarias comprando livros de física. Há tantas crianças aprendendo física no Brasil, começando muito antes que as crianças dos Estados Unidos, que é surpreendente não encontrarmos um grande número de físicos no Brasil — por que isso acontece? Há tantas crianças se esforçando e não sai nada disso.

Fiz então uma analogia com um estudioso de grego que ama a língua grega e sabe que em seu país não há muitas crianças estudando grego. Vai a outro país e fica feliz ao ver todo mundo estudando grego — até mesmo as criancinhas da escola primária. Ele vai assistir à prova de um aluno que está para se formar em grego e lhe pergunta: "Quais eram as ideias de Sócrates sobre a relação entre o Verdadeiro e o Belo?" Mas o estudante não sabe a resposta. Então ele pergunta: "O que Sócrates diz a Platão em *O banquete*?" O estudante se anima e *pá-pá-pá* — repete tim-tim por tim-tim, palavra por palavra, e em bom grego, o que Sócrates disse.

Mas o que Sócrates discute em *O banquete* é a relação entre o Verdadeiro e o Belo!

O que o estudioso de grego descobre é que os estudantes do outro país começam a aprender grego com a pronúncia das letras, depois das palavras, depois das sentenças e dos parágrafos. Sabem recitar palavra por palavra o que Sócrates disse sem entender que aquelas palavras gregas têm algum sentido. Para o aluno, são sons artificiais. Nunca ninguém traduziu aquilo em significado.

"É assim que me parece que vocês estão ensinando 'ciência' às crianças aqui no Brasil", falei. (Uma bomba, não acham?)

Então peguei o livro didático de física elementar que eles usavam. "Em nenhum ponto do livro são mencionados resultados experimentais, exceto naquele em que há uma bola, rolando num plano inclinado, em que se diz a que distância a bola chegará depois de um segundo, dois segundos, três segundos e assim por diante. Os números encerram 'erros' em si, ou seja, olhando para eles, você dirá que está observando resultados experimentais, porque os números estão um pouco acima ou um pouco abaixo dos valores teóricos. O livro está sempre falando de corrigir os erros experimentais. Pois bem. O problema é que, quando se calcula o valor da aceleração constante a partir desses valores, obtém-se a resposta certa. Mas, para que uma bola role por um plano inclinado, ela precisa vencer uma inércia, e, *se o experimento for feito*, o resultado será de cinco sétimos da resposta correta por causa da energia extra necessária para que a bola entre em rotação. Portanto, esse simples exemplo de 'resultado' experimental foi obtido de um experimento *falso*. Ninguém pôs a bola para rolar, caso contrário, nunca teria obtido esse resultado!" Fiz uma pausa e continuei: "Descobri outra coisa. Folheando o livro ao acaso, e pondo o dedo e lendo as frases de cada página, posso lhes mostrar qual é o problema — que isso não é ciência, mas decoreba, e em *todos* os casos. Sou corajoso o bastante para folhear o livro aqui, diante dessa plateia, pôr o dedo numa coisa qualquer, lê-la e mostrar a vocês."

Foi o que fiz. *Brrrrrrrup* — pus o dedo num ponto qualquer e comecei a ler: "Triboluminescência. Triboluminescência é a luz emitida por certos cristais quando friccionados..."

Então perguntei: "E aqui, temos ciência? Não! Apenas se disse o que uma palavra significa usando outras palavras. Não se disse nada sobre a natureza — *que* cristais emitem luz quando friccionados, *por que* emitem luz. Vocês viram algum aluno ir para casa e *tentar* fazer isso? Ele não conseguiria. Mas se em vez disso estivesse escrito: 'No escuro, pegue um torrão de açúcar e esmague-o com um alicate. Um clarão azulado surgirá. Isso também acontece com alguns outros cristais. Não se sabe por quê. O fenômeno é chamado triboluminescência', então alguém poderia ir para casa e tentar fazer o experimento. Isso é uma experiência com a natureza." Usei esse exemplo, mas não teria feito a menor diferença se tivesse posto o dedo em qualquer outro lugar do livro; era a mesma coisa em toda parte.

Por fim, eu disse que não conseguia ver como alguém era capaz de se formar nesse sistema de automultiplicação, em que as pessoas são aprovadas em exames e ensinam outras pessoas a passar nos exames, mas ninguém sabe nada. "No entanto", falei, "devo estar errado. Havia dois alunos muito bons na minha turma, e um dos físicos que conheço se formou inteiramente no Brasil. Portanto, deve ser possível para algumas pessoas abrir caminho em meio a esse sistema, mesmo ele sendo tão ruim."

Depois da palestra, o chefe do departamento de formação científica levantou-se e disse: "O sr. Feynman nos disse coisas muito difíceis de ouvir, mas, ao que parece, ele ama a ciência e é sincero em sua crítica. Assim, acho que devemos ouvi-lo. Cheguei aqui sabendo que temos algum mal-estar em nosso sistema educacional, mas agora vejo que temos um *câncer*!" E sentou-se.

Isso deu a outras pessoas liberdade para se expressar, e todos se entusiasmaram. Todos se levantavam e davam sugestões. Os estudantes formaram comissões para mimeografar as aulas previamente e outras comissões para fazer isto ou aquilo.

Então aconteceu uma coisa totalmente inesperada. Um dos estudantes se levantou e disse: "Sou um dos alunos a quem o sr. Feynman se referiu. Eu não fui educado no Brasil. Estudei na Alemanha e só vim para o Brasil este ano."

O outro estudante que tinha se saído bem disse alguma coisa parecida. E o professor que mencionei levantou-se e disse: "Estudei aqui no Brasil durante a guerra, quando, por sorte, todos os professores tinham deixado a universidade, então aprendi tudo estudando sozinho. Assim, não fui na verdade educado dentro do sistema brasileiro."

Eu não esperava aquilo. Sabia que o sistema era ruim, mas 100% ruim... era terrível!

Como eu tinha ido ao Brasil dentro de um programa patrocinado pelo governo dos Estados Unidos, o Departamento de Estado solicitou que escrevesse um relatório sobre minha experiência brasileira, e nele aproveitei essencialmente o que tinha dito na palestra que acabara de dar. Mais tarde, soube informalmente que alguém do Departamento de Estado comentou: "Isso mostra como é perigoso mandar uma pessoa tão ingênua ao Brasil. Pobre sujeito; ele só causa confusão. Não entendeu os problemas." Mas é justamente o contrário! Acho que essa pessoa do Departamento de Estado foi ingênua ao pensar que, apenas porque viu uma universidade com uma lista de cursos e descrições, ela era realmente isso.

O HOMEM DAS MIL LÍNGUAS

Quando estive no Brasil, me esforcei para aprender o idioma do país e decidi lecionar minhas aulas de física em português. Pouco depois de chegar ao Caltech, fui convidado para uma festa dada pelo professor Bacher. Antes que eu chegasse, Bacher disse aos convidados: "Esse cara, o Feynman, se acha muito inteligente porque aprendeu um pouco de português, então vamos pregar uma peça nele. A sra. Smith foi criada na China. Ela vai cumprimentar Feynman em chinês." Um detalhe: a sra. Smith era totalmente caucasiana.

Cheguei à festa, inocentemente, e Bacher me apresentou a todos:

— Sr. Feynman, este é o sr. Fulano de Tal.

— Muito prazer, sr. Feynman.

— E este é o sr. Beltrano.

— Prazer, sr. Feynman.

— E esta é a sra. Smith.

— *Ai, chung, ngong jia!* — disse ela, fazendo uma mesura.

Foi uma surpresa tão grande para mim que a única coisa que me ocorreu foi responder na mesma moeda. Curvei-me educadamente para ela e, com toda segurança, disse:

— *Ah ching, jong jien!*

— Ah, meu Deus! — exclamou ela, perdendo totalmente o requebrado. — Eu sabia que isso ia acontecer... eu falo mandarim, e ele fala cantonês!

CLARO, SR. BIG!

Eu tinha o hábito de atravessar os Estados Unidos de carro todos os verões, tentando chegar ao oceano Pacífico. Mas, por diversas razões, sempre parava em algum lugar — normalmente em Las Vegas.

Lembro-me especialmente de ter gostado muito da primeira vez. Na época, como hoje, Las Vegas ganhava dinheiro com os jogadores, então os hotéis tratavam de *atrair* gente para as apostas. Por essa razão, ofereciam shows e jantares muito baratos, quase de graça. Não é preciso fazer reserva para nada: basta chegar, sentar-se a uma das muitas mesas vazias e assistir ao show. Isso era simplesmente *magnífico* para um homem que não joga, porque eu aproveitava todas as vantagens — hotéis baratos, refeições quase de graça, bons shows, e gostava das garotas.

Certo dia, eu estava à beira da piscina do hotel quando chegou um cara e puxou papo. Não lembro como foi que começou, mas, para resumir, ele achava que eu trabalhava para ganhar a vida, e que fazer isso era uma besteira.

— Veja como é fácil para mim — disse ele. — Fico o tempo todo na piscina e aproveito a vida em Las Vegas.

— E como você faz isso sem trabalhar?

— Muito simples: aposto em cavalos.

— Não sei nada sobre cavalos, mas não entendo como alguém pode viver de apostar em cavalos — retruquei, cético.

— Claro que pode — disse ele. — É assim que eu faço! Vou lhe dizer uma coisa: vou *ensiná-lo* a fazer isso. Vamos lá embaixo e garanto que você vai ganhar cem dólares.

— E como é que pode garantir isso?

— *Aposto* cem dólares contigo que você vai ganhar — explicou ele. — Assim, se você ganhar, isso não vai lhe custar nada, e, se perder, vai ficar com os meus cem dólares!

Então pensei: "Epa! Legal! Se eu ganhar cem dólares nos cavalos e tiver de pagar a ele, não perco nada; é só um exercício — prova que o sistema dele funciona. E se ele errar, ganho cem dólares. Maravilha!"

Descemos até um local de apostas onde havia uma lista de cavalos e páreos em todo o país. Ele me apresentou a outras pessoas, que disseram:

— Opa, ele é ótimo! Ganhei cem dólares!

Aos poucos fui entendendo que tinha de pôr algum dinheiro para as apostas, e comecei a ficar nervoso.

— Quanto dinheiro vou ter de apostar? — perguntei.

— Oh, uns trezentos ou quatrocentos dólares.

Eu não tinha esse dinheiro todo. E, além disso, começava a ficar preocupado: e se eu perder todas as apostas?

Então ele disse:

— Vou lhe dizer como é: meu palpite *lhe* custará apenas *cinquenta* dólares, e *só se der certo*. Se não der certo, eu lhe dou os cem dólares que você teria ganhado.

Pensei: "Uau! Agora eu ganho das duas formas — ou cinquenta, ou cem dólares! Como diabos ele faz isso?" Então percebi que, num jogo razoavelmente equilibrado — por enquanto, para entender a coisa, vamos esquecer as pequenas perdas das apostas iniciais —, as chances de ganhar cem dólares contra perder seus quatrocentos dólares são de quatro para um. Assim, de cada cinco tentativas a que ele induz uma pessoa, ganhará cem dólares quatro vezes, arrecadará duzentos dólares (e mostrará como é esperto); e da quinta vez ele terá de *pagar* cem dólares. Então ele recebe *duzentos*, em média, e paga *cem*! Finalmente entendi como ele fazia aquilo.

Esse processo continuou ao longo de alguns dias. Ele tinha inventado um esquema que a princípio parecia um negócio da China, mas depois de pensar um pouco percebi como funcionava. Finalmente, como se estivesse desesperado, ele disse:

— Muito bem, vou lhe dizer uma coisa: você me paga cinquenta dólares pelo palpite, e, se perder, eu lhe devolvo *todo* o dinheiro.

Agora *não tinha como perder*! Então eu disse:

— Está bem, é um grande negócio!

— Ótimo! — concordou ele. — Mas infelizmente tenho de ir a São Francisco no próximo fim de semana, então você me envia os resultados pelo correio, e, se perder seus quatrocentos dólares, eu lhe mando o dinheiro.

Ele tinha bolado os esquemas anteriores para ganhar dinheiro com aritmética honesta. Mas agora ele ia sair da cidade. Assim, a única maneira que tinha de ganhar dinheiro com *esse* esquema era *não* mandar os quatrocentos dólares — *conto do vigário puro e simples*.

Portanto, não aceitei nenhuma das propostas dele. Mas foi muito divertido saber como ele agia.

Outra coisa divertida em Las Vegas era conhecer as garotas dos shows. Eu achava que elas ficavam circulando no bar, entre dois shows, para atrair clientes. Conheci várias delas desse modo, conversei com elas e descobri que eram pessoas legais. Os que dizem "garotas de show, hum?" já formaram um preconceito. Mas em qualquer grupo, se você examinar bem, verá pessoas e pessoas. Uma delas, por exemplo, era filha do decano de uma universidade no Leste. Tinha talento para a dança e gostava de dançar; tinha o verão livre e estava difícil encontrar trabalho como dançarina, então passou a trabalhar como corista em Las Vegas. A maior parte das garotas era muito legal, além de serem pessoas gentis. Eram todas muito bonitas, e *adoro* moças bonitas. Na verdade, essas garotas eram o motivo pelo qual eu gostava tanto de Las Vegas.

No início eu ficava um pouco receoso: as garotas eram muito bonitas, tinham toda aquela fama e coisa e tal. Tentei conhecê-las, mas ficava um pouco travado para falar. No começo foi difícil, mas foi se tornando cada vez mais fácil, e acabei ficando tão autoconfiante que já não tinha medo de ninguém.

Meu jeito de viver aventuras é difícil de explicar: é como uma pescaria, você joga a linha e tem de ter paciência. Quando eu contava a alguém sobre uma aventura, diziam: "Ora, vamos lá, vamos *fazer* isso!" Então íamos a um bar para ver se acontecia alguma coisa, e depois de vinte minutos ou algo assim eles perdiam a paciência. Você precisa esperar em média uns dois dias até que alguma coisa aconteça. Passei um tempão conversando com garotas de show. Uma me apresentava a outra, e depois de um tempo algo interessante quase sempre acontecia.

Uma delas gostava de beber Gibsons. Ela dançava no Flamingo Hotel, e pude conhecê-la bem. Quando eu chegava à cidade, pedia que pusessem um Gibson na mesa dela antes de sua chegada, para anunciar minha presença.

Certa vez, quando me aproximei e me sentei ao seu lado, ela me disse:

— Esta noite estou acompanhada... um jogador tarimbado do Texas.

Eu já tinha ouvido falar nesse cara. Quando ele estava na mesa de dados, juntava gente para vê-lo jogar. Ele voltou para a mesa e minha amiga nos apresentou.

A primeira coisa que ele me disse foi:

— Sabe de uma coisa? Perdi 60 mil dólares aqui na noite passada.

Na mesma hora eu soube o que fazer. Virei-me para ele, nem um pouco impressionado, e perguntei:

— Devo considerar isso um sinal de inteligência ou de estupidez?

Fomos tomar o café da manhã no restaurante. Ele disse:

— Deixe-me pagar sua conta. Eles não me cobram nada porque jogo muito aqui.

— Tenho dinheiro o bastante para não ter de me preocupar com quem vai pagar o meu café, obrigado.

E continuei fazendo pouco dele a cada tentativa de me impressionar.

Ele testou tudo: o quanto era rico, quanto petróleo tinha no Texas, e nada funcionava, porque eu conhecia a fórmula!

Acabamos nos divertindo bastante juntos.

Certa vez, estávamos sentados no bar e ele me disse:

— Está vendo as garotas daquela mesa ali? São putas de Los Angeles.

Elas tinham ótima aparência e uma certa classe.

— Vou lhe dizer uma coisa: vou apresentá-las a você, depois você escolhe uma e eu pago por ela — ofereceu ele.

Eu não estava a fim de conhecer as garotas, e sabia que ele dizia aquilo para me impressionar. Portanto, a princípio, disse que não. Mas então pensei melhor: "Ora! Esse cara está se esforçando tanto para me impressionar que está até disposto a *pagar* por isso. Se algum dia eu contar essa história..."

— Tudo bem, pode fazer as apresentações — aceitei, enfim.

Fomos até a mesa delas, ele me apresentou às garotas e se afastou por um momento. Chegou um garçom e perguntou o que queríamos beber. Pedi uma água, e a garota que estava ao meu lado perguntou:

— Tudo bem se eu pedir champanhe?

— Você pode pedir o que quiser — respondi calmamente — porque é *você* quem vai pagar.

— Qual é o seu problema? — perguntou ela. — É pão-duro ou algo do tipo?

— Isso mesmo.

— Você certamente não é um cavalheiro! — retrucou ela, indignada.

— Você adivinhou! — respondi.

Eu tinha aprendido no Novo México, muitos anos antes, a *não* ser um cavalheiro. Pouco depois, elas já se dispunham a pagar bebidas para mim — o jogo tinha se invertido completamente! (Aliás, o magnata texano do petróleo nunca mais voltou.)

Depois de algum tempo, uma das garotas disse:

— Vamos para El Rancho. Talvez as coisas estejam mais animadas por lá.

Entramos no carro delas. Era um carro legal, e elas eram pessoas legais. No caminho, perguntaram como eu me chamava.

— Dick Feynman.

— De onde você é, Dick? Em que trabalha?

— Sou de Pasadena; trabalho no Caltech.

— Ah, sim, o cientista Pauling não é de lá? — perguntou uma das garotas.

Eu havia estado muitas vezes em Las Vegas, e nunca encontrara *uma pessoa sequer* que soubesse um pingo que fosse sobre ciência. Tinha conversado com homens de negócios de todo tipo, e para eles um cientista era ninguém.

— Sim! — falei, espantado.

— E lá tem um cara chamado Gellan, ou algo parecido... um físico.

Eu não podia acreditar. Estava num carro cheio de prostitutas e elas sabiam aquilo tudo!

— Sim! O nome dele é Gell-Mann! Como é que você sabe disso?

— O retrato de vocês saiu na *Time*.

Era verdade. Por um motivo qualquer, tinham publicado o retrato de dez cientistas norte-americanos na revista. Eu estava lá, assim como Pauling e Gell-Mann.

— Como é que você se lembrou dos nomes? — perguntei.

— Bem, estávamos olhando as fotos e escolhemos o mais jovem e mais bonito!

(Gell-Mann é mais jovem que eu.)

Chegamos ao El Rancho Hotel, e as garotas continuaram o jogo de me tratar como normalmente são tratadas por todos.

— Quer jogar? — perguntaram. — Entramos com o dinheiro e você fica com a metade dos ganhos.

Joguei um pouco com o dinheiro delas e nos divertimos bastante.

— Olha só, temos um sujeito em vista, então precisamos deixar você agora — disseram depois de algum tempo, e voltaram ao trabalho.

Certa vez, eu estava sentado num bar e vi duas garotas com um homem mais velho. Quando ele foi embora, elas vieram se sentar comigo: a mais bonita e mais despachada junto de mim, e a amiga mais recatada, Pam, do outro lado.

As coisas começaram bem. Ela era muito amável. Em pouco tempo, estava inclinada sobre mim e pôs meu braço em volta dela. Dois homens chegaram e se sentaram numa mesa próxima. Então, antes que a garçonete chegasse, eles foram embora.

— Viu aqueles homens? — perguntou minha nova amiga.

— Sim.

— São amigos do meu marido.

— Ah, é? Como é isso?

— É que acabo de me casar com John Big — ela mencionou um nome muito famoso —, e tivemos uma pequena discussão. Estamos em lua de mel, mas John está sempre jogando. Não me dá a menor atenção, então eu saio e me divirto por minha conta, e ele manda espiões para vigiar o que estou fazendo.

Ela pediu que eu a levasse a seu hotel, e entramos em meu carro. No caminho, perguntei a ela:

— Bem, e John?

— Não se preocupe — tranquilizou-me ela. — Procure um carrão vermelho com duas antenas. Se não o estiver vendo, ele não está por perto.

Na noite seguinte, levei "a garota dos Gibsons" e uma amiga dela ao último show do Silver Slipper, que era apresentado mais tarde que os dos outros hotéis. As garotas que trabalhavam em outros shows gostavam de ir lá, e o mestre de cerimônias anunciava a entrada das várias dançarinas que iam chegando. Então entrei, de braços dados com aquelas duas lindas dançarinas, e ele bradou: "E aqui estão a senhorita Fulana e a senhorita Beltrana, do Flamingo!" Todos olharam para ver quem chegava. Eu me senti o *máximo*!

Escolhemos uma mesa perto do bar, e pouco depois iniciou-se uma comoção — eram garçons mudando mesas de lugar, seguranças armados entrando. Estavam abrindo espaço para uma celebridade. JOHN BIG estava chegando!

Ele veio até o bar, bem ao lado da nossa mesa, e na mesma hora dois caras tiraram as meninas que estavam comigo para dançar. Elas aceitaram, e fiquei sozinho na mesa. Foi então que John veio e se sentou comigo.

— Como *vai*? — perguntou ele. — O que está fazendo em Vegas?

Tive certeza de que ele ficara sabendo de sua esposa e de mim.

— Só de bobeira por aí... — falei, pois eu tinha de parecer durão, certo?

— Faz quanto tempo que está aqui?

— Quatro ou cinco noites.

— Eu conheço você — afirmou ele. — Não nos vimos na Flórida?

— Bem, na verdade, não sei...

Ele falou em tal e tal lugar, e eu não sabia a que ponto ele queria chegar.

— Já sei! — concluiu. — Foi no El Morocco.

O El Morocco era uma grande boate de Nova York, frequentada por um bando de bacanas — como professores de física teórica, certo?

— Pode ter sido lá — falei.

Eu estava imaginando quando ele entraria no *assunto*. Por fim, ele se inclinou para mim e disse:

— Ei, você pode me apresentar àquelas garotas que estão com você quando elas voltarem para a mesa?

Então era isso que ele queria! Não me conhecia de birosca nenhuma. Então apresentei-o às meninas, mas elas disseram que estavam cansadas e queriam ir embora.

Na tarde seguinte, vi John Big no bar do Flamingo, conversando com o bartender sobre câmeras e tirando fotos. Devia ser fotógrafo amador: tinha um monte de flashes e câmeras, mas dizia as coisas mais estapafúrdias sobre eles. Concluí que não era fotógrafo amador coisa nenhuma, apenas um cara rico que tinha comprado algumas câmeras.

Naquela altura, imaginei que ele não sabia que eu andara saindo com a mulher dele; só queria falar comigo por causa das garotas que me acompanhavam. Então pensei em fazer um jogo. Inventei um papel para mim, o de assistente de John Big.

— Olá, John — falei. — Vamos fazer algumas fotos. Eu levo o equipamento.

Pus as lâmpadas de flash no bolso e começamos a fazer fotos. Eu ia passando as lâmpadas para ele e dava conselhos aqui e ali; ele estava *gostando* daquilo.

Fomos ao Last Frontier para uma rodada de apostas, e ele começou a ganhar. Os hotéis não gostam que um grande jogador vá embora, mas percebi que ele queria partir. O problema era como fazer isso com delicadeza.

— John, agora temos de ir — falei, muito sério.

— Mas estou ganhando!

— Sim, mas *assumimos* um compromisso para esta tarde.

— Está bem, pegue meu carro.

— Com certeza, sr. Big!

Ele me entregou a chave e descreveu o carro. (Fingi que não sabia.)

Fui até o estacionamento, e, como não podia deixar de ser, lá estava aquele carrão enorme, magnífico, com suas duas antenas. Entrei e virei a chave, mas nada de dar partida. O carro tinha transmissão automática, o que era uma novidade da qual eu não sabia nada a respeito. Depois de um tempo, mexi por acaso no botão de controle e o tirei do ponto morto. O motor pegou. Dirigi com todo cuidado, como se faz com um carro de um milhão de dólares, até a entrada do hotel. Desci e fui até a mesa onde ele ainda estava jogando, e disse:

— Seu carro está pronto, senhor!

— Tenho que ir — anunciou ele, e fomos embora.

Ele me pediu que dirigisse.

— Quero ir ao El Rancho — avisou. — Você conhece alguma garota lá?

Eu conhecia razoavelmente bem uma das moças de lá, então confirmei. A essa altura, estava certo de que a única razão pela qual ele continuava com esse jogo que eu tinha inventado era o desejo de conhecer garotas, então levantei um tema delicado:

— Conheci sua esposa uma noite dessas...

— Minha mulher? Minha mulher não está em Las Vegas.

Falei sobre a garota que tinha conhecido no bar.

— Ah, sim, eu sei de quem você está falando; conheci essa garota e uma amiga dela em Los Angeles e trouxe-as a Las Vegas. A primeira coisa que elas fizeram foi usar meu telefone durante uma hora para falar com amigos no Texas. Fiquei furioso e as expulsei! Então ela anda por aí dizendo a todo mundo que é minha esposa.

Assim *tudo* foi elucidado.

Entramos no El Rancho. Faltavam quinze minutos para o início do show. O lugar estava lotado, sem um único assento livre. John foi até o maître e disse:

— Quero uma mesa.

— Sim, sr. Big! Vai estar pronta em alguns minutos.

John lhe deu uma gorjeta e saiu para jogar. Enquanto isso, fui para os fundos, onde as meninas se preparavam para entrar em cena, e perguntei por minha amiga. Ela veio, e eu lhe disse que John Big estava comigo e queria companhia para depois do show.

— Claro, Dick — disse ela. — Vou trazer umas amigas e encontraremos vocês depois do show.

Voltei para a frente do salão à procura de John. Ele ainda estava jogando.

— Vá na frente — disse ele. — Estarei lá num minuto.

Havia duas mesas, bem diante do palco. Todas as outras estavam ocupadas. Sentei-me sozinho. O show começou antes que John chegasse, e as meninas apareceram. Elas me viram na mesa, sozinho. Antes, elas achavam que eu era um professorzinho qualquer; agora me viam como um FIGURÃO.

Finalmente John chegou, e logo depois algumas pessoas sentaram-se à mesa ao lado — a "mulher" de John e sua amiga Pam, com dois homens!

Eu me inclinei para John:

— Ela está na mesa ao lado.

— Sim.

Ela viu que eu estava cuidando de John, então se inclinou para mim e perguntou:

— Posso falar com John?

Eu não disse nada. John também não.

Esperei um pouco e me inclinei para John:

— Ela quer falar com você.

Ele esperou um pouco e disse:

— Está bem.

Esperei mais um pouco e me inclinei para ela:

— John vai falar com você agora.

Ela veio para nossa mesa. Começou a chamá-lo de "Johnnie", chegou para bem perto dele. Tive a impressão de que as coisas estavam começando a se arranjar.

Adoro armar confusão. Assim, toda vez que as coisas pareciam estar se arranjando, eu recordava a John alguma coisa:

— O telefone, John...

— Sim! — exclamava ele. — Que história foi essa, passar uma hora ao telefone?

Ela disse que Pam tinha feito a ligação.

As coisas melhoraram um pouquinho, então o lembrei de que a ideia de *trazer* Pam tinha sido dela.

— Sim! — exclamava ele.

(Eu estava me divertindo muito com esse jogo, e fui adiante mais um pouco.)

Quando o show acabou, as garotas do El Rancho vieram a nossa mesa e conversamos com elas até que tiveram de voltar ao palco para o show seguinte. Então John disse:

— Conheço um barzinho bem legal não muito longe daqui. Vamos para lá.

Levei-o em seu carro até o bar e entramos.

— Está vendo aquela mulher? — apontou ele. — É uma excelente advogada. Venha, vou apresentá-los.

John nos apresentou e pediu licença para ir ao banheiro. Nunca mais voltou. Acho que queria reatar com sua "esposa", e eu estava começando a atrapalhar.

Eu disse "Oi" à mulher e pedi uma bebida para mim (ainda com o jogo de não ficar impressionado e não ser um cavalheiro).

— Sabe — disse ela —, sou uma das melhores advogadas aqui de Las Vegas.

— Não é não — respondi calmamente. — Você pode ser advogada durante o dia, mas sabe o que é neste momento? Você não passa de um rato de botequim numa birosca de Las Vegas.

Ela gostou de mim, e fomos dançar em alguns lugares. Ela dançava muito bem, e eu *adoro* dançar, por isso passamos bons momentos juntos.

Mas, de repente, no meio de uma dança, minhas costas começaram a doer. A dor era forte e começou de repente. Eu sabia o que era: tinha ficado acordado durante três dias e três noites naquelas aventuras malucas e estava completamente *exausto*.

Ela disse que me levaria para casa. Assim que me vi na cama dela, apaguei.

Na manhã seguinte, acordei numa linda cama. O sol já ia alto e não havia sinal dela. Mas ali estava uma camareira.

— Está acordado, senhor? — perguntou ela. — O café está pronto.

— Está bem, aiii!

— Vou trazê-lo para o senhor. O que gostaria de tomar? — perguntou, e desfiou o cardápio completo do café da manhã.

Pedi o café e tomei-o na cama — na cama de uma mulher que eu não conhecia; não sabia quem era ela nem de onde tinha saído!

Fiz algumas perguntas à camareira, mas ela tampouco sabia o que quer que fosse sobre a misteriosa mulher: acabava de ser contratada e era seu primeiro dia no emprego. Ela achava que eu era o homem da casa, e estranhou que estivesse fazendo aquelas perguntas. Finalmente, me vesti e fui embora. Nunca mais vi a mulher misteriosa.

Na primeira vez que estive em Las Vegas, calculei as probabilidades de todos os jogos e descobri que as chances na mesa de dados eram algo como 0,493. Se eu apostasse um dólar, gastaria apenas 1,4 centavo. Então disse a mim mesmo: "Por que reluto tanto em apostar? Não vai custar quase nada!"

Então comecei a apostar e perdi cinco dólares em sequência — um, dois, três, quatro, cinco. Esperava perder apenas sete centavos, mas estava com um prejuízo de cinco dólares! Nunca mais joguei desde então (isto é, com meu próprio dinheiro). Tive muita sorte por começar perdendo.

Certa vez, eu estava almoçando com uma das coristas. Era um momento tranquilo da tarde, sem a agitação de costume, e ela disse:

— Está vendo aquele homem ali, caminhando no gramado? É Nick, o Grego. Jogador profissional.

Agora eu já conhecia bem as probabilidades em Las Vegas, então perguntei:

— Como é que alguém pode ser um jogador profissional?

— Vou chamá-lo.

Nick veio e ela nos apresentou.

— Marilyn me disse que você é um jogador profissional.

— Isso mesmo.

— Bem, eu gostaria de saber como é possível fazer do jogo um meio de vida, já que na mesa as probabilidades são de 0,493.

— Você tem razão, e vou lhe explicar. Não aposto na mesa ou em coisas assim. Só aposto quando as chances estão a meu favor.

— Hein? E quando é que as chances estão a seu favor? — perguntei, incrédulo.

— Muito fácil — disse ele. — Fico por perto da mesa, e de repente um cara diz: "Vai dar o nove! Vai ser nove!" O rapaz está agitado; ele acha que vai dar nove e quer apostar. Mas eu sei de cor e salteado quais são as probabilidades de todos os números, então digo a ele: "Aposto quatro contra três que *não* vai dar nove." A longo prazo sempre ganho. Não aposto na mesa, aposto com pessoas que estão em volta da mesa e são supersticiosas, acreditam em números de sorte.

Nick prosseguiu:

— Agora que fiz fama é ainda mais fácil, porque as pessoas apostam comigo mesmo *sabendo* que suas probabilidades não são muito favoráveis, só para ter a oportunidade de contar a história, se ganharem, de que venceram Nick, o Grego. Então eu realmente vivo do jogo, e é uma maravilha!

Nick, o Grego era um personagem educado. Um cara muito bacana e sedutor. Agradeci pela explicação; finalmente eu entendia aquilo. Eu queria entender o mundo, sabe como é.

UMA PROPOSTA QUE SE DEVE RECUSAR

Cornell tinha uma variada gama de departamentos pelos quais eu não me interessava muito. Isso não quer dizer que houvesse alguma coisa de errado com eles, apenas que não me chamavam a atenção. Havia ciência doméstica, filosofia (os caras desse departamento eram especialmente insossos) e as coisas culturais — música e afins. Havia bem poucas pessoas com as quais eu gostava de conversar, claro. No departamento de matemática havia o professor Kac e o professor Feller; no de química, o professor Calvin; e no de zoologia havia um grande sujeito, o dr. Griffin, que descobriu que os morcegos têm o sentido da ecolocalização. Mas era difícil encontrar caras como eles para conversar, e eu achava que o restante tinha uma conversa fiada de baixo nível. E Ithaca era uma cidade pequena.

O tempo não andava nada bom. Um dia, eu estava dirigindo e caiu uma dessas tempestades de neve inesperadas, para as quais você não está preparado, e aí pensa: "Bem, isso não pode durar muito, vou seguir em frente."

Mas aí a neve fica tão funda que o carro começa a derrapar, então é preciso pôr correntes nos pneus. Você sai do carro, põe as correntes, sente *frio* no meio da neve e começa a tremer. Aí empurra o carro de ré com as correntes postas, e surge aquele problema — ou surgia, na época; não sei como é agora — do gancho na parte interna, que precisa ser preso antes. E, como as correntes devem ficar bem apertadas, é difícil enganchar o gancho. Aí você tem de puxar o grampo para baixo com os dedos, que a essa altura estão a ponto de congelar. Como você está do lado de fora do pneu e o gancho fica do lado de dentro — e além disso suas mãos estão geladas —, é difícil controlar. Ele continua escapando, e faz *frio*, e a neve cai, e você tenta puxar o grampo, e a sua mão dói, e aquilo não funciona — bem, lembro que foi *nesse momento* que decidi que *isso* era uma *loucura* e que devia haver algum lugar no mundo onde esse problema não existisse.

Lembrei-me das poucas vezes que tinha visitado o Caltech, a convite do professor Bacher, que antes estivera em Cornell. Ele foi muito astuto quando estive lá. Como me conhecia até pelo avesso, dissera: "Feynman, tenho um carro sobrando que vou lhe emprestar. Assim você tem como ir a Hollywood e à Sunset Strip. Divirta-se."

Então eu ia todas as noites, no carro dele, passear pela Sunset Strip — boates, bares e agito. Era o tipo de coisa de que eu gostava em Las Vegas — moças bonitas, figurões e por aí vai. Bacher sabia como despertar meu interesse pelo Caltech.

Sabe a história do burro que, estando entre dois montes de feno, não come nenhum porque não consegue se decidir? Bem, isso é fichinha. Cornell e o Caltech começaram a me fazer propostas, e assim que eu resolvia trocar, achando que o Caltech era realmente melhor, Cornell melhorava sua proposta; e, quando eu achava que ia ficar em Cornell, o Caltech propunha alguma coisa nova. Então você pode imaginar este burro entre os dois montes de feno, com a complicação extra de que, a cada vez que eu decidia por um dos montes, o outro ficava mais alto. Isso tornava as coisas muito difíceis!

O argumento que acabou me convencendo foi meu período sabático. Eu pretendia voltar ao Brasil, dessa vez por dez meses, e tinha acabado de ganhar uma licença em Cornell. Não queria perder essa vantagem, e assim, tendo inventado um motivo para tomar a decisão, escrevi a Bacher e lhe disse o que tinha resolvido.

O Caltech respondeu: "Vamos contratá-lo imediatamente e seu primeiro ano aqui será sabático." Era dessa forma que eles agiam: fosse qual fosse a minha decisão, estragavam tudo. Assim, meu primeiro ano no Caltech, na verdade, foi passado no Brasil. Só fui dar aulas lá no segundo ano. Foi assim que aconteceu.

Hoje em dia, desde 1951 no Caltech, sinto-me muito feliz aqui. É o lugar *perfeito* para um cara tendencioso como eu. O Caltech tem um monte de pesquisadores de ponta, muito interessados no que estão fazendo, e com quem posso conversar. Então, tenho me sentido muito à vontade.

Mas certo dia, pouco tempo depois de meu ingresso no Caltech, passamos por um terrível episódio de fumaça e neblina. Era pior naquela época do que agora — pelos menos os olhos ardiam muito mais. Eu estava de pé num canto, os olhos lacrimejando, e pensei: "Isto é uma LOUCURA! Um absurdo total! Em Cornell é que era bom. Vou cair fora daqui."

Liguei para Cornell e perguntei se achavam possível que eu voltasse para lá. "Claro! Vamos providenciar tudo e ligamos de volta amanhã", disseram eles.

No dia seguinte, tive a maior sorte ao tomar uma decisão. Deus deve ter mexido seus pauzinhos para me ajudar a decidir. Eu estava a caminho do meu gabinete quando chegou um cara correndo e disse: "Ei, Feynman! Já está sabendo do que aconteceu? Baade descobriu que existem *duas* populações diferentes de estrelas! Todas as medições que fizemos da distância entre as galáxias foram baseadas em variáveis Cefeidas de *um* desses tipos, mas existe *outro* tipo, portanto o universo pode ser duas vezes, ou três, ou mesmo quatro vezes mais antigo do que pensávamos!"

Eu conhecia o problema. Naquela época, a Terra parecia ser mais velha que o universo. Tinha 4,5 bilhões de anos, enquanto o universo parecia ter apenas 2 ou 3 bilhões. Era um grande enigma. E aquela descoberta resolvia tudo: demonstrou-se que o universo era mais velho do que se pensava. E eu tinha recebido a informação sobre a descoberta na mesma hora — aquele cara tinha vindo correndo me contar.

Eu ainda não tinha atravessado o campus a caminho do meu gabinete quando chegou *outro* cara — Matt Meselson, um biólogo com formação em física. (Estive na banca de seu doutorado.) Ele tinha construído a primeira centrífuga de gradiente de densidade, que é capaz de medir a densidade das moléculas. "Veja só o resultado do experimento que andei fazendo!", disse ele.

Meselson tinha demonstrado que, quando uma bactéria gera outra bactéria, uma molécula que conhecemos hoje pelo nome de DNA se transfere intacta da primeira bactéria para a segunda. Estamos sempre achando que tudo se divide, então pensávamos que *tudo* o que havia na primeira bactéria se dividia para que a nova ficasse com metade. Mas isso era impossível: de alguma forma, a menor molécula a conter informação genética *não pode* se dividir pela metade; ela tem de fazer uma *cópia* de si mesma, enviar uma cópia para a nova bactéria e guardar uma cópia para a bactéria velha. Ele demonstrou isso da seguinte forma: fez uma cultura de bactérias em nitrogênio pesado e outra em nitrogênio comum. Depois, com a centrífuga de gradiente de densidade, pesou as moléculas que obteve.

A primeira geração de novas bactérias tinha todas as moléculas de cromossomos num peso exatamente intermediário entre o peso das moléculas obtidas com nitrogênio pesado e as moléculas obtidas com nitrogênio comum — o que poderia ocorrer se tudo se dividisse, inclusive as moléculas dos cromossomos.

Mas, nas gerações seguintes, quando se esperava que o peso das moléculas dos cromossomos passasse gradativamente de um quarto, um oitavo, um dezesseis avos da diferença entre as moléculas pesadas e comuns, notou-se que elas se enquadravam em apenas dois grupos em termos de peso. As moléculas de um desses grupos tinham o mesmo peso que o da primeira nova geração (intermediário em relação ao peso da molécula mais pesada e ao da mais leve), e o outro grupo era mais leve — o peso das moléculas obtidas em nitrogênio comum. A *percentagem* de moléculas mais pesadas caía pela metade em cada uma das gerações sucessivas, mas não o seu peso. Isso era interessantíssimo, e da maior importância — uma descoberta fundamental. Por fim, quando consegui chegar a meu gabinete, entendi que aquele era o meu lugar. Onde pessoas de todos os campos da ciência vinham me relatar fatos, e tudo era emocionante. Era exatamente o que eu queria.

Então, um pouco mais tarde, quando me ligaram de Cornell dizendo que estavam providenciando as coisas e tinham quase tudo pronto, falei: "Desculpem, mudei de ideia de novo." Mas então decidi que *nunca* mais ia decidir de novo. Nada — absolutamente nada — me faria mudar de ideia outra vez.

Quando você é jovem, tem um monte de coisas com que se preocupar — se deveria ir lá, como está sua mãe. Você fica preocupado, tenta decidir, mas aí acontece alguma outra coisa. É muito mais fácil simplesmente *decidir*. Aconteça o que acontecer, *nada* deve mudar uma decisão. Fiz isso uma vez quando estudava no MIT. Fiquei cansado de ter que decidir que tipo de sobremesa ia pedir no restaurante, então decidi que pediria *sempre* sorvete de chocolate, para nunca mais ter de pensar nisso — eu tinha a solução para o problema. Assim, decidi ficar para sempre no Caltech.

Certa vez, uma pessoa tentou me fazer mudar de ideia sobre o Caltech. Fermi tinha acabado de morrer, e a Universidade de Chicago buscava alguém para substituí-lo. Vieram duas pessoas de lá, pediram para me visitar em casa — eu não sabia do que se tratava. Elas começaram desfiando todos os motivos pelos quais eu deveria ir a Chicago: poderia fazer isto, poderia fazer aquilo, tinham muita gente boa lá, eu teria oportunidade de fazer todo tipo de coisas maravilhosas. Não perguntei quanto me pagariam, e eles continuaram esperando que eu perguntasse. Por fim, me perguntaram se eu queria saber qual era o salário. "Ah, não!", falei. "Já decidi ficar no Caltech. Minha esposa Mary Lou está na sala ao lado, e, se ouvir de quanto é o salário, vamos ter uma briga. Além disso, já decidi não decidir mais; vou ficar no Caltech para sempre." Assim, não deixei que me dissessem o quanto estavam oferecendo.

Cerca de um mês depois, eu estava numa reunião quando Leona Marshall chegou-se para mim e disse:

— É estranho que você não tenha aceitado nossa oferta para ir a Chicago. Ficamos muito decepcionados e não entendemos como foi que você pôde rejeitar uma proposta tão boa.

— Foi fácil — falei —, porque em nenhum momento permiti que revelassem o valor da proposta.

Uma semana depois, recebi uma carta dela. Abri-a e li a primeira frase: "O salário oferecido era de — —." Era uma quantia *absurda*, três ou quatro vezes o que eu estava ganhando. Impressionante! E a carta continuava: "Falei no salário antes que você pudesse ler qualquer outra coisa. Talvez agora queira reconsiderar, porque me disseram que a vaga ainda está em aberto e gostaríamos muito de tê-lo conosco."

Então respondi à carta: "Depois de saber do salário, resolvi que *preciso* recusar. O motivo pelo qual decidi rejeitar um salário como esse é que com ele eu poderia fazer tudo o que sempre quis — ter uma amante maravilhosa, instalada num apartamento, comprar coisas legais para ela... Com o salário que vocês me oferecem, eu poderia mesmo fazer isso, e sei o que ia acontecer comigo. Ficaria preocupado com ela, com o que estaria fazendo; teria brigas quando chegasse em casa e assim por diante. Toda essa preocupação poderia me fazer sentir mal e infeliz. Eu não conseguiria fazer física direito, e isso seria uma *grande confusão*! O que eu sempre quis fazer seria ruim para mim, por isso decidi que não posso aceitar a proposta."

PARTE 5

O mundo de um físico

VOCÊ RESOLVERIA A EQUAÇÃO DE DIRAC?

Ao fim do ano em que estive no Brasil, recebi uma carta do professor Wheeler anunciando um encontro internacional de físicos teóricos a ser realizado no Japão. Ele perguntava se eu gostaria de ir. O Japão teve alguns físicos famosos antes da guerra: o professor Yukawa, ganhador de um Prêmio Nobel, Tomonaga e Nishina — e aquele era o primeiro sinal de volta à vida do Japão depois da guerra, por isso todos achávamos que devíamos prestigiar.

Wheeler anexou à sua carta um pequeno manual de japonês e disse que seria bom que aprendêssemos um pouco da língua. No Brasil, encontrei uma japonesa disposta a me ajudar com a pronúncia, treinei erguer pequenos pedaços de papel com pauzinhos e li bastante sobre o país. Naquela época, o Japão era um mistério para mim, e, por achar que seria interessante visitar um país tão exótico e magnífico, dediquei-me bastante.

Ao chegarmos, fomos recebidos no aeroporto e levados a um hotel de Tóquio projetado por Frank Lloyd Wright. Era a imitação de um hotel europeu, incluindo o rapaz uniformizado como o cara da propaganda da Philip Morris. Não estávamos no Japão; podíamos estar na Europa ou nos Estados Unidos! O homem que nos mostrou nossos quartos ficava por perto, subindo e baixando persianas, esperando uma gorjeta. Tudo exatamente como nos Estados Unidos.

Nossos anfitriões tinham organizado tudo. Naquela primeira noite, o jantar foi servido na cobertura do hotel por uma mulher em trajes tradicionais, mas os cardápios vinham em inglês. Eu havia tido bastante trabalho para aprender algumas frases em japonês, então já perto do fim do jantar disse à garçonete:

— *Kohi-o motte kite kudasai.*

Ela fez uma mesura e foi embora.

Meu amigo Marshak esfregou os olhos:

— O quê? O quê?

— Sei falar japonês — afirmei.

— Ah, seu vigarista! Você está sempre de brincadeira, Feynman.

— Do que você está falando? — perguntei, muito sério.

— Está bem — concordou ele. — O que você pediu?

— Pedi que ela nos trouxesse café.

Marshak não acreditou em mim.

— Vou fazer uma aposta — disse. — Se ela nos trouxer café...

A garçonete apareceu com o café, e Marshak perdeu a aposta.

No fim das contas, fui o único a aprender um pouco de japonês — nem Wheeler, que convocara todo mundo a estudar o idioma, tinha aprendido coisa alguma — e não aguentei mais. Tinha lido a respeito de hotéis em estilo japonês, que deveriam ser muito diferentes daquele em que estávamos.

Na manhã seguinte, pedi ao japonês que estava organizando tudo que viesse ao meu quarto.

— Gostaria de ficar num hotel em estilo japonês.

— Temo que seja impossível, professor Feynman.

Eu tinha lido que os japoneses são muito corteses, mas também muito obstinados. É preciso insistir. Então decidi ser tão obstinado quanto eles e igualmente cortês. Foi uma guerra de cérebros: levou trinta minutos de idas e vindas.

— Por que quer ficar num hotel em estilo japonês?

— Porque neste hotel não me sinto no Japão.

— Os hotéis em estilo japonês não são bons. O senhor terá de dormir no piso.

— É isso que quero, ver como é.

— E não há cadeiras; à mesa, o senhor se senta no chão.

— Está bem. Vai ser divertido. É isso que estou querendo.

Por fim, ele admitiu o verdadeiro problema:

— Se o senhor estiver em outro hotel, o ônibus que leva todos ao encontro terá de fazer uma parada extra.

— Não, não! — falei. — De manhã, virei até aqui para pegar o ônibus.

— Bem, se é assim, está certo.

Esse era o *único* problema, só que levamos meia hora para chegar a ele.

Ele já estava procurando o telefone para fazer a reserva quando parou de repente. Tudo emperrado de novo. Levamos mais quinze minutos para descobrir que dessa vez eram as mensagens. Se houvesse alguma mensagem dos organizadores do encontro, eles já tinham acertado onde entregá-las.

— Não há problema — falei. — Quando chegar aqui de manhã para pegar o ônibus, verei se há mensagens para mim.

— Tudo certo. Está bem.

Ele pegou o telefone e finalmente nos pusemos a caminho do hotel em estilo japonês.

Assim que chegamos lá, vi que tinha valido a pena: era uma delícia! Na frente, havia um lugar para tirar os sapatos, depois chegava uma garota em traje tradicional — o obi — e sandálias, arrastando os pés, pegava suas coisas e você ia atrás dela por um saguão com esteiras no chão, passava por portas corrediças de papel, e lá ia ela, *chi, chi, chi*, com seus passinhos. Era tudo uma maravilha!

Fomos para o meu quarto, e o rapaz que providenciara tudo curvou-se inteiro e encostou o nariz no piso; ela abaixou-se e também tocou o assoalho com o nariz. Eu fiquei sem jeito. Será que devia encostar o nariz no chão também?

Eles trocaram gestos de cortesia, ele aceitou o quarto por mim e foi embora. Era um quarto *realmente* maravilhoso. Havia todas as coisas normais que hoje em dia são conhecidas, mas era tudo novidade para mim: uma pequena alcova com uma pintura, um vaso com um belo arranjo de flores de salgueiro, uma mesa baixa com uma almofada diante dela e, nos fundos do quarto, uma porta dupla de correr que se abria para um jardim.

A encarregada de me atender era uma mulher de meia-idade. Ela me ajudou a trocar de roupa e me deu um *yukata*, um roupão simples azul e branco, para usar no hotel.

Abri a porta, admirei o adorável jardim e me sentei à mesa para trabalhar um pouco.

Não tinham se passado mais de quinze ou vinte minutos quando algo me chamou a atenção. Olhei para o jardim lá fora e vi, sentada à porta, aninhada a um canto, uma *linda* jovem japonesa muito bem-vestida.

Eu tinha lido bastante sobre os costumes do Japão e fazia ideia do motivo pelo qual ela fora mandada ao meu quarto. "Isto pode ser muito interessante!", pensei.

Ela falava um pouco de inglês. "Gostaria de ver o jardim?", perguntou.

Calcei os sapatos que tinham vindo com o *yukata* e saí para o jardim. Ela me tomou pelo braço e mostrou-me tudo.

Como ela sabia um pouco de inglês, o gerente do hotel tinha achado que eu gostaria que ela me mostrasse o jardim, e isso era tudo. Fiquei um pouco decepcionado, claro, mas se tratava de um encontro de culturas, e eu sabia que era fácil fazer uma ideia errada das coisas.

Um pouco mais tarde, a mulher encarregada do meu quarto apareceu e disse alguma coisa em japonês sobre um banho. Eu sabia que os banhos japoneses eram interessantes e estava ansioso para experimentar, então disse: "*Hai*."

Eu tinha lido que os banhos japoneses são muito complicados. Eles usam muita água, que é aquecida do lado de fora, e você não deve enchê-la de sabão e estragá-la para a pessoa seguinte.

Levantei-me e fui até a seção de lavatórios, onde ficava a pia, e ouvi alguém na seção mais próxima com a porta fechada tomando banho. De repente, a porta se abre: o homem que estava tomando banho saiu para ver quem era o intruso. "Professor!", disse-me ele em inglês. "É uma falta grave entrar no lavatório quando outra pessoa está tomando banho!" Era o professor Yukawa!

Ele me disse que sem dúvida a mulher tinha perguntado se eu *queria* tomar banho, e, em caso positivo, ela ia prepará-lo para mim e me avisar quando o banheiro estivesse desocupado. Mas, entre todas as pessoas no mundo, tive sorte de que fosse o professor Yukawa a testemunha de minha gafe!

Aquele hotel em estilo japonês era ótimo, sobretudo quando me visitavam ali. Os outros caras entravam no meu quarto, nos sentávamos no piso e começávamos a conversar. Não se passavam nem cinco minutos para que a encarregada aparecesse com uma bandeja de chá e doces. Era como se você fosse o anfitrião em sua própria casa e a equipe do hotel ajudasse a receber os hóspedes. Nos Estados Unidos, quando você recebe hóspedes em seu quarto de hotel, ninguém se mobiliza. É preciso pedir o serviço de quarto.

Fazer as refeições no hotel também era diferente. A garota que trazia a comida ficava ali enquanto você comia, então você não se sentia sozinho. Eu não conseguia conversar direito com ela, mas tudo bem. E a comida era maravilhosa. A sopa, por exemplo, vinha numa terrina tampada. Você erguia a tampa e via um lindo quadro: pedacinhos de cebola flutuando no caldo, uma beleza. O aspecto da comida no prato é muito importante.

Eu tinha decidido que ia viver à moda japonesa até onde pudesse. Isso implicava comer peixe. Nunca gostei de peixe quando era jovem, mas no Japão achei isso uma infantilidade: comi muito peixe e gostei muito. (Ao voltar aos Estados Unidos, a primeira coisa que fiz foi ir a um restaurante de frutos do mar. Era horrível — exatamente como antes. Não pude suportá-lo. Mais tarde descobri a razão: o peixe precisa estar fresquíssimo — se não, adquire um gosto que me desagrada.)

Certa vez, eu estava comendo no restaurante do hotel em estilo japonês e me serviram uma coisa redonda, dura, do tamanho de uma gema de ovo, numa taça com um líquido amarelo. Até então eu tinha comido de tudo, mas aquilo me assustou: tinha circunvoluções, como um cérebro. Perguntei à garçonete o que era, e ela disse que era *kuri*. Isso não ajudou muito. Imaginei que talvez fossem ovas de polvo ou algo assim. Comi com alguma hesitação, porque queria me sentir no Japão o máximo possível. (Recordo também a palavra *kuri* como se minha vida dependesse disso — não a esqueci em trinta anos.)

No dia seguinte, perguntei a um japonês que estava no encontro o que era aquela coisa cheia de dobras. Disse a ele que tinha achado difícil comer aquilo. O que era o tal *kuri*?

"Significa 'castanha'", respondeu ele.

O parco japonês que eu aprendi tinha grande eficácia. Numa ocasião em que o ônibus estava levando um tempão para partir, um dos rapazes disse:

— Ei, Feynman! Você fala japonês; diga a eles que se apressem!

— *Hayaku! Hayaku! Ikimasho! Ikimasho!* — disse eu, o que significa "Vamos! Vamos! Depressa! Depressa!".

Percebi que meu japonês estava fora de controle. Eu tinha aprendido aquelas frases num manual militar, e elas deviam ser bem grosseiras, porque os funcionários do hotel começaram a correr como camundongos dizendo "Sim, senhor! Sim, senhor!", e o ônibus partiu na mesma hora.

O encontro no Japão foi feito em duas etapas: a primeira em Tóquio e a segunda em Kyoto. No ônibus a caminho de Kyoto, falei a meu amigo

Abraham Pais sobre o hotel em estilo japonês, e ele quis experimentar. Ficamos no Hotel Miyako, que tinha quartos em estilo americano e japonês, e Pais dividiu comigo um quarto japonês.

Na manhã seguinte, a moça que tomava conta do nosso aposento preparou o banheiro, que ficava dentro do cômodo. Pouco depois, voltou com a bandeja do café. Eu estava parcialmente vestido. Ela dirigiu-se a mim, com toda cortesia, e disse *Ohayo, gozai masu*, que significa "Bom dia".

Pais acabava de sair do banho, ensopado e completamente nu. Ela dirigiu-se a ele e, com a mesma compostura, disse *Ohayo, gozai masu*, e pôs a bandeja na mesa para nós.

Pais olhou para mim e disse: "Meu Deus, como somos incivilizados!"

Sabíamos que, nos Estados Unidos, se a camareira entrasse com o café da manhã e se deparasse com um cara completamente pelado, haveria gritinhos e certa comoção. Mas no Japão eles estavam totalmente habituados a isso, e sentimos que eram mais avançados e civilizados do que nós nesse campo.

* * *

Naquela época, eu estava trabalhando na teoria do hélio líquido e descobri que as leis da mecânica quântica poderiam explicar o estranho fenômeno da superfluidez. Estava muito orgulhoso desse achado e ia dar uma palestra sobre meu trabalho no encontro de Kyoto.

Na noite da véspera houve um jantar, e o homem que se sentou a meu lado era ninguém menos que o professor Onsager, grande especialista em física do estado sólido e nos problemas do hélio líquido. Era um desses caras que não falam muito, mas, quando falam, sempre dizem algo importante.

— Bem, Feynman — disse ele com sua voz rouca —, ouvi dizer que você acha que entendeu o hélio líquido.

— Bem, é...

— Hummm.

E foi tudo o que ele disse durante todo o jantar! Não foi muito animador.

No dia seguinte, dei minha palestra e expliquei tudo sobre o hélio líquido. No final, queixei-me de que havia uma coisa que ainda não tinha conseguido entender: se a transição entre uma fase e outra do hélio líquido era de primeira ordem (como acontece quando um sólido derrete ou quando um líquido entra em ebulição — a temperatura é constante) ou de segunda (como se vê às vezes no magnetismo, em que a temperatura muda).

Foi então que o professor Onsager levantou-se e disse, com uma voz severa: "Bem, o professor Feynman é novo em nossa área e acho que precisa ser educado. Há uma coisa que ele precisa saber, e devemos lhe dizer."

"Meu Deus! Onde foi que eu errei?", pensei.

"Devemos dizer a Feynman que *ninguém* jamais descobriu qual é a ordem de uma transição a partir de primeiros princípios", disse Onsager, "então o fato de que sua teoria não lhe permita conhecer corretamente a ordem *não* significa que ele não tenha compreendido satisfatoriamente todos os outros aspectos do hélio líquido." Acabou sendo um elogio, mas do jeito como ele começou achei que ia ouvir poucas e boas!

Não tinha se passado nem um dia quando o telefone em meu quarto tocou. Era da revista *Time*. A pessoa no outro lado da linha disse:

— Estamos muito interessados em seu trabalho. Teria alguma cópia que pudesse nos enviar?

Eu nunca tinha saído na *Time* e fiquei muito impressionado. Tinha orgulho do meu trabalho, que fora bem recebido no encontro, então disse:

— Claro!

— Ótimo. Por favor, mande-a para o nosso escritório em Tóquio.

E me passou o endereço. Eu estava me sentindo o máximo.

Repeti o endereço, e o cara da *Time* disse:

— É isso mesmo. Muito obrigado, sr. Pais.

— Oh, não! — retruquei, estupefato. — Quem fala aqui não é Pais; é com ele que quer falar? Desculpe. Vou avisá-lo assim que ele chegar.

Poucas horas depois, Pais chegou:

— Ei, Pais! Pais! — exclamei, entusiasmado. — A revista *Time* ligou! Querem que você mande a eles uma cópia do seu artigo.

— Ah! — disse ele. — Publicidade é uma merda!

Fiquei duplamente perplexo.

Depois descobri que Pais tinha razão, mas naquela época achava o máximo ter meu nome na *Time*.

Essa foi a primeira vez que estive no Japão. Eu estava ansioso para voltar lá e disse que iria a qualquer universidade que eles quisessem. Então os japoneses organizaram uma série de lugares para eu visitar durante alguns dias de cada vez.

Nessa época eu estava casado com Mary Lou, e nos divertíamos aonde quer que fôssemos. Em certo lugar, organizaram especialmente para nós uma cerimônia com dança completa, normalmente exibida para grandes grupos de turistas. Em outro, fomos recebidos por todos os alunos ao sair do barco. Num terceiro, o prefeito nos esperava.

Um dos lugares em que estivemos era pequeno e modesto, no meio da floresta, onde o imperador costumava ficar. Era um lugar adorável, cercado de mata, belíssimo, com um riacho escolhido a dedo. Tinha uma certa quietude, uma elegância serena. O fato de ter sido frequentado pelo imperador indicava uma sensibilidade muito maior em relação à natureza, na minha opinião, do que nós temos no Ocidente.

Em todos esses lugares, todas as pessoas da área da física queriam me contar o que estavam fazendo e discutir seus trabalhos. Eles me contavam em linhas gerais o problema em que estavam trabalhando e começavam a escrever um monte de equações.

— Um momento — pedia eu. — Você tem um exemplo em particular para o problema geral?

— Sim, claro.

— Ótimo. Qual é o exemplo?

Comigo é assim. Não consigo entender coisa alguma de modo geral se não tiver na cabeça um exemplo específico para ver como funciona. De início, algumas pessoas acham que sou lento e que não estou entendendo o problema, porque faço uma série de perguntas "tolas": "O cátodo é positivo ou negativo? O ânion é assim ou assado?"

Depois, quando o cara está no meio de um monte de equações, ele diz alguma coisa, e eu o interrompo: "Um momento! Há um erro aí. Isso não pode estar certo!"

O cara olha para as equações e, depois de algum tempo, como não podia deixar de ser, encontra o erro e se assombra. "Como é possível que esse cara, que de início mal entendia o que eu estava dizendo, tenha achado o erro nessa balbúrdia de equações?"

Ele acha que estou acompanhando matematicamente seus passos, mas não é o que faço. Tenho o exemplo específico, físico, do que ele está tentando analisar e, por instinto e experiência, conheço as propriedades daquilo. Então, quando a equação diz que aquilo deveria se comportar assim e assim, e eu sei que está errado, dou um salto e digo: "Um momento! Isso está errado!"

Por isso, quando estive no Japão, não era capaz de entender ou discutir o trabalho de alguém a menos que me desse um exemplo físico, o que muitos não eram capazes de encontrar. Dentre os que conseguiam, vários davam exemplos tão fracos que poderiam ser solucionados por um método de análise muito mais simples.

Como eu estava sempre perguntando *não* sobre equações matemáticas, mas sobre as circunstâncias físicas do que eles estavam tentando demonstrar, minha visita foi resumida num comunicado mimeografado que circulou entre os cientistas (era um sistema modesto mas eficaz de comunicação que eles tinham criado depois da guerra) intitulado "Os bombardeios de Feynman e nossas reações".

Depois de visitar várias universidades, passei alguns meses no Instituto Yukawa em Kyoto. Gostei muito de trabalhar lá. Tudo era muito bom: você chegava para trabalhar, tirava os sapatos e aparecia alguém para servir seu chá quando você quisesse. Era muito agradável.

Enquanto estava em Kyoto, tentei aprender japonês como vingança. Estudei com afinco e cheguei ao ponto de poder andar de táxi e me virar sozinho. Tinha aulas com um japonês, todos os dias, durante uma hora.

Um dia, ele me ensinou a palavra para "ver". "Vamos supor que você queira dizer 'Posso ver seu jardim?'. Como vai dizer isso?", perguntou ele.

Fiz uma sentença com a palavra que acabara de aprender.

"Não, não!", disse ele. "Se você perguntar a uma pessoa 'Gostaria de ver o meu jardim?', deve usar o primeiro 'ver'. Mas, se quiser ver o jardim de outra pessoa, deve usar o segundo 'ver', que é mais cortês."

"Gostaria de *dar uma olhada* em meu humilde jardinzinho?" é essencialmente o que você diz no primeiro caso, mas, quando quer ver o jardim de outra pessoa, precisa dizer algo como "Posso *admirar* o seu magnífico jardim?" Portanto, usamos duas construções diferentes.

Então ele me deu outro exemplo: "Você vai a um templo e quer ver os jardins..."

Fiz uma sentença com o "ver" cortês.

"Não, não!", disse ele. "Num templo, os jardins são muito mais requintados. Nesse caso, você deve dizer algo como 'Posso *encantar meus olhos* com a beleza excepcional de seus jardins?'"

Três ou quatro construções diferentes para uma mesma ideia, porque, quando se trata do *meu*, é uma porcaria, mas, quando se trata do *seu*, é requintado.

Eu estava aprendendo japonês sobretudo por razões técnicas, então decidi verificar se havia o mesmo problema entre os cientistas.

No dia seguinte, no Instituto, perguntei aos rapazes do escritório:

— Como se diria, em japonês, "Resolvi a equação de Dirac"?

Eles me disseram como.

— Está bem. Agora quero dizer: "*Você* resolveria a equação de Dirac?"... como seria isso?

— Nesse caso, você tem de usar outra palavra para "resolver" — disseram eles.

— Por quê? — protestei. — Quando *eu* resolvo, estou fazendo a mesma coisa que *você* quando resolve!

— Sim, mas usa-se outra palavra. É mais cortês.

Desisti. Concluí que aquele idioma não era para mim e parei de estudá-lo.

A SOLUÇÃO DOS 7%

A dificuldade era encontrar as leis que regem o decaimento beta. Aparentemente, havia duas partículas, chamadas tau e teta. Tudo indicava que tinham praticamente a mesma massa, mas uma delas se desintegrava em dois píons, e a outra, em três. Elas pareciam ter não só a mesma massa, mas a mesma meia-vida, o que é uma estranha coincidência. Por isso todo mundo estava interessado na questão.

Num encontro em que estive, relatou-se que, quando essas duas partículas eram produzidas num cíclotron em diferentes ângulos e diferentes energias, sempre resultavam na mesma proporção — a tantos taus correspondiam quantos tetas.

Uma das possibilidades era que se tratasse da mesma partícula, que às vezes decaía em dois píons e outras em três. Mas ninguém queria aceitar isso, porque existe uma lei, chamada regra da paridade, que se baseia na suposição de que todas as leis da física obedecem à simetria de reflexão, e uma coisa que decai em dois píons não pode decair em três.

Naquela época, eu não estava muito atualizado a respeito dessas coisas: andava sempre meio atrasado. Todo mundo parecia muito informado, e eu sentia que não estava acompanhando. De todo modo, eu dividia um quarto com um cara chamado Martin Block, um físico experimental. Certa noite, ele me perguntou:

— Por que vocês insistem tanto nessa regra da paridade? Talvez o tau e o teta sejam a mesma partícula. O que aconteceria se a lei da paridade estivesse errada?

Pensei um minuto e respondi:

— Isso significaria que as leis da natureza são diferentes para o lado direito e para o lado esquerdo, que há um meio de determinar o lado direito por meio de fenômenos físicos. Não sei se isso seria tão terrível, mas deve ter consequências ruins. Por que não pergunta aos especialistas amanhã?

— Não, eles não vão me dar ouvidos. Pergunte *você* — pediu ele.

No dia seguinte, na reunião, quando discutíamos o enigma tau-teta, Oppenheimer disse:

— Precisamos ouvir ideias novas, ainda não exploradas, sobre essa questão.

Levantei-me e disse:

— Quero fazer uma pergunta em nome de Martin Block: o que aconteceria se a lei da paridade estivesse errada?

Murray Gell-Mann muitas vezes me alfinetou por isso, dizendo que não tive coragem de fazer a pergunta em meu nome. Mas não foi esse o motivo. Pensei realmente que a questão seria relevante.

O físico Tsund-Dao Lee, da dupla com Chen-Ning Frank Yang, deu uma resposta complicada que eu, como de hábito, não entendi muito bem. No fim do encontro, Block me perguntou o que ele tinha dito, e eu disse que não sabia, mas, pelo que entendi, a questão continuava em aberto — ainda havia uma possibilidade. Eu não considerava aquilo provável, mas era possível.

Norm Ramsey me perguntou se eu achava que ele deveria fazer uma experiência para investigar a violação da lei da paridade, e respondi:

— A melhor maneira de explicar isso é: aposto cinquenta contra um que você não vai descobrir nada.

— Por mim, está bem — disse ele, mas nunca fez o experimento.

A descoberta da violação da lei da paridade, feita experimentalmente por Chien-Shiung Wu, abriu todo um leque de novas possibilidades para a teoria do decaimento beta e motivou uma série de pesquisas experimentais logo depois. Algumas mostraram elétrons saindo do núcleo com rotação para a esquerda, outros, para a direita, e fez-se todo tipo de experimentos, todo tipo de descobertas importantes sobre a paridade. Mas os dados eram tão confusos que ninguém conseguia pôr ordem nas coisas.

A certa altura, realizou-se a Conferência de Rochester, um encontro anual. Eu ainda estava muito atrasado, e Lee apresentou seu artigo sobre a violação da paridade. Ele e Chen-Ning Yang concluíram que a paridade tinha sido violada, e agora ele apresentava uma teoria para isso.

Durante a conferência, hospedei-me com minha irmã em Syracuse. Levei o artigo para casa e disse a ela:

— Não consigo entender o que Lee e Yang estão dizendo. É tudo muito complicado.

— Não — disse ela —, o que você quer dizer não é que *não* consegue entender, mas que não foi *você* quem inventou isso. Você não a entendeu do *seu* jeito, apenas a partir de umas pistas. O que você precisa fazer é imaginar que é estudante de novo, levar o artigo lá para cima, lê-lo linha por linha e refazer as equações. Aí vai entender facilmente.

Segui o conselho dela, refiz aquilo tudo e concluí que era óbvio e simples. Eu tinha ficado com medo de ler o trabalho, achando que era muito difícil.

Isso me lembrou uma coisa que eu tinha feito muito tempo antes com equações assimétricas à esquerda e à direita. Agora, recorrendo às fórmulas de Lee, ficava claro que a solução era muito mais simples: tudo é acoplado pela esquerda. Para o elétron e o múon, minhas previsões eram as mesmas de Lee, exceto por alguns sinais. Embora na época eu não tenha percebido, Lee usara apenas o exemplo mais simples de acoplamento de múons e não demonstrara que todos os múons se acoplam pela direita, enquanto, de acordo com minha teoria, todos os múons se completariam automaticamente. Portanto, na verdade, eu tinha uma previsão compatível com o que ele dizia. Meus sinais eram diferentes, mas não percebi que nisso eu também estava certo.

Previ poucas coisas sobre as quais ninguém tinha feito experimentos ainda, mas, no tocante a nêutrons e prótons, eu não conseguia fazer aquilo encaixar com o que se conhecia na época a respeito do acoplamento de nêutrons e prótons: era tudo um tanto confuso.

No dia seguinte, quando voltei ao encontro, um homem muito simpático chamado Ken Case, que ia apresentar um artigo, cedeu-me cinco minutos do tempo que lhe fora reservado para que eu apresentasse minha ideia. Eu disse estar convencido de que tudo se acoplava pela esquerda e de que os sinais do elétron e do múon são opostos, mas que eu ainda tinha dificuldade com o nêutron. Mais tarde, os físicos experimentais fizeram algumas perguntas sobre minhas previsões e depois fui passar o verão no Brasil.

Ao voltar aos Estados Unidos, procurei saber em que pé estava a questão do decaimento beta. Fui ao laboratório da professora Wu, em Columbia, mas ela não estava. Quem me atendeu foi uma senhora que me mostrou todo tipo de dados, todo tipo de números caóticos que não encaixavam com nada. Os elétrons, que em meu modelo teriam sido emitidos em rotação para a esquerda no decaimento beta, em alguns casos saíam pela direita. Nada combinava com nada.

Voltei ao Caltech e perguntei a alguns dos físicos experimentais o que estava acontecendo com o decaimento beta. Lembro-me de três caras, Hans Jensen, Aaldert Wapstra e Felix Boehm, me pedindo que sentasse num banquinho e me contando todos aqueles fatos: resultados experimentais de outras partes do país e seus próprios resultados. Eu conhecia aqueles caras e sabia que eram rigorosos, por isso dei mais atenção aos resultados obtidos por eles. Estes, por si sós, não eram tão inconsistentes; inconsistentes eram os resultados dos outros *em conjunto* com os deles.

Por fim, depois de me entupir com todas aquelas coisas, eles disseram:

— A situação é tão confusa que mesmo algumas das coisas que há *anos* dávamos como certas estão sendo questionadas: como o decaimento beta do nêutron ser S e T. É uma enorme confusão. Murray acha que deve ser V e A.

Dei um salto do banquinho e disse:

— Então entendo tuuuudo!

Eles acharam que eu estava brincando. Mas meu problema, na Conferência de Rochester, tinha sido a desintegração do nêutron e do próton: tudo coincidia, *menos* aquilo. Mas se fosse V e A em vez de S e T, *aquilo* também coincidiria. Assim, eu tinha a teoria completa!

Naquela noite, pus-me a calcular todo tipo de coisa com essa teoria. A primeira coisa que calculei foi o tempo de desintegração do múon e do nêutron. Se a teoria estivesse correta, eles deviam estar ligados por determinado relacionamento, e isso dava certo a 9%. Era uma boa aproximação. Deveria ser mais perfeito que isso, mas já era suficiente.

Fui em frente e verifiquei algumas outras coisas, que encaixaram, e mais coisas, que também encaixaram, e fiquei muito entusiasmado. Era a primeira vez, a única na minha carreira, que eu descobria uma lei da natureza que ninguém mais conhecia. (Claro que isso não era verdade, mas saber depois que pelo menos Murray Gell-Mann — e também Sudarshan e Marshak — tinha formulado a mesma teoria não estragou minha alegria.)

As coisas que eu tinha feito antes consistiam em pegar a teoria de outra pessoa e aperfeiçoar o método de cálculo, ou pegar uma equação, como a equação de Schrödinger, para explicar um fenômeno, como o hélio. A equação era conhecida, o fenômeno era conhecido, mas como funcionava?

Pensei em Dirac, que tinha sua equação havia algum tempo — uma nova equação que explicava como se comportava um elétron —, e eu tinha essa nova equação para o decaimento beta, que não era tão essencial quanto a de Dirac, mas era boa. Foi a única vez que descobri uma nova lei.

Liguei para minha irmã em Nova York e agradeci a ela por me ter feito sentar e trabalhar naquele artigo de Lee e Yang na Conferência de Rochester. Depois de me sentir pouco à vontade e por fora, eu agora estava por *dentro*. Tinha feito uma descoberta a partir do que ela havia sugerido. Eu já podia fazer parte da física de novo, por assim dizer, e queria agradecê-la por isso. Disse a ela que tudo encaixava, exceto pelos 9%.

Eu estava a todo vapor e continuei fazendo cálculos, e as coisas que encaixavam continuavam aparecendo: encaixavam automaticamente, sem esforço. Eu começava a esquecer os 9%, porque tudo o mais estava dando certo.

Trabalhei pesado noite adentro, numa mesinha da cozinha junto a uma janela. Ficava cada vez mais tarde — duas, três da manhã. E eu trabalhava sem parar, tentando consolidar aqueles cálculos todos com as coisas que encaixavam, e pensava, me concentrava, e estava escuro, e havia o silêncio... quando de repente ouço um *tac-tac-tac-tac* bem forte, na janela. Olhei, e ali estava aquele *rosto branco*, bem na janela, a centímetros de distância, e dei um grito de susto e surpresa!

Era uma moça que estava zangada comigo porque eu tinha voltado de férias e não telefonara de imediato para dizer que estava de volta. Deixei-a entrar e tentei explicar que estava ocupadíssimo naquele momento, que tinha acabado de descobrir uma coisa muito importante. E pedi:

— Por favor, vá embora e me deixe terminar.

— Não, não quero incomodá-lo. Vou ficar sentada aqui na sala — disse ela.

— Está bem — falei —, mas vai ser muito difícil.

O que ela fez não foi exatamente *ficar sentada* na sala. A melhor maneira de dizer isso é que ela se acocorou num canto, com as mãos juntas, para não me "incomodar". É claro que ela pretendia me incomodar, *e muito*! E teve êxito — não consegui ignorá-la. Fiquei muito zangado e preocupado, não podia tolerar aquilo. Eu precisava fazer aqueles cálculos, estava em meio a uma grande descoberta, entusiasmadíssimo, e, de alguma forma, isso era mais importante para mim do que a moça — pelo menos naquele momento. Não lembro bem como foi que finalmente consegui que ela fosse embora, mas foi bastante difícil.

Depois de trabalhar mais um pouco noite adentro, eu estava com fome. Saí para a rua principal, em direção a um pequeno restaurante a algumas quadras de distância, como já tinha feito algumas vezes na madrugada.

Em diversas ocasiões eu tinha sido abordado pela polícia porque estava andando, pensando, e de repente parava — às vezes surge uma ideia tão difícil que você não consegue continuar andando, precisa ter certeza de alguma coisa. Então eu parava, e às vezes gesticulava com as mãos, dizendo a mim mesmo: "A distância entre eles é tanto, então isso vai *resultar* em..."

Eu estava parado na rua, gesticulando, quando o policial se aproximou.

— Como se chama? Onde mora? O que está fazendo?

— Ah! Eu estava pensando. Desculpe, moro aqui mesmo e sempre vou ao restaurante...

Depois de algum tempo eles passaram a me reconhecer e não me abordaram mais.

Então fui ao restaurante e, enquanto comia, estava tão empolgado que contei a uma moça que acabava de fazer uma descoberta. Ela começou a falar, disse que era mulher de um bombeiro, ou guarda-florestal, algo assim. Era muito solitária — todas essas coisas em que eu não estava interessado. Então, *aconteceu*.

Na manhã seguinte, cheguei ao trabalho, procurei Wapstra, Boehm e Jensen e contei a eles:

— Resolvi o problema. Tudo se encaixa.

Christy, que também estava ali, perguntou:

— Que constante de decaimento beta você usou?

— A do livro de Fulano.

— Mas já se sabe que está errada. Medições mais recentes mostram que é de 7%.

Lembrei-me então dos 9%. Para mim, tinha sido como uma predição: fui para casa e bolei essa teoria segundo a qual o decaimento do nêutron deve ser por volta de 9%, e na *manhã* seguinte me dizem que na verdade o desvio é de 7%. Mas teria mudado de 9 para 16, o que seria mau, ou de 9 para 2, o que seria bom?

Bem nessa hora, minha irmã me ligou de Nova York:

— E os 9%? O que foi que aconteceu?

— Acabo de descobrir que há dados novos: 7%...

— *Como assim?*

— Estou tentando descobrir. Ligo de volta.

Eu estava tão agitado que não conseguia pensar. É como quando você corre para pegar um avião, sem saber se está ou não atrasado, quando alguém diz: "É por causa do horário de verão!" Sim, mas para mais ou para menos? Em meio à agitação, você não consegue pensar.

Então Christy foi para uma sala, e eu para outra, para que ficássemos sossegados e pudéssemos pensar: isto vai *num* sentido, aquilo vai em *outro* — na verdade, nem era tão difícil; era apenas emocionante.

Christy saiu, eu saí e chegamos à mesma conclusão: é 2%, o que está dentro da margem de erro experimental. Afinal, se a constante tinha sido mudada para 7%, os 2% bem poderiam ter sido um erro. Liguei para minha irmã: "2%". A teoria estava certa.

(Na verdade, estava errada: a margem de erro era de 1% devido a um motivo que não tínhamos levado em conta e só foi entendido mais tarde por Nicola Cabibbo. Então aqueles 2% não eram tão experimentais assim.)

Murray Gell-Mann e eu comparamos e combinamos nossas ideias e escrevemos um artigo sobre a teoria. Ela era bastante clara e podia ser empregada numa porção de casos. Mas, como eu já disse, havia uma tremenda quantidade de dados caóticos. E em alguns casos chegamos ao ponto de afirmar que os experimentos estavam errados.

Um bom exemplo disso foi a experiência feita por Valentine Telegdi, que mediu o número de elétrons emitidos em cada direção quando um nêutron se desintegra. Nossa teoria previa que esse número deveria ser o mesmo para todas as direções, enquanto Telegdi encontrou que 11% a mais eram emitidos numa direção em relação às outras. Telegdi era um excelente físico experimental e muito rigoroso. E certa vez, quando estava dando uma palestra, mencionou nossa teoria e disse: "O problema com os teóricos é que nunca prestam atenção aos experimentos!"

Telegdi também nos enviou uma carta que não era exatamente uma crítica aberta, mas na qual deixava claro estar convencido da falsidade de nossa teoria. No final, ele disse: "A teoria do decaimento beta de F-G (Feynman-Gell-Mann) não é de F-G."

— O que vamos fazer a respeito disso? — perguntou Murray. — Você sabe como Telegdi é bom.

— Vamos esperar — respondi.

Dois dias depois chegou outra carta de Telegdi. Ele tinha mudado da água para o vinho. A partir da nossa teoria, descobriu que não tinha levado em conta a possibilidade de que o recuo do próton a partir do nêutron não fosse o mesmo em todas as direções. Recorrendo a correções baseadas nas previsões de nossa teoria e não nas que *ele* vinha usando, seus resultados se acertaram e ficaram em perfeito acordo com os nossos.

Eu sabia que Telegdi era excelente e teria sido difícil contradizê-lo. Mas àquela altura estava certo de que alguma coisa no experimento dele estava errada, e que *ele mesmo* descobriria isso — era muito melhor nisso do que nós. Foi por isso que eu disse que não devíamos tentar entender nada e apenas esperar.

Procurei o professor Bacher e contei-lhe a respeito de nosso êxito, e ele disse: "Sim, vocês chegam e dizem que o acoplamento nêutron-próton é V e não T. Todo mundo estava habituado a aceitar que era T. Onde está o experimento fundamental que demonstra que é T? Por que vocês não voltam aos antigos experimentos e descobrem o que havia de errado com eles?"

Procuramos e encontramos o artigo original que dizia que o acoplamento nêutron-próton é T, e uma coisa em especial me *impressionou*. Lembrei-me de já ter lido aquele artigo (na época em que lia todos os artigos da *Physical Review* — a revista era pequena). E, quando o reli, *lembrei-me* de ter olhado para aquela curva e pensado: "Isso não prova *coisa alguma!*"

Ela se baseava em um ou dois pontos bem no limite do conjunto de dados, e existe um princípio segundo o qual um ponto situado no limite do conjunto — o último ponto — não é muito bom, porque se fosse bom haveria outro ponto além dele. E percebi que toda a ideia do acoplamento nêutron-próton é T se baseava no último ponto, que não é muito bom, e portanto não provava nada. Lembro-me de ter *notado* isso!

E, quando me interessei diretamente pelo decaimento beta, li todas aquelas matérias produzidas por "especialistas em decaimento beta" que diziam que era T. Nunca tinha visto os dados originais, li apenas aqueles comentários, como um bobo. Se eu fosse um *bom* físico, ao pensar na ideia original na Conferência de Rochester, teria imediatamente procurado saber "até que ponto estamos certos de que é T?" — era a coisa mais sensata a fazer. Eu teria *reconhecido* de imediato que, de acordo com minhas observações anteriores, aquilo não fora comprovado satisfatoriamente.

A partir de então nunca mais dei atenção a qualquer coisa feita por "especialistas". Faço todos os cálculos por minha conta. Quando se dizia que a teoria dos quarks era muito boa, chamei dois doutores, Finn Ravndal e Mark Kislinger, para refazer o *trabalho todo* comigo, assim eu poderia verificar se aquilo estava dando resultados plausíveis e se a teoria era significativamente boa. Jamais cometerei esse erro de novo, ler a opinião dos especialistas. É claro que só se vive uma vez, comete-se todo tipo de erros e aprende-se o que não se deve fazer, e depois é o fim.

TREZE VEZES

Certa vez, um professor de uma faculdade pública municipal pediu que eu ministrasse uma palestra por cinquenta dólares. Respondi que não estava preocupado com o dinheiro.
— É uma faculdade *pública*, certo?
— Sim.
Pensei na papelada com que normalmente tinha de lidar em qualquer tratativa com o governo, então respondi, rindo:
— Darei a palestra com prazer. Mas com uma condição — disse, e inventei um número qualquer e continuei. — Não quero ter de assinar o meu nome mais de treze vezes, e isso inclui o recibo!
O cara riu também.
— Treze vezes! Sem problema.
E então a coisa começou. Primeiro tive de assinar um papel que dizia que eu era leal ao governo, caso contrário não poderia falar na faculdade. E em duas vias, certo? Depois tive de assinar uma espécie de relatório para a municipalidade, não me lembro o que era. Sem demora, os números começaram a subir.
Tive de assinar um documento dizendo que estava devidamente empregado como professor — para impedir, claro, que algum boboca do outro lado contratasse a esposa, ou um amigo, que nem sequer compareceria para dar a palestra. Exigiam-se garantias de todo tipo, e o número de assinaturas continuava aumentando.
Bem, o cara que de início tinha achado graça naquilo começou a ficar nervoso, mas conseguimos. Eu tinha assinado exatamente doze vezes. Restava uma assinatura para o recibo, então fui em frente e dei a palestra.

Poucos dias depois o cara veio me entregar o cheque, suando em bicas. Ele só podia me pagar se eu assinasse um formulário dizendo que tinha realmente dado a palestra.

— Se eu assinar o formulário, não poderei assinar o contracheque — afirmei. — Mas *você* estava lá e assistiu à palestra. Por que não assina?

— Olhe, tudo isso não é uma bobagem?

— Não. Foi o acordo que fizemos desde o início. Nós não acreditamos que fossem chegar a treze, mas fizemos esse combinado e acho que devemos nos ater a ele até o fim.

— Fiz o que pude, falei com todo mundo — justificou-se ele. — Tentei de *tudo*, mas me disseram que é impossível. O senhor simplesmente não pode receber o dinheiro se não assinar o formulário.

— Está tudo bem — falei. — Assinei só doze vezes e dei a palestra. Não preciso do dinheiro.

— Mas eu detestaria *fazer* isso com o senhor!

— Está tudo bem. Fizemos um acordo, não se preocupe.

No dia seguinte, ele me ligou.

— Eles não podem deixar de lhe dar o dinheiro! O pagamento já foi empenhado, o dinheiro está reservado e é *preciso* entregá-lo ao senhor!

— Tudo bem, se precisam me dar o dinheiro, que me deem o dinheiro.

— Mas o senhor precisa assinar o formulário.

— Não vou assinar!

Eles ficaram sem ação. Não tinham onde pôr o dinheiro que eu fizera por merecer, mas eu me recusava a assinar para recebê-lo.

Por fim, tudo se arranjou, e foi bem complicado. Mas usei a 13ª assinatura para o recibo.

ISSO PARA MIM É GREGO!

Não sei por quê, mas sempre que viajo sou muito descuidado a respeito do endereço, telefone ou seja lá quais forem os dados da pessoa que me convidou. Acho que alguém estará à minha espera, ou que outra pessoa saberá para onde estamos indo; de alguma forma, tudo se ajeita.

Certa vez, em 1957, fui a uma conferência sobre a gravidade na Universidade da Carolina do Norte. Supunham que eu fosse especialista num campo diferente relacionado à gravidade.

Pousei no aeroporto com um dia de atraso (não pude ir no primeiro dia) e procurei um táxi. Disse ao despachante:

— Gostaria de ir à Universidade da Carolina do Norte.

— O senhor quer ir para a Universidade Estadual da Carolina do Norte em Raleigh ou para a Universidade da Carolina do Norte em Chapel Hill? — perguntou o homem.

Nem preciso dizer que eu não tinha a menor ideia.

— Onde elas ficam? — perguntei, imaginando que podiam ser próximas.

— Uma fica para o norte e a outra para o sul, mais ou menos à mesma distância daqui.

Eu não trazia comigo nada que indicasse que era uma ou outra, e naquele dia já não havia ninguém mais indo para a conferência.

Isso me deu uma ideia.

— Ouça — falei ao despachante. — O encontro principal começou ontem, então uma porção de caras deve ter passado por aqui a caminho. Vou dizer como eram: tinham a cabeça meio nas nuvens, não prestavam atenção para onde estavam indo, conversavam uns com os outros dizendo coisas como "G-mu-nu. G-mu-nu".

— Ah, sim — disse ele, com os olhos brilhando. — O senhor quer ir a Chapel Hill! — Chamou o primeiro táxi da fila e instruiu: — Leve este homem à universidade em Chapel Hill.

— Obrigado — agradeci, e fui para a conferência.

MAS ISSO É ARTE?

Uma vez, eu estava numa festa tocando bongô, me saindo muito bem. Um dos caras ficou particularmente inspirado pela percussão. Foi ao banheiro, tirou a camisa, espalhou espuma de barbear formando desenhos no peito e saiu dançando selvagemente, com cerejas penduradas nas orelhas. É claro que esse maluco e eu nos tornamos bons amigos na mesma hora. O nome dele é Jirayr Zorthian: é um artista plástico.

Tínhamos sempre longas discussões sobre arte e ciência. Eu dizia coisas como: "Os artistas estão perdidos: não têm tema algum! Antes, tinham temas religiosos, mas deixaram a religião e agora não têm nada. Eles não entendem o mundo técnico em que vivem; nada sabem sobre a beleza do mundo *real* — o mundo científico —, e por isso não têm no coração nada para pintar."

Jerry contestava, dizendo que os artistas não precisam de um tema físico; há muitas emoções que podem ser expressas pela arte. Além disso, a arte pode ser abstrata. Já os cientistas destroem a beleza da natureza quando a dividem e transformam em equações matemáticas.

Certa vez, eu estava na casa de Jerry para seu aniversário, e uma dessas discussões idiotas durou até as três da manhã. No dia seguinte, liguei para ele e disse:

— Ouça, Jerry, a razão pela qual temos essas discussões é que você não sabe nada a respeito de ciência e eu não sei nada a respeito de arte. Então, em domingos alternados, eu lhe darei uma aula de ciência e você me dará aula de arte.

— Está bem — aceitou ele. — Vou ensiná-lo a desenhar.

— *Impossível!* — exclamei.

Na época do ensino médio só conseguia desenhar pirâmides no deserto — feitas principalmente de linhas retas —, e de vez em quando tentava desenhar uma palmeira e acrescentava um sol. Não tinha absolutamente nenhum talento. Eu me sentava ao lado de um cara igualmente inepto. Quando lhe permitiam desenhar alguma coisa, o desenho consistia em duas massas informes, elípticas e achatadas, como pneus empilhados, com um caule saindo pela parte superior, culminando num triângulo verde. Supunha-se que fosse uma árvore. Então apostei com Jerry que ele não seria capaz de me ensinar a desenhar.

— Claro que você vai ter de se esforçar — disse ele.

Prometi me esforçar, mas ainda achava que ele não conseguiria me ensinar a desenhar. Eu queria muito aprender, por uma razão que mantive em sigilo: tinha vontade de transmitir a emoção que sentia ante a beleza do mundo. É difícil de explicar, porque se trata de uma emoção. É um sentimento parecido com o sentimento religioso, que tem a ver com um deus que controla tudo no universo inteiro: existe um aspecto de generalidade que é perceptível ao se pensar em coisas que parecem tão distintas, comportam-se de formas tão diversas, mas são todas comandadas "por trás do pano" pela mesma organização, pelas mesmas leis físicas. É uma apreciação da beleza matemática da natureza, de como ela funciona por dentro; uma percepção de que os fenômenos que vemos decorrem da complexidade dos movimentos internos dos átomos; um sentimento de como isso é dramático e maravilhoso. É um sentimento de assombro — assombro científico —, que eu achava que seria possível comunicar por meio do desenho a alguém que também sentisse essa emoção. Isso poderia relembrá-lo, por um momento, desse sentimento sobre as glórias do universo.

Jerry acabou sendo um professor muito bom. Disse-me primeiro que fosse para casa e desenhasse qualquer coisa. Tentei desenhar um sapato, depois uma flor num vaso. Foi um desastre!

Em nosso encontro seguinte mostrei-lhe minhas tentativas. "Ora, vejam só!", disse ele. "Na parte de trás, a linha do vaso não toca a folha." (Eu pretendia que a linha subisse até a folha.) "Isso é muito bom. É uma maneira de mostrar profundidade. Muito astuto de sua parte", continuou.

"E o fato de você não ter feito todas as linhas da mesma espessura (o que *não* tinha sido intencional) é bom. Um desenho com todas as linhas da mesma espessura é monótono." E continuou por aí: tudo que eu achava que era um erro ele usava para me ensinar algo positivo. Nunca dizia que estava errado; nunca me pôs para baixo. Então continuei tentando, e aos poucos ia ficando um pouco melhor, mas nunca satisfeito.

Para adquirir mais prática, inscrevi-me num curso das Escolas Internacionais por Correspondência e devo dizer que o curso era bom. Começava sugerindo que desenhasse pirâmides e cilindros, sombreando-os e assim por diante. Abrangia muitas áreas: desenho, pastel, aquarelas e tintas. Já quase no final, fui desanimando: fiz uma pintura a óleo, mas nunca a enviei. Eles continuavam me escrevendo, me incentivando a seguir em frente. Eram muito bons.

Eu treinava o tempo todo e fiquei muito interessado em desenho. Houve um encontro em que Carl Rogers veio discutir conosco se o Caltech deveria ter um departamento de psicologia — fiquei desenhando as pessoas. Levava comigo um bloquinho e treinava aonde quer que fosse. Portanto, seguindo a recomendação de Jerry, dei duro.

Jerry, por sua vez, não aprendeu muita coisa de física. Ele dispersava com muita facilidade. Tentei lhe ensinar alguma coisa sobre eletricidade e magnetismo, mas, assim que mencionei "eletricidade", ele me contou de um motor quebrado que tinha e perguntou como poderia consertá-lo. Tentei mostrar a ele como funciona um eletroímã, fazendo um rolinho de arame e pendurando um prego por um barbante. Quando liguei a eletricidade e o prego entrou no rolinho, Jerry disse: "Ah! É como foder!" A coisa acabou por aí.

Então agora temos um novo tema de discussão: se ele é melhor professor que eu ou se eu sou melhor aluno que ele.

Desisti da ideia de fazer um artista apreciar o sentimento que eu tinha sobre a natureza para que assim pudesse retratá-lo. Precisava então redobrar meus esforços para aprender a desenhar e fazer isso sozinho. Era um empreendimento ambicioso, e guardei a ideia em segredo, porque o mais provável era que nunca conseguisse.

No início do processo de aprendizado, uma moça que eu conhecia viu minhas tentativas e disse:

— Você deveria ir ao Museu de Arte de Pasadena. Lá eles dão aulas de pintura com modelos... modelos nus.

— Não, não desenho bem para isso: ia me sentir constrangido.

— Você é bom o bastante; devia ver os desenhos dos outros!

Então reuni coragem e fui até lá. Na primeira aula, falaram-nos de papel-jornal — grandes folhas de papel de baixa qualidade, do tamanho de um jornal — e dos vários tipos de lápis e carvão para usar. Na segunda aula havia um modelo, e ela começou com uma pose de dez minutos.

Comecei a desenhar o modelo, e quando concluí uma das pernas os dez minutos tinham terminado. Olhei ao redor e vi que todos os demais tinham um desenho completo pronto, com sombreado nas costas e tudo o mais.

Percebi que aquilo estava acima da minha capacidade. Mas, finalmente, o modelo ia posar durante trinta minutos. Trabalhei com afinco, e com muito esforço consegui desenhar toda a silhueta dela. Dessa vez havia um pouco de esperança, e por isso não escondi meu desenho, como tinha feito com os anteriores.

Circulamos pela sala para ver o que os outros tinham feito, e descobri de que eles *realmente* eram capazes: tinham desenhado o modelo, com detalhes e sombras, o livro que estava sobre o banco onde ela se sentava, a plataforma, tudo! Todos tinham feito *zip*, *zip*, *zip*, *zip*, *zip* com o carvão, para lá e para cá, e pensei que era um caso perdido — totalmente perdido.

Voltei a esconder meu desenho, que consistia em poucas linhas amontoadas no canto superior esquerdo da folha, porque até então eu só tinha desenhado em papel tamanho carta. Mas havia outros alunos por perto. "Olhem só este aqui", disse um deles. "Cada linha é importante!"

Eu não sabia exatamente o que aquilo queria dizer, mas me senti entusiasmado o bastante para ir à aula seguinte. Jerry continuava repetindo que desenhos cheios demais não são bons. Sua tarefa era me ensinar a não me preocupar com os outros, então ele me dizia que eles não eram tão bons.

Pude observar que o professor não falava muito com as pessoas (a única coisa que ele me disse foi que meu desenho estava pequeno demais na página). Ele preferia nos levar a experimentar novas abordagens. Pensei no modo como ensinamos física: temos tantas técnicas — métodos matemáticos demais — que nunca deixamos de dizer aos alunos como devem fazer as coisas. Por outro lado, o professor de desenho tem medo ao dizer qualquer coisa. Se suas linhas são grossas demais, ele não pode dizer "suas linhas são grossas demais", porque *alguns* artistas descobriram como fazer grandes pinturas usando traços grossos. Ele não quer empurrar o aluno para determinada direção. Então, ele tem um problema, que é comunicar como desenhar por osmose e não por instrução, enquanto o professor de física tem o problema de estar sempre ensinando técnicas — e não o espírito geral — para resolver os problemas de física.

Eles estavam sempre me dizendo para "relaxar", para não ficar tão ansioso ao desenhar. Achei o conselho tão sem sentido quanto dizer a alguém que está aprendendo a dirigir para "relaxar" ao volante. Não ia funcionar. Só depois que você sabe como se faz a coisa detalhe por detalhe é que começa a descansar. Então eu resistia a essa história.

Um exercício que eles inventaram para nos fazer relaxar era desenhar sem olhar para o papel. Não tire os olhos do modelo, olhe para ela e trace as linhas no papel sem ver o que está fazendo. Um dos caras disse:

— Não consigo... Tenho de trapacear. Aposto que todo mundo está trapaceando!

— *Eu* não estou! — falei.

— Mentira! — disseram eles.

Terminei o exercício, e eles vieram ver o que eu tinha desenhado. E observaram que, de fato, eu não estava trapaceando. Logo de início, a ponta do meu lápis quebrou e não havia nada no papel além de alguns sulcos.

Quando por fim preparei meu lápis para trabalhar, tentei de novo. Achei que meu desenho tinha uma espécie de força — uma força estranha, meio Picasso — que me agradava. A razão pela qual me senti satisfeito com o desenho foi saber que era impossível desenhar bem daquela forma, e portanto eu não tinha de ser bom — e era disso que tratava a questão do relaxamento. Eu antes pensava que "relaxar" queria dizer "fazer desenhos confusos", mas na verdade tratava-se de não se preocupar com o resultado.

Progredi bastante no curso e estava me sentindo muito bem. Até a última sessão, todos os modelos que havíamos tido eram mais para gordos e fora de forma; eram bastante interessantes de desenhar. Mas na última aula tivemos como modelo uma loura esbelta, de proporções perfeitas. Foi então que eu descobri que ainda não sabia desenhar; não era capaz de produzir *nada* que guardasse qualquer semelhança com aquela linda garota! Com os outros modelos, se você desenhasse alguma coisa um pouco grande ou pequena demais, não faria diferença, porque eles estavam fora de forma. Mas, ao tentar desenhar uma coisa tão bem composta, não havia ilusão possível: era preciso ser exato!

Num dos intervalos, entreouvi um dos caras que desenhava *bem* perguntar ao modelo se ela posava em particular. Ela disse que sim. "Ótimo. Mas ainda não tenho meu ateliê, então preciso tratar disso antes."

Achei que podia aprender muito com esse cara e nunca teria outra chance de desenhar a moça esbelta a menos que fizesse alguma coisa. "Com licença", disse a ele. "Tenho uma sala no porão da minha casa que pode servir de ateliê."

Os dois concordaram. Levei alguns dos desenhos do cara para meu amigo Jerry, mas ele ficou horrorizado. "Não são tão bons", disse. Tentou me explicar por quê, mas na verdade não entendi bem.

Até começar a estudar desenho, nunca me interessara muito por arte. Só muito raramente tinha apreço pelas coisas artísticas, como da vez em que estive num museu no Japão. Vi uma pintura de bambu feita num papel pardo, e o que me pareceu particularmente belo foi o seu perfeito equilíbrio entre ser apenas umas pinceladas e ser bambu — ora era uma coisa, ora era outra.

No verão seguinte ao curso de desenho, fui à Itália para uma conferência científica e quis conhecer a Capela Sistina. Cheguei de manhã bem cedo, fui o primeiro a comprar o ingresso e subi as escadas *correndo* assim que o lugar abriu. Portanto, tive o prazer incomum de olhar a capela toda por um momento, em silencioso respeito, antes que entrassem outras pessoas.

E aí vieram os turistas, uma multidão se pôs a circular por ali, falando línguas diversas, apontando para isto e aquilo. Caminhei um pouco, olhando para o teto por um instante. Então meus olhos desceram um pouco e vi umas pinturas grandes, emolduradas, e pensei: "Opa! Nunca ouvi falar nelas!"

Infelizmente, eu tinha deixado meu guia no hotel, mas pensei: "Sei porque esses painéis não são famosos; eles não são bons." Mas depois olhei para um outro e pensei: "Uau! Aquele sim é *bom*." E olhei para os restantes. "Esse também é bom, aquele também, mas aquele lá é péssimo." Eu nunca tinha ouvido falar naqueles painéis, mas considerei todos bons, menos dois.

Entrei num lugar chamado Sala de Rafael e notei o mesmo fenômeno. Disse para mim mesmo: "Rafael é irregular. Nem sempre se sai bem. Às vezes é muito bom. Às vezes é uma porcaria."

Ao voltar ao hotel, consultei meu guia. Na parte sobre a Capela Sistina, dizia: "Sob as pinturas de Michelangelo há catorze painéis de Botticelli, Perugino" — todos eles grandes pintores — "e dois de Fulano de Tal, que não são importantes." Aquilo foi terrivelmente excitante para mim, o fato de ser capaz de notar a diferença entre uma bela obra de arte e uma não tão boa, sem ser capaz de explicar. Como cientista, você sempre pensa que sabe o que está fazendo, por isso tende a desconfiar do artista que diz "É ótimo" ou "Não é bom" sem dar as razões, como fazia Jerry com os desenhos que eu levava para ele. E lá estava eu, embasbacado: também era capaz de fazer aquilo!

Quanto à Sala de Rafael, o mistério era que apenas algumas das pinturas tinham sido executadas pelo grande mestre; o resto era obra de seus alunos. Eu tinha gostado das que eram de Rafael. Foi um golaço para minha autoconfiança na apreciação de obras de arte.

O cara do curso de desenho e a loura esbelta vieram diversas vezes à minha casa, e tentei desenhá-la e aprender com ele. Depois de muitas tentativas, afinal desenhei algo que me pareceu bastante bom — era uma cabeça — e fiquei muito animado com esse primeiro êxito.

Tive segurança bastante para perguntar a um velho amigo chamado Steve Demitriades se sua bela esposa posaria para mim. Em troca, eu lhe daria o quadro. Ele riu. "Se ela quiser perder tempo posando para você, por mim está tudo bem. Ha ha ha."

Trabalhei com afinco no retrato, e quando ele viu o resultado ficou totalmente a meu favor: "É maravilhoso!", exclamou. "Pode pedir a um fotógrafo para fazer cópias dele? Quero mandar uma para minha mãe na Grécia!" A mãe de Steve não conhecera a garota com quem ele tinha se casado. Aquilo foi muito animador para mim, achar que tinha melhorado a ponto de alguém querer um de meus desenhos.

Coisa semelhante aconteceu numa pequena exposição organizada por um cara do Caltech, para a qual contribuí com dois desenhos e uma pintura. "É preciso fixar um preço para os desenhos", disse ele.

"Que besteira!", pensei. "Não pretendo vendê-los."

"Isso torna a exposição mais interessante. Se você não se importa em abrir mão deles, atribua-lhes um preço."

Depois da mostra, o cara me contou que uma garota tinha comprado um de meus desenhos e queria conversar comigo para saber mais sobre ele.

O desenho se chamava *O campo magnético do Sol*. Para criá-lo, tomei emprestada uma dessas lindas imagens de proeminências solares feitas no laboratório solar do Colorado. Eu sabia que o campo magnético do Sol estava retendo as chamas e, nessa ocasião, como já tinha desenvolvido uma técnica para desenhar linhas de campo magnético (pareciam a cabeleira esvoaçante de uma garota), quis desenhar uma coisa bela que nenhum outro artista tivesse retratado: as linhas complexas e retorcidas de um campo magnético, convergindo aqui e divergindo acolá.

Expliquei tudo isso à garota e lhe mostrei a imagem que tinha me inspirado.

Ela me contou a seguinte história: ela e o marido tinham ido à exposição e gostaram muito do desenho.

— Vamos comprá-lo? — sugerira ela.

Mas o marido era o tipo de homem que nunca faz nada espontaneamente.

— Vamos pensar um pouco — dissera ele.

Ela então lembrou que o aniversário dele estava próximo, voltou lá no mesmo dia e comprou o desenho.

Naquela noite, ao chegar do trabalho, ele estava deprimido.

Finalmente, ela conseguiu arrancar dele o que se passava: ele achou que teria sido legal comprar o quadro para ela, mas, ao voltar à exposição, soube que já tinha sido vendido. Então ela guardou o desenho para lhe fazer uma surpresa no aniversário.

O que *eu* aprendi dessa história foi algo totalmente novo para mim: compreendi afinal para que serve a arte, pelo menos em certos aspectos. Ela dá prazer a alguém, individualmente. Você pode fazer uma coisa de que alguém goste *tanto* a ponto de ficar deprimido, ou feliz, por conta dessa coisa que você fez! Em ciência, a coisa é mais geral e ampla: você não conhece as pessoas que a apreciaram diretamente.

Entendi que vender um desenho não é ganhar dinheiro, mas ter a certeza de que ele estará na casa de uma pessoa que gosta dele de verdade; alguém que estaria mal se não o tivesse. Isso era interessante.

Então decidi vender meus desenhos. Mas não queria que fossem comprados só porque é incomum um professor de física saber desenhar, então adotei um nome falso. Meu amigo Dudley Wright sugeriu "Au Fait", que quer dizer "Está feito" em francês. Eu pronunciava O-u-f-i, que soa bem *whitey*, a expressão que os negros usam para "branquelo". Mas como afinal eu era branquelo, estava tudo bem.

Um de meus modelos quis que eu lhe fizesse um desenho dela, mas não tinha dinheiro. (Modelos não têm dinheiro; se tivessem, não estariam posando.) Ofereceu-se para posar três vezes de graça em troca de um desenho.

"Pelo contrário", falei. "Eu lhe darei três desenhos se você posar de graça uma vez."

A moça pôs um dos desenhos que lhe dei na parede de sua pequena sala, e o namorado dela logo o viu. Gostou tanto que quis encomendar um retrato dela. Ele me pagaria sessenta dólares. (O dinheiro estava ficando bem bom agora.)

Então ela teve a ideia de se tornar minha agente: poderia ganhar algum dinheiro extra vendendo meus desenhos por aí, dizendo: "É um novo artista de Altadena..." Era *divertido* estar num mundo diferente. Ela conseguiu que a Bullock's, a loja de departamentos mais elegante de Pasadena, exibisse meus desenhos. Ela e a moça da seção de arte escolheram alguns — de plantas, que eu tinha feito bem antes, e dos quais nem gostava — e mandaram emoldurá-los. Recebi da Bullock's um documento assinado dizendo que tinham tais e tais desenhos em consignação. Claro que ninguém comprou *nenhum* deles, mas, de certa forma, fui um grande sucesso: meus desenhos estavam expostos na Bullock's! Era divertido tê-los lá, porque um dia eu poderia dizer que cheguei aos pincaros do sucesso no mundo da arte.

Consegui a maior parte de meus modelos por intermédio de Jerry, mas tentei também conseguir alguns por mim mesmo. Quando encontrava uma jovem que parecia interessante para desenhar, perguntava-lhe se queria posar para mim. Eu sempre acabava desenhando o rosto, porque não sabia exatamente como abordar a questão do nu.

Certa vez, quando estava na casa de Jerry, disse a Dabney, esposa dele:

— Não consigo fazer com que as garotas posem nuas: não sei como Jerry faz!

— Bem, você chegou alguma vez a *pedir*?

— Ah! Nunca pensei nisso.

A garota seguinte que quis como modelo era aluna do Caltech. Perguntei a ela se posaria nua. "Com certeza", disse ela, e lá fomos nós! Era fácil. Acho que, no fundo, eu acreditava que havia alguma coisa de errado em pedir aquilo.

Àquela altura eu estava desenhando bastante e cheguei a gostar mais de desenhar nus. Pelo que sei, não é exatamente arte; é uma mistura. Quem sabe quais são as proporções?

Um modelo que conheci por meio de Jerry tinha sido coelhinha da *Playboy*. Era alta e magnífica. Qualquer outra garota no mundo teria inveja olhando para ela. Mas ela se achava alta demais. Ao entrar numa sala, sempre se curvava um pouco. Tentei convencê-la, quando posava, a se *endireitar*, porque era elegante e fascinante. Por fim, consegui persuadi-la.

Mas ela tinha outra preocupação: tinha "covinhas" perto das virilhas. Tive de procurar um livro de anatomia para lhe mostrar que as covinhas representavam a inserção do músculo ilíaco e que não são aparentes em todo mundo. Para que sejam visíveis, tudo tem de estar em proporções perfeitas, como era o caso dela. Com ela aprendi que todas as mulheres se preocupam com a aparência, por mais bonitas que sejam.

Quis fazer um retrato dela em cores, com pastel, para experimentar. Pensei que devia fazer primeiro um esboço a carvão e depois recobri-lo com tinta pastel. Quando examinei bem o desenho a carvão que tinha feito sem me preocupar muito com o resultado, me dei conta de que era um de meus melhores trabalhos. Decidi deixá-lo assim, esquecendo por ora o pastel.

Minha "agente" viu o desenho e quis levá-lo.

— Você não pode vendê-lo — falei. — Está em papel-jornal.

— Não se preocupe — tranquilizou-me ela.

Semanas depois, ela voltou com o desenho numa linda moldura de madeira com uma faixa vermelha e um friso dourado. É uma coisa engraçada que deve entristecer muitos artistas: o quanto um desenho fica melhor depois de emoldurado. Minha agente disse que uma moça ficara entusiasmada com ele, e elas o levaram ao moldureiro. Ele disse que havia técnicas especiais para emoldurar desenhos em papel-jornal: impregná-lo com plástico, isto, aquilo. Então a moça teve todo aquele trabalho com o meu desenho e fez com que minha agente o trouxesse de volta para mim. "Achei que o artista gostaria de ver como ficou bonito emoldurado", disse ela.

E gostei, com certeza. Foi outro exemplo do prazer direto que alguém extraiu de um de meus quadros. Portanto, foi muito legal vender os desenhos.

Houve um período em que havia na cidade restaurantes de striptease: podia-se ir lá para o almoço ou o jantar, e as garotas dançavam sem sutiã, e, depois de algum tempo, sem nada. Um desses lugares ficava a pouco mais de dois quilômetros da minha casa, então eu ia lá com frequência. Sentava-me numa das cabines e trabalhava um pouco em física escrevendo nos jogos americanos de papel com bordas recortadas, e às vezes desenhava uma das dançarinas, ou um dos clientes, para treinar.

Minha esposa, Gweneth, que é inglesa, encarava com naturalidade minhas visitas a esse lugar. "Os ingleses vão a seus clubes", dizia ela. Então, era como se fosse o meu clube.

Havia pinturas nas paredes, mas eu não gostava muito delas. Eram em cores fluorescentes sobre veludo preto — mais para feias: uma garota tirando a blusa ou algo assim. Bem, eu tinha um desenho bastante bom que tinha feito de minha modelo Kathy, então o ofereci ao dono do restaurante para que o pusesse na parede, e ele gostou muito.

O presente acabou rendendo resultados positivos. O dono passou a ser muito gentil comigo e me dava bebidas grátis o tempo todo. Agora, todas as vezes que eu entrava no restaurante, uma garçonete chegava com minha 7-Up gratuita. Eu olhava as garotas dançando, fazia um pouco de física, preparava uma palestra ou desenhava um pouco. Quando me cansava, assistia ao espetáculo durante algum tempo e depois trabalhava mais um pouco. O dono sabia que eu não queria ser interrompido, então, sempre que algum bêbado chegava e se punha a conversar comigo, uma garçonete o levava para fora. Se uma garota se aproximava, ele não fazia nada. Estabelecemos uma relação muito boa. Ele se chamava Gianonni.

O outro resultado de ter meu desenho exposto foi que as pessoas perguntavam a Gianonni sobre ele. Certo dia, um rapaz se aproximou de mim e disse:

— Gianonni me contou que foi o senhor que fez aquele quadro.

— Sim.

— Ótimo. Eu gostaria de lhe encomendar um desenho.

— Tudo bem, o que seria?

— Quero um quadro com uma toureira nua montada num touro com cabeça de homem.

— Bem, hã, ajudaria um pouco se eu tivesse alguma ideia do que vai fazer com esse desenho.

— Quero pendurá-lo em meu estabelecimento.

— Que tipo de estabelecimento?

— Um salão de massagens: sabe como é, salas privadas, massagistas... entende?

— Sim, entendo. — Eu não queria desenhar uma toureira carregada por um touro com cabeça de homem, então tentei fazê-lo mudar de ideia. — Como o senhor acha que isso vai influenciar seus clientes, e como vai fazer com que as garotas se sintam? Os homens entram e ficam excitados com esse quadro no seu estabelecimento. É assim que quer que eles fiquem diante das garotas?

Ele não se convenceu.

— Imagine que os policiais entrem e vejam esse quadro, e o senhor afirma que se trata de um salão de massagens.

— Tudo bem, tudo bem — disse o homem. — O senhor tem razão. Vou mudar a ideia. O que eu quero é um quadro que aos olhos dos policiais seja perfeitamente adequado a um salão de massagens, mas sugestivo aos olhos de um cliente.

— Está certo — falei.

Combinamos que eu faria o trabalho por sessenta dólares e comecei a trabalhar. Primeiro tinha de imaginar como fazê-lo. Pensei, pensei e muitas vezes cheguei a achar que teria sido melhor aceitar desenhar a toureira nua logo de cara!

Por fim, tive uma ideia: desenharia uma escrava numa Roma imaginária, massageando um romano importante, talvez um senador. Como se tratava de uma escrava, tinha no rosto certa expressão. Ela sabia o que ia acontecer dali a pouco e estava resignada quanto a isso.

Trabalhei com afinco nesse quadro. Usei Kathy como modelo. Depois, usei outro modelo para o homem. Fiz uma porção de estudos, e em pouco tempo o pagamento dos modelos chegou a oitenta dólares. Eu não me importava com o dinheiro; gostava do desafio de ter uma encomenda. Por fim, me decidi pela imagem de um homem musculoso deitado numa mesa com a escrava lhe aplicando massagens: ela usava uma espécie de toga que lhe cobria um dos seios — o outro estava à mostra — e tinha uma expressão perfeita de resignação.

Eu estava quase terminando minha obra-prima quando Gianonni me contou que o cara do salão de massagens tinha sido preso. Então perguntei às garotas do restaurante se conheciam algum outro estabelecimento do tipo em Pasadena que pudesse querer meu quadro na recepção.

Elas me deram nomes e endereços em Pasadena e arredores, e me disseram coisas como: "Quando for ao salão de massagens tal, pergunte por Frank — é um cara bem legal. Se ele não estiver, melhor não entrar." Ou: "Não fale com Eddie. Ele nunca ia entender o valor de um desenho."

No dia seguinte, enrolei meu desenho e guardei-o na traseira da van. Gweneth me desejou boa sorte e saí em visita aos bordéis de Pasadena para vender minha obra.

Pouco antes de chegar ao primeiro endereço da lista, pensei: "Quem sabe antes de ir a outro lugar qualquer eu não devesse ir ao estabelecimento dele? Talvez ainda esteja aberto, talvez o novo gerente queira ficar com o desenho." Fui até lá e bati na porta. Abriu-se uma fresta e vi um olho de mulher.

— Conhecemos o senhor? — perguntou ela.

— Não, mas gostariam de ter um desenho adequado à recepção?

— Lamento — disse ela —, mas já contratamos um artista para fazer um desenho e ele está trabalhando.

— Sou eu o artista, e seu desenho está pronto!

O cara, quando estava indo para a cadeia, tinha falado à mulher sobre nosso acerto. Entrei e mostrei o desenho.

A mulher e a irmã dele, que agora administravam o negócio, não ficaram inteiramente satisfeitas. Chamaram as garotas para vê-lo. Pendurei-o na parede, ali na recepção, e todas as massagistas, vindas dos diversos aposentos dos fundos, começaram a fazer comentários.

Uma delas disse que não gostava da expressão no rosto da escrava.

— Ela não parece muito contente — disse. — Ela devia estar sorrindo.

— Diga-me uma coisa — perguntei a ela. — Quando você está massageando um cara e ele não está olhando para você, você sorri?

— Ah, não! — disse ela. — Eu me sinto exatamente como ela! Mas não está certo pôr isso num quadro.

Deixei o quadro lá, mas, depois de uma semana de hesitação, elas decidiram que não o queriam. O motivo pelo qual não o quiseram era o seio à mostra. Tentei explicar que meu desenho era mais discreto que o da encomenda original, mas elas disseram que suas ideias a respeito divergiam das do dono. Pensei na ironia que era ter pessoas tão severas em relação a um seio nu no comando de um estabelecimento como aquele, e levei o desenho para casa.

Meu amigo Dudley Wright, um homem de negócios, viu o desenho, e lhe contei toda a história.

— Você deve triplicar o preço dele — aconselhou. — Quando se trata de arte, ninguém tem certeza do valor, então as pessoas pensam: "Se é mais caro, deve ser muito mais valioso!"

— Você está maluco! — falei, mas, só de brincadeira, comprei uma moldura de vinte dólares e preparei o quadro para o próximo freguês.

Um cara que trabalhava na área meteorológica viu o desenho que eu tinha dado a Gianonni e me perguntou se tinha outros. Convidei-o a visitar meu "ateliê" com a esposa, no porão da minha casa, e eles perguntaram pelo desenho recém-emoldurado. "Este custa duzentos dólares." (Tinha multiplicado sessenta por três e somado os vinte da moldura.) No dia seguinte, eles voltaram e compraram o quadro. O desenho feito para um salão de massagens acabou no escritório de um meteorologista.

Um dia, houve uma batida policial no restaurante de Gianonni, e algumas das garotas foram presas. Alguém queria que Gianonni parasse com os shows de striptease, mas ele não aceitava. Seguiu-se então um grande caso judicial que saiu em todos os jornais locais.

Gianonni procurou todos os seus clientes e lhes pediu que testemunhassem a seu favor. Todos tinham uma desculpa: "Dirijo uma colônia de férias, e se os pais virem que frequento esse lugar não mandarão mais os filhos." Ou: "Trabalho em tal ramo, e, se chegar a público que venho aqui, vou perder clientes."

"Sou o único homem desimpedido aqui", pensei comigo mesmo. "Não tenho desculpa! *Gosto* deste lugar e quero que continue funcionando. Não vejo nada de errado com o striptease." Então disse a Gianonni que testemunharia, com prazer.

No tribunal, a grande questão era: o striptease é aceitável para a comunidade — os valores da comunidade o permitem? O advogado de defesa tentou fazer de mim um especialista em valores da comunidade. Perguntou-me se eu ia a outros bares.

— Sim.

— Normalmente, quantas vezes por semana o senhor vai ao bar de Gianonni?

— Cinco, seis vezes por semana.

(Isso foi parar nos jornais: o professor de física do Caltech vê shows de striptease seis vezes por semana.)

— Quais setores da comunidade estão representados no bar de Gianonni?

— Quase todos os setores: há gente do setor imobiliário, um cara da câmara legislativa municipal, frentistas de postos de gasolina, caras de empresas de engenharia, um professor de física...

— Então o senhor diria que tal entretenimento é aceitável para a comunidade, visto que muitos de seus setores assistem aos shows e os apreciam?

— Preciso saber o que o senhor quer dizer com "aceitável para a comunidade". Nada é aceito por *todos*, portanto que *porcentagem* da comunidade deve aceitar uma coisa para que ela seja "aceitável para a comunidade"?

O advogado sugeriu um número. O outro advogado objetou. O juiz declarou um recesso, e todos ficaram isolados por quinze minutos até que se decidisse que "aceitável para a comunidade" significa aceitável por 50% da comunidade.

Eu os tinha obrigado a serem exatos, mas eu mesmo não tinha números exatos como prova, então disse:

— Acredito que o striptease é aceito por mais de 50% da comunidade, sendo, portanto, aceitável para a comunidade.

Gianonni perdeu naquela instância, mas seu caso, ou outro muito semelhante, foi parar na Suprema Corte. Enquanto isso, o estabelecimento continuou aberto, e eu ganhava ainda mais 7-Ups grátis.

Nessa mesma época, houve no Caltech uma tentativa de despertar o interesse pela arte. Alguém contribuiu com o dinheiro para transformar um velho galpão de ciências em ateliês. Compraram equipamento e materiais, que foram oferecidos aos alunos, e contrataram um artista plástico da África do Sul para coordenar e apoiar essas atividades.

Vieram várias pessoas para dar aulas. Eu trouxe Jerry Zorthian para uma aula de desenho, e vieram outros caras para ensinar litografia, que tentei aprender.

O sul-africano veio à minha casa uma vez para ver meus desenhos. Ele disse que seria interessante fazer uma mostra individual. Dessa vez eu estava trapaceando: se não fosse professor do Caltech, eles nunca teriam achado que minha pintura mereceria ser exposta.

— Alguns de meus melhores desenhos foram vendidos, e pedi-los aos compradores não me deixaria à vontade — falei.

— Não precisa se preocupar, sr. Feynman — garantiu ele. — Não será necessário procurá-los. Nós nos ocuparemos de toda a negociação e faremos uma mostra oficial e correta.

Dei-lhe uma lista de pessoas que tinham comprado meus desenhos, e elas receberam uma ligação dele:

— Sabemos que o senhor tem um Ofey.

— Tenho, sim!

— Estamos programando uma exposição de Ofeys, e pensamos que talvez o senhor nos pudesse emprestá-lo.

Claro que eles ficavam encantados.

A mostra foi montada no porão do Athenaeum, o clube da faculdade do Caltech. Foi tudo muito profissional: todos os quadros tinham títulos, e os que tinham sido tomados em empréstimo traziam o devido agradecimento: "Emprestado pelo sr. Gianonni", por exemplo.

Um dos desenhos era o retrato de uma linda loura, modelo das aulas de arte, que, em princípio, eu tinha pensado como um estudo de sombras: pus uma lâmpada na altura das pernas dela, dirigida para cima. Quando ela se sentava, eu tentava desenhar as sombras como elas eram — a sombra do nariz lançada de maneira pouco natural ao longo do rosto —, para que não parecessem tão más. Desenhei o torso também, de modo que se viam os seios e as sombras que eles projetavam. Pus o desenho junto aos demais da mostra e intitulei-o *Madame Curie observando as radiações do rádio*. A mensagem que pretendia passar era que ninguém pensa em Madame Curie como mulher, como feminina, com belos cabelos, peitos nus e tudo mais. Só se pensa no que tem a ver com o rádio.

Um destacado designer industrial chamado Henry Dreyfuss convidou várias pessoas para uma recepção em sua casa após a mostra — as mulheres que tinham contribuído com dinheiro para apoiar as artes, o reitor do Caltech e a esposa, e por aí vai. Um desses amantes da arte chegou-se para mim e começou uma conversa:

— Diga-me, professor Feynman, o senhor desenha a partir de fotos ou de modelos?

— Sempre desenho diretamente a partir de um modelo que posa para mim.

— Bem, e como conseguiu que Madame Curie posasse para o senhor?

Naquela época, o Museu de Arte do Condado de Los Angeles tinha uma concepção muito parecida com a minha: os artistas estão longe de entender a ciência. Minha ideia era que os artistas não entendem a generalidade e a beleza subjacentes à natureza e às suas leis (e portanto não podem retratá-

-las em sua arte.) A ideia do museu era fazer com que os artistas aprendessem mais sobre a tecnologia: deviam ter mais familiaridade com máquinas e outras aplicações da ciência.

O museu organizou então um esquema em que alguns dos artistas contemporâneos verdadeiramente bons visitariam várias empresas que dedicassem voluntariamente algum tempo e dinheiro ao projeto. Eles iriam às empresas e fuçariam por tudo até encontrarem alguma coisa interessante que pudessem usar em seu trabalho. Os responsáveis pelo museu achavam que seria útil ter uma pessoa que soubesse um pouco de tecnologia fazendo uma espécie de ponte com os artistas de tempos em tempos, quando eles visitassem as empresas. Como eles sabiam que eu era bastante bom para explicar coisas e não era uma besta quadrada no tocante à arte — na verdade, acho que sabiam que eu estava tentando aprender a desenhar —, pediram-me que fizesse a ponte, e eu aceitei.

Era muito divertido visitar as empresas com os artistas. O que normalmente acontecia era que algum cara nos mostrava um tubo que emitia faíscas num lindo tom de azul e formas distorcidas. Os artistas ficavam entusiasmados e perguntavam como poderiam usar aquilo numa exposição. Quais eram exatamente as condições para fazer aquilo funcionar?

Os artistas eram pessoas muito interessantes. Alguns eram verdadeiros impostores: apresentavam-se como artistas, e todo mundo acreditava que eram artistas, mas, quando alguém se punha a falar com eles, nada do que diziam fazia sentido. Um sujeito em especial, o maior dos farsantes, vestia-se sempre de modo estranho, com um grande chapéu-coco preto. Respondia a todas as perguntas de modo incompreensível e, quando procurávamos descobrir algo mais sobre o que havia dito, perguntando sobre palavras que ele tinha usado, ele ia em outra direção. A única coisa com a qual contribuiu para a exposição sobre arte e tecnologia foi um autorretrato.

Outros artistas com quem falei diziam de início coisas sem sentido, mas se estendiam muito ao me explicar suas ideias. Certo dia, fui a algum lugar, como parte da programação, com Robert Irwin. Era uma viagem de dois dias, e depois de muito esforço dando voltas em torno do mesmo tema finalmente entendi o que ele estava tentando explicar, e achei bem interessante, magnífico.

Havia artistas, porém, que não tinham noção do mundo real. Eles achavam que os cientistas eram uma espécie de magos capazes de fazer o que quer que fosse, e diziam coisas como "quero fazer uma pintura em três dimensões em que a figura esteja suspensa no espaço, brilhando e tremulando". Eles inventavam o mundo que queriam, e não faziam ideia do que era razoável ou não.

Finalmente a mostra ficou pronta, e me pediram para participar do painel que julgaria as obras. Embora houvesse algumas coisas boas inspiradas pelas visitas às empresas, pensei que a maior parte das boas obras tinha sido feita no último minuto de desespero e nada tinha a ver com tecnologia. Todos os demais membros do painel discordaram, e me vi em dificuldades. Não sou um bom crítico de arte e, para começar, nem deveria estar naquele painel.

Havia um cara no museu, Maurice Tuchman, que realmente sabia do que estava falando quando se tratava de arte. Ele sabia que eu tinha feito uma mostra individual minha no Caltech, e disse:

— Sabe, você nunca mais vai desenhar.

— O quê? Isso é um absurdo! Por que eu nunca mais...

— Porque fez uma exposição individual, e é apenas um amador.

Embora na verdade eu tenha desenhado depois daquilo, nunca trabalhei com muito afinco, com a mesma energia e intensidade de antes. Também nunca mais vendi um quadro. Ele era um cara esperto, e aprendi muito com ele. Podia ter aprendido muito mais se não fosse tão teimoso!

ELETRICIDADE É FOGO?

No começo da década de 1950, sofri durante algum tempo de uma doença própria da meia-idade: costumava dar palestras filosóficas sobre ciência — o modo como a ciência satisfaz curiosidades, dá uma nova visão de mundo, atribui ao homem a capacidade de fazer coisas, concede poder. E a questão, diante da recente criação da bomba atômica, era a seguinte: será mesmo bom dar ao homem tanto poder? Eu pensava também na relação entre ciência e religião, e mais ou menos nessa época fui convidado para uma conferência em Nova York onde se discutiria "a ética da igualdade".

Já tinha havido uma conferência de pessoas mais velhas, em algum lugar de Long Island, e naquele ano eles decidiram reunir alguns jovens para discutir relatórios de intenções apresentados na conferência anterior.

Antes que eu chegasse, eles tinham feito circular uma lista de "livros que você considere interessantes, e por favor envie-nos os livros que quiser que os outros leiam, e vamos guardá-los na biblioteca para que possam ser lidos".

Então temos aqui uma bela lista de livros. Comecei pela primeira página: não tinha lido um livro sequer, e fiquei muito preocupado — me sentindo um peixe fora d'água. Passei para a segunda página: não tinha lido nenhum deles. Depois de ver a lista completa, descobri que não tinha lido *nenhum* daqueles livros. Devo ser um idiota, um analfabeto! Havia ali livros excelentes, como *On Freedom* [Sobre a liberdade, em tradução livre], de Thomas Jefferson, ou algo assim, e uns poucos autores que eu tinha lido. Havia um livro de Heisenberg, outro de Schrödinger e outro de Einstein, mas eram do tipo *Meus últimos anos* (Einstein) e *O que é vida?* (Schrödinger), diferentes dos que eu tinha lido. Então fiquei me sentindo um peixe fora d'água, com a impressão de que não devia estar metido naquilo. Talvez pudesse só ficar quietinho e ouvir.

Fui ao primeiro grande encontro de abertura, e um cara se levantou e disse que tinha dois problemas a serem discutidos. O primeiro era um pouco confuso — algo sobre ética e igualdade, mas não entendi *muito bem*. E o segundo era: "Vamos demonstrar com nossos esforços um meio de estabelecer o diálogo entre pessoas de diversas áreas." Lá estavam um advogado especialista em direito internacional, um historiador, um padre jesuíta, um rabino, um cientista (eu) e assim por diante.

Bem, de saída meu raciocínio lógico me levou ao seguinte: não tenho de prestar atenção ao segundo problema, porque, se funcionar, funciona, e se não funcionar, não funciona — não temos de *provar* que podemos ter um diálogo, e *discutir* que podemos ter diálogo, se não tivermos um diálogo sobre o qual falar! Então o problema principal era o primeiro, que não entendi.

Eu estava prestes a levantar a mão e perguntar "Você poderia definir melhor o problema?", mas pensei: "Não, sou *eu* o ignorante; melhor eu ouvir. Não quero começar já causando confusão."

O subgrupo no qual eu estava deveria discutir a "ética da igualdade na educação". Nas reuniões de nosso subgrupo, o padre jesuíta estava sempre falando da "fragmentação do conhecimento". Segundo ele, "o verdadeiro problema da ética da igualdade na educação é a fragmentação do conhecimento". Esse jesuíta estava se remetendo ao século XIII, quando a Igreja Católica se ocupava da educação, e o mundo era simples. Havia Deus, e tudo vinha Dele; estava tudo organizado. Mas hoje em dia não é tão fácil entender tudo. Por isso o conhecimento se fragmentou. Achei que "a fragmentação do conhecimento" nada tinha a ver com "isso", mas "isso" não tinha sido definido, de modo que para mim não havia meio de provar nada.

Por fim, perguntei: "Qual é o problema ético associado à fragmentação do conhecimento?" Ele me respondeu com grandes nuvens de fumaça, e retruquei: "Não estou entendendo", e todos os demais disseram que *estavam* entendendo e tentaram me explicar, mas não conseguiam!

Então os outros membros do grupo me pediram para escrever por que eu achava que a fragmentação do conhecimento não era um problema ético. Fui para o meu quarto e escrevi detalhadamente, o melhor que pude, o que eu achava que devia ser o tema da "ética da igualdade na educação" e dei alguns exemplos do tipo de problema que na minha opinião deveríamos discutir. Por exemplo, com a educação, as diferenças aumentam. Se uma pessoa é boa em alguma coisa, tentaremos desenvolver sua aptidão, o que resulta em diferenças, ou desigualdade. Assim, se a educação aprofunda a desigualdade, pode ser ética? Depois de dar alguns exemplos, comecei a dizer que embora "a fragmentação do conhecimento" seja vista como um obstáculo, porque a complexidade do mundo torna mais difícil aprender as coisas, eu não via, à luz de minha definição do *domínio* do objeto, o que ela tinha a ver com qualquer coisa *parecida* à ética da igualdade na educação, o que quer que isso fosse.

No dia seguinte, levei meu texto para a reunião, e o cara disse: "Muito bem, o sr. Feynman levantou algumas questões interessantes que devemos discutir, e vamos deixá-las separadas para uma possível discussão futura." Eles não tinham entendido nada. Eu estava tentando definir o problema e depois mostrar que a "fragmentação do conhecimento" nada tinha a ver com ele. E a razão pela qual ninguém chegou a parte alguma naquela conferência foi que eles não tinham definido claramente o tema da "ética da igualdade na educação", e portanto ninguém sabia exatamente a respeito de que devia falar.

Havia lá um sociólogo que tinha escrito um trabalho que todos nós devíamos ler — uma coisa que ele tinha preparado com antecedência. Comecei a ler o texto, e meus olhos fugiam: eu não via pé nem cabeça naquilo! Achei que fosse porque não tinha lido nenhum dos livros da lista. Tive aquela incômoda sensação de ser um "peixe fora d'água" até que disse a mim mesmo: "Vou parar, ler *cada sentença* devagar, e assim descobrirei o que diabos ela quer dizer."

Parei ao acaso em um ponto e li com toda a atenção a sentença seguinte. Não me lembro exatamente do texto, mas era algo como "O membro individual da comunidade social muitas vezes recebe suas informações por canais visuais simbólicos." Li, reli e traduzi. Sabe o que isso significa? "As pessoas leem."

Passei para a sentença seguinte e vi que era capaz de traduzi-la também. Então a leitura se tornou uma coisa vazia. "Às vezes as pessoas leem; às vezes ouvem rádio", e assim por diante, mas tudo era escrito de um jeito tão esquisito que de cara não consegui entender nada. Quando enfim decifrei o texto, descobri que não queria dizer nada.

Apenas uma das coisas que aconteceu naquele encontro foi agradável ou divertida. *Cada palavra* dita por qualquer pessoa do plenário era tão importante que eles tinham lá um estenógrafo para anotar. Lá pelo segundo dia, o estenógrafo veio até mim e perguntou:

— Qual é a sua profissão? Com certeza não é professor.

— *Sou* professor — falei.

— De quê?

— De física; ciência.

— Ah! Deve ser *por isso* — disse ele.

— Por isso o quê?

— Sabe, sou estenógrafo e registro tudo o que se diz aqui. Quando os outros caras falam, registro o que eles dizem, mas não entendo o que querem expressar. Mas toda vez que *o senhor* se levanta para fazer uma pergunta ou dizer algo, entendo exatamente o que quer dizer: de que problema se trata, e o que o senhor está dizendo. Por isso achei que *não fosse* professor.

Em determinado momento, houve um jantar especial, e o líder da área teológica, um judeu muito legal e muito judeu, fez um discurso. Foi um bom discurso, e ele era um excelente orador, por isso, embora agora pareça uma loucura, naquela hora a ideia central dele pareceu completamente verdadeira e óbvia. Ele falou sobre as grandes diferenças no bem-estar social dos vários países, o que causa inveja, leva a conflitos, e, agora que temos armas atômicas, estaremos condenados com qualquer guerra, portanto a maneira certa de lutar pela paz seria fazer com que não houvesse grandes diferenças entre um lugar e outro, e, como nos Estados Unidos temos muito, deveríamos abrir mão de quase tudo em favor de outros países até que todos se equilibrem. Estávamos todos ouvindo aquilo e cheios de disposição para o sacrifício, todos pensando que era isso que devíamos fazer. Mas recobrei a razão quando estava a caminho de casa.

No dia seguinte, um dos caras do nosso grupo disse: "Acho que o discurso da noite passada foi tão bom que todos nós deveríamos endossá-lo e fazer dele o resumo de nossa conferência."

Comecei a dizer que a ideia de distribuir tudo equitativamente se baseia numa *teoria* segundo a qual existe no mundo uma quantidade X de recursos, que de alguma forma nós tomamos de países mais pobres em algum momento e que portanto deveríamos devolver a eles. Mas essa teoria não leva em conta o motivo *real* das diferenças entre os países — as novas técnicas para o cultivo de alimentos, o progresso das máquinas usadas na produção de alimentos e outros artigos, e o fato de que todas essas máquinas exigem a concentração de capital. O importante não são as *coisas*, mas o poder de *fazer* as coisas. Mas agora percebo que aquelas não eram pessoas de ciência, não entendiam isso. Não entendiam a tecnologia, não entendiam o próprio tempo.

A conferência me deixou tão nervoso que uma garota que conheci em Nova York precisou me acalmar. "Veja", disse ela, "você está tremendo! Pirou de vez! Fique calmo, não leve as coisas tão a sério. Olhe um minuto para trás e veja o que é isso." Então pensei sobre a conferência, na loucura que era aquilo e vi que não era tão grave. Mas, se alguém me convidar para participar de uma coisa assim de novo, vou fugir como um louco. Sem chance! Não! De jeito nenhum! E até hoje continuo recebendo convites para eventos do tipo.

Quando chegou a hora da avaliação final da conferência, os demais falaram sobre o quanto tinham gostado, que tinha sido um sucesso e coisa e tal. Quando chegou a minha vez, exclamei: "Esta conferência foi pior que um teste de Rorschach: uma mancha de tinta sem significado, as pessoas perguntam a você o que tal coisa significa, mas quando você responde começam a brigar com você!"

Para piorar as coisas, haveria outro encontro final, dessa vez aberto ao público, e o cara responsável pelo nosso grupo teve a *pachorra* de dizer que, como tínhamos trabalhado muito, não haveria tempo para discussões públicas e simplesmente *falaríamos* às pessoas sobre as coisas que tínhamos discutido. Meus olhos se arregalaram: eu achava que não tínhamos trabalhado coisa nenhuma!

Por fim, quando estávamos discutindo sobre a possibilidade de diálogo entre pessoas de diferentes disciplinas — o segundo de nossos "problemas" básicos —, eu disse que tinha observado algo interessante. Cada um de nós tinha falado sobre sua própria ideia da "ética da igualdade" sem dar atenção ao ponto de vista dos demais. O historiador, por exemplo, sugeriu que a maneira de entender problemas éticos seria entender como eles evoluíram e se desenvolveram; o especialista em direito internacional achava que a solução seria observar como as pessoas agem de fato em diferentes situações e fazer combinações; o padre jesuíta estava sempre falando na "fragmentação do conhecimento", e eu, como cientista, propunha que devíamos isolar o problema de modo análogo ao das técnicas experimentais de Galileu, e assim por diante.

— Então, na minha opinião — falei —, não houve diálogo nenhum. Tudo que houve foi caos!

Claro que fui atacado por todos os lados.

— O senhor não acha que do caos pode vir a ordem?

— Bem, hã, como princípio geral ou...

Eu não sabia o que fazer com perguntas do tipo "A ordem pode vir do caos?". Sim, não, como é que é?

Havia muita gente idiota naquela conferência, idiotas cheios de pompa — e idiotas cheios de pompa me tiram do sério. Não há problema com os idiotas comuns, pode-se conversar com eles e tentar ajudá-los. Mas idiotas cheios de pompa — caras que são idiotas mas dissimulam essa condição e impressionam as pessoas com suas maravilhosas sacadas geniais —, esses eu não aguento! Um idiota comum não é um farsante; tudo bem ser um idiota honesto. Mas um idiota desonesto é terrível! E foi isso que encontrei naquela conferência, um bando de idiotas cheios de pompa, e fiquei muito aborrecido. Não quero me aborrecer dessa forma outra vez, por isso não vou mais participar de conferências interdisciplinares.

Nota de rodapé: Enquanto estive na conferência, fiquei no Seminário Teológico Judeu, no qual estudavam jovens rabinos — creio que ortodoxos. Como tenho origem judaica, conhecia algumas das coisas sobre o Talmude das quais eles me falavam, mas nunca tinha visto o Talmude. Foi bem interessante. Ele tem páginas grandes, e, num quadradinho no canto da página, se transcreve o Talmude original; numa espécie de margem em L, à volta desse quadradinho, há comentários escritos por diversas pessoas. O Talmude evoluiu, e cada coisa foi discutida repetidamente, sempre em detalhe, numa espécie de raciocínio medieval. Acho que os comentários acabavam por volta dos séculos XIV, XV ou XVI — não havia nenhum comentário moderno. O Talmude é um belo livro, um grande *pot-pourri*: questões do dia a dia, problemas difíceis — por exemplo, problemas de professores, sobre como ensinar —, e depois mais problemas do dia a dia e assim por diante. Os alunos me disseram que o Talmude nunca foi traduzido, o que achei curioso em se tratando de um livro tão precioso.

Certa vez, dois ou três daqueles jovens rabinos vieram me dizer:

— Percebemos que não é possível estudar para sermos rabinos no mundo moderno sem saber um pouco de ciência, por isso gostaríamos de lhe fazer algumas perguntas.

É claro que há milhares de lugares onde se informar sobre ciência, e a Universidade Columbia ficava logo ali, mas eu quis saber em que tipo de pergunta eles estavam interessados.

— Bem, por exemplo... eletricidade é fogo? — perguntaram eles.

— Não — respondi —, mas qual é o problema?

— O Talmude diz que não se deve fazer fogo aos sábados — disseram eles —, portanto nossa dúvida é: podemos usar equipamentos elétricos aos sábados?

Fiquei chocado. Eles não estavam interessados em ciência coisa nenhuma! A única maneira pela qual a ciência estava influenciando a vida deles era que assim eles seriam capazes de interpretar melhor o Talmude! Eles não estavam interessados no mundo exterior, em fenômenos naturais; só queriam resolver um problema levantado pelo Talmude.

Então, um dia — acho que era sábado —, eu ia pegar o elevador e havia um rapaz de pé junto a ele. O elevador chegou, eu entrei, e ele veio atrás.

— Qual andar? — perguntei, e minha mão estava pronta para apertar um dos botões.

— Não, não! — disse ele. — *Eu* estou aqui para apertar os botões para *você*.

— O quê?

— Isso mesmo! Os rapazes não podem apertar botões no sábado, então faço isso para eles. Sabe como é, não sou judeu, então posso apertar os botões. Fico perto do elevador, eles me dizem qual é o andar e eu aperto o botão para eles.

Bem, isso me incomodou de verdade, então decidi emboscar os estudantes com uma discussão lógica. Fui criado num lar judeu, portanto sabia que tipo de lógica mesquinha devia usar e pensei: "Vai ser engraçado!"

Meu plano era começar perguntando: "O ponto de vista judeu é o ponto de vista que *todo* homem deve adotar? Porque, se não for, não será algo realmente válido para toda a humanidade, blá-blá-blá." Então eles teriam de dizer: "Sim, o ponto de vista judeu é bom para qualquer homem."

Então eu ia contornar o assunto mais um pouco, perguntando: "Seria ético que um homem contratasse outro homem para fazer algo que para ele não fosse ético? Você contrataria um homem para roubar por você, por exemplo?" Ia cozinhá-los em banho-maria, devagar, com muito cuidado, até que eles caíssem na armadilha.

E sabe o que aconteceu? Eles eram estudantes rabínicos, certo? Eram dez vezes melhores que eu! Assim que perceberam que eu podia cercá-los, começaram a dar voltas, e mais voltas, e — não lembro como — se livraram! Achei que tinha tido uma ideia original... que decepção! Isso vinha sendo discutido no Talmude havia séculos! Então eles me venceram com a maior facilidade — se safaram sem problemas.

Por fim, tentei convencer os estudantes rabínicos de que a fagulha elétrica que os preocupava quando apertavam o botão do elevador não era fogo.

— Eletricidade *não* é fogo — expliquei. — Não é um processo químico, como o fogo.

— Ah, é? — exclamaram eles.

— Claro, existe eletricidade entre os átomos de uma fogueira.

— Hã! — eles disseram.

— E em *qualquer* fenômeno que ocorra no mundo.

Cheguei a propor uma solução prática para eliminar a faísca.

— Se é isso o que os preocupa, vocês podem pôr um condensador no interruptor, assim a eletricidade entra e sai sem que se produzam faíscas de nenhum tipo, em parte alguma.

Mas não sei por que eles também não gostaram da ideia.

Foi uma decepção. Ali estavam eles, entrando aos poucos na vida, só para interpretar melhor o Talmude. Imagine! Em tempos modernos como o nosso, esses caras estão estudando para integrar a sociedade e *fazer* alguma coisa — ser rabino —, e a única razão pela qual acham que a ciência pode ser interessante é porque seus problemas antigos, provincianos, medievais, estão se confundindo um pouquinho por causa de alguns fenômenos novos.

Naquela época, ocorreu mais uma coisa digna de menção. Uma das questões que discuti bastante com os estudantes rabínicos foi a razão de encontrarmos um maior número de judeus em áreas acadêmicas, como a física teórica, do que na população em geral. Os estudantes achavam que a razão estava na história judaica de respeito ao saber: os judeus respeitam seus rabinos, que são verdadeiros professores, e respeitam a educação. Os judeus transmitem essa tradição a suas famílias o tempo todo, portanto, se um menino for bom aluno, será tão bem visto, ou mais, que um bom jogador de futebol.

Nessa mesma tarde, algo me lembrou o quanto isso é verdadeiro. Fui convidado à casa de um dos estudantes rabínicos, e ele me apresentou sua mãe, que acabava de voltar de Washington, D.C. Ela juntou as mãos e disse, em êxtase: "Ah! Meu dia está completo. Hoje conheci um general e um professor!"

Percebi que não são muitas as pessoas para as quais conhecer um professor é tão importante e tão bom quanto conhecer um general. Então achei que havia algo verdadeiro no que os estudantes disseram.

JULGAR LIVROS PELA CAPA

Depois da guerra, era comum que o governo convidasse cientistas a Washington para prestar consultoria a vários de seus setores, principalmente às Forças Armadas. Suponho que isso acontecia porque, como os cientistas tinham feito aquelas bombas importantes, os militares achavam que prestávamos para alguma coisa.

Certa vez me pediram que participasse de uma comissão de avaliação de diversas armas para o exército, e respondi dizendo que era apenas um físico teórico e não sabia nada de armas do exército.

O exército escreveu de volta dizendo que, em sua experiência, tinham descoberto que os físicos teóricos eram muito úteis para eles na tomada de decisões, e que eu por favor reconsiderasse.

Respondi mais uma vez dizendo que não sabia realmente nada a respeito e duvidava que pudesse ajudar.

Por fim, recebi uma carta do secretário do Exército, que propunha uma solução intermediária: eu compareceria à primeira reunião apenas para ouvir e constatar se poderia ou não dar uma contribuição, depois decidiria se ia continuar.

Eu disse que sim, claro. O que mais poderia fazer?

Fui para Washington e, antes de mais nada, participei de um coquetel para conhecer todo mundo. Havia generais e outras figuras importantes do exército, e todo mundo conversava. Foi bem agradável.

Um cara fardado dirigiu-se a mim e disse que o exército estava muito satisfeito por ter físicos como consultores das Forças Armadas, já que havia uma porção de problemas. Um desses problemas era que os tanques estavam consumindo muito combustível, o que restringia sua autonomia. Assim, a pergunta era como reabastecê-los pelo caminho. Aquele cara achava que, como os físicos tinham extraído energia do urânio, quem sabe não dariam um jeito de usar dióxido de silício — areia, poeira — como combustível? Se isso fosse possível, tudo o que o tanque precisava fazer era ter uma pá instalada por baixo que, à medida que o tanque se deslocasse, recolheria a poeira para usá-la como combustível. Ele achava que essa era uma grande ideia e que bastava resolver os detalhes. Era esse o tipo de problema que eu pensava que seria discutido na reunião do dia seguinte.

Fui à reunião e vi que aquele mesmo cara que tinha me apresentado a todo mundo no coquetel estava sentado ao meu lado. Aparentemente, era uma espécie de serviçal destacado para estar comigo o tempo todo. Do outro lado, havia um supergeneral de quem eu já tinha ouvido falar.

Na primeira sessão do encontro, falaram sobre algumas questões técnicas, e fiz uns poucos comentários. Mas daí para a frente, já perto do fim do encontro, começaram a discutir algum problema de logística sobre o qual eu nada sabia. Tinha a ver com a estimativa de quantas coisas era preciso ter em diferentes lugares em períodos diferentes. E embora eu tenha tentado ficar de boca fechada, quando se está numa situação como aquela, em volta de uma mesa com todas aquelas "pessoas importantes" discutindo "problemas importantes", é *impossível* ficar de boca fechada mesmo sem saber nada do assunto! Portanto, fiz alguns comentários naquela discussão também.

No intervalo seguinte, o cara que tinha sido escalado para me servir de babá disse: "Fiquei muito impressionado com o que o senhor disse durante a discussão. Certamente foi uma contribuição importante."

Parei e pensei sobre minha "contribuição" para o problema logístico, e percebi que um homem como o encarregado de compras da Macy's estaria em melhores condições que eu para decidir como tratar problemas como aquele. Então tirei minhas conclusões: a) se dei uma contribuição importante, foi por pura sorte; b) qualquer pessoa poderia ter feito isso, mas *muitas* pessoas poderiam ter feito *melhor*; e c) essa adulação deveria me despertar para o fato de que *não* sou capaz de contribuir tanto.

Logo em seguida, eles decidiram que seria melhor discutir a *organização* da pesquisa científica (coisas como: o desenvolvimento científico deve se subordinar ao Corpo de Engenheiros ou à Divisão de Logística?) do que questões técnicas específicas. Eu sabia que, se pudesse *eventualmente* dar uma contribuição real, seria somente em alguma questão técnica específica, e não sobre como organizar a pesquisa no exército.

Até aquele momento, eu não tinha transmitido minhas impressões sobre a situação ao presidente do encontro — o figurão que tinha me convidado. Quando estávamos fazendo as malas para ir embora, ele me disse, todo sorrisos:

— O senhor estará conosco então no próximo encontro...

— Não, não estarei.

Pude ver que o rosto dele mudou de repente. Ele estava muito surpreso pelo fato de eu dizer não depois de dar todas aquelas "contribuições".

No começo da década de 1960, muitos de meus amigos ainda prestavam consultoria ao governo. Eu, por outro lado, não tinha nenhum sentimento de responsabilidade social e resistia ao máximo às propostas de ir para Washington, o que exigia certa dose de coragem naqueles tempos.

Eu estava dando uma série de aulas inaugurais de física naquela época, e, depois de uma delas, Tom Harvey, que assistiu a uma de minhas demonstrações, comentou: "Você devia ver o que estão fazendo com a matemática nos livros didáticos! Minha filha trouxe um monte de bobagens para casa!"

Não prestei muita atenção ao que ele dizia.

Mas no dia seguinte recebi um telefonema de um famoso advogado de Pasadena, o sr. Norris, que na época fazia parte do Conselho Estadual de Educação. Ele me perguntou se eu aceitaria integrar a Comissão Curricular Estadual, que escolheria os novos livros didáticos a serem usados na Califórnia. Uma lei estadual determinava que todos os livros didáticos usados por todos os alunos da rede pública deveriam ser escolhidos pelo Conselho Estadual de Educação, por isso eles tinham uma comissão encarregada de aconselhá-los sobre a seleção dos livros.

Acontece que muitos dos livros estavam usando um novo método de ensino aritmético chamado "matemática moderna". Como normalmente as únicas pessoas que analisavam os livros eram professores primários e administradores da área educativa, eles acharam que seria uma boa ideia ter alguém que *usa* a matemática para fins científicos, que sabe o que é o produto final e com que objetivo estamos tentando ensinar a disciplina, para ajudar na avaliação dos livros didáticos.

Nessa época, eu devia ter um sentimento de culpa por não estar cooperando com o governo e provavelmente por isso concordei em participar da comissão.

Na mesma hora, comecei a receber telefonemas e cartas de editores de livros didáticos. Diziam coisas como "Ficamos felizes ao saber que o senhor está na comissão porque realmente queríamos um cientista..." e "É ótimo ter um cientista na comissão, porque nossos livros são voltados para a ciência...". Mas também diziam coisas como "Gostaríamos de lhe explicar sobre o que é o nosso livro..." e "Gostaríamos imensamente de ajudá-lo da maneira que for possível a avaliar nossos livros...". Aquilo me pareceu uma loucura. Sou um cientista objetivo e, como a única coisa que as crianças na escola iam receber era o livro (e os professores receberiam o manual do professor, a que eu também teria acesso), parecia-me que qualquer explicação *suplementar* dada pela empresa seria uma distorção. Portanto, eu não queria falar com nenhum dos editores e sempre respondia: "O senhor não precisa explicar; estou certo de que os livros falarão por si."

Eu representava certo distrito, que compreendia a maior parte da área metropolitana de Los Angeles, exceto a cidade de Los Angeles, representada por uma mulher muito bacana do sistema escolar chamada sra. Whitehouse. O sr. Norris sugeriu que eu a encontrasse para saber o que a comissão fazia e como funcionava.

A sra. Whitehouse começou falando dos tópicos da reunião seguinte (eles já tinham tido uma primeira reunião, minha indicação chegou mais tarde). "Eles vão falar sobre o conjunto Z." Eu não sabia o que era aquilo, mas depois vi que correspondia ao que eu chamava de números inteiros. Eles tinham nomes diferentes para tudo, portanto tive bastante dificuldade no começo.

Ela me contou de que forma os membros da comissão normalmente qualificavam os livros novos. Eles tiravam um número relativamente grande de cópias de cada livro e distribuíam essas cópias a professores e administradores escolares de seu distrito. Depois recebiam relatórios sobre o que essas pessoas tinham achado dos livros. Como eu não conhecia muitos professores e administradores escolares, e como achava que lendo os livros poderia formar uma opinião sobre eles, preferi fazer todas as leituras eu mesmo. Mas havia pessoas no meu distrito que esperavam ver os livros e queriam ter uma chance de dar sua opinião. A sra. Whitehouse prontificou-

-se a incluir os relatórios dessas pessoas entre os seus, para contentá-los e para que eu não precisasse me ocupar de queixas. Eles ficaram satisfeitos e não tive problemas.

Poucos dias depois, um cara do depósito me ligou e disse: "Estamos prontos para lhe enviar os livros, sr. Feynman. São 150 quilos."

Fiquei apavorado.

"Tudo bem, sr. Feynman; vamos arrumar alguém para ajudá-lo a ler."

Eu não era capaz de imaginar como aquilo seria *possível*: ou você lê ou não lê. Mandei instalar uma estante especial em meu gabinete do porão (os livros ocuparam cinco metros da estante), e comecei a ler os que seriam discutidos na reunião seguinte. Íamos começar pelos livros do ensino elementar.

Era uma grande empreitada, e trabalhei o tempo todo no porão. Minha esposa diz que durante esse período era como viver em cima de um vulcão. Ele fica quieto durante um tempo, e de repente BUUUUUUMMMMM!!!! — ocorre uma grande explosão do "vulcão" lá de baixo.

A razão disso era que os livros eram péssimos. Eram falsos. Tinham sido feitos às pressas. *Tentavam* ser rigorosos, mas usavam exemplos (como automóveis na rua para "conjunto") que eram *quase* bons, mas nos quais havia sempre alguma sutileza. As definições não eram precisas. Tudo era um pouco ambíguo — eles não eram *inteligentes* a ponto de saber o que é "rigor". Estavam falseando as coisas. Estavam ensinando coisas que não entendiam e que na verdade eram *inúteis*, naquela altura, para uma criança.

Entendi o que eles estavam tentando fazer. Muita gente achava que depois do Sputnik os russos tinham nos deixado para trás, por isso pediram conselhos a matemáticos sobre como ensinar a disciplina usando alguns dos conceitos mais modernos. O objetivo disso era aprimorar a matemática para as crianças, que achavam a matéria enfadonha.

Vou dar um exemplo: os livros falavam sobre as diferentes bases de números — cinco, seis e assim por diante — para mostrar as possibilidades. Isso poderia interessar a uma criança capaz de entender a base dez — uma coisa para entreter sua mente. Mas, naqueles livros, eles tinham transformado em obrigação o aprendizado de uma outra base! E aí vinha o horror habitual: "Transponha estes números, que estão em base sete, para base cinco." Transpor de uma base para outra é algo *absolutamente inútil*. Se você *for capaz* disso, talvez seja divertido; se *não for*, esqueça. Não tem a menor *importância*.

Seja como for, eu estava lendo todos aqueles livros, e nenhum deles dizia nada sobre o emprego da aritmética na ciência. Quando havia algum exemplo do emprego da aritmética em geral (na maior parte das vezes, é aquele disparate abstrato moderno), eram coisas relacionadas à compra de selos.

Finalmente, peguei um livro que dizia: "A matemática é usada na ciência de muitas formas. Vamos dar um exemplo da astronomia, a ciência das estrelas." Viro a página e leio: "As estrelas vermelhas têm uma temperatura de 4 mil graus, as estrelas amarelas têm uma temperatura de 5 mil graus..." — até aí, tudo bem. E continuava: "As estrelas verdes têm uma temperatura de 7 mil graus, as estrelas azuis têm uma temperatura de 10 mil graus e as estrelas violeta têm uma temperatura de... (um número imenso)". Não existem estrelas verdes ou violeta, mas as temperaturas das demais estavam mais ou menos corretas. Aquilo estava *vagamente* certo, mas já havia um problema! A coisa funcionava assim: tudo aquilo fora escrito por alguém que não tinha noção do assunto, portanto sempre havia algum erro! E como vamos ensinar direito usando livros escritos por gente que não entende o que está dizendo? Não *consigo* entender. Não sei por quê, mas os livros eram péssimos, absolutamente péssimos!

De qualquer forma, me *alegrei* com aquele livro porque foi o primeiro exemplo de aritmética aplicada à ciência. Fiquei *um pouco* triste ao ler sobre a temperatura das estrelas, mas *não muito*, porque aquilo estava mais ou menos certo — é só um exemplo de erro. Aí vinha a lista de problemas a resolver. O primeiro dizia: "John e seu pai saíram para olhar as estrelas. John vê duas estrelas azuis e uma estrela vermelha. Seu pai vê uma estrela verde, uma violeta e duas amarelas. Qual é a temperatura total das estrelas vistas por John e seu pai?" — e explodi de horror.

Minha mulher falou sobre o vulcão lá embaixo. Mas foi só um exemplo: era assim *eternamente*. Um absurdo eterno! Não há nenhum propósito em somar a temperatura de duas estrelas. Ninguém *jamais* fez isso, exceto, talvez, para obter a temperatura *média* das estrelas, *não* para encontrar a temperatura de *todas* as estrelas! Aquilo era horrível! Aquilo não passava de um jogo para fazer somar, e eles não entendiam o que estavam dizendo. Era como ler sentenças com erros tipográficos e de repente topar com uma sentença completa escrita de trás para a frente. A matemática era assim. Não tinha jeito!

Fui então para a primeira reunião. Os demais membros do grupo já tinham dado uma espécie de nota para alguns dos livros e me perguntaram sobre as *minhas* notas. Eram com frequência bem diferentes das deles, e eles perguntavam: "Por que deu uma nota tão baixa para este livro?"

Eu dizia que o problema do livro era este e aquele, nas páginas tais e tais — tinha feito anotações.

Eles descobriram que eu era uma espécie de mina de ouro: eu lhes dizia em detalhe o que estava bem e o que estava mal nos livros; eu tinha um motivo para cada nota.

Eu lhes perguntava por que tinham dado uma nota tão alta a determinado livro, e eles diziam: "Vamos ouvir o que você acha do livro tal." Nunca consegui descobrir por que eles tinham dado esta ou aquela nota. E eles continuavam perguntando o que eu achava.

Chegamos a determinado título, parte de um conjunto de três livros suplementares publicados pela mesma editora, e me perguntaram o que *eu* achava deles.

— O depósito não me mandou esse livro, mas os outros dois eram bons — falei.

Alguém tentou repetir a pergunta:

— O que acha do livro?

— Já disse que não me foi enviado, então não tenho opinião sobre ele.

O homem do depósito estava lá e disse:

— Desculpe, posso explicar. Não lhe mandei o livro porque ele ainda não estava terminado. Temos uma regra segundo a qual os livros devem chegar até certa data, e a editora atrasou alguns dias. Por isso, mandaram-nos apenas as capas, com o miolo em branco. A editora enviou uma nota se desculpando e pedindo que levemos em conta o conjunto de três livros, embora o terceiro esteja atrasado.

O que aconteceu foi que o livro em branco tinha recebido notas de alguns membros da comissão! Eles não podiam acreditar que estivesse em branco, porque já tinham dado uma nota. Na verdade, a nota do livro que faltava tinha sido um pouco mais alta que a dos outros dois. O fato de não haver nada dentro dele nada tinha a ver com a nota recebida.

Acho que a explicação para tudo isso é o modo como o sistema funciona: você entrega um monte de livros às pessoas, elas estão ocupadas, são descuidadas e pensam: "Bem, uma porção de gente está lendo esse livro, então não vai fazer muita diferença." E atribuem um número ao livro — pelo menos *algumas* delas; não todas, mas *algumas*. Então, quem recebe os relatórios não sabe *por que* tal livro tem menos relatórios que os outros — ou seja, um livro pode ter dez relatórios, e esse em especial tem apenas seis. Então, tira-se uma média das notas dos que enviaram relatórios; não são contados os que não fizeram o relatório, portanto obtém-se um número aceitável. Esse processo de tirar médias o tempo todo omite o fato de que nada existe sob a capa do livro!

Elaborei essa teoria porque vi o que acontecia na comissão de currículo: para o livro em branco, seis dos dez membros entregaram relatórios, enquanto para os outros livros foram oito ou nove. E, quando tiraram a média dos seis, obtiveram uma média tão plausível quanto com oito ou nove notas. Eles ficaram muito constrangidos quando perceberam que tinham dado uma nota para aquele livro, e isso me deu um pouco mais de segurança. Acontece que os outros membros da comissão tinham tido o trabalho de distribuir os livros e recolher relatórios e tinham ido a reuniões em que os editores *explicavam* o conteúdo dos livros antes que os lessem; eu era o único cara daquela comissão que havia lido todos os livros e não recebera nenhuma informação dos editores além da que estava contida nos próprios livros, aquilo que efetivamente iria parar nas escolas.

A questão de tentar avaliar se um livro é bom ou ruim lendo-o detalhadamente ou considerando os relatórios de uma porção de gente que o leu sem cuidado se assemelha a um velho e famoso problema: ninguém está autorizado a ver o imperador da China, e a pergunta era "Qual é o tamanho do nariz do imperador da China?". Para determinar isso, você viaja por todo o país perguntando às pessoas qual elas acham que seja o tamanho do nariz do imperador, e tira uma *média*. E a resposta vai ser bem "precisa", porque você consultou muita gente. Mas esse não é o modo de determinar uma coisa. Se você tiver um grande número de pessoas que opinam sem considerar atentamente a questão, não vai ser com uma média que vai melhorar seu conhecimento sobre a situação.

De início, não se esperava que conversássemos sobre custos. Disseram-nos quantos livros podíamos escolher, portanto projetamos um programa que usava uma porção de livros complementares, porque todos os livros didáticos tinham erros de uma ou outra espécie. Os erros mais graves estavam nos livros de "matemática moderna": não havia aplicações práticas, nem um bom número de enunciados de problemas. Não se falava em vender figurinhas, falava-se demais em comutação e em sinais abstratos, com pouca tradução para situações do mundo real. O que você faz: soma, subtrai, multiplica ou divide? Então sugerimos alguns livros que *tinham* alguma coisa suplementar — um ou dois por sala —, além de um livro didático para cada aluno. Ajeitamos tudo de modo a equilibrar as coisas, depois de muita discussão.

Quando levamos nossas recomendações ao Conselho de Educação, eles nos disseram que a verba era menor do que tinham imaginado e por isso teríamos de refazer tudo, cortar isto e aquilo, desta vez levando em conta os *custos* e estragando o que era um currículo equilibrado de maneira justa, com o qual havia uma *chance* de que o professor encontrasse exemplos das coisas de que precisasse.

Por terem mudado as regras sobre a quantidade de livros recomendados, perdemos a oportunidade de conseguir um equilíbrio, e o currículo ficou bastante pobre. Quando chegou à comissão de orçamento, foi ainda mais profundamente mutilado. Agora estava péssimo *mesmo*! Pediram-me que comparecesse à reunião dos senadores do estado quando a questão fosse debatida, mas recusei o convite: àquela altura, depois de tanto batalhar por aquilo, eu estava cansado. Tínhamos preparado nossas recomendações ao Conselho de Educação e imaginei que fosse tarefa *deles* apresentá-las ao senado — o que era *legalmente* correto, mas não politicamente saudável. Eu não devia ter desistido tão cedo, mas ver a coisa abandonada depois de tanto trabalho e tanta discussão sobre aqueles livros na tentativa de elaborar um currículo equilibrado era desanimador! Aquilo tudo havia sido um esforço desnecessário que poderia ter sido feito do jeito oposto: *começar* com o custo dos livros e comprar o que fosse possível.

O que realmente decidiu tudo e me levou a pedir demissão foi que no ano seguinte íamos discutir os livros de ciências. Achei que talvez com a ciência fosse diferente, então dei uma olhada em uns poucos livros.

Aconteceu a mesma coisa: algo que parecia bom no início se tornou horrível. Por exemplo, um dos livros começava com quatro imagens: a primeira era de um brinquedo de corda; depois um automóvel; depois um menino de bicicleta e depois outra coisa qualquer. Debaixo de cada imagem, havia uma pergunta: "O que o faz andar?"

"Já sei de que se trata", pensei. "Vão falar de mecânica, de como a corda funciona dentro do brinquedo; de química, de como funciona o motor do automóvel; e de biologia, de como os músculos funcionam."

Era o tipo de coisa que meu pai diria:

— O que o faz andar? Tudo anda porque o sol brilha.

E nos divertíamos discutindo a questão.

— Não, o brinquedo funciona porque a corda está enrolada — retrucaria eu.

— Como foi que a corda ficou enrolada? — perguntaria ele.

— Eu a enrolei.

— E o que faz você se movimentar?

— Comer.

— E o alimento só é cultivado porque o sol brilha. Portanto, todas essas coisas se movem porque o sol brilha.

Isso podia transmitir a ideia de que o movimento é simplesmente uma *transformação* da energia solar.

Virei a página. As respostas eram: para o brinquedo de corda, "a energia o faz andar"; para o menino de bicicleta, "a energia o faz andar". Para tudo, "a *energia* o faz andar".

Isso não *significa* nada. Suponhamos que a palavra fosse "geringonça". Esse é o princípio geral: "A geringonça o faz andar." Não há nenhum conhecimento nisso. As crianças não aprendem nada, é só uma *palavra*!

O que elas deviam fazer é olhar o brinquedo de corda, ver que dentro dele há uma mola, aprender alguma coisa sobre molas, aprender sobre rodas e jamais se importar com "energia". Mais tarde, depois que soubessem algo sobre como o brinquedo funciona na realidade, poderiam discutir os princípios mais gerais da energia.

Nem sequer é verdade que "a energia faz andar", porque, se ele parar, também se poderia dizer que "a energia o fez parar". Eles estão falando é de energia concentrada transformando-se em formas mais diluídas, o que é um aspecto muito sutil da energia. Nesses exemplos, a energia não aumenta nem diminui, simplesmente muda de uma forma para outra. E, quando as coisas param, a energia se transforma em calor, em caos generalizado.

Mas os livros eram assim: diziam coisas inúteis, confusas, ambíguas e até certo ponto incorretas. Não sei como alguém poderia aprender ciências nesses livros, porque isso não é ciência.

Então, quando vi todos aqueles livros espantosos com o mesmo tipo de problema que os livros de matemática, senti que meu vulcão voltava a se agitar. Como estava exausto depois de ter lido todos os livros de matemática, e desanimado pelo esforço desperdiçado, não podia nem cogitar enfrentar mais um ano daquilo, e me demiti.

Algum tempo depois soube que o livro da energia-o-faz-andar ia ser recomendado pela comissão de currículo ao Conselho de Educação, então fiz um último esforço. A cada reunião da comissão, o público podia fazer comentários, então me levantei e disse que achava o livro ruim.

O homem que tinha me substituído na comissão retrucou: "Esse livro foi aprovado por 65 engenheiros da Companhia Aérea Tal!"

Não duvido que essa empresa tenha alguns bons engenheiros, mas contratar 65 engenheiros é contratar um amplo leque de competências e incluir necessariamente alguns caras bem ruinzinhos! Mais uma vez, tratava-se do problema da *média* sobre o tamanho do nariz do imperador, ou da avaliação de um livro que só tinha capa, mas não conteúdo. Teria sido bem melhor que a empresa decidisse quais eram seus melhores engenheiros e *os* fizesse examinar o livro. Não posso afirmar que eu seja mais sabido que todos os outros 65 caras — mas, mais do que a média de 65 caras, certamente sim!

Não consegui me fazer entender, e o livro foi aprovado pelo conselho.

Quando ainda estava na comissão, precisei ir algumas vezes a São Francisco para as reuniões e, quando voltei a Los Angeles, após a primeira dessas viagens, passei pelo escritório da comissão para pedir o reembolso das despesas.

— Quanto foi, sr. Feynman?

— Fui de avião a São Francisco, então é o valor da tarifa aérea mais o estacionamento do aeroporto enquanto estive fora.

— Tem a passagem?

Por acaso eu estava com a passagem.

— Tem o recibo do estacionamento?

— Não, mas paguei 2,35 dólares para estacionar.

— Mas precisamos do recibo.

— Eu lhe *disse* quanto custou. Se não confia em mim, por que me autoriza a dizer o que acho bom ou ruim nos livros didáticos?

Houve uma grande agitação em torno disso. Infelizmente, eu estava habituado a dar palestras para empresas, universidades e pessoas comuns, não para o governo. Estava habituado a: "De quanto foi sua despesa?"; "Tanto."; "Aqui está, sr. Feynman."

Decidi então que não ia entregar o recibo por nada neste mundo.

Depois de minha segunda viagem a São Francisco, pediram-me mais uma vez a passagem e os recibos.

— Não *tenho*.

— Não é possível, sr. Feynman.

— Quando aceitei fazer parte da comissão, vocês me disseram que pagariam todas as despesas.

— Mas esperávamos ter recibos para *comprovar* as despesas.

— Não tenho nada que *comprove* as despesas, mas vocês *sabem* que moro em Los Angeles e vou para outras cidades; como acham que chego lá?

Eles não cederam, nem eu. Sinto que, quando estamos numa situação como essa, em que decidimos não nos submeter ao Sistema, devemos arcar com as consequências se as coisas não correrem bem. Portanto, fiquei plenamente satisfeito, mas nunca recebi o reembolso das despesas de viagem.

É um dos jogos que faço. Querem um recibo? Não vou lhes dar o recibo. Então você não recebe o dinheiro. Tudo bem, então não recebo o dinheiro. Não confiam em mim? Pois que vão para o inferno; não precisam me pagar. Claro que é absurdo! Sei que é assim que o governo funciona; bem, *dane-se* o governo! Acho que seres humanos devem tratar seres humanos como seres humanos. E, a menos que eu seja tratado como um ser humano, não quero ter nada a ver com eles! Eles se aborrecem? Eles se aborrecem. Eu também me aborreço. Mas é só deixar passar. Sei que estão "protegendo o dinheiro do contribuinte", mas vejam se acham que o contribuinte está bem protegido na situação seguinte.

Havia dois livros sobre os quais não conseguíamos chegar a uma decisão depois de muito discutir; eles eram extremamente parecidos. Então deixamos a decisão com o Conselho de Educação. Como agora o conselho estava levando em conta os custos, e os dois livros se equivaliam, o conselho decidiu abrir as propostas e ficar com o mais barato.

A pergunta que se fazia era:

— As escolas poderão receber os livros no tempo normal, ou talvez um pouco antes, a tempo de chegarem para o próximo ano letivo?

O representante de uma das editoras levantou-se e disse:

— Gostaríamos que aceitassem nossa proposta; podemos ter os livros prontos para o próximo ano letivo.

Um representante da editora cuja proposta tinha sido recusada levantou-se e disse:

— Como nossas propostas foram enviadas com base no último cronograma, acho que devemos ter a oportunidade de reapresentar uma proposta com o cronograma mais apertado, porque também podemos atender ao cronograma mais apertado.

O sr. Norris, advogado do conselho em Pasadena, perguntou a ele:

— E quanto nos *custará* receber os livros antecipadamente?

Ele deu um número: era *menos* que antes!

O cara da primeira editora se levantou:

— Se *ele* mudar a proposta dele, tenho o direito de mudar a *minha* também! — E o valor era menor *ainda*!

— Bem, como é isso? — perguntou Norris. — Vamos receber os livros antes e vão ficar *mais baratos*?

— Sim — disse um dos caras. — Podemos usar um sistema especial de impressão em offset que normalmente não usamos... — Uma desculpa para justificar o barateamento.

O outro cara concordou:

— Quando se faz mais rápido, o custo é menor!

Era uma grande surpresa. A coisa acabou *2 milhões de dólares* mais barata. Norris foi incensado pela mudança repentina.

O que tinha acontecido, claro está, foi que a incerteza em relação à data de entrega tinha aberto a possibilidade de que os dois representantes pudessem dar seus lances um contra o outro. Normalmente, quando os livros são escolhidos sem levar em consideração os custos, não há motivo para baixar o preço; as editoras podem pôr os preços no patamar que quiserem. Não havia vantagem em competir fixando preços menores; competia-se impressionando os membros da comissão de currículo.

Aliás, sempre que a comissão de currículo se reunia, editores vinham bajular seus integrantes, convidá-los para almoçar e falar de seus livros. Nunca fui.

Agora parece óbvio, mas eu não sabia o que estava acontecendo quando recebi um pacote de frutas secas e sei lá o quê entregue pela Western Union, com uma mensagem que dizia: "De nossa família para a sua, Feliz Dia de Ação de Graças — Os Pamilios."

Era de uma família em Long Beach da qual eu nunca tinha ouvido falar, certamente alguém que pretendera enviar o pacote a outra pessoa e usara nome e endereço errados. Disposto a corrigir o erro, liguei para a Western Union, peguei o telefone das pessoas que tinham mandado o pacote e liguei.

— Alô, meu nome é Feynman. Recebi um pacote...

— Alô, sr. Feynman, aqui fala Pete Pamilio.

E isso foi dito de uma maneira tão familiar que pensei que devia saber quem era! Normalmente fico feito bobo quando não consigo me lembrar de uma pessoa.

— Desculpe, sr. Pamilio — falei —, mas não lembro quem é o senhor...

Era o representante de uma das editoras cujos livros eu teria de avaliar na comissão de currículo.

— Entendo. Mas isso pode ser mal interpretado.

— É só de família para família.

— Sim, mas estou avaliando um livro publicado pelo senhor, e talvez alguém possa interpretar mal a sua gentileza!

Eu sabia o que estava acontecendo, mas quis fazer parecer que era um perfeito idiota.

Algo semelhante aconteceu quando um dos editores me enviou uma pasta de couro com meu nome gravado em dourado. Usei a mesma conversa: "Não posso aceitá-la, estou avaliando livros publicados pelo senhor. Acho que não me entendeu!"

Um membro da comissão, o mais antigo deles, disse: "Nunca aceito essas coisas; me deixam muito aborrecido. Mas eles continuam enviando."

No entanto, *realmente* perdi uma oportunidade. Se tivesse pensado mais rápido, poderia ter me divertido muito naquela comissão. Cheguei ao hotel em São Francisco à noite, para minha primeira reunião na manhã seguinte, e decidi sair para andar um pouco pela cidade e comer alguma coisa. Ao sair do elevador, vi dois caras sentados num banco do saguão do hotel. Eles deram um pulo e disseram:

— Boa noite, sr. Feynman. Vai sair? Há alguma coisa que possamos lhe mostrar em São Francisco?

Eram de uma editora e eu não queria nada com eles.

— Estou saindo para comer.

— Podemos levá-lo para jantar.

— Não, prefiro ir sozinho.

— Bem, podemos ajudá-lo em qualquer coisa que quiser.

Não me contive.

— Bem, vou sair para arranjar confusão — disse.

— Acho que podemos ajudá-lo *nisso* também.

— Não, acho que sei cuidar de mim mesmo.

Depois pensei: "Que erro! Eu deveria deixar aquilo *tudo* acontecer e escrever um diário, assim o povo do estado da Califórnia saberia até que ponto os editores são capazes de chegar!"

E depois que descobri a diferença de 2 milhões de dólares... Deus sabe a que ponto chegam as pressões!

O OUTRO ERRO DE ALFRED NOBEL

No Canadá, existe uma grande sociedade de estudantes de física. Eles realizam simpósios, apresentam artigos e tudo mais. Certa vez, a seção de Vancouver quis que eu fosse palestrar para eles. A garota encarregada disso combinou com minha secretária e voou para Los Angeles sem me dizer nada. Ela simplesmente entrou em meu escritório. Era muito bonita, uma linda loura. (Isso ajudou; não devia ser assim, mas ajudou.) E fiquei impressionado que os estudantes de Vancouver tivessem bancado aquilo tudo. Fui tão bem tratado em Vancouver que descobri o segredo de como se divertir dando palestras: espere que os estudantes o convidem.

Certa vez, poucos anos depois que ganhei o Prêmio Nobel, uns garotos do grêmio dos estudantes de física de Irvine vieram pedir que eu falasse. "Eu adoraria ir", disse. "O que quero é falar só para o grêmio de física. Mas, sem querer faltar com a modéstia, aprendi com a experiência que vamos ter problemas."

Contei-lhes que costumava ir a uma escola local de ensino médio todos os anos para falar aos estudantes de física sobre relatividade ou qualquer coisa que eles quisessem. Depois de ganhar o Nobel, fui lá, como de costume, sem preparar nada, e me puseram diante de um grupo de trezentos meninos. Foi uma confusão!

Levei esse choque três ou quatro vezes, e fui um idiota por não perceber logo de cara o que estava acontecendo. Quando me convidaram para dar uma palestra em Berkeley sobre algum tema de física, preparei uma palestra técnica, esperando falar ao grupo habitual do departamento de física. Mas, ao chegar lá, vi aquele *tremendo* auditório *lotado*! E eu *sabia* que não podia haver tanta gente em Berkeley que estivesse no nível para o qual minha palestra tinha sido preparada. Meu problema é que gosto de agradar as pessoas que vêm me ouvir, e não posso fazer isso se uma multidão estiver presente: não vou conhecer minha plateia.

Quando os estudantes entenderam que não era fácil para mim ir a algum lugar e dar uma palestra para o grêmio de física, sugeri: "Vamos inventar um título chato e um nome de professor chato, assim só os rapazes realmente interessados em física se darão o trabalho de comparecer, e são esses os que queremos, certo? Vocês não precisam vender nada."

Apareceram alguns cartazes no campus de Irvine: o professor Henry Warren da Universidade de Washington vai falar sobre a estrutura do próton no dia 17 de maio às 15 horas na sala D102.

Ao chegar, falei: "O professor Warren teve um problema pessoal e não pôde vir hoje, então me ligou e pediu que falasse a vocês sobre o tema, já que tenho alguns trabalhos na área. Por isso estou aqui." Funcionou às mil maravilhas!

Mas, de alguma forma, o orientador do grêmio descobriu o truque e ficou muito bravo.

— Vocês sabem que, se as pessoas tivessem sido informadas de que o professor Feynman estaria aqui, muita gente teria vindo ouvi-lo — ralhou ele.

— Por isso *mesmo*! — explicaram os estudantes.

Mas o orientador ficou furioso por não ter participado da brincadeira.

Sabendo que os estudantes estavam em apuros, decidi escrever uma carta ao orientador explicando que a culpa era minha, que eu só teria feito a palestra naquelas condições, que tinha pedido aos estudantes que não contassem para mais ninguém; sinto muito, desculpe-me, blá-blá-blá... É o tipo de coisa pela qual tenho de passar por conta do maldito prêmio!

No ano passado, fui convidado pelos estudantes da Universidade do Alasca em Fairbanks, e a experiência foi muito agradável, a não ser pelas entrevistas na televisão local. Não preciso dar entrevistas; não há motivo para isso. Fui falar para os estudantes de física, e só. Se a cidade inteira quer saber disso, que sejam informados pelo jornal da faculdade. Foi por causa do Prêmio Nobel que tive de dar entrevista — sou um cara importante, não sou?

Um amigo meu, um homem rico — ele inventou uma espécie de interruptor digital simples —, contou-me sobre pessoas que dão dinheiro para prêmios e palestras: "É preciso olhar para eles com atenção para descobrir de que tipo de vigarice estão tentando absolver sua consciência."

Meu amigo Matt Sands pretendia escrever um livro que seria intitulado *O outro erro de Alfred Nobel*.

Durante muito tempo, quando chegava a época do anúncio do prêmio, eu procurava saber quem o receberia. Mas, depois de alguns anos, nem sequer tinha noção de que a "temporada" se avizinhava. Portanto, não tinha ideia de quem poderia estar me ligando às três e meia ou quatro da madrugada.

— Professor Feynman?

— Ei! Por que está me ligando a essa hora?

— Achei que o senhor gostaria de saber que ganhou o Prêmio Nobel.

— Sim, mas estou *dormindo*! Seria melhor que você tivesse esperado até amanhã. — E desliguei.

— Quem era? — minha mulher perguntou.

— Disseram que ganhei o Prêmio Nobel.

— Ah, Richard, deixe de piadas. Quem *era*?

Eu estou sempre brincando, e ela é tão esperta que não se deixa enganar, mas dessa vez ela caiu.

O telefone tocou outra vez:

— Professor Feynman, já soube que...

— Sim — respondi, com uma voz de decepção.

Então comecei a pensar: "Como posso me desligar disso tudo? Não quero nada disso!" A primeira coisa a fazer seria tirar o fone do gancho, porque eu recebia uma ligação atrás da outra. Tentei voltar a dormir, mas foi impossível.

Desci para o gabinete disposto a pensar: "O que vou fazer? Talvez eu não *aceite* o prêmio. O que vai acontecer então? Talvez não seja possível."

Repus o fone no gancho e o aparelho tocou na mesma hora. Era um cara da revista *Time*.

— Ouça, estou com um problema — disse a ele —, então não grave nada disso. Não sei como me livrar desse negócio. Existe um jeito de recusar o prêmio?

— Senhor, temo que não haja uma forma de fazer isso sem causar ainda mais confusão — aconselhou ele.

Era óbvio. Tivemos uma boa conversa, de quinze ou vinte minutos, e o cara nunca publicou nada sobre isso.

Agradeci o sujeito e desliguei. O telefone tocou imediatamente: era do jornal.

— Sim, pode vir à minha casa. Sim, tudo bem... Sim, sim, sim...

Uma das ligações era de um cara do consulado da Suécia. Ele ia dar uma recepção em Los Angeles.

Imaginei que, desde o momento em que decidi aceitar o prêmio, teria de passar por tudo aquilo.

"Faça uma lista das pessoas que gostaria de convidar", disse o cônsul, "e nós faremos uma lista de nossos convidados. Depois eu passo no seu escritório, batemos as listas para ver se há repetições e cuidamos de fazer os convites..."

Então fiz minha lista. Eram oito pessoas — meu vizinho da frente, meu amigo Zorthian, artista plástico, e assim por diante.

O cônsul chegou ao meu escritório com a lista *dele*: o governador do estado da Califórnia, o Isto, o Aquilo; Getty, o magnata do petróleo; alguma atriz — havia trezentas pessoas! E, desnecessário dizer, *não* havia nomes repetidos!

Comecei a ficar um pouco nervoso. A ideia de conhecer todos esses dignitários me assustava.

O cônsul percebeu minha apreensão. "Ora, não se preocupe", disse ele. "A maioria dessas pessoas não virá."

Bem, eu nunca tinha organizado uma festa para a qual convidasse pessoas que eu sabia que *não* viriam! Não tenho de me curvar diante de ninguém e lhes dar a satisfação de serem honrados com um convite que eles podem recusar; é uma estupidez!

Quando cheguei em casa, estava realmente aborrecido com tudo aquilo. Liguei para o cônsul e disse:

— Estive pensando, e percebi que não posso ir em frente com essa recepção.

— O senhor tem toda a razão — concordou o cônsul, encantado.

Acho que ele tinha a mesma opinião — ter de organizar uma festa para esses babacas seria um pé no saco. No fim das contas, ficamos todos satisfeitos. Ninguém queria ir, nem mesmo o convidado de honra! Para o anfitrião também seria melhor assim.

Durante todo esse período, tive certa dificuldade psicológica. Meu pai me criou com um espírito de aversão pelo cerimonial e a pompa (ele produzia fardas, por isso sabia a diferença entre um homem fardado e um homem sem farda: era exatamente a mesma pessoa). Aprendi a ridicularizar essas coisas durante toda a minha vida, e isso estava entranhado em mim com tanta força que eu não conseguia me pôr de pé diante de um rei sem algum esforço. Era uma infantilidade, eu sei, mas fui criado dessa forma e o problema era esse.

Disseram-me que na Suécia, depois de aceitar o prêmio, o laureado tinha de se afastar do rei sem lhe dar as costas. Você dá alguns passos à frente, aceita o prêmio, e em seguida dá alguns passos para trás. Então eu disse a mim mesmo: "Tudo bem, vou dar uma lição nesses caras!" E treinei *saltos* na escada, para trás, para lhes mostrar como era ridículo esse costume. Eu estava de péssimo humor! Aquilo era uma estupidez, uma bobagem, claro.

Descobri que essa regra já não valia; você pode se virar para tomar distância do rei caminhando como um ser humano normal, na direção para a qual pretende ir, com o nariz à frente.

Fiquei contente ao descobrir que nem todo mundo na Suécia leva as cerimônias da realeza tão a sério. Ao chegar lá, você descobre que eles estão do seu lado.

Os estudantes, por exemplo, tinham uma cerimônia especial na qual concediam a cada ganhador do Prêmio Nobel a "Ordem da Rã". Ao receber essa rãzinha, você deve emitir o ruído da rã.

Na juventude, eu era contra a cultura, mas meu pai tinha alguns bons livros pela casa. Num deles havia a antiga peça grega *As rãs*, e uma vez dei uma olhada nela e vi que as rãs conversavam. Estava escrito assim: *brek, kek, kek*. Pensei: "Nunca uma rã fez um som desses, é uma maneira maluca de transcrevê-lo!" Então fiz algumas tentativas e depois de treinar um pouco percebi que é exatamente isso que a rã faz.

Assim, minha espreitada casual no livro de Aristófanes acabou sendo útil mais tarde: pude fazer uma boa voz de rã na cerimônia dos estudantes para os ganhadores do Nobel! E os saltos para trás também serviram. Por isso *gostei* dessa parte da coisa; a cerimônia deu muito certo.

Mas, enquanto me divertia, não conseguia me *livrar* daquela dificuldade psicológica. Meu maior problema era o discurso de agradecimento que deveria fazer no Jantar do Rei. Quando uma pessoa ganha o prêmio, recebe também um belo pacote de livros sobre os anos anteriores, onde se encontram todos os discursos de agradecimento. Então você começa a achar que o que vai dizer no discurso de agradecimento tem lá a sua importância, já que vai ser publicado. O que eu não percebi foi que dificilmente alguém iria ouvi-lo com atenção e que ninguém iria lê-lo! Eu tinha perdido o senso de proporção: não poderia dizer apenas muito obrigado, blá-blá-blá; teria sido mais fácil assim, mas não, eu tinha de fazer uma coisa sincera. E a verdade era que eu não queria esse prêmio, então como dizer obrigado quando você não quer uma coisa?

Minha mulher diz que eu estava uma pilha de nervos, preocupado com o que ia dizer no discurso, mas enfim descobri uma maneira de fazer um discurso perfeitamente satisfatório, mas também totalmente sincero. Estou certo de que os que o ouviram não faziam ideia das agruras por que passei durante sua preparação.

Comecei dizendo que já tinha recebido o meu prêmio com o prazer que tivera ao fazer minha descoberta, com o fato de outras pessoas terem usado meu trabalho e assim por diante. Tentei explicar que já tinha recebido tudo o que esperava, e que o resto nada significava comparado àquilo. Eu já tinha recebido o meu prêmio.

Mas então acrescentei que tinha recebido de uma só vez uma pilha de cartas — e disse isso muito melhor no discurso — que me fizeram lembrar de um monte de pessoas que eu conhecia: cartas de amigos de infância que levaram um susto ao ler o jornal matutino e gritaram "Conheço esse cara! É o garoto que brincava com a gente!", e assim por diante; cartas como essa, que me davam muito apoio e expressavam algo que eu interpretava como uma forma de amor. Por *isso*, eu lhes agradecia.

O discurso correu bem, mas continuei tendo dificuldades com a nobreza. Durante o Jantar do Rei, sentei-me ao lado de uma princesa que tinha estudado nos Estados Unidos. Supus, equivocadamente, que ela teria as mesmas posições que eu. Imaginei que fosse como outra pessoa qualquer. Observei que o rei e toda a família real tinham ficado um longo tempo de pé, apertando a mão dos convidados ao recebê-los para o jantar.

— Nos Estados Unidos — falei —, poderíamos fazer isso de modo mais eficiente. Projetaríamos uma *máquina* de apertar mãos.

— Sim, mas não haveria muito mercado para ela aqui — disse a princesa, com desagrado. — Não há tanta nobreza assim.

— Pelo contrário, haveria um grande mercado. De início, só o rei teria uma máquina dessas, e poderíamos oferecê-la de presente. Depois, é claro, outras pessoas iriam querer ter uma igual. A questão então seria: quem seria *autorizado* a ter uma máquina? O primeiro-ministro seria autorizado a comprar uma, depois o presidente do Senado, depois os parlamentares mais importantes. Portanto, existe um mercado vasto e em expansão, e em pouco tempo ninguém mais faria fila nas recepções para o aperto de mãos com a máquina; simplesmente mandaria a *própria* máquina!

A moça encarregada de organizar o jantar também estava perto de mim. Uma garçonete se aproximou com o vinho, e eu disse:

— Não, obrigado. Não bebo.

— Não, não. Pode deixá-la encher seu copo — retrucou a organizadora.

— Mas eu *não* bebo.

— Tudo bem — disse ela. — Apenas preste atenção. Ela tem duas garrafas. E sabemos que o número 88 não bebe. — (O número 88 estava escrito nas costas da minha cadeira.) — Elas parecem exatamente iguais, mas uma não tem álcool.

— Mas como vocês sabem? — perguntei.

— Olhe só para o rei — disse ela. — Ele também não bebe.

Ela me contou sobre alguns problemas que haviam tido ao longo daquele ano. Um deles foi onde sentar o embaixador da Rússia. Em jantares desse tipo, o problema é sempre quem se senta mais perto do rei. Os ganhadores do Nobel normalmente sentam-se mais perto do rei do que o corpo diplomático. E a ordem em que os diplomatas se sentam é determinada com base na duração de sua permanência na Suécia. Naquela ocasião, o embaixador dos Estados Unidos estava lá havia mais tempo do que o embaixador russo. Mas, naquele ano, o ganhador do Nobel de literatura fora o sr. Cholokhov, um russo, e o embaixador russo quis servir de tradutor para ele — e, portanto, precisava se sentar a seu lado. O problema então era como deixar o embaixador russo mais perto do rei sem ofender o embaixador americano e o resto do corpo diplomático.

— Você devia ver a confusão que se armou por causa disso — disse ela —, com cartas indo e vindo, telefonemas e tudo mais, até que me *permitissem* instalar o embaixador russo ao lado do sr. Cholokhov. Decidiu-se por fim que o embaixador não representaria oficialmente a União Soviética naquela noite; estaria ali apenas como tradutor do sr. Cholokhov.

Depois do jantar, passamos a outra sala, onde vários grupos conversavam. Havia ali uma princesa Não Sei Quê da Dinamarca sentada a uma mesa com uma porção de pessoas a sua volta. Vi uma cadeira vazia na mesa deles e me sentei.

Ela virou-se para mim e disse:

— Ah! O senhor é um dos ganhadores do Nobel. Em que área trabalha?

— Física — respondi.

— Ah! Bem, ninguém sabe nada sobre isso, então acho que não podemos falar do assunto.

— Pelo contrário — retruquei. — É porque alguém sabe *alguma coisa* sobre isso que não podemos falar de física. Só *podemos* discutir coisas sobre as quais ninguém sabe nada. Podemos falar sobre o tempo; podemos falar sobre problemas sociais; podemos falar sobre psicologia; podemos falar de finanças internacionais... de transferências de ouro *não podemos* falar, porque elas são entendidas. Então é justamente de coisas sobre as quais ninguém sabe nada que podemos conversar!

Não sei como eles conseguem fazer isso. Eles simplesmente têm um jeito de fazer uma camada de *gelo* aparecer sobre o rosto, e ela *fez* isso! E virou-se para falar com outra pessoa.

Depois de algum tempo, não tive dúvida de que fora completamente excluído da conversa, então me levantei e comecei a me afastar. O embaixador japonês, que estava na mesma mesa, deu um salto e veio atrás de mim.

— Professor Feynman — disse ele. — Há algo que devo lhe dizer sobre diplomacia.

Em seguida, começou a me contar uma longa história sobre como um jovem no Japão entra para a universidade e estuda relações internacionais porque acha que pode dar uma contribuição para o país. No segundo ano, ele começa a ter leves assomos de dúvida sobre o que está aprendendo. Depois da faculdade, consegue seu primeiro emprego numa embaixada e acumula ainda mais dúvidas sobre seu entendimento da diplomacia, até que finalmente percebe que *ninguém* sabe nada sobre relações internacionais. Nesse ponto, ele pode se tornar um embaixador!

— Portanto, professor Feynman — disse ele —, da próxima vez que o senhor der exemplos de coisas de que todo mundo fala, mas sobre as quais ninguém sabe nada, faça o favor de incluir as relações internacionais!

Ele era um homem muito interessante, e continuamos conversando. Sempre me interessei pelos diferentes modos pelos quais países diferentes se desenvolvem. Eu disse ao embaixador que havia uma coisa que sempre me parecera notável: a rapidez com que o Japão se desenvolveu e se tornou um país moderno e importante.

— Quais são o aspecto e o caráter do povo japonês que tornaram isso possível? — perguntei.

A resposta do embaixador me agradou:

— Não sei — disse ele. — Posso apenas fazer uma suposição, mas não sei se é verdadeira. Os japoneses acreditavam que só havia uma maneira de subir na vida: fazer com que seus filhos estudassem mais do que seus pais. Foi muito importante para eles sair da vida rural e se instruir. Por isso, em toda família, há um enorme incentivo às crianças para que tirem boas notas na escola, para impulsioná-las. Por causa dessa tendência a aprender coisas o tempo todo, as novas ideias vindas do mundo exterior penetraram facilmente no sistema educacional. Talvez essa seja uma das razões pelas quais o Japão progrediu tão depressa.

Levando tudo em consideração, devo dizer que gostei de ter visitado a Suécia, afinal. Em vez de voltar para casa imediatamente, estive no CERN, o centro europeu de pesquisas nucleares sediado na Suíça, para dar uma palestra. Apareci diante de meus colegas com o terno que tinha usado no Jantar do Rei — eu nunca tinha dado uma palestra de terno — e disse:

— Que engraçado. Na Suécia, estávamos todos sentados, debatendo se alguma coisa mudaria em nossas vidas por termos ganhado o Prêmio Nobel, e na verdade acho que já vejo uma transformação: estou gostando deste terno.

Todo mundo disse "Buuuuuuuu!", e Weisskopf deu um pulo, arrancou o paletó e exclamou:

— Não vamos usar terno nas palestras!

Tirei o paletó, afrouxei a gravata e disse:

— Quando estive na Suécia, comecei a *gostar* dessa coisa, mas agora, de volta ao mundo, está tudo certo outra vez. Obrigado por me corrigirem!

Eles não queriam que eu mudasse. E foi muito rápido: no CERN, desmancharam tudo o que tinha sido feito na Suécia.

Foi bom ter ganhado algum dinheiro — pude comprar uma casa na praia —, mas, no cômputo geral, acho que teria sido muito melhor não ter recebido o prêmio — porque você nunca mais pode ser franco em nenhuma situação pública.

De certa forma, o Prêmio Nobel tem sido uma espécie de dor de cabeça, embora tenha havido pelo menos uma vez em que me diverti com isso. Pouco depois que recebi o prêmio, Gweneth e eu fomos convidados de honra do governo brasileiro para assistir ao Carnaval do Rio. Aceitamos com prazer e nos divertimos muito. Fomos de um baile a outro, e assisti mais uma vez ao desfile das escolas de samba, com sua música e ritmo maravilhosos. Fotógrafos de jornais e revistas tiravam fotos o tempo todo — "Aqui, o professor americano está dançando com a Miss Brasil".

Foi engraçado ser uma "celebridade", mas obviamente éramos as celebridades erradas. Ninguém se entusiasmou muito com os convidados de honra daquele ano. Mais tarde, descobri como tinha surgido nosso convite. Esperava-se que Gina Lollobrigida fosse a convidada de honra, mas, pouco antes do Carnaval, ela disse que não iria. O ministro do Turismo, incumbido da organização do Carnaval, tinha amigos no Centro de Pesquisas de Física que sabiam que eu tinha tocado num bloco carnavalesco e, como eu acabava de ganhar o Prêmio Nobel, estava aparecendo na imprensa. Num momento de pânico, o ministro e seus amigos tiveram a ideia maluca de substituir Gina Lollobrigida pelo professor de física!

Desnecessário dizer que o ministro fez um trabalho tão ruim naquele Carnaval que perdeu o cargo.

LEVAR CULTURA AOS FÍSICOS

Nina Byers, professora da UCLA, foi encarregada da organização do colóquio de física em algum momento no começo da década de 1970. Normalmente, os colóquios são eventos em que físicos de outras universidades vêm falar de coisas puramente técnicas. Mas, em parte por causa da atmosfera daqueles tempos, ela achou que os físicos precisavam de mais cultura e que podia organizar alguma coisa na seguinte linha: como Los Angeles fica perto do México, ela organizaria um colóquio sobre matemática e astronomia dos maias, a antiga civilização do México.

(Lembrem-se de minha posição em relação à cultura: esse tipo de coisa me deixaria *louco* se ocorresse em minha universidade!)

Ela começou a procurar um professor que desse uma palestra sobre o assunto, mas não conseguiu encontrar nenhum especialista na UCLA. Ligou para diversos lugares e não encontrou ninguém.

Lembrou-se então do professor Otto Neugebauer, da Universidade Brown, renomado especialista em matemática babilônica.* Ligou para Neugebauer em Rhode Island e perguntou se ele conhecia alguém da Costa Oeste que pudesse dar uma palestra sobre matemática e astronomia dos maias.

---

* Quando eu era um jovem professor de Cornell, o professor Neugebauer esteve lá para uma série de palestras sobre matemática babilônica, dentro do programa Messenger Lectures. Foram ótimas. Oppenheimer esteve lá no ano seguinte. "Como seria legal vir aqui algum dia e dar palestras como essas!", pensei. Alguns anos depois, numa época em que estava recusando diversos convites para palestras, fui convidado a dar as Messenger Lectures em Cornell. É claro que eu não podia recusar, porque tinha metido aquilo na cabeça, então aceitei o convite para passar um fim de semana na casa de Bob Wilson, e discutimos várias ideias. O resultado foi a série de palestras intitulada "O caráter da lei física".

"Sim, conheço", disse ele. "Não é antropólogo nem historiador, é um amador. Mas com certeza sabe bastante sobre o tema. O nome dele é Richard Feynman."

Ela quase morreu! Estava tentando levar alguma cultura aos físicos, e a única maneira de fazer isso era apelar para um físico!

A única razão pela qual eu sabia um pouco da matemática dos maias é que, durante a lua de mel no México com minha segunda esposa, Mary Lou, eu estava ficando exausto. Ela tinha um grande interesse em história da arte, principalmente arte mexicana. Por isso fomos passar a lua de mel no México, subindo e descendo pirâmides; ela me fazia segui-la por toda parte e me mostrou muitas coisas interessantes, como certas correspondências no desenho de várias estatuetas, mas depois de alguns dias (e noites) indo para lá e para cá na selva quente e úmida, eu estava extenuado.

Numa pequena cidade guatemalteca no meio do nada, visitamos um museu no qual havia um manuscrito num estojo cheio de símbolos estranhos, figuras, barras e pontos. Era uma cópia (feita por um homem chamado Villacorta) do Códice de Dresden, um livro originalmente feito pelos maias encontrado num museu de Dresden. Eu sabia que as barras e pontos eram números. Meu pai tinha me levado à Feira Mundial de Nova York quando eu era menino, e havia lá a reconstrução de um templo maia. Lembro que ele me contou que os maias tinham inventado o zero e feito muitas coisas interessantes.

O museu tinha cópias do códice à venda, e comprei uma. As páginas pares traziam a cópia do códice, e as ímpares contíguas apresentavam uma explicação e uma tradução parcial para o espanhol.

Adoro enigmas e códigos, e ao ver as barras e pontos pensei: "Vou me divertir um pouco!" Cobri o texto em espanhol com uma folha de papel amarelo e comecei a brincadeira de decifrar as barras e pontos dos maias, no quarto do hotel, enquanto minha mulher subia e descia pirâmides o dia inteiro.

Logo descobri que uma barra equivalia a cinco pontos, qual era o símbolo do zero e assim por diante. Deu um pouco mais de trabalho descobrir que as barras e pontos chegavam a vinte da primeira vez, mas a dezoito na segunda (formando ciclos de 360). Também descobri todo tipo de coisa sobre vários aspectos: eles certamente haviam pretendido expressar dias e semanas.

Depois que voltamos para casa, continuei trabalhando naquilo. No todo, é muito divertido tentar decifrar uma coisa como aquela, porque de início você não sabe nada — não tem pista alguma para seguir. Mas aí percebe que alguns números aparecem com maior frequência, acrescenta outros números e por aí vai.

Havia um lugar do códice em que o número 584 se destacava. Esse 584 se dividia em períodos de 236, 90, 250 e 8. Outro número de destaque era 2.920, ou 584 × 5 (também 365 × 8). Havia uma tabela de múltiplos de 2.920 até 13 × 2.920, depois havia múltiplos de 13 × 2.920 por algum tempo, e então — *números esquisitos*! Eram erros, até onde pude descobrir. Muitos anos depois descobri o que eram.

Como os números que representavam dias estavam relacionados a esse 584, que se dividia de forma tão peculiar, indaguei se seria uma espécie de período mítico, ou talvez um evento astronômico. Acabei indo à biblioteca de astronomia, onde descobri que 583,92 dias é o período de Vênus tal como se vê da Terra. Assim, evidenciou-se o significado de 236, 90, 250 e 8: deviam ser as fases por que Vênus passa. Ela é uma estrela matutina, depois não pode ser vista (está do outro lado do Sol); depois é uma estrela vespertina e finalmente desaparece outra vez (fica entre a Terra e o Sol). O 90 e o 8 são diferentes porque Vênus se desloca mais devagar no espaço quando está do outro lado do Sol do que quando passa entre a Terra e o Sol. A diferença entre 236 e 250 deve indicar a diferença entre o horizonte oriental e o ocidental do território maia.

Descobri outra tabela próxima que tinha períodos de 11.959 dias. Era uma tabela de previsão de eclipses lunares. Uma terceira tabela continha múltiplos de 91 em ordem decrescente. Nunca consegui desvendá-la (nem mais ninguém).

Depois de decifrar tudo o que podia, decidi ler o comentário em espanhol para ver o que tinha acertado. Era um absurdo completo. Este símbolo é de Saturno, aquele é de um deus — não tinha pé nem cabeça. Assim, eu nem precisava ter escondido o comentário; não teria aprendido nada com ele, de qualquer forma.

Depois disso, comecei a ler bastante sobre os maias e soube que o grande nome na área era Eric Thompson, de quem tenho agora alguns livros.

Quando Nina Byers me ligou, percebi que tinha perdido minha cópia do Códice de Dresden. Eu o emprestara à sra. H.P. Robertson, que tinha encontrado um códice maia num velho baú de um antiquário de Paris. Ela o trouxe a Pasadena para que eu o visse — ainda me lembro de voltar para casa com ele no banco da frente do carro, pensando "preciso dirigir com cuidado: estou com o novo códice" —, mas, assim que o examinei com cuidado, percebi que se tratava de uma falsificação. Com um pouco de trabalho, descobri de que parte do Códice de Dresden tinha saído cada ilustração do novo códice. Por isso emprestei meu livro à sra. Robertson e acabei esquecendo que estava com ela. Assim, os bibliotecários da UCLA tiveram um trabalhão para me conseguir outra cópia da versão do Códice de Dresden de Villacorta.

Refiz todos os cálculos e na verdade fui um pouco mais longe que da vez anterior: descobri que os "números esquisitos" que me tinham parecido erros eram na verdade múltiplos inteiros de alguma coisa próxima ao período correto de Vênus (583,923) — os maias tinham percebido que 584 não era o número exato!*

Depois do colóquio na UCLA, a professora Byers me deu de presente algumas belas reproduções em cores do Códice de Dresden. Poucos meses depois, o Caltech me pediu para ministrar a mesma palestra ao público de Pasadena. Robert Rowan, um incorporador imobiliário, emprestou-me valiosíssimos relevos em pedra representando deuses maias e estatuetas de cerâmica para a palestra. Devia ser completamente ilegal retirar coisas como aquelas do México, tão valiosas que tivemos de contratar seguranças para protegê-las.

Poucos dias antes da palestra, o *New York Times* causou grande rebuliço ao anunciar que um novo códice tinha sido descoberto. Na época, sabia-se da existência de apenas três códices, e de dois deles era dificílimo extrair alguma coisa. Centenas de milhares de códices tinham sido incinerados pelos

---

* Enquanto eu estudava a tabela de correções do período de Vênus, descobri um certo exagero do sr. Thompson. Ele dissera que, olhando a tabela, era possível deduzir de que forma os maias haviam calculado o período correto de Vênus — usando esse número quatro vezes e aquela diferença uma vez, chega-se a uma precisão de um dia em 4 mil anos, o que é notável, sobretudo porque as observações dos maias foram feitas em poucas centenas de anos.
Thompson acabou por conseguir uma combinação que se alinhava com o que ele pensava ser o período correto de Vênus, 583,92. Mas, quando esse valor se expressa em números mais exatos, algo como 583,923, descobre-se que o erro dos maias foi maior. É claro que, escolhendo uma combinação diferente, é possível fazer com que os números na tabela resultem em 583,923 com a mesma precisão surpreendente!

padres espanhóis como "obras do demônio". Minha prima, que trabalhava na agência de notícias Associated Press, conseguiu para mim uma cópia em papel couchê do que o *New York Times* tinha publicado, e fiz um slide com a imagem para exibir durante a palestra.

O novo códice era falso. Na minha palestra, indiquei que seus números estavam no estilo do Códice de Madrix, mas eram 236, 90, 250, 8 — maior coincidência! Das centenas de milhares de livros feitos originalmente, tínhamos encontrado outro fragmento com o mesmo exato conteúdo que os outros fragmentos! Era, mais uma vez, uma daquelas coisas obviamente mal-ajambradas que nada tinham de original.

As pessoas que copiam coisas nunca têm coragem de fazer algo realmente diferente. Se você descobre algo novo de fato, é preciso que tenha alguma coisa diferente. Uma boa fraude consistiria em pegar algo como o período de Marte, inventar uma mitologia como acompanhamento e desenhar figuras associadas a essa mitologia com números apropriados para Marte — não de uma maneira óbvia, mas com tabelas de múltiplos do período com alguns "erros" misteriosos e assim por diante. Os números deveriam ser um tanto trabalhados. Então as pessoas diriam: "Puxa! Isso tem a ver com Marte!" Além do mais, deveria haver certo número de coisas incompreensíveis que não fossem exatamente como o que já tinha sido visto. Assim seria feita uma *boa* falsificação.

Eu me diverti muito com minha palestra sobre "A decifração dos hieróglifos maias". Lá estava eu, mais uma vez, sendo quem não era. As pessoas lotaram o auditório e passavam pelas vitrines admirando as reproduções em cores do Códice de Dresden e os objetos maias autênticos vigiados por seguranças uniformizados: ouviram uma palestra de duas horas sobre matemática e astronomia dos maias de um especialista amador (que chegou a mostrar como descobrir um códice falsificado) e depois foram embora, admirando as vitrines mais uma vez. Murray Gell-Mann deu a contrapartida nas semanas seguintes com um belo conjunto de seis palestras sobre as relações linguísticas entre todas as línguas do mundo.

DESMASCARADOS EM PARIS

Dei uma série de palestras sobre física que a Addison-Wesley Company transformou em livro, e certa vez, na hora do almoço, discutimos como seria a capa. Eu achava que, como o livro era uma mistura de mundo real e matemática, seria uma boa ideia ter a imagem de um tambor e acima dele alguns diagramas matemáticos — círculos e linhas representando as vibrações da membrana do tambor, que eram discutidas no livro.

O livro saiu com uma capa vermelha lisa, mas, por algum motivo, no prefácio, puseram uma foto minha tocando tambor. Acho que isso foi incluído porque eles achavam que "o autor quer um tambor em algum lugar". Seja como for, as pessoas ficam se perguntando por que aquela foto minha tocando tambor está no prefácio das *Feynman Lectures* [Palestras de Feynman, em tradução livre], porque o livro não tem nenhum diagrama nem qualquer outra coisa que esclareça isso. (É verdade que gosto de tocar tambor, mas essa é outra história.)

Quando estive em Los Alamos, a tensão era constante por causa do imenso volume de trabalho, e não havia forma de nos divertirmos: nem cinemas nem nada do tipo. Mas descobri uns tambores guardados pela escola que tinha funcionado ali: Los Alamos fica no meio do Novo México, onde há uma porção de aldeias indígenas. Então eu me distraía — às vezes sozinho, às vezes com algum outro cara — fazendo barulho com aqueles tambores. Eu não conhecia nenhum ritmo em especial, mas os ritmos indígenas eram bastante simples, os tambores eram bons e eu me divertia.

Às vezes, levava os tambores para a floresta não muito distante dali, onde não ia perturbar ninguém, tocava com uma baqueta e cantava. Certa noite, comecei a andar em volta de uma árvore, olhando para a lua e batucando como se fosse um indígena.

Um dia, um dos caras chegou e perguntou:

— Você por acaso estava tocando tambor na mata lá pelo dia de Ação de Graças?

— Sim, estava — respondi.

— Então minha mulher tinha razão!

E me contou a história:

Certa noite, ele ouviu o som distante de um tambor e subiu ao andar de cima, ocupado por outro cara, na casa duplex onde eles moravam, e o outro ouviu também. Não esqueçam que todos aqueles caras eram da Costa Leste. Não sabiam nada a respeito de povos indígenas e ficaram muito curiosos: eles deviam estar fazendo algum tipo de cerimônia, ou alguma coisa interessante, e os dois resolveram sair para ver o que era.

À medida que avançavam, a música ficava mais alta, e eles começaram a ficar nervosos. Imaginaram que os indígenas deviam ter sentinelas para impedir que alguém atrapalhasse a cerimônia. Deitaram-se de bruços e rastejaram pela trilha até que localizaram a origem do som, aparentemente na encosta mais próxima. Rastejaram encosta acima e, para sua surpresa, descobriram que havia um único indivíduo celebrando sozinho toda a cerimônia — dançando em volta da árvore, percutindo o tambor com a baqueta, cantando. Então, se afastaram devagar, porque não queriam perturbá-lo: ele devia estar preparando um feitiço ou algo assim.

Eles contaram a suas esposas o que tinham visto, e elas disseram:

— Ora, deve ter sido Feynman... ele gosta de batucar tambores.

— Não sejam ridículas! — disseram os homens. — Nem mesmo o Feynman seria *tão* louco!

Na semana seguinte, eles tentaram descobrir quem era o músico. Havia indígenas de uma reserva próxima trabalhando em Los Alamos, então perguntaram a um deles, que era da área técnica, quem poderia ser. O homem investigou, mas nenhum de seus colegas sabia. No entanto, havia um com quem ninguém ousava falar. Era um homem indígena orgulhoso de sua raça, que usava longas tranças que lhe desciam pelas costas e andava de cabeça erguida. Para onde quer que fosse, ele caminhava com dignidade, sozinho, e ninguém podia falar com ele. Dava *medo* chegar e lhe perguntar qualquer coisa; ele tinha muita dignidade. Era um solitário. Então, como ninguém ousou *lhe* perguntar, ficou decidido que devia ter sido *ele*. (Fiquei contente ao saber que tinham descoberto um indígena tão autêntico, tão bacana, que poderia ter sido eu. Foi uma honra ser confundido com um homem como ele.)

Então, o camarada que tinha falado comigo só queria uma prova definitiva — os maridos gostam de provar que suas mulheres estão erradas —, e descobriu, como quase sempre acontece, que sua esposa estava certa.

Fiquei bom nesse negócio de tocar tambor e comecei a tocar em nossas festas. Não sabia o que estava fazendo, só produzia ritmos, mas ganhei fama: todo mundo em Los Alamos sabia que eu gostava de tocar tambor.

Quando a guerra acabou e voltamos à "civilização", o pessoal de Los Alamos dizia, para me provocar, que eu não poderia mais tocar tambor porque faz muito barulho. E, como eu estava tentando me tornar um professor respeitável em Ithaca, vendi o tambor que tinha comprado em algum momento de minha permanência em Los Alamos.

No verão seguinte, voltei ao Novo México para trabalhar num relatório qualquer e, ao ver os tambores de novo, não consegui me conter. Comprei outro tambor, pensando: "Desta vez é só para tê-lo comigo, para poder *olhar* para ele."

Naquele ano, eu estava morando num pequeno apartamento em Cornell dentro de uma casa maior. Guardava o tambor ali, e só olhava para ele, mas um dia não aguentei mais: "Vou tocar bem baixinho..."

Sentei-me numa cadeira, pus o tambor entre os joelhos e toquei um pouquinho com os dedos: *bap, bap, bap, bapapa*. Depois, um pouquinho mais alto — afinal, ele estava me provocando! Toquei um pouco mais alto e triiiim! — o telefone tocou.

— Alô?

— Aqui fala a senhoria. O senhor está tocando tambor?

— Sim, descul...

— Parece muito bom! Será que posso descer e ouvir mais de perto?

A partir de então, sempre que eu começava a tocar, a senhoria vinha ouvir. Aquilo era liberdade, tudo bem. Diverti-me muito a partir de então, tocando o tambor.

Mais ou menos nessa época conheci uma moça do Congo belga que me deu alguns estudos etnológicos. Naquele tempo, era difícil obter documentos sobre a percussão dos watusis e de outros povos africanos. Eu admirava muito os percussionistas watusis e tentava imitá-los — sem muita exatidão, só para tocar uma coisa parecida à deles —, e criei um grande número de ritmos a partir daí.

Certa vez, tarde da noite, eu estava no pátio de recreio, onde havia pouca gente, peguei um cesto de lixo, virei-o ao contrário e comecei a batucar. Um cara lá de baixo subiu correndo e disse: "Ei! Você toca tambor!" Por acaso, ele era um ótimo percussionista e me ensinou a tocar bongô.

Havia um cara do departamento de música que tinha uma coleção de música africana, e eu ia à casa dele para tocar. Ele me gravou tocando e, depois disso, em suas festas, inventou um jogo chamado "África ou Ithaca?", no qual punha uma gravação para tocar e a pessoa tinha que adivinhar se o que se estava ouvindo tinha sido feito na África ou ali mesmo. Então, naquela época, eu devia ser mesmo bom na imitação da música africana.

Quando cheguei ao Caltech, ia com frequência à Sunset Strip. Certa vez, encontrei um grupo de percussionistas comandado por um camarada da Nigéria chamado Ukonu, tocando sua ótima música — só percussão — numa boate. O assistente dele, que foi especialmente gentil comigo, convidou-me a subir ao palco e tocar um pouco. Juntei-me aos demais e toquei por um tempo.

Perguntei ao assistente se Ukonu dava aulas, e ele me disse que sim. Então comecei a ir à casa de Ukonu, perto do Century Boulevard (onde mais tarde ocorreram os distúrbios de Watts), para ter aulas de percussão. As aulas não eram muito eficientes: ele andava de um lado para outro, conversava com outras pessoas e era interrompido por todo tipo de coisa. Mas quando dava certo era muito animador, e aprendi um bocado com ele.

Nos bailes perto da casa de Ukonu viam-se poucos brancos, mas eram eventos muito mais descontraídos do que hoje. Certa vez, tiveram uma competição de percussão, e não me saí muito bem: eles disseram que minha percussão era "muito intelectual" — a deles era muito mais vibrante.

Um dia, quando estava no Caltech, recebi uma ligação muito formal.

— Alô?

— Aqui fala o sr. Trowbridge, mestre da Escola Politécnica. — Tratava-se de uma pequena escola particular que ficava diante do Caltech. O sr. Trowbridge continuou no mesmo tom formal: — Tenho aqui um amigo seu que deseja falar com o senhor.

— Muito bem.

— Alô, Dick!

Era Ukonu! Afinal, o mestre da Escola Politécnica não era tão formal quanto fazia crer e tinha muito senso de humor. Ukonu estava em visita à escola para tocar para os meninos e me convidou a subir ao palco com ele. Então tocamos juntos para os meninos: toquei bongô (que eu tinha no escritório) e ele tocou conga.

Ukonu costumava ir a escolas para falar sobre percussão africana e o que significava, e também sobre música. Tinha muita personalidade e um largo sorriso; era um sujeito excelente. Era simplesmente sensacional na percussão — tinha discos gravados — e estava estudando medicina. Voltou à Nigéria no começo da guerra civil — ou antes dela —, e não sei o que aconteceu com ele.

Depois que Ukonu foi embora, não toquei muita percussão, exceto em festas, de vez em quando, para entreter um pouco. Certa vez, estive num jantar na casa dos Leightons, e o filho de Bob, Ralph, e um amigo perguntaram se eu queria tocar. Achando que eles estavam me pedindo para tocar sozinho, eu disse que não. Mas aí eles começaram a batucar numas mesinhas de madeira e não pude resistir: agarrei uma mesinha também e extraímos muitos sons interessantes delas.

Ralph e seu amigo Tom Rutishauser gostavam de tocar bateria, e começamos a nos encontrar semanalmente só por prazer, desenvolvendo ritmos e criando coisas. Os dois rapazes eram músicos de verdade: Ralph tocava piano, e Tom, violoncelo. Tudo que eu já tinha feito eram ritmos, e eu não sabia nada de música — que, para mim, era apenas uma questão de percutir com notas. Mas criamos alguns bons ritmos e tocamos algumas vezes em escolas para divertir as crianças. Também tocamos ritmos para uma aula de dança numa faculdade local — o que eu sabia que era divertido desde que trabalhei um tempo em Brookhaven — e nos intitulávamos Os Três Quarks, assim vocês podem imaginar quanto tempo faz *isso*.

Uma vez fui a Vancouver falar a estudantes e eles deram uma festa no subsolo com uma banda de rock de verdade. Os caras da banda eram muito legais, tinham uma campana sobrando e insistiram que eu tocasse. Então comecei a tocar um pouquinho, e, como a música deles era muito rítmica (a campana é um instrumento apenas de acompanhamento — não se pode fazer besteira), entrei de cabeça naquilo.

Depois que a festa acabou, o organizador me contou que o líder da banda tinha perguntado: "Puxa! Quem era o cara que apareceu para tocar campana? Ele consegue mesmo tirar um ritmo daquela coisa! Aliás, o figurão para quem a festa foi supostamente organizada nem chegou a dar as caras, nem *cheguei* a ver quem era!"

No Caltech, há um grupo que encena peças. Alguns dos atores são alunos, outros são de fora. Quando há algum pequeno papel, como o de um policial que deve prender alguém, eles convidam um professor. É sempre muito divertido — o professor entra, prende alguém e vai embora.

Há alguns anos, o grupo estava encenando *Garotos e garotas* e havia uma cena em que o personagem principal leva uma garota a Havana e eles vão a uma boate. O diretor gostou da ideia de me fazer representar um percussionista, o que tocava bongô. Quando cheguei para o primeiro ensaio, a diretora do espetáculo indicou-me o regente da orquestra e disse: "Jack vai lhe mostrar a partitura."

Fiquei petrificado. Não sabia ler música, achava que a única coisa a fazer seria subir no palco e produzir algum barulho.

Jack estava sentado ao piano, apontou para a partitura e disse: "Muito bem, você começa aqui, está vendo, e faz isto e aquilo. Aí eu toco *plonk, plonk, plonk*" — e tocou algumas notas no piano. Virou a página. "Então você toca isto, e agora nós dois fazemos uma pausa para uma fala, está vendo, bem aqui" — virou mais algumas páginas e disse: "No fim, você toca isto."

Ele me mostrou a "partitura", escrita num padrão maluco de pequenos "x" nas barras e linhas. E continuou falando daquilo, achando que eu era músico, e para mim foi impossível memorizar qualquer coisa.

Felizmente, fiquei doente no dia seguinte e não pude ir ao ensaio. Pedi a meu amigo Ralph que fosse em meu lugar, e, como ele é músico, devia saber de que se tratava. Ralph voltou do ensaio e disse: "Não é tão difícil. Em primeiro lugar, logo no começo, você tem de fazer a coisa exata porque estará dando o ritmo para o resto da orquestra, que vai se coordenar a partir disso. Mas, depois que a orquestra entra, é uma questão de improvisação, e há momentos em que temos de fazer pausas para as falas, mas acho que você vai descobrir isso a partir dos movimentos do maestro."

Enquanto isso, eu tinha feito a diretora aceitar Ralph também, de modo que nós dois estaríamos no palco. Ele tocaria conga, e eu, bongô — o que tornaria a coisa muitíssimo mais fácil para mim.

Ralph me mostrou qual era o ritmo. Eu daria apenas cerca de vinte ou trinta batidas, mas elas tinham de ser exatas. Eu nunca tinha tocado nada exato, e foi muito difícil acertar. Ralph explicava pacientemente: "mão esquerda, mão direita, duas esquerdas, depois direita..." Estudei com afinco e, finalmente, muito devagar, comecei a acertar o ritmo. Levei um tempo enorme — dias e dias — para fazer tudo certo.

Uma semana depois, fomos ao ensaio e descobrimos que havia um novo baterista — o baterista de costume tinha deixado a banda para fazer alguma outra coisa —, e nos apresentamos a ele:

— Olá. Somos os caras que estarão no palco na cena de Havana.

— Olá. Deixe-me achar a cena aqui... — Ele virou as páginas até achar nossa cena, pegou a baqueta e disse: — Então você começa a cena com... — E bateu com a baqueta na lateral do tambor, *bing, bong, bang-a-bang, bing-a-bing, bang, bang* a toda velocidade, enquanto olhava a partitura!

Aquilo foi um choque para mim. Eu tinha estudado durante *quatro dias* para pegar a porcaria do ritmo, e ele era capaz de tocá-lo direto!

Seja como for, depois de treinar muito, enfim acertei e toquei no espetáculo. Foi um sucesso: todo mundo achou engraçado ver o professor no palco tocando bongô, e a música não era tão ruim; a parte da improvisação era diferente em cada espetáculo, e era fácil, mas a parte do início tinha de ser sempre a mesma: isso era difícil.

Na cena da boate em Havana, alguns dos estudantes tinham de executar uma espécie de dança coreografada. A diretora então convocou a esposa de um dos caras do Caltech, que era coreógrafa dos estúdios da Universal, para ensinar a dança aos rapazes. Ela gostou da percussão e perguntou se não queríamos tocar em São Francisco para um balé.

"O QUÊ?"

Isso mesmo. Ela estava se mudando para São Francisco e ia coreografar um balé para uma pequena escola de balé na cidade. Teve a ideia de criar um balé cuja música fosse apenas percussiva e pediu que Ralph e eu fôssemos à casa dela antes da mudança e tocássemos os ritmos que conhecíamos, e a partir deles ela construiria uma história que seria acompanhada pela percussão.

Ralph ficou um tanto apreensivo, mas eu o animei a seguir com a aventura. No entanto, insisti com ela para que não contasse a ninguém que eu era professor de física, ganhador do Prêmio Nobel e outras balelas. Na condição de percussionista, eu não queria ser visto como o cachorro de Samuel

Johnson: se ele é erguido só nas patas de trás, não importa que ande bem, mas que ande. Eu não queria fazer aquilo como professor de física; éramos apenas músicos que ela encontrara em Los Angeles e íamos tocar a percussão que eles tinham composto.

Então fomos à casa dela e tocamos vários ritmos que havíamos ensaiado. Ela tomou notas e, pouco depois, na mesma noite, já tinha a história toda na cabeça. "Muito bem, quero 52 repetições disto, quarenta barras daquilo, tanto disto, tanto daquele outro..."

Voltamos para casa e na noite seguinte gravamos uma fita na casa de Ralph. Tocamos todos os ritmos durante alguns minutos, depois Ralph fez uns cortes e colagens com o gravador para acertar a duração de cada um. Ela levou uma cópia da fita para São Francisco e começou a ensaiar seus bailarinos.

Enquanto isso, tínhamos de ensaiar o que estava na fita: 52 ciclos disto, quarenta daquilo, e assim por diante. O que tínhamos feito de maneira espontânea (e decupado), agora tínhamos de aprender de maneira precisa. Tínhamos de imitar a droga da nossa própria fita!

O grande problema era contar. Eu achava que Ralph saberia fazer aquilo porque era músico, mas descobrimos uma coisa engraçada. Em nossos cérebros, o "departamento de tocar" era também o "departamento de falar", usado para a contagem — não éramos capazes de tocar e contar ao mesmo tempo!

Quando chegamos ao primeiro ensaio em São Francisco, descobrimos que não seria preciso contar, bastava observar os movimentos dos bailarinos.

Passamos por uma série de apuros porque éramos tidos por músicos profissionais, e eu não era. Por exemplo, numa das cenas, uma mendiga procura alguma coisa na areia de uma praia caribenha onde haviam estado as moças de sociedade que apareciam no começo do balé. A música que a coreógrafa tinha usado para essa cena era feita com um tambor especial criado meio de brincadeira por Ralph e seu pai alguns anos antes, e do qual nunca tivemos muito sucesso em extrair um bom som. Mas descobrimos que, se nos sentássemos um diante do outro e puséssemos esse "tambor maluco" entre os dois, sobre os joelhos, um de nós podia bater rapidamente com dois dedos, *bida-bida-bida-bida-bida*, sem parar, e o outro podia percutir o tambor em outros pontos com as duas mãos e mudar o tom. Agora saía *boda-boda-boda-bida-*

-beda-beda-beda-bida-boda-boda-boda-bada-bida-bida-bida-bada, criando uma porção de sons interessantes.

Bem, a bailarina que interpretava a mendiga queria que as subidas e descidas de tom coincidissem com sua dança (nossa fita tinha sido feita arbitrariamente para essa cena) e começou a explicar o que ia fazer:

— Primeiro, faço quatro destes movimentos, assim; depois me abaixo e começo a procurar na areia durante oito tempos, depois me levanto e viro assim.

Eu sabia muito bem que não seria capaz de memorizar nada daquilo, então a interrompi:

— Vá em frente, vá dançando e eu toco junto.

— Mas não quer saber como continua a dança? Veja, depois que termino a primeira busca na areia, faço isto durante oito tempos.

Não tinha jeito, eu não conseguia me lembrar de nada e quis interrompê-la de novo, mas teríamos um problema: ia ficar claro que eu não era um músico de verdade!

Bem, Ralph me salvou com muita calma, explicando:

— O sr. Feynman tem uma técnica especial para este tipo de situação: prefere desenvolver a dinâmica diretamente, de forma intuitiva, à medida que a vê dançar. Vamos tentar uma vez, e, se você não gostar, podemos corrigir.

Ela era uma bailarina de mão cheia, e era possível antecipar o que ia fazer. Se ia cavar a areia, *preparava-se* para se abaixar; cada movimento era suave e esperado, então era fácil executar os *bzzzzs* e *bchchs* e *bodas* e *bidas* com as mãos, de maneira adequada ao que ela estava fazendo, e ela ficou muito satisfeita. Foi assim que passamos pelo momento em que teríamos sido desmascarados.

O balé foi um sucesso. Embora não houvesse muita gente na plateia, os que foram assistir ao espetáculo gostaram muito.

Antes de ir a São Francisco para os ensaios e espetáculos, não tínhamos entendido direito a ideia toda. Quero dizer, achamos que a coreógrafa era maluca: em primeiro lugar, o som do balé era exclusivamente percussivo; em segundo, pensar que tínhamos competência para executar a música e nos *pagar* por isso era *mesmo* um absurdo! Para mim, que não tinha nenhuma "cultura", acabar como músico profissional num balé era o máximo da realização.

Não acreditávamos que ela fosse capaz de encontrar bailarinos dispostos a *dançar* ao som da nossa percussão. (Aliás, houve uma *prima donna* do

Brasil, esposa de um cônsul português, que achou que não estávamos à altura de *sua* dança.) Mas os outros bailarinos pareciam gostar muito, e me senti muito bem ao tocar para eles pela primeira vez no ensaio. O prazer que eles sentiram ao ouvir nosso som *ao vivo* (até então eles tinham usado a fita reproduzida por um pequeno gravador) era autêntico, e ganhei muito mais autoconfiança ao ver a reação deles ao nosso verdadeiro som. E, a partir dos comentários de pessoas que tinham visto o espetáculo, percebemos que havíamos sido um sucesso.

A coreógrafa quis montar outro balé ao som da nossa percussão na primavera do ano seguinte, então fizemos os mesmos procedimentos: gravamos uma fita com alguns outros ritmos, e ela criou outra história, desta vez ambientada na África. Conversei com o professor Munger no Caltech e aprendi algumas frases africanas para cantar no começo (*GAwa baNYUma GAwa WO*, ou algo assim), e estudei até aprendê-las direito.

Mais tarde fomos a São Francisco para uns poucos ensaios. Ao chegar lá, vimos que eles tinham um problema. Não estavam conseguindo fazer presas de elefante que parecessem aceitáveis no palco. As que eles tinham feito, de papel machê, eram tão ruins que os bailarinos ficavam constrangidos ao dançar diante delas.

Não apresentamos nenhuma solução, apenas esperamos para ver o que aconteceria quando chegasse o dia da apresentação, no fim de semana seguinte. Nesse meio-tempo, combinei uma visita a Werner Erhard, que eu conhecia de conferências que ele havia organizado. Eu estava sentado em sua linda casa, ouvindo alguma filosofia ou ideia que ele tentava me explicar, quando, de repente, fiquei como que hipnotizado.

— O que houve? — perguntou ele.

Meus olhos saltavam das órbitas quando gritei:

— *Presas de elefante!*

Atrás dele, no chão, estavam aquelas *enormes, pesadas, belíssimas* presas de marfim!

Ele nos emprestou as presas. Elas ficaram ótimas no palco (para grande alívio dos bailarinos): presas de elefante *de verdade*, tamanho *gigante*, cortesia de Werner Erhard.

A coreógrafa mudou-se para a Costa Leste e lá apresentou o balé caribenho. Soubemos depois que ela inscreveu o balé num concurso nacional de coreografias e ficou em primeiro ou segundo lugar. Entusiasmada com o sucesso, entrou em outro concurso, desta vez em Paris, para coreógrafos do mundo inteiro. Levou uma fita de melhor qualidade que tínhamos gravado em São Francisco e ensaiou alguns bailarinos na França para apresentar uma pequena parte da dança — foi assim que ela entrou no concurso.

E ela se saiu muito bem. Chegou à rodada final, em que só restaram dois participantes — um grupo letão, que apresentou um balé clássico com seu elenco normal, ao som de música clássica, e uma coreógrafa alternativa dos Estados Unidos, com apenas dois bailarinos que ela ensaiara na França, dançando um balé cuja música era apenas nossa percussão.

Ela era a favorita do público, mas não se tratava de um concurso de popularidade, e os juízes decidiram que os letões eram os vencedores. Ela os procurou depois para saber quais eram os pontos fracos de seu balé.

"Bem, Madame, a música na verdade não era satisfatória. Não tinha sutilezas. Faltavam crescendos graduais..."

Enfim, tínhamos sido desmascarados: ao chegar a Paris, a um público realmente culto que conhecia música percussiva, tomamos pau.

ESTADOS ALTERADOS

Todas as quartas-feiras, eu dava uma palestra na Hughes Aircraft Company. Um dia, cheguei um pouco antes da hora e estava flertando com a recepcionista, como de hábito, quando entrou uma meia dúzia de pessoas — um homem, uma mulher e alguns outros. Eu nunca os tinha visto. O homem perguntou:

— É aqui que o professor Feynman dá palestras?

— É aqui mesmo — respondeu a recepcionista.

O homem perguntou se seu grupo poderia assistir às palestras.

— Não creio que vocês vão gostar muito delas — falei. — São meio técnicas demais.

Em seguida, a mulher, que era bastante esperta, descobriu:

— Aposto que o senhor é o professor Feynman!

Revelou-se que o homem era John Lilly, um sujeito que tinha feito um trabalho com golfinhos. Ele e a mulher estavam fazendo pesquisas sobre privação de sentidos e para isso tinham construído uns tanques.

— É verdade que se pode ter alucinações nessa situação? — perguntei, entusiasmado.

— Sim, é isso mesmo.

Sempre fui fascinado por imagens de sonhos e outras imagens que nos vêm à mente sem que haja uma fonte sensorial direta, e como isso funciona na cabeça, e queria ter alucinações. Uma vez pensei em usar drogas, mas tive um pouco de medo: adoro pensar e não quero estragar a máquina. Mas achei que ficar deitado num tanque de privação de sentidos não representaria nenhum risco fisiológico, então fiquei ansioso para experimentar.

Aceitei na mesma hora o convite dos Lilly para usar os tanques, um convite muito simpático da parte deles, e eles assistiram à palestra com seu grupo.

Na semana seguinte, fui experimentar os tanques. O sr. Lilly apresentou-os a mim como deve ter feito com outras pessoas. Havia uma porção de lâmpadas com diferentes gases dentro delas, como neon. Ele me mostrou a tabela periódica e desfiou uma ladainha mística sobre a influência que os diferentes tipos de luz exercem. Disse-me que antes de entrar no tanque era preciso se olhar no espelho com o nariz empinado encostado nele — um monte de coisas confusas, uma grande salada. Não dei atenção à salada, mas *fiz* tudo direito porque queria entrar nos tanques e achei que *talvez* aquela preparação facilitasse as alucinações. Então fiz tudo o que ele me dizia. A única coisa difícil foi escolher a cor da luz que eu queria, principalmente porque o tanque deveria estar escuro por dentro.

O tanque de privação de sentidos é como uma banheira, mas todo coberto. Dentro dele a escuridão é total, e, como a cobertura é espessa, não se ouvem sons. Uma bombinha leva o ar para dentro, mas na verdade não é preciso se preocupar com isso, porque ele é bastante grande, e você fica ali dentro umas duas ou três horas, e na verdade não se consome muito ar ao respirar normalmente. O sr. Lilly disse que a bomba estava ali para deixar as pessoas mais à vontade, então achei que ela tinha um efeito apenas psicológico e pedi que a desligasse, porque fazia um pouco de barulho.

A água do tanque continha sais de Epsom para torná-la mais densa que a água comum e para que a pessoa flutuasse com maior facilidade. A temperatura era mantida à temperatura do corpo, 36°C ou algo assim — estava tudo sob controle. Não deveria haver luz alguma, nem som, nenhuma sensação de frio ou calor, nada! De vez em quando você encostava levemente no lado do tanque, ou sentia cair uma gota do teto devido à condensação da água, mas essas pequenas perturbações eram muito raras.

Devo ter ido lá uma dezena de vezes, e a cada vez fiquei cerca de duas horas e meia no tanque. Da primeira vez não tive alucinações, mas, depois que saí do tanque, os Lillys me apresentaram a um homem que se dizia médico e me falou sobre uma droga chamada cetamina, usada como anestésico. Sempre me interessei por questões relacionadas ao que acontece quando a gente dorme, ou desmaia, então eles me mostraram a bula do remédio e me deram um décimo da dose normal.

Tive uma sensação estranha que nunca fui capaz de descrever. Por exemplo, a droga exerceu bastante efeito sobre a minha visão, pois senti que não conseguia ver com clareza. Mas, quando me *esforçava* para ver alguma coisa, ficava bem. Era como se você não se *importasse* em ver as coisas; você está fazendo isto e aquilo com indolência, sentindo-se um pouco tonto, mas, assim que olha firme e se concentra, tudo fica bem, pelo menos por um momento. Como eles tinham um livro de química orgânica, procurei um quadro cheio de substâncias complicadas e fui capaz de ler tudo.

Fiz todo tipo de coisa, como aproximar as mãos uma da outra a uma certa distância para ver se os dedos de uma tocariam os da outra, e, embora com uma sensação de total desorientação, de incapacidade de fazer o que quer que fosse, nunca encontrei uma coisa em particular que não fosse capaz de fazer.

Como disse antes, da primeira vez que estive no tanque não tive alucinação alguma, nem na segunda. Mas os Lilly eram pessoas interessantes e gostei muito de estar com eles. Eles sempre me convidavam para almoçar, e depois de algum tempo estávamos discutindo coisas bem diferentes do que a história das luzes do início. Fiquei sabendo que algumas pessoas achavam o tanque de privação de sentidos um tanto assustador, mas para mim foi uma invenção muito interessante. Eu não tinha medo porque sabia o que era: apenas um tanque de sais de Epsom.

Da terceira vez havia um visitante — conheci muita gente interessante ali — que respondia pelo nome de Baba Ram Dass. Ex-aluno de Harvard, ele tinha ido à Índia e escrevera um livro muito conhecido chamado *Be Here Now* [Estar aqui e agora, em tradução livre]. Ele contou que seu guru indiano o ensinou a ter uma "experiência extracorporal" (palavras que eu tinha visto muitas vezes no quadro de avisos): concentre-se na respiração, no ar saindo e entrando pelo nariz quando você respira.

Pensei que seria capaz de tentar qualquer coisa para ter uma alucinação e entrei no tanque. De repente, a certa altura da brincadeira, percebi que estava a dois centímetros de mim mesmo, para um lado — é difícil de explicar. Em outras palavras, o lugar para onde ia a minha respiração, para dentro e para fora, não estava centralizado: meu ego estava deslocado mais ou menos dois centímetros para um dos lados.

"Mas onde o ego *está* situado?", pensei. "Sei que todo mundo acha que o lugar do pensamento é o cérebro, mas como se *sabe* isso?" Eu já sabia por leituras anteriores que isso nem sempre fora tão óbvio para as pessoas, até serem feitos muitos estudos psicológicos. Os gregos, por exemplo, achavam que o lugar do pensamento era o fígado. Perguntei a mim mesmo: "Será possível que o lugar do pensamento seja aprendido pelas crianças ao verem as pessoas levarem a mão à cabeça quando dizem 'Deixe-me pensar'? Se for assim, a ideia de que o ego está situado lá em cima, atrás dos olhos, pode ser pura convenção!" Pensei que, se era capaz de deslocar meu ego para um lado em dois centímetros, poderia deslocá-lo muito mais. Esse foi o começo de minhas alucinações.

Depois de algumas tentativas, consegui que meu ego descesse através do pescoço e chegasse ao meio do peito. Quando uma gota d'água pingou em meu ombro, senti que ele "subia" acima de onde "eu" estava. Cada vez que uma gota pingava, eu me assustava um pouquinho e meu ego saltava de volta pelo pescoço para o lugar habitual. Eu era obrigado a começar tudo de novo. De início, tinha bastante trabalho a cada vez que ele descia, mas aos poucos foi ficando mais fácil. Consegui chegar até a parte mais baixa das costas, de um dos lados, mas por um bom tempo não consegui passar disso.

De outra vez que estive no tanque, pensei que, se conseguia me deslocar até a parte mais baixa das costas, conseguiria sair completamente do corpo. Então consegui "me sentar de um dos lados". É difícil explicar — eu movia as mãos e agitava a água, e, embora não pudesse *vê-las*, sabia onde estavam. Mas, ao contrário do que ocorre na vida real, em que *cada* mão fica para um lado, um pouco para *baixo*, as duas estavam do *mesmo* lado! A sensação nos dedos e em tudo o mais era exatamente a mesma de sempre, só que meu ego estava sentado de fora, "observando" tudo.

A partir de então, tive alucinações quase todas as vezes e consegui me afastar cada vez mais do corpo. Quando mexia as mãos, sentia que elas eram como coisas mecânicas que subiam e desciam — não eram de carne e osso, eram mecânicas. Mas eu ainda conseguia sentir tudo. As sensações coincidiam exatamente com o movimento, mas eu sentia também que "ele é aquilo". No fim, "eu" conseguia até sair da sala, andar daqui para lá, percorrendo algumas distâncias até lugares onde tinham acontecido coisas que eu presenciara anteriormente.

Tive muitas experiências extracorporais. Certa vez, por exemplo, consegui "ver" a parte posterior da minha cabeça, com as mãos pousadas sobre ela. Quando movimentava os dedos, via esses movimentos, mas entre o polegar e os demais dedos via também o céu azul. Claro que isso não era real, era uma alucinação. Mas a questão é que, quando eu mexia os dedos, o movimento deles coincidia exatamente com aquilo que eu imaginava estar vendo. Todas as imagens apareciam em consonância com o que eu estava sentindo e fazendo, tal como acontece quando acordamos aos poucos de manhã, tocamos alguma coisa que não sabemos o que é e, de repente, a percebemos com clareza. Assim, todas as imagens apareciam de maneira súbita, só que de um jeito *incomum*, pois costumamos imaginar o ego à frente da parte posterior da cabeça, e não *atrás* dela.

Uma das coisas que sempre me incomodaram psicologicamente, enquanto tinha uma alucinação, era pensar que poderia ter adormecido e portanto estaria apenas sonhando. Eu já tinha tido alguma experiência com sonhos e queria algo diferente. Era como estar dopado, porque quando uma pessoa tem alucinações, ou algo assim, não raciocina com muita clareza, então faz um monte de coisas idiotas, como beliscar-se para saber que não está sonhando. Assim, eu estava *sempre* me testando para ter a certeza de que aquilo não era um sonho, e, como minhas mãos estavam quase sempre na nuca, esfregava os polegares para a frente e para trás para senti-los. É claro que eu podia estar sonhando tudo aquilo, mas não estava: sabia que era real.

Depois da fase inicial, em que a ansiedade por ter uma alucinação faz com que ela seja pouco perceptível ou cesse, fui capaz de relaxar e ter alucinações prolongadas.

Uma ou duas semanas depois, eu estava refletindo bastante sobre o funcionamento do cérebro comparado ao de um computador — principalmente quanto ao armazenamento de informação. Um dos problemas interessantes nessa área é o modo como as lembranças são armazenadas no cérebro: pode-se chegar a elas a partir de muitas direções, em comparação com a máquina — não é preciso ter o endereço correto. Se eu quiser chegar por exemplo à palavra "renda", posso preencher umas palavras cruzadas à procura de uma palavra de cinco letras começada por *r* e terminada em *a*; posso pensar em tipos de rendimentos, ou em atividades como financiamento e crédito; o que por sua vez pode levar a todo tipo de lembranças ou informações correlatas. Pensei em como faria uma "máquina de imitar", que aprenderia uma língua como as crianças aprendem: poderíamos falar com a máquina. Mas não consegui imaginar uma forma de armazenar as informações de modo organizado para que a máquina pudesse usá-las para seus próprios fins.

Naquela semana, quando cheguei ao tanque e tive minha alucinação, tentei resgatar lembranças bem antigas. Dizia a mim mesmo: "Tem de ser mais antigo, tem de ser mais antigo" — nunca estava satisfeito com a antiguidade das lembranças. Quando conseguia uma lembrança realmente antiga — digamos que de minha cidade natal, Far Rockaway —, imediatamente seguia-se uma série de lembranças, todas da cidade de Far Rockaway. Se depois eu pensasse numa coisa de outra cidade — Cedarhurst, por exemplo —, uma porção de coisas associadas a Cedarhurst me vinham à lembrança. Então percebi que as lembranças ficam armazenadas de acordo com o *lugar* onde tivemos a experiência.

Gostei muito de ter feito essa descoberta. Saí do tanque, tomei uma ducha, me vesti e peguei o carro para ir à Hughes Aircraft dar minha palestra semanal. Fazia cerca de 45 minutos que eu tinha saído do tanque quando de repente percebi pela primeira vez que não tinha a menor ideia de como as lembranças se organizam no cérebro; o que eu havia tido era uma alucinação sobre como elas são guardadas pelo cérebro! Minha "descoberta" nada tinha a ver com o modo como as lembranças são armazenadas; tinha a ver com o modo como eu estava brincando comigo mesmo.

Nas inúmeras discussões sobre alucinações que tivemos em minhas primeiras visitas, tentei explicar a Lilly e a outros que imaginar que as coisas são reais não as torna *reais*. Se você vê globos dourados, ou qualquer coisa assim, várias vezes, e eles conversam com você durante a alucinação e dizem que são outra forma de inteligência, isso não *significa* que eles sejam uma outra forma de inteligência; significa apenas que você teve uma alucinação específica. Tive uma fortíssima sensação de descobrir como as lembranças são armazenadas, e é incrível que tenha levado 45 minutos para perceber em que erro tinha incorrido tentando explicar aquilo a outras pessoas.

Uma das questões sobre as quais eu pensava era se as alucinações, como os sonhos, são influenciadas por aquilo que você já tem em mente — outras experiências vivenciadas durante o dia, ou antes, ou coisas que você espera ver. Acredito que a razão pela qual tive a experiência extracorporal foi termos discutido experiências desse tipo antes que eu entrasse no tanque. E o motivo pelo qual tive uma alucinação sobre como as memórias são estocadas no cérebro foi, acho eu, o fato de ter pensado no problema durante toda aquela semana.

Tive inúmeras discussões com várias pessoas sobre a realidade das experiências. Elas argumentavam que uma coisa é considerada real, nas ciências experimentais, se a experiência puder ser reproduzida. Assim, se muitas pessoas virem globos dourados falantes, repetidas vezes, os globos devem ser reais. Minha posição era de que em situações como essa havia bastante discussão *sobre* globos dourados antes que a pessoa entrasse no tanque; assim, durante a alucinação, já tendo na cabeça os globos dourados, a pessoa, ao ver alguma coisa parecida com esses globos — talvez esferas azuis, por exemplo —, pensaria que a experiência estava se repetindo. Percebi que conseguia entender a diferença entre o tipo de acordo existente entre pessoas predispostas a ele e o tipo de acordo que se obtém com o trabalho experimental. É engraçado que seja tão fácil determinar a diferença, mas tão difícil defini-la!

Acredito que numa alucinação não há *nada* relacionado a qualquer coisa externa ao estado psicológico da pessoa que a experimentou. No entanto, existem muitas experiências feitas por pessoas diferentes convictas de que há verdade nas alucinações. A mesma ideia geral pode ser responsável pelo relativo sucesso de certos intérpretes de sonhos. Por exemplo, alguns psicanalistas interpretam sonhos falando do significado de vários símbolos. Então, não é completamente impossível que esses símbolos apareçam em sonhos posteriores. Portanto, acho que talvez a interpretação das alucinações e dos sonhos seja um processo de autopropagação: você terá certo sucesso geral sobretudo se discuti-lo antecipadamente em detalhe.

Em circunstâncias normais, eu levaria quinze minutos para começar a ter uma alucinação, mas em algumas ocasiões em que fumei maconha antes, a alucinação chegou mais rápido. Mas quinze minutos eram já bastante rápido para mim.

Uma coisa que sempre acontecia quando a alucinação estava por vir era a chegada simultânea de algo que poderíamos chamar de "lixo": simplesmente imagens caóticas — lixo aleatório total. Tentei lembrar algumas das coisas do lixo para poder caracterizá-lo de novo, mas foi difícil. Acho que eu estava chegando perto do tipo de coisa que acontece quando se começa a adormecer: há conexões lógicas aparentes, mas não conseguimos lembrar o que nos levou a pensar no que estamos pensando. Na verdade, logo esquecemos o que estamos tentando lembrar. Só consigo lembrar coisas como um cartaz branco com uma bolha, em Chicago, que depois desaparece. Coisas assim, o tempo todo.

O sr. Lilly tinha vários tanques, e tentamos uma porção de experimentos distintos. Achei que não havia muita diferença entre eles no tocante às alucinações e me convenci de que o tanque era desnecessário. Agora que eu sabia o que fazer, percebi que bastava apenas ficar sentado quieto — por que seria necessário ter absolutamente tudo em perfeitas condições?

Então, quando voltava para casa, apagava as luzes, sentava-me numa cadeira confortável da sala e tentava, tentava — mas nunca deu certo. Nunca consegui ter uma alucinação fora dos tanques. Claro que eu *gostaria* de ter feito isso em casa, e não duvido de que, meditando e treinando, isso seja possível. Mas não treinei.

A CIÊNCIA DO CULTO DA CARGA*

Durante a Idade Média, havia todo tipo de ideias inusitadas, como a de que um pedaço de chifre de rinoceronte aumentava a potência sexual. Então descobriu-se um método para separar ideias boas das ruins, que era experimentar para ver quais funcionavam, e, em caso contrário, descartá-las. Esse método se organizou, é claro, como ciência. E desenvolveu-se muito bem, tanto que agora estamos na era científica. E essa era é tão científica que temos dificuldade para entender como foi possível que tenham existido curandeiros, já que nada — ou muito pouco — do que eles propunham funcionava.

Mas até hoje conheço muita gente com quem mais cedo ou mais tarde acabo tendo conversas sobre OVNIS, astrologia, alguma forma de misticismo, consciência expandida, novos tipos de consciência, percepção extrassensorial e daí para a frente. E cheguei à conclusão de que *não* vivemos num mundo científico.

São tantas as pessoas que acreditam em coisas maravilhosas que decidi investigar por que fazem isso. E o que tem sido entendido como minha curiosidade pela investigação levou-me a uma dificuldade: encontrei tanta porcaria que fiquei confuso. Comecei por investigar várias ideias sobre misticismo e experiências místicas. Já estive em tanques de isolamento e vivi muitas horas de alucinação, então sei alguma coisa sobre o assunto. Por isso fui a Esalen, que é um viveiro desse tipo de pensamento (é um lugar magnífico, deve-se conhecê-lo). Foi então que fiquei confuso. Não sabia *quanta* coisa havia lá.

---

* Adaptado da aula inaugural no Caltech em 1974.

Em Esalen há grandes estâncias hidrominerais alimentadas por fontes de águas termais situadas a uns nove metros acima do nível do mar. Uma de minhas experiências mais agradáveis foi me sentar num desses banhos e ficar olhando as ondas quebrando na praia pedregosa ali em baixo, fitar o céu azul e apreciar um belo nu que entrava no banho de mansinho e se sentava ao meu lado.

Certa vez, sentei-me numa estância em que havia uma linda garota com um rapaz que parecia não conhecê-la. Na mesma hora pensei: "Oba! Como posso puxar conversa com essa bela moça?"

Eu estava tentando decidir o que dizer quando o rapaz disse a ela:

— Olhe, estou estudando massagem. Posso treinar com você?

— Claro — concordou ela.

E então eles saíram da água, e ela se estendeu numa mesa de massagem ali perto.

"Que cantada fantástica!", pensei. "Eu jamais pensaria numa coisa assim!" Ele começou a esfregar o dedão do pé dela.

— Acho que posso senti-la — disse ele. — Sinto uma espécie de depressão... será a pituitária?

— Você está a quilômetros da pituitária, cara! — deixei escapar.

Eles me olharam horrorizados — eu tinha deixado cair minha máscara — e disseram:

— Isto é reflexologia!

Fechei rápido os olhos e fingi estar meditando.

Este é apenas um exemplo das coisas que me confundem. Também dei uma olhada em coisas como percepção extrassensorial e fenômenos parapsicológicos, e a obsessão do momento era Uri Geller, um homem que supostamente conseguia dobrar chaves esfregando-as com o dedo. A convite dele, fui a seu quarto de hotel para assistir a uma demonstração de telepatia e entortamento de chaves. Ele não fez nada que desse certo em matéria de telepatia; acho que ninguém é capaz de ler a minha mente. O rapaz que estava comigo deu a Geller uma chave, ele a esfregou e nada aconteceu. Então ele nos disse que aquilo dava mais certo debaixo d'água, imaginem só o quadro: todos nós sentados no banheiro com a torneira aberta e a chave debaixo dela, ele esfregando a chave com o dedo. Nada. Portanto, não fui capaz de estudar o fenômeno.

Mas aí comecei a questionar: em que mais nós acreditamos? (Pensei então nos magos curandeiros, e como seria fácil investigá-los, observando que na verdade nada funcionava.) Então encontrei coisas em que um número ainda *maior* de pessoas acredita, como a ideia de que temos algum conhecimento de como se deve educar uma pessoa. Existem grandes escolas com seus métodos de leitura e de matemática, mas, se você observar bem, vai ver que as notas de leitura continuam caindo — ou subindo pouquíssimo —, embora continuemos usando essas mesmas pessoas para aperfeiçoar os métodos. Vamos supor que *tenhamos* um remédio de curandeiro que não funciona. Isso deveria ser analisado; como eles sabem que seu método vai funcionar? Outro exemplo é o tratamento dispensado a criminosos. Obviamente não fizemos nenhum progresso — muita teoria, mas nenhum progresso — em reduzir a criminalidade com o método que usamos para tratar criminosos.

Contudo, dizem que essas coisas são científicas. Estudamos essas coisas. E acho que pessoas comuns, com ideias de senso comum, se intimidam com essa pseudociência. Um professor que tenha uma boa ideia de como ensinar a ler é obrigado pelo sistema escolar a ensinar de outra forma — ou é até mesmo enganado pelo sistema educacional, que o convence de que seu método não é necessariamente bom. Ou pais de crianças malcomportadas, depois de apelarem para este ou aquele método disciplinar, sentem-se culpados pelo resto da vida porque não fizeram "a coisa certa" segundo os especialistas.

Portanto, devemos examinar com cuidado as teorias que não funcionam e a ciência que não é ciência.

Acho que os estudos psicológicos e educacionais que mencionei são exemplos do que eu chamaria de ciência do culto da carga. Nas ilhas do Pacífico Sul existe um culto da carga. Durante a guerra, as pessoas viam aviões pousando com uma porção de coisas boas e queriam que isso continuasse acontecendo. Construíram coisas parecidas com pistas, acenderam fogueiras ao longo delas, fizeram uma cabana de madeira onde posicionaram um homem com dois pedaços de madeira na cabeça à guisa de fones de ouvido e bambus espetados como antenas — ele é o controlador de voo — e ficaram esperando o pouso dos aviões. Fizeram tudo certo. A forma estava perfeita. Tudo estava exatamente como antes. Mas não funcionou. Os aviões não pousaram. Por isso eu chamo essas coisas de ciência do culto da carga, porque elas seguem todos os preceitos e formas aparentes da pesquisa científica, mas deixam escapar algo essencial, porque os aviões não pousam.

Agora, é claro, cabe a mim explicar o que elas deixam escapar. Mas isso seria tão difícil quanto explicar aos habitantes das ilhas do Pacífico Sul de que modo têm de fazer as coisas para que seu sistema tenha resultado. Não é tão simples quanto lhes ensinar a aperfeiçoar a forma de seus fones de ouvido. Mas reparei que costuma faltar *uma* característica à ciência do culto da carga. É uma ideia que todos esperam que se aprenda ao estudar ciência na escola — nunca dizemos explicitamente qual é, apenas esperamos que seu significado seja captado por meio de todos os exemplos da pesquisa científica. Por isso, seria interessante trazê-la à baila agora e falar dela explicitamente. É uma espécie de integridade científica, um princípio do pensamento científico que corresponde a algo como uma profunda honestidade — um esforço consistente. Por exemplo, se você estiver fazendo um experimento, deve levar em conta não apenas o que acha que está certo, mas tudo aquilo que possa invalidá-lo: outras causas que poderiam explicar o resultado que você obteve, ou coisas que você já eliminou com algum outro experimento e como elas funcionavam — para ter certeza de que os outros possam afirmar que elas foram eliminadas.

Detalhes que possam lançar qualquer dúvida sobre a sua interpretação devem ser apresentados se você tiver ciência deles. Se souber que alguma coisa está errada ou pode estar errada, você deve fazer o que puder para explicá-la. Ao formular uma teoria, por exemplo, no momento de torná-la pública, devemos tornar públicos também todos os fatos que a contrariem, assim como aqueles que a confirmem. Há um problema ainda mais sutil. Quando reunimos uma porção de ideias para formular uma teoria complexa, devemos ter certeza de que ela não se aplica apenas às situações que inspiraram sua formulação, mas também a alguma outra coisa.

Em resumo, a ideia é tentar fornecer *todo* tipo de informação que ajude outras pessoas a avaliar a importância de sua contribuição; não apenas a informação que leve a avaliação para um só dos lados.

A maneira mais fácil de explicar essa ideia é compará-la, por exemplo, à publicidade. Noite passada, ouvi dizer que o óleo Wesson não encharca a comida. Bem, isso é verdade. Não é uma afirmação desonesta; mas não estou falando apenas de não ser desonesto, mas de uma questão de integridade científica, que está em outro nível. O fato que deveria ser agregado àquela afirmação publicitária é que *nenhum* óleo encharca a comida se usado a certa temperatura. Se usados em outra temperatura, *todos* eles, inclusive o Wesson, encharcarão a comida. Portanto, o que foi transmitido foi a implicação, não o fato, e é com essa diferença que temos de lidar.

Sabemos por experiência que a verdade sempre acaba aparecendo. Outros pesquisadores repetirão nosso experimento e descobrirão se estávamos certos ou errados. Os fenômenos naturais vão confirmar ou desmentir nossa teoria. E, embora possamos ganhar fama e despertar entusiasmo durante algum tempo, não vamos conquistar uma boa reputação como cientistas se não formos muito cuidadosos nesse tipo de trabalho. E é essa espécie de integridade, esse cuidado para não enganar a si mesmo, que faz muita falta em grande parte da pesquisa da ciência do culto da carga.

Grande parte da dificuldade reside, claro, na complexidade do objeto de estudo e na inaplicabilidade do método científico a ele. No entanto, deve-se notar que essa dificuldade não é a única. É *por isso* que os aviões não pousam — mas o fato é que não pousam.

Com a experiência, aprendemos muito a respeito de como lidar com os truques que usamos para nos enganar. Um exemplo: Millikan mediu a carga do elétron por meio de um experimento em que fazia pingar gotas de óleo e obteve um resultado que sabemos não ser exato — ele é ligeiramente incorreto, porque Millikan usou um valor incorreto para a viscosidade do ar. É interessante rever a história da medição da carga do elétron depois de Millikan. Se você a definir como função do tempo, verá que ela é um pouco maior do que a de Millikan, depois um pouco maior que essa, depois ainda maior, até se estabelecer num valor que ao fim é mais elevado.

Por que não se descobriu de imediato que o novo valor era mais alto? Essa história é motivo de vergonha para os cientistas, porque é evidente que as pessoas fizeram coisas como a seguinte: quando chegaram a um número muito acima do valor encontrado por Millikan, acharam que devia haver alguma coisa errada — e procuraram descobrir o que era. Mas, quando chegaram a um valor maior que o de Millikan, porém mais próximo dele, não tiveram o mesmo cuidado. Assim, eliminaram os valores muito distantes daquela referência e fizeram outras coisas desse tipo. Hoje em dia conhecemos essas armadilhas e já não sofremos desse mal.

Mas essa longa história de aprender como não ludibriar a nós mesmos — e ter uma integridade científica mais profunda — é, lamento dizer, algo que não incluímos especificamente em nenhum curso de que eu tenha conhecimento. Ficamos à espera de que as pessoas captem isso por osmose.

O primeiro princípio é não se autoenganar — e enganar a si mesmo é mais fácil que enganar qualquer outra pessoa. Por isso, é preciso ter o maior cuidado. Depois de aprender a não se enganar, é mais fácil não enganar outros cientistas. Basta ser honesto da maneira mais convencional.

Eu gostaria de acrescentar algo que não é essencial para a ciência, mas algo em que acredito: não se deve tentar enganar o leigo quando se fala como cientista. Não estou falando aqui sobre enganar ou não a sua mulher, ou namorada, nem nada do tipo, nos momentos em que você não está agindo como cientista, mas como um ser humano comum. Vamos deixar que você resolva esse problema com o seu rabino. Estou falando de um tipo específico e extraordinário de integridade, que não consiste apenas em não mentir, mas em fazer de tudo para mostrar que você pode estar errado, postura que devemos ter quando agimos como cientistas. Essa é a nossa responsabilidade enquanto cientistas, em relação a outros cientistas e, na minha opinião, em relação aos leigos.

Fiquei um pouco surpreso, por exemplo, quando estava conversando com um amigo que ia falar no rádio. Ele trabalha com cosmologia e astronomia, e queria saber como explicar as aplicações de sua especialidade.

— Bem — falei —, elas não existem.

Ele contestou:

— Sim, mas desse jeito não vamos mais conseguir apoio para as nossas pesquisas.

Acho que isso é desonesto. Se você se apresenta como cientista, deve explicar ao leigo o que está fazendo — e se ele não quiser apoiar o seu trabalho nessas circunstâncias, isso é com ele.

Um exemplo desse princípio é: se você estiver decidido a pôr à prova uma teoria, ou quiser explicar uma ideia, deve sempre tornar público todo e qualquer resultado. Se publicarmos apenas os resultados de certo tipo, podemos fazer o nosso raciocínio parecer correto. Devemos sempre tornar públicos os *dois* tipos de resultados.

Isso é importante também quando se presta certos tipos de consultoria ao governo. Vamos supor que um senador lhe peça conselhos sobre a oportunidade de fazer escavações no estado que ele representa, e você tenha concluído que seria melhor fazê-las em outro estado. Se não tornar pública essa conclusão, parece-me que não estará dando um conselho científico. Estará sendo usado. Se acontecer de sua resposta estar na direção desejada pelo governo ou pelos políticos, eles podem usá-la como argumento a seu favor; se for o contrário, eles simplesmente não a divulgarão. Isso não é aconselhamento científico.

Outros tipos de erro são característicos da má ciência. Quando estava em Cornell, eu vivia conversando com pessoas do departamento de psicologia. Uma das alunas me disse que queria fazer um experimento mais ou menos assim — tinha sido descoberto por outros pesquisadores que em certas condições X os ratos faziam uma coisa, que chamaremos de A. Ela queria saber se mudando as condições de X para Y eles continuariam fazendo A. Portanto, a proposta dela era fazer o experimento nas condições Y e verificar se os ratos faziam A.

Expliquei a ela que, antes de mais nada, ela deveria repetir em laboratório a experiência na qual se havia concluído que em circunstâncias X os ratos fazem A, e depois mudar as condições para Y e verificar se A mudava ou não. Assim ela saberia que a verdadeira diferença era aquilo que ela pensava ter sob controle.

Ela gostou muito dessa nova ideia e falou com seu professor. A reação dele foi não, você não pode fazer isso porque esse experimento já foi feito e você estaria perdendo tempo. Isso aconteceu por volta de 1947, e ao que parece a diretriz geral era não repetir experimentos psicológicos, apenas mudar as condições e ver o que acontecia.

Hoje em dia, existe certo risco de que a mesma coisa aconteça, mesmo no famoso campo da física. Fiquei chocado quando soube de um experimento feito no Centro do Acelerador Linear de Stanford em que um pesquisador usou deutério. Para comparar seus resultados referentes ao hidrogênio pesado ao que aconteceria com o hidrogênio leve, ele precisou usar dados de outro experimento com hidrogênio leve, feito em outro equipamento. Interpelado sobre isso, ele disse que não tinha conseguido o tempo necessário para usar o equipamento (porque o tempo é curto, e o equipamento, muito caro) e fazer o experimento com o hidrogênio leve porque não obteria nenhum resultado novo. Assim, os encarregados da programação do Centro do Acelerador Linear, ávidos por novos resultados, para com eles conseguir mais dinheiro e manter as coisas funcionando para efeito de relações públicas, estão destruindo — possivelmente — o valor dos experimentos em si, que são a razão de ser de tudo aquilo. É quase sempre difícil para os pesquisadores de lá realizar seu trabalho em consonância com as exigências de integridade científica.

Nem todos os experimentos em psicologia são assim. Por exemplo, há muitos experimentos feitos com ratos em diversos tipos de labirinto, e coisas do tipo — com poucos resultados claros. Mas, em 1937, um homem chamado Young fez um experimento bem interessante. Ele preparou um longo corredor com portas de um dos lados, por onde entravam os ratos, e do outro lado, onde estava a comida. Ele pretendia ensinar os ratos a entrar na terceira porta a contar de seu ponto de partida. Mas não. Os ratos iam imediatamente para a porta onde estava a comida na vez anterior.

A pergunta era: como os ratos sabiam, naquele corredor cuidadosamente preparado e uniforme, que aquela era a mesma porta da vez anterior? Obviamente havia algo na porta que a distinguia das demais. Então ele pintou minuciosamente todas as portas, cuidando para que a textura fosse exatamente a mesma em cada uma delas. Mesmo assim, os ratos acertavam a porta. Ele achou que talvez os ratos estivessem sentindo o cheiro da comida e começou a usar produtos químicos para alterar o cheiro do alimento depois de cada turno. Mas os ratos continuaram acertando. Então ele achou que os ratos poderiam descobrir qual era a porta observando as luzes e a arrumação do laboratório, como qualquer pessoa. Aí ele cobriu o corredor, mas mesmo assim os ratos acertavam a porta.

Por fim, ele achou que talvez os ratos acertassem por causa do som do piso quando passavam e resolveu o problema cobrindo o piso com areia. Dessa forma, conseguiu abranger todas as pistas possíveis e finalmente foi capaz de enganar os ratos, que tiveram de aprender a entrar na terceira porta. Se qualquer dessas condições fosse descuidada, os ratos saberiam qual era a porta.

Agora, do ponto de vista científico, esse é um experimento de primeira ordem. É o tipo de experimento que torna importantes os experimentos com ratos, porque desvenda as pistas que os ratos estão de fato usando — não as que você pensa que eles estão usando. E é o tipo de experimento que diz exatamente quais condições você deve usar para ser rigoroso e controlar tudo num experimento com ratos.

Procurei conhecer a história subsequente dessa pesquisa. O experimento seguinte e o que veio depois dele nunca fizeram referência ao sr. Young. Nunca empregaram seus critérios, como cobrir o piso do corredor com areia, ou outras minúcias. Simplesmente fizeram experimentos com ratos à moda antiga, sem dar atenção às grandes descobertas do sr. Young, e os artigos que escreveram não fazem referência a ele, porque ele não descobriu nada sobre os ratos. Na verdade, ele descobriu *tudo* o que é preciso fazer para descobrir qualquer coisa sobre ratos. Mas não dar atenção a experimentos como esse é uma característica da ciência do culto da carga.

Outro exemplo são os experimentos do sr. Rhine e de outras pessoas sobre percepção extrassensorial. Como muita gente os criticou — e eles mesmos criticaram as próprias experiências —, eles aperfeiçoaram suas técnicas de modo que os efeitos se tornassem cada vez menores até desaparecerem. Todos os parapsicólogos procuram um experimento que possa ser repetido — que possa ser realizado mais uma vez com o mesmo resultado — ainda que estatisticamente. Eles usam um milhão de ratos — não, dessa vez são pessoas —, que induzem a fazer uma porção de coisas, para obter certo resultado estatístico. Na tentativa seguinte, não conseguem obter de novo o mesmo resultado. E agora vem um homem dizer que a exigência de que um experimento possa ser repetido é irrelevante. E isso por acaso é *ciência*?

Esse homem falou também sobre uma nova instituição, no discurso em que renunciou ao cargo de diretor do Instituto de Parapsicologia. E, ao recomendar a seu público o que fazer dali em diante, disse que uma das coisas a fazer era ter certeza de treinar apenas os alunos que tivessem demonstrado habilidade para obter resultados significativos em percepção extrassensorial — sem perder tempo com estudantes ambiciosos e interesseiros que só obtinham resultados casuais. Essa é uma diretriz de ensino muito perigosa — só ensinar quem obtenha certos resultados em vez de ensinar a fazer experimentos cientificamente íntegros.

Então, só lhes desejo uma coisa: a sorte de estar num lugar em que sejam livres para manter essa espécie de integridade de que falei e onde não se sintam obrigados pela necessidade de manter o cargo, ou de garantir o financiamento, ou qualquer coisa do tipo, a perder sua integridade. Tomara que tenham essa liberdade.

Índice

Academia Brasileira de Ciências, 237-38
Addison-Wesley Company, 365
Adrian, Edgar, 87
Aristófanes, 353

Baade, Walter, 271
Bacher, Robert, 126, 156, 255, 270, 296
Bader (professor de física), 103-4
Bausch and Lomb Company, 63
Be Here Now (Ram Dass), 379
Bell, Alexander Graham, 22
Bell Labs, 63, 120-21
Bernays, Peter, 47, 153
Bethe, Hans, 133, 135, 156, 183, 190, 196, 204-5, 227-28
Block, Martin, 288-89
Boehm, Felix, 291, 294
Bohr, Aage (Jim Baker), 156-57
Bohr, Niels (Nicholas Baker), 156-57
Bronk, Detlev, 87
Bullock's, 311
Byers, Nina, 359-360, 362, 363
Cabibbo, Nicola, 295
Cálculo avançado (Woods), 104
Calculus for the Practical Man, 104

Calvin, professor, 269
Case, Ken, 291
Centro Brasileiro de Pesquisas Físicas, 235-36, 358
Centro do Acelerador Linear de Stanford, 393
CERN, 357
Cholokhov, Mikhail, 355
Christy, Robert, 133, 144, 151, 168, 294-95
Compton, Arthur Holly, 129-30
Conselho Estadual de Educação da Califórnia, 334-35, 341, 343, 344
Cornell, Universidade, 76-7, 159, 172, 196-203, 206, 212, 209, 212, 216, 223, 233, 234, 239, 269-73, 359n, 367, 392
Crick, Francis H. C., 88
Curie, Marie, 319

De Hoffman, Frederic, 68, 172-78
Delbrück, Max, 88
Del Sasso, professor, 79
Demitriades, Steve, 309
Dirac, Paul, 205, 287, 292
Dresden, Códice de, 360, 362, 363, 364
Dreyfuss, Henry, 319

Edgar, Robert, 88, 89, 91
Einstein, Albert, 45, 95-6, 120, 202-3, 323
Eisenhart, Dean, 74, 80-1
Eisenhart, sra., 74-5
Electrical Testing Labs, 63
Erhard, Werner, 375
Esalen, 387
Escola Politécnica, 369
Escolas Internacionais por Correspondência, 304

Fausto (Goethe), 55-6
Feller, professor, 269
Fermi, Enrico, 155-56, 273
Feynman, Arlene, 125-26, 131, 134, 136-39, 153-54
Feynman, Gweneth, 313, 315, 358
Feynman Lectures, The, 365
Feynman, Lucille, 190-91
Feynman, Mary Lou, 239-40, 273, 284, 360
Feynman, Mel, 105-7, 190-91, 352
Frankel, Stanley, 148-50
Frankford Arsenal, Filadélfia, Pensilvânia, 121-22
Fuchs, Klaus, 152

Garotos e garotas, 370
Geller, Uri, 387

Gell-Mann, Murray, 261, 289, 292, 295-96, 364
General Atomics, 68
General Electric Company, 183
Gianonni (dono de restaurante), 313-14, 315, 316-30
Gibbs, professor, 199
Griffin, dr., 269

Harvard, Universidade, 91-2, 379
Harvey E. Newton, 86, 87
Harvey, Thomas, 334
Heisenberg, Werner, 322
Hughes Aircraft Company, 377
Huxley, Thomas, 54

Instituto de Estudos Avançados, Universidade de Princeton, 195, 202-3
Instituto de Parapsicologia, 395
Instituto de Tecnologia da Califórnia (Caltech), 15, 87, 113, 126, 245, 246, 255, 261, 270-71, 273, 291, 304, 309, 311, 317, 318, 319, 321, 362, 368, 369, 370, 367, 372, 375 386n
Instituto de Tecnologia de Massachusetts (MIT), 27, 37, 54, 63, 73, 76-77
Instituto Yukawa, 286
Irwin, Robert, 320

Jefferson, Thomas, 322

Jensen, Hans, 291, 294

Kac, professor, 269
Kellogg, Laboratório, 245
Kemeny, John, 141
Kerst, Donald, 176-78
Kislinger, Mark, 297

Laboratório Nacional de Oak Ridge, 142-48, 168-71
Lamfrom, Hildegarde, 90
Lattes, César, 235
Laurence, William, 159
Lavatelli, Leo, 161
Lee, Tsung-Dao, 289-90, 292
Leighton, Ralph, 369-74
Leighton, Robert, 369
Lilly, John, 377-79, 383
Lodge, Sir Oliver, 188
Lollobrigida, Gina, 358

Madrix, Códice de, 363
Manhattan, Projeto, 65-66, 128-60, 162-82, 197
Marcuso (taxista), 207
Marshall, Leona, 273
Meselson, Matthew, 89, 90, 271-72
Metaplast Corporation, 68-9
Meus últimos anos (Einstein), 322
Meyer, Maurice, 39, 119

Mil e uma noites, As, 201, 202, 204
Mill, John Stuart, 54
Millikan, Robert, 390-91
Modern Plastics, 67, 69
Munger, professor, 375
Museu de Arte de Pasadena, 305
Museu de Arte do Condado de Los Angeles, 319

Neugebauer, Otto, 359, 359n
Neumann, John von, 95, 156
New York Times, 363
Nick, o Grego, 267-68
Nishina, Yoshio, 277
Nobel, Prêmio, 205, 348-57
Norris (advogado), 334, 335, 345

Ofey (Richard Feynman), 318
Olum, Paul, 103, 131, 132, 228
On Freedom (Thomas Jefferson), 322
Onsager, Lars, 283
Oppenheimer, J. Robert, 131, 143, 145, 151, 289, 359n
O que é vida? (Schrödinger), 323

Pais, Abraham, 282, 284
Palestras do Mensageiro, 359n
Pamilio, Pete, 346
Pauli, Wolfgang, 95, 96
Pauling, Linus, 261

Phi Beta Delta, 37-42

Physical Review, 132, 296

Processo e realidade (Whitehead), 84-85

Quando fala o coração, 183-84

Rabi, I.I., 129

Ram Dass, 379

Ramsey, Norman, 289

Rãs, As (Aristáfanes), 353

Ravndal, Finn, 297

Reminiscences of Los Alamos (Badash et al.), 128n

Rhine, Joseph, 395

Robertson, Mrs. H. P., 362

Robinson, professor, 56-58

Rochester, Conferência de, 290-92, 297

Rogers, Carl, 304

Rowan, Robert, 362

Russell, Henry Norris, 95

Rutishauser, Tom, 370

Sands, Matt, 350

Schrödinger, Erwin, 292, 322

Segrè, Emil, 142-43

Seminário Teológico Judeu, 328

Serber, Robert, 133

Shockley, Bill, 63, 119

Sigma Alpha Mu, 37-38

Slater, professor, 73, 77, 191

Smith (do escritório de patentes), 213-15

Smith, J.D., 89

Smyth, H.D., 129, 159

"Sobre um pedaço de giz" (Huxley), 54

Sputnik, 337

Staley (cientista de Los Alamos), 166

Talmude, 328-30

Telegdi, Valentine, 295-96

Teller, Edward, 141-42, 187

Thompson, Eric, 362, 362n

Time (revista), 261, 284, 350

Tiomno, Jaime, 234

Tolman, Richard, 129-30

Tomonaga, Sinitiro, 277

Três Quarks, Os, 370

Trichel, general, 120

Trowbridge (diretor acadêmico), 369

Tuchman, Maurice, 321

Ukonu, 368-69

Universidade da Califórnia em Los Angeles (UCLA), 359, 362-63

Universidade da Carolina do Norte em Chapel Hill, 300

Universidade de Chicago, 130-31, 155, 187, 273

Universidade de Princeton, 45, 73-77, 78, 79, 81, 84, 93, 98, 101, 104, 106, 120, 128, 129, 131-32, 195, 203, 225, 228-29

Universidade do Alasca, 349

Universidade Estadual da Carolina do Norte, 300

Universidade Federal do Rio de Janeiro, 238

Urey, Harold, 129

Vida de Leonardo, A, 33

Villacorta, 360, 362

Wapstra, Aaldert, 291, 294

Watson, James Dewey, 87, 91-2

Webb, Julian, 145

Weisskopf, Victor, 357

Wheeler, John, 78, 93-5, 96-7, 277, 278

Whitehouse, sra., 335-36

Wigner, Eugene, 94-5

Wildt, professor, 74

Williams, John, 132

Wilson, Robert, 128, 129, 130, 159-60, 203, 359n

Woodward, Bill, 106

Wright, Dudley, 310, 316

Wright, Frank Lloyd, 277

Wu, Chien-Shiung, 290, 291

Yang, Chen Ning, 290,9286

Young (psicólogo), 393-94

Yukawa, Hideki, 277, 280-81

Zorthian, Dabney, 307

Zorthian, Jirayr, 302-4, 306, 307, 311, 312, 318, 351

Zumwalt, tenente, 145, 146 14

intrinseca.com.br

@intrinseca

editoraintrinseca

@intrinseca

@editoraintrinseca

intrinsecaeditora

1ª edição	FEVEREIRO DE 2025
impressão	IMPRENSA DA FÉ
papel de miolo	IVORY BULK 65 G/M²
papel de capa	CARTÃO SUPREMO ALTA ALVURA 250 G/M²
tipografia	ALDA OT